智慧資本於工商圖書館經營管理之理論與實務

黃元鶴—著

不止的質疑

　　我一向對於「工商」與「圖書館」之結合，不敢過於樂觀，甚至充滿質疑。理所當然，我不免猜想，本書作者的心態是否和我一樣？我試著揣測黃元鶴教授以什麼立場撰寫本書：圖書資訊教育工作者？多年主管經驗的圖書館員？或者，以其跨領域背景正足以發揮的多元觀點？

　　早年閱讀國外有關工商圖書館和企業內資訊服務單位的文章，偶或能與自己的實務經驗相互印證，產生共鳴，如獲至寶的成就感隨即油然而生。只是，驚豔之後冷靜思考，強烈的質疑從未停歇——這算圖書館嗎？圖書資訊專業人員能勝任嗎？我的質疑應屬有理，因為我在本書中也一再讀到黃教授對工商圖書館以及圖書資訊專業的質疑。這質疑，存在幾十年了：「圖書館員能否在工商界證明存在價值？」

　　圖書館界有時難免一廂情願地讚賞工商圖書館的功能，拉抬圖書館員的地位，並提出一些隔靴搔癢的因應之道；而本書作者在陳述國內外工商圖書館面臨的險峻環境時，不但論理精闢獨到，態度亦中肯客觀。書中觸及各種工商圖書館經營管理之問題，除了質疑與批判，我更窺見作者以其「寬容」之心，捍衛圖書館的存在價值。用心良苦，令人感佩，讀後不禁莞爾。

　　本書採文獻分析、書目計量與內容分析等不同方法進行理論探討，並輔以國內外工商圖書館之實證研究。全書內容與格局實如作者期望，足以做為工商圖書館之標竿學習。書中歸納工商圖書館之營

運特性包括：（一）需向母機構證明資訊服務存在價值與重要性，（二）強調公司核心能力與動態資訊之資源選粹策略，（三）重視加值資訊之客製化讀者服務，（四）各館有其經營管理策略，（五）資訊專業人員之知識技能需兼具深度與廣度。單看這幾個標題，若說是老生常談、早知如此，其實並不為過；惟細讀其內容，尤其國外圖書館，的確提出不少務實的做法與創新的對策。不過，其中有些資訊服務單位根本不叫圖書館，業務範疇與圖書館迥異，人員主力亦非圖書資訊專才──此等現象，我一點也不陌生，氣餒之餘實在難忍質疑：「工商，是否真能與圖書館結合？」偏偏本書作者選擇肇始於商業管理學界之智慧資本觀點，全面檢視通常不以營利為目的之圖書館經營管理，可以想見，矛盾、衝突與質疑勢必變本加厲，更加彰顯。

　　本研究採納結構、人力、程序、技術、關係、顧客、更新與發展等七項資本構面，並發展衡量指標，檢視圖書館和資訊服務單位之營運；此為本書最精華之處，作者著力至深。黃教授期盼：「若能引領更多人瞭解及肯定工商圖書館於母機構之功能與重要性，則達到撰寫本書之重要目的。」本書內容豐富、兼容並蓄，再加上架構嚴謹、條理分明，達此目的殆無疑義。惟透過如此縝密的檢視，是否就能袪除外界質疑，證明工商圖書館的存在價值，甚至自此一勞永逸？我仍不敢過於樂觀。

　　不容否認，本書之實證研究有助提升工商圖書館的正面形象，卻不掩其中不少資訊服務單位長年陷在步步為營、臨淵履冰的氛圍中。舉例來說，在結構資本方面，文件管理導向者或可成為公司核心業務之一環，然歷經組織調整或預算刪減，命運多舛者也所在多有。在人力資本方面，圖書資訊背景非但非絕對必要，書中提及的各種知識與技能更是叫人眼花撩亂；圖書館員能否轉型？能否至少保住「中介者」的角色？又如何強化與時俱進的能力，免於被取代？而在程序資本、技術資本、關係資本、顧客資本、更新與發展資本方面，身處工商界的資訊服務單位，在在必須比傳統圖書館更專門、更彈性、更主動、更融入，以及更高度的顧客導向與符合使用者需求。圖書館員能夠適應這種截然不同的環境，進而發揮所長嗎？坦白說，我心存質疑。

持平而論，質疑並非源於工商，而在圖書館，以及更關鍵的——圖書資訊專業。對工商界來說，其資訊服務單位的目標何其明確，沒有太大的矛盾、衝突與質疑；書中足以做為標竿學習的案例俯拾即是，都是最佳佐證。虧作者煞費苦心，極其「廣義」地定義工商圖書館，選取的資本要素內容與設計之衡量指標，亦頗能呼應圖書館業務——想必黃教授和我一樣，對圖書資訊專業仍有期許吧！

　　期許是感性的，我接著讀到黃教授對資訊專業人員的理性質疑。書中探討「資訊專業人員的多元角色與核心價值」時提到：「圖書館員之稱呼，儼然呈現傳統的、過時的意涵，無法應付多元化資訊服務方式與內容」；作者並特別針對「嵌入式圖書館員」及「研究資訊專家」進一步詳加闡述。我對圖資人提供嵌入式服務充滿期待，亦具信心；至於堪稱圖書館「最後一哩」的研究資訊服務，恐怕咫尺天涯，端賴黃教授與同道們持續努力，一起築夢與逐夢！

　　行至全書結尾，作者這麼說：「儘管資訊專業人員的技能常須隨著時代的變化而有所調整，然而資訊專業人員仍有其不變的核心價值。」我當下暗自吶喊：「又來了！」莫非又要宣稱，圖書館是所有活動的中心，圖書館員要堅守專業，其他技能都只是為圖書館服務的工具而已？很快地，我如釋重負，質疑一掃而空，因為黃教授所強調的核心價值，實則蘊涵著最難能可貴的創意、合作與尊重。這應也意謂著圖書館員必須更謙卑、更包容、更宏觀，才能在工商世界中忍受寂寞感，克服專業上的孤立，群策群力，在團隊中展現自信。

　　黃元鶴教授於1992年6月自輔仁大學圖書館學系畢業，同年8月，該系更名為圖書資訊學系，創國內首例；可想而知，「圖書館學與資訊科學整合」絕對是她在大學時期經常思考與討論的議題。黃教授在輔大即以企業管理學系為輔系，爾後陸續取得圖書資訊學碩士學位和管理學博士學位；其間曾於技術學院資訊管理學系任教多年，並擔任圖書館主任。至此，我不禁再一次揣測，作者究竟以什麼立場撰寫本書：圖書館員？圖書資訊專業人員？或者，以其跨領域背景正足以發揮的多元觀點？

　　黃教授於2006年8月重返輔仁大學圖書資訊學系專任教職，不論教

學、研究、服務、輔導各方面，優異表現有目共睹。以其跨領域背景和多元的研究興趣——包括知識與創新管理、圖書館管理、專利檢索與分析、資訊計量與學術傳播、資訊檢索策略等，的確是撰寫本書的不二人選。對圖資人而言，工商圖書館其實並未提供友善的時空，也因此，我萬分佩服元鶴老師不畏艱難地向前闖、往裡鑽，並因而造就了此一兼具理論與實務、廣度與深度，且適合不同領域讀者細細咀嚼的著作。細細咀嚼，乃因「工商」與「圖書館」之結合充滿質疑，必須一再回味，方能食其精髓。唯有透過不止的質疑、批判與衝撞，工商圖書館與資訊專業人員才能找到定位，證明存在價值。

黃教授對「工商圖書館」的關切無庸置疑，而她更念茲在茲的，我想，就屬同樣不易定位、亦屢遭質疑的「圖書資訊教育」吧！今年8月，元鶴老師扛下輔仁大學圖書資訊學系系主任重擔；藉此一角，謹獻上我理性的期許和感性的祝福：「元鶴主任，任重道遠！」

張淳淳

輔仁大學圖書資訊學系副教授

2015年暑假

自序

　　醞釀此書的想法，源自於2010年思索研究計畫提案的主題，由於想結合個人具備之圖書資訊學與管理學專長的背景，於是以「從智慧資本觀點探討工商圖書館經營策略研究」為題申請研究計畫，一開始並未產生以此題目完成一本書的想法，在執行研究計畫的過程中，實際訪談工商圖書館資訊專業人員時，發現有許多寶貴的意見，但受限於期刊論文的篇幅，無法完整呈現工商圖書館各種樣態的特色營運模式，才開始產生將完整的研究結果出版成書的想法。因此，在初步結果的論文發表後，2014年開始著手收集更多的文獻，由先前於2012年收集的量化與質化實證資料，進一步思索理論內容探討的脈絡，在繁忙的教學、輔導、行政工作之外，以及研究的心力仍需分神顧及另一個進行中的檢索實驗研究的情況下，建構此書大綱，並逐步完成各章內容的撰寫工作，於2015年暑期完稿。經過三位審查委員給予寶貴的審查意見，以及依審查意見修改內容等過程，最終於2016年定稿並出版。此書由主題發想至出版成書，歷經六年，除了為個人的學術生涯留下記錄，也希望書中傳達的知識能對社會有所貢獻。

　　結合圖書資訊學與管理學的因緣可追溯自大學時代，大學時主修圖書館學（畢業後系名改為圖書資訊學），由於圖書館學系所學多為工具型知識，抱持著需加深某特定領域知識的心態，選定企業管理學系為輔系，以強化資訊服務的專業性。自美國取得匹茲堡大學圖書資訊學碩士學位即回國擔任教職，有感於繼續進修的必要性，由於當時

任教於資訊管理系,因此選定繼續進修博士學位的主修領域為管理學。兩種領域都是累積經驗知識的應用導向學科,並且經常融入不同學科精華以促進發展,如管理學融入經濟學、心理學、社會學等,圖書資訊學則融入電腦科學、社會科學等。然兩種學科各自有其中心主軸,圖書資訊學重視資訊與知識的組織與整理,目的在提升資訊與知識的有效利用;而管理學則重視組織機構資源整合管理,往往以追求效率與利益最大化為目標,此目標實與圖書資訊學之中心主軸有些差距,然而,近年另有學者提倡非營利型組織或社會企業營運的觀點,以謀求社會最大福利為目標。因此,應用此觀點下的管理學於圖書資訊學中,降低了兩學科價值觀本質上的差異,結合兩學科的優勢,產生融合的綜效。

傳統圖書館學以實體圖書館之營運為目標而發展相關學科專業知識,如分類與編目等。現代圖書資訊學的發展則跳脫圖書館的實體空間與思維模式,以資訊與知識流為主體,發展相關工具知識以加速資訊或知識流有效運用。資訊科技的確是發展現代圖書資訊學之重要工具,人工智慧的進步性有目共睹,2016年3月Google DeepMind公司研發的AlphaGo人工智慧圍棋程式以五戰四勝打敗了韓國的圍棋頂尖高手。然而,僅人類能有效地判別資訊與知識的適用性,同樣的資訊或知識,在不同情境下的效用是大不同的,人的情緒、認知、經驗等因素的差異,影響了資訊或知識流的路徑,圖書資訊學即要探索人與資訊或知識間的脈絡,並試圖為各種情境建立人與資訊或知識流間的運作邏輯與模式。

現代圖書資訊學之研究範疇,關注層面雖由實體朝向數位資訊流,然實體圖書館或資訊服務中心營運知識仍為其根基所在。各種類型的圖書館或資訊服務中心,由於其設立宗旨與服務對象不同,提供資訊服務模式亦有所差異。企業往往採取保守的資訊政策,使得工商圖書館營運經驗知識較少外顯化,因此,本書選定工商圖書館之主軸,試圖運用管理學的智慧資本理論,整合理論與實務的觀點,探索其營運模式,此書出版,希望有助圖書資訊學同道增廣工商資訊服務知識。

自序

　　在撰寫的過程中，受到許多貴人的幫助，首先是來自不同企業與機構之資訊服務提供者願意擔任本研究的受訪者，分享珍貴的工商圖書館營運知識，由於臺灣的企業相當保守，願意接受訪談之資訊服務者實不多，誠摯地感謝本研究受訪者，為支持學術研究而願意分享工作實務。為了把握難得的機會，由臺北至屏東，含括北中南科學園區，我親自逐一訪談。此外，也要謝謝協助計畫執行的學生助理，佩娟撥打了千餘通電話到指定公司之總機，以收集各企業圖書館負責人員之名錄資料，感謝她的耐心與盡責，完成了電話訪查工作。乃禎也是認真細心的助理，問卷催收電話與計畫相關文書雜項業務，都是她來協助，感謝她的用心投入。訪談逐字稿繕打工作是由佩娟與乃禎共同完成。當決心著手完成書籍寫作之際，邀請先前已指導畢業的碩士生雅珠與怡欣，利用工作之餘協助本書校稿工作。雅珠是第一個讀者，協助校閱初稿，她的細心與耐心，使我放心送交文檔給出版社，而怡欣則是協助排版後文檔的校閱。感謝雅珠與怡欣，她們的熱情，也是支持我寫書的力量。當然也要感謝外子的支持與鼓勵，百忙之中協助校稿，以及謝謝兒子與家人們的包容。最後要感謝師長們的建議與鼓勵，以及三位審查委員用心地審閱本書內容並給予客觀的建議，幫助我以更周延的觀點來檢視內容，提升了此書的品質。此書完稿後，獲得國內首本工商圖書館專著之作者——張淳淳老師首肯，為本書作序，深感榮幸。回到輔大任教以來，老師不僅指引教學與研究職涯的重心與方向，亦是生活的心靈導師。希望能傳承老師的典範，持續保有研究與教學工作熱誠，致力於提升圖書資訊學科影響力。

黃元鶴
2016年3月

目 錄

不止的質疑／張淳淳	i
自序	v
第一章　緒論	1
第一節　本書章節與內容說明	2
第二節　名詞解釋	5
第二章　智慧資本於圖書館經營管理概述	7
第一節　智慧資本發展概述	7
第二節　智慧資本、無形資產與知識管理	14
第三節　智慧資本之組成構面與相關衡量機制	16
第四節　智慧資本與平衡計分卡	18
第五節　非營利型組織之智慧資本管理	20
第六節　圖書館之智慧資本經營管理	26
第七節　小結	39
第三章　智慧資本文獻計量統合分析	41
第一節　智慧資本與知識管理文獻計量研究統整分析	41
第二節　圖書館智慧資本管理之外文文獻計量與內容分析	53
第三節　圖書館智慧資本管理之中文文獻計量與內容分析	65
第四節　小結	76
第四章　圖書館智慧資本管理之衡量指標	79
第一節　結構資本	82

	第二節	人力資本	84
	第三節	程序資本	91
	第四節	技術資本	95
	第五節	關係資本	98
	第六節	顧客資本	101
	第七節	更新與發展資本	106
	第八節	圖書館績效評估與智慧資本管理比較分析	110
第五章	**工商圖書館營運特性**	**113**
	第一節	定義、特性與範疇	115
	第二節	存在價值與重要性	117
	第三節	資訊資源選粹策略	120
	第四節	客製化讀者服務	123
	第五節	經營管理策略	125
	第六節	資訊專業人員知識技能	132
	第七節	工商圖書館員之教育與訓練	136
	第八節	小結	145
第六章	**歐美企業圖書館之智慧資本管理**	**147**
	第一節	結構資本	149
	第二節	人力資本	151
	第三節	程序資本	153
	第四節	技術資本	156
	第五節	關係資本	159

第六節　顧客資本　　　　　　　　　　　　　　　　　　　162
　　　第七節　更新與發展資本　　　　　　　　　　　　　　　　164

第七章　智慧資本於企業圖書館之實證研究：臺灣一千大企業機構　173
　　　第一節　製造業及服務業設置企業資訊服務單位概況　　　　174
　　　第二節　實證研究採納之智慧資本構面、內容及範圍、衡量變數　176
　　　第三節　問卷調查分析　　　　　　　　　　　　　　　　　179
　　　第四節　深入訪談分析　　　　　　　　　　　　　　　　　199
　　　第五節　綜合討論　　　　　　　　　　　　　　　　　　　229
　　　第六節　結論與建議　　　　　　　　　　　　　　　　　　232

第八章　智慧資本於工商圖書館之實證研究：財團法人及國營事業機構　235
　　　第一節　問卷調查分析　　　　　　　　　　　　　　　　　236
　　　第二節　深入訪談分析　　　　　　　　　　　　　　　　　253
　　　第三節　綜合討論　　　　　　　　　　　　　　　　　　　299
　　　第四節　結論與建議　　　　　　　　　　　　　　　　　　300

第九章　結論　　　　　　　　　　　　　　　　　　　　　　　　305
　　　第一節　工商圖書館之智慧資本管理　　　　　　　　　　　305
　　　第二節　資訊專業人員的多元角色與核心價值　　　　　　　308
　　　第三節　工商圖書館的未來發展　　　　　　　　　　　　　312

參考文獻　　　　　　　　　　　　　　　　　　　　　　　　　　317

附錄一：圖書館智慧資本管理外文文獻計量樣本文獻 39 筆書目清單　337

附錄二：圖書館智慧資本管理中文文獻計量樣本文獻 68 筆書目清單　341

附錄三：智慧資本於工商圖書館經營管理之量化資料調查問卷　　345

附錄四：智慧資本於工商圖書館經營管理之深入訪談問題大綱　　354

附錄五：臺灣一千大企業資訊服務人員訪談分析編碼表　　355

附錄六：財團法人及國營事業機構圖書館人員訪談分析編碼表　　356

中文索引　　357

英文索引　　379

表目錄

表 2-1：管理學者之智慧資本組成構面	17
表 2-2：平衡計分卡與智慧資本之比較	19
表 2-3：高等教育機構之智慧資本指標	24
表 2-4：大學不同類型之知識流程中圖書館扮演的角色	32
表 2-5：個案圖書館之智慧資產	35
表 3-1：知識管理與智慧資本重要期刊排名	42
表 3-2：2004 年與 2010 年機構生產力排名	46
表 3-3：2004 年與 2010 年國家生產力排名	48
表 3-4：智慧資本與知識管理重要著作依 NCII 指標排名	49
表 3-5：圖書館智慧資本管理外文文獻之刊登期刊或會議論文集	56
表 3-6：圖書館智慧資本管理之外文文獻作者國籍別	58
表 3-7：圖書館智慧資本管理之外文文獻作者任職機構屬性	58
表 3-8：圖書館智慧資本管理之外文文獻多產作者背景	59
表 3-9：圖書館智慧資本管理之高被引外文文獻	60
表 3-10：圖書館智慧資本管理之外文文獻之圖書館類型	62
表 3-11：圖書館智慧資本管理之外文文獻之研究方法	63
表 3-12：2009 年與 2010 年管理學領域智慧資本文獻研究方法依應用比率排名	64
表 3-13：圖書館智慧資本管理之外文文獻之資本構面	65
表 3-14：圖書館智慧資本管理中文文獻之刊登期刊或會議論文集	67

表 3-15：圖書館智慧資本管理之中文文獻作者隸屬機構別	70
表 3-16：圖書館智慧資本管理之中文文獻作者任職機構屬性	70
表 3-17：圖書館智慧資本管理之中文文獻多產作者背景	71
表 3-18：圖書館智慧資本管理之高被引中文文獻	73
表 3-19：圖書館智慧資本管理之中文文獻之圖書館類型	74
表 3-20：圖書館智慧資本管理之中文文獻之研究方法	75
表 3-21：圖書館智慧資本管理之中文文獻之資本構面	76
表 4-1：國內外研究文獻於圖書館智慧資本之不同構面一覽表	81
表 4-2：結構資本要素內容	82
表 4-3：結構資本衡量指標	83
表 4-4：人力資本要素內容之一	85
表 4-5：人力資本要素內容之二	85
表 4-6：人力資本衡量指標之一	87
表 4-7：人力資本衡量指標之二	89
表 4-8：人力資本衡量指標之三	90
表 4-9：程序資本要素內容	92
表 4-10：程序資本衡量指標之一	92
表 4-11：程序資本衡量指標之二	93
表 4-12：技術資本要素內容	96
表 4-13：技術資本衡量指標之一	96
表 4-14：技術資本衡量指標之二	97
表 4-15：關係資本要素內容	99
表 4-16：關係資本衡量指標	100

表 4-17：顧客資本要素內容	102
表 4-18：顧客資本衡量指標之一	102
表 4-19：顧客資本衡量指標之二	104
表 4-20：更新與發展資本要素內容	106
表 4-21：更新與發展資本衡量指標之一	107
表 4-22：更新與發展資本衡量指標之二	108
表 4-23：圖書館績效評估之主／次構面對應於智慧資本之不同構面一覽表	111
表 5-1：工學院圖書館與公司技術資料室期刊資源管理特點比較表	121
表 5-2：資訊專業人員與競爭智慧執業人員之任務異同	134
表 5-3：資訊專業人員知識管理活動構面比較表	135
表 5-4：專門／企業圖書館學相關課程於各校開課狀況及課程名稱列表	137
表 5-5：知識管理與競爭智慧課程名稱、圖書資訊學程定位、學分數、目標、內容及課程單元、教學設計比較表	143
表 6-1：2009-2014 年商業資訊年度調查研究各年度受訪人數	148
表 6-2：2012-2014 年不同產業之資訊服務項目一覽表	154
表 6-3：2012-2014 年各種社群媒體科技工具於不同產業導入概況	157
表 6-4：2012-2014 年不同產業之供應商與委外公司聯繫工作一覽表	160
表 6-5：2012-2014 年不同產業應用各種績效評估項目與方法一覽表	165
表 6-6：圖書館員於巨量資料管理之 SWOT 分析	170
表 7-1：前五百大製造業及服務業公司設置圖書室或文管中心之公司數及比例	174
表 7-2：電話訪查與問卷回收狀況	175
表 7-3：實證研究採納之智慧資本的構面及其定義與衡量變數	177

表 7-4：問卷經專家效度之受訪者基本資料表	179
表 7-5：一千大企業圖書館（室）或文管中心之組織編制	180
表 7-6：一千大企業圖書館（室）或文管中心是否由相同部門管理	180
表 7-7：一千大企業圖書館（室）或文管中心單位主管在公司中之位階	181
表 7-8：一千大企業圖書館（室）或文管中心隸屬部門名稱	181
表 7-9：一千大企業圖書館（室）或文管中心成立年代	182
表 7-10：一千大企業圖書館（室）或文管中心設置地點	182
表 7-11：一千大企業圖書館（室）或文管中心規模	182
表 7-12：一千大企業圖書館（室）或文管中心成立因素	182
表 7-13：一千大企業圖書館（室）或文管中心填答者背景資料	183
表 7-14：一千大企業圖書館（室）或文管中心填答者負責業務及全職與兼職工作職務	184
表 7-15：一千大企業圖書館（室）或文管中心人力資本相關問項同意程度	186
表 7-16：一千大企業圖書館（室）或文管中心總館藏量	187
表 7-17：一千大企業圖書館（室）或文管中心資訊服務項目	188
表 7-18：一千大企業圖書館（室）或文管中心每月處理圖書及文件總數	189
表 7-19：一千大企業圖書館（室）或文管中心程序資本相關問項同意程度	190
表 7-20：一千大企業圖書館（室）或文管中心電腦設備數及預算編列狀況	191
表 7-21：一千大企業圖書館（室）或文管中心資訊服務管道及外部網路資源諮詢來源	191

表 7-22	一千大企業圖書館（室）或文管中心數位資訊服務占總服務比例	192
表 7-23	一千大企業圖書館（室）或文管中心技術資本相關問項同意程度	192
表 7-24	一千大企業圖書館（室）或文管中心業務聯繫及往來之單位	193
表 7-25	一千大企業圖書館（室）或文管中心關係資本相關問項同意程度	194
表 7-26	一千大企業圖書館（室）或文管中心顧客資本相關統計量	195
表 7-27	一千大企業圖書館（室）或文管中心顧客資本相關問項同意程度	195
表 7-28	一千大企業圖書館（室）或文管中心曾採用之量化指標以評估服務績效	196
表 7-29	一千大企業圖書館（室）或文管中心更新及發展資本相關問項同意程度	197
表 7-30	一千大企業圖書館（室）或文管中心特色與經營困難	198
表 7-31	受訪者基本資料表	200
表 7-32	程序資本於不同企業資訊服務導向之比較	205
表 8-1	工商機構圖書館（室）或文管中心之組織編制	236
表 8-2	工商機構圖書館（室）或文管中心是否由相同部門管理	237
表 8-3	工商機構圖書館（室）或文管中心單位主管在公司中之位階	237
表 8-4	工商機構圖書館（室）或文管中心隸屬部門名稱	237
表 8-5	工商機構圖書館（室）或文管中心成立年代	238
表 8-6	工商機構圖書館（室）或文管中心設置地點	238

表 8-7：工商機構圖書館（室）或文管中心規模	238
表 8-8：工商機構圖書館（室）或文管中心成立原因	239
表 8-9：工商機構圖書館（室）或文管中心填答者背景資料	239
表 8-10：工商機構圖書館（室）或文管中心填答者負責業務及全職與兼職工作職務	240
表 8-11：工商機構與一千大企業圖書館（室）或文管中心之人力資本問項同意程度	242
表 8-12：工商機構圖書館（室）或文管中心總館藏量	243
表 8-13：工商機構圖書館（室）或文管中心圖書及文件處理件數	244
表 8-14：工商機構與一千大企業圖書館（室）或文管中心之程序資本問項同意程度	246
表 8-15：工商機構圖書館（室）或文管中心電腦設備數及預算編列狀況	247
表 8-16：工商機構圖書館（室）或文管中心資訊服務管道及外部網路資源諮詢來源	247
表 8-17：工商機構圖書館（室）或文管中心數位資訊服務占總服務比例	248
表 8-18：工商機構與一千大企業圖書館（室）或文管中心之技術資本問項同意程度	248
表 8-19：工商機構圖書館（室）或文管中心業務聯繫及往來之單位	249
表 8-20：工商機構與一千大企業圖書館（室）或文管中心之關係資本問項同意程度	250
表 8-21：工商機構圖書館（室）或文管中心顧客資本相關統計量	251

表 8-22：	工商機構與一千大企業圖書館（室）或文管中心之顧客資本問項同意程度	251
表 8-23：	工商機構圖書館（室）或文管中心曾採用之量化指標以評估服務績效	252
表 8-24：	工商機構與一千大企業圖書館（室）或文管中心之更新與發展資本問項同意程度	253
表 8-25：	工商機構圖書館（室）或文管中心特色與經營困難	254
表 8-26：	受訪人員背景資料一覽表	255
表 8-27：	財團法人機構類型之工商圖書館於智慧資本各構面之共同特質與特色	301
表 9-1：	智慧資本於國內外工商圖書館之經營實務綜合分析	306

圖目錄

圖 1-1：本書內容架構圖　　3
圖 2-1：智慧資本學科之進展歷程　　9
圖 2-2：智慧資本概念樹狀圖　　10
圖 2-3：知識管理與智慧資本管理關係圖　　15
圖 2-4：非營利型組織之智慧資本與競爭優勢之概念模型　　21
圖 2-5：學術圖書館無形資產管理架構　　33
圖 2-6：希臘中央公共圖書館之智慧資本管理層級架構圖　　38
圖 3-1：發表量前三名作者之合作網絡　　45
圖 3-2：智慧資本文獻知識吸收及知識擴散學科領域　　51
圖 3-3：知識管理學門科學計量研究之演化歷程　　52
圖 3-4：圖書館智慧資本管理之外文文獻各年代發表篇數　　55
圖 3-5：圖書館智慧資本管理之外文文獻作者數分布比例長條圖　　57
圖 3-6：圖書館智慧資本管理之中文文獻各年代發表篇數　　67
圖 3-7：圖書館智慧資本管理之中文文獻作者數分布比例長條圖　　69
圖 5-1：圖書館配合公司核心能力之資源選取要素　　123
圖 6-1：2009-2014 年商業資訊年度調查研究之受訪者任職公司所屬產業　　149
圖 6-2：2009-2014 年商業資訊年度調查研究之資訊服務單位於企業內之組織編制　　151
圖 6-3：2009-2014 年商業資訊調查研究於未來二年資訊服務發展之策略優先項目　　169

圖 7-1：一千大企業圖書館（室）或文管中心各種資源於不同媒體型式之收藏概況	187
圖 7-2：一千大企業圖書館（室）或文管中心知識庫內容	189
圖 7-3：圖書管理及文件管理導向於智慧資本不同構面之表現	231
圖 7-4：圖書管理及文件管理導向於智慧資本不同構面之重點比較	231
圖 8-1：工商機構與一千大企業圖書館（室）或文管中心管理人員負責業務比例	241
圖 8-2：工商機構圖書館（室）或文管中心之各種資源於不同媒體型式之收藏概況	243
圖 8-3：工商機構與一千大企業圖書館（室）或文管中心之服務項目	244
圖 8-4：工商機構與一千大企業圖書館（室）或文管中心之知識庫內容收藏比例	245
圖 8-5：內部關係示意圖	281
圖 8-6：外部關係示意圖	285

第一章
緒論

　　21世紀前期,全球金融海嘯危機之後,商業環境變動甚鉅,工商資訊服務內容及其營運模式應隨之調整。然而,以不同類型圖書館研究而言,國內研究大多聚焦於學術與公共圖書館,少有研究關於工商圖書館之理論與實證資料分析,臺灣之工商圖書館相關專書僅張淳淳（1990）與林珊如（2003）,提供相當珍貴的工商資訊資源管理及服務推廣知識。然而,值此資訊科技發展快速的時代,工商圖書館於母機構中的角色功能,勢必面臨許多挑戰,有必要重新檢視國內外工商圖書館現況,以兼具理論與實證研究方式來完整探討工商圖書館之發展。理論研究以彙整國內外文獻來歸納工商圖書館之經營特色,實證研究則有其執行困難處,可能是工商業競爭激烈,資訊政策相當保守,企業往往不接受外部調查,因此難以收集實證資料,如此更顯示工商圖書館實證研究之寶貴。

　　源自於商業管理學界的智慧資本觀點,1990年代後期,不少學者投入其理論與實務應用之研究。智慧資本是指組織的專利等智慧財產、員工的技能、科技與專門技術、組織與顧客或供應商間關係,以及經驗等組成的總和概念,主要提倡組織最重要的智慧資產是腦力,善加運用知識、經驗、顧客關係、專業技術等無形資產,則可揭示組織本身的真正價值、促進競爭優勢以創造績效（Edvinsson & Malone,

1997; J. Roos, Roos, Dragonetti, & Edvinsson, 1997; Stewart, 1997）。在此知識經濟時代，著重智慧資本管理往往是各類型組織探求組織成長與發展的必要機制。

　　工商圖書館大致可呈現四種型態，其一為獨立圖書館、其二為公共圖書館之工商專業部門、其三為大學中之工商專業系所圖書室，其四，包括政府機構、研究單位、民間團體、公司行號附設之圖書館或資料單位（張淳淳，1990，頁173）。本書之工商圖書館範疇主要在於前述之第四項，該型態圖書館隸屬之母機構特性相當多元，也契合時代脈動，圖書館常需因應母機構政策變化而有所變革。智慧資本觀點雖起源於營利型組織之管理，然而，近年來，許多非營利型組織為提升經營績效而導入智慧資本管理，國外應用智慧資本觀點於圖書館管理之專書則早由Portugal（2000）以專門圖書館之經營管理來論述其相關衡量指標之應用，以及Kostagiolas（2012a）則由學術圖書館與公共圖書館角度論述智慧資本管理。因此，本書以智慧資本觀點來檢視工商圖書館之經營管理。

第一節　本書章節與內容說明

　　本書架構如圖1-1，本書包含理論篇（第二至五章）與實務篇（第六至八章）。第二至四章著重於論述智慧資本觀點於圖書館之應用，第五章則是關於工商圖書館營運特性之專論。

　　實務篇內容分述於第六至八章，第六章為彙編國外企業資訊服務調查研究之內容，第七至八章為筆者自行發展問卷、訪談大綱，並在國內之工商圖書館實際收集資料與分析之研究結果。

　　第二章：探討智慧資本理論發展與組成構面，及其與知識管理、平衡計分卡之概念分析，論述非營利型組織之智慧資本管理，如高等教育機構與大學之智慧資本衡量指標等，並綜述國內外文獻關於智慧資本應用於專門圖書館、學術圖書館、公共圖書館等不同類型圖書館經營之研究。

　　第三章：首先精選國外管理學者於智慧資本與知識管理文獻計量

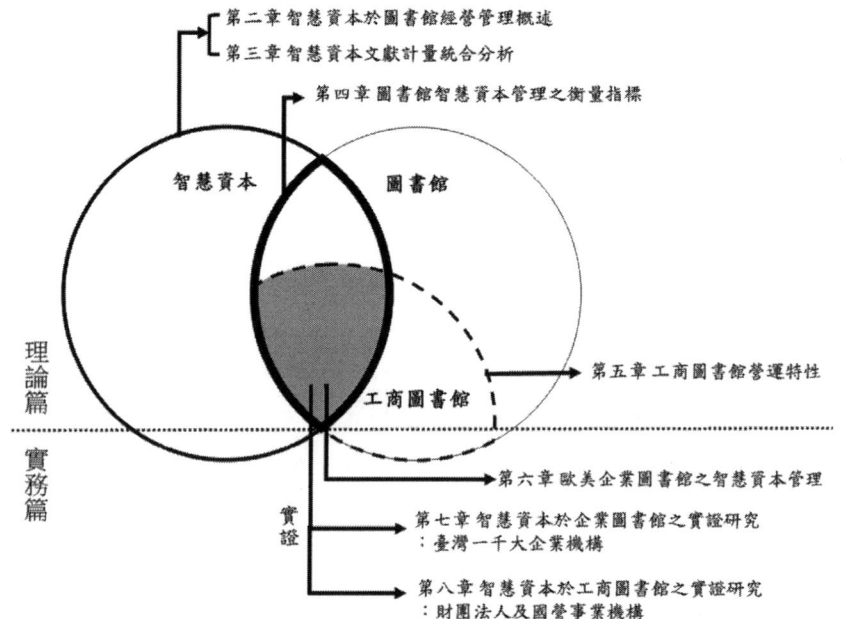

圖1-1：本書內容架構圖

研究再加以進行後設分析，第二部分為圖書館智慧資本管理之外文文獻39篇之書目計量與內容分析，第三部分為圖書館智慧資本管理之中文文獻68篇之書目計量與內容分析。

第四章：綜整國內外研究文獻於圖書館智慧資本管理之組織、結構、人力、程序、館藏與服務、技術、關係、顧客、更新與發展、市場、財務、社會、知識產權等13項構面，並將相關衡量指標彙整於本研究採納之結構、人力、程序、技術、關係、顧客、更新與發展等七項資本構面，以及比較分析典型圖書館績效評估之主次構面及指標對應於智慧資本之不同構面。

第五章：探析工商圖書館之營運特性，除了論述工商圖書館之定義、特性與範疇之外，亦包含以下內容：需向母機構證明資訊服務存在價值與重要性、強調公司核心能力與動態資訊之資源選粹策略、重視加值資訊之客製化讀者服務、各館有其經營管理策略、資訊專業人員之知識技能需兼具廣度與深度、工商圖書館員之教育與訓練等。

第六章：主要綜整英國資訊顧問師Foster分別於2009-2014年間，

每年訪談二十餘位企業資訊服務提供者，分析並撰寫之商業資訊年度調查研究，該調查研究對象來自歐美跨國企業之法律、銀行、財務、保險、顧問、藥學、能源、科技、製造等不同產業。本研究另加入法國企業之資訊專業人員調查研究（Stiller, 2014）以及其他工商圖書館之智慧資本管理相關研究（B. Hendriks & Wooler, 2006; Lesky, 2008; Portugal, 2000），依七項智慧資本構面，重新彙編前述調查研究報告內容。

第七至第八章：為本研究自行設計與執行之臺灣工商圖書館之實證研究，分別於二種機構類型收集量化與質化資料以利分析，臺灣一千大企業機構之研究結果列於第七章，財團法人及國營事業機構之研究結果列於第八章。第七章之企業資訊服務實證調查研究部分內文，筆者曾發表於《圖書資訊學研究》，主要內容以中華徵信所編製的2009年版的臺灣地區大型企業排名資料，製造業及服務業前五百家公司為調查對象，以智慧資本觀點分析企業資訊服務模式，54家公司之量化資料與八家公司之質化訪談資料分析，提出圖書管理導向與文件管理導向二種管理模式之經營實務（黃元鶴，2014a），由於期刊文獻篇幅有限，本書內容增補許多問卷調查結果之綜整表資訊細節，以及摘錄更多企業資訊服務提供者的語錄資料，以完整呈現實證研究內容。另外，筆者應用同樣內容的量化調查問卷及訪談大綱，後續以國家圖書館網站提供之工商圖書館名錄資料為樣本底冊，收集33家圖書館之量化資料與六家圖書館之質化訪談資料，由於受訪者主要來自財團法人與國營事業機構，因此第二梯次實證研究之副標題即以此類型機構命名，其完整之量化及質化資料分析內容請見本書第八章。

本書以兼具理論與實證研究方法，完整探討工商圖書館之智慧資本管理，理論研究過程中運用文獻分析、書目計量與內容分析等不同方法，實證研究則同時採納量化之問卷調查與質性之訪談分析方法，希望能以周延的方法檢視工商圖書館之營運模式。若為圖書資訊學領域學者，建議閱讀理論篇（第二至五章），以完整獲取智慧資本與工商圖書館管理相關知識之來龍去脈，若為圖書館實務經營者，可由實務篇（第六至八章）著手閱讀，或會引起共鳴，或引發改善營運流程

的想法。若為探求圖書館之關鍵績效衡量指標，則可參考第四章所綜整之衡量指標。由本書所綜整之內容，若能引領更多人瞭解及肯定工商圖書館於母機構之功能與重要性，則達到撰寫本書之重要目的。

第二節　名詞解釋

本書以智慧資本觀點檢視工商圖書館經營管理，智慧資本理論源自於商業管理領域，先於此節解釋「智慧資本」名詞，以利讀者掌握其概念。再者，由於工商圖書館的範疇較廣，然而，本書所指的「工商圖書館」限定於政府機構、研究單位、民間團體、公司行號附設之圖書館或資料單位，但若為公司行號附設之圖書館或資料單位，則又另以「企業圖書館」稱之，因此，有必要於此節說明本書之重要名詞及其範疇，各名詞之解釋內容如下：

一、智慧資本（intellectual capital）

智慧資本是可用來創造財富之知識、資訊、智慧財產、經驗等智慧材料，是組織中群體腦力的結合。若一組織擁有知識、經驗、科技、顧客關係及專業技術，則可提供組織競爭優勢。「智慧資本」源自於會計與經濟領域，由商業管理領域學者推廣其概念，若干學者認為智慧資本是近代無形資產管理研究之源，由於難以衡量其效能，不少學者投入於不同資本構面與衡量指標之研究。商業管理領域學者主要將智慧資本區分為如下資本構面：組織、結構、人力、程序、技術、關係、顧客、更新與發展等資本構面。圖書資訊學領域學者除了保留商業管理領域學者之資本構面之外，並延伸至館藏與服務、市場、財務、社會、知識產權等資本構面。本書主要採納結構、人力、程序、技術、關係、顧客、更新與發展等七項資本構面，各資本構面之要素內容與衡量指標細節請詳見第四章。

二、工商圖書館（commerce and industry library）

「工商圖書館」之館藏資料以財經工商、或企業經營資訊為主，本

研究範疇之「工商圖書館」，包括政府機構、研究單位、民間團體、公司行號附設之圖書館或資料單位。國外並無「工商圖書館」一詞，首由臺灣學者張淳淳（1990）提出此名詞，但該書未提及對應之英文名詞，因此筆者自行提出「commerce and industry library」之英文名詞。張淳淳（1990）於書中說明依照專門圖書館之隸屬型態與功用，可區辨為四種型態之工商圖書館，本研究僅限縮於該書所提之第四種型態，其他如公共圖書館或大學圖書館之工商專業部門，並非本研究範疇。

三、企業圖書館（corporate library）

公司行號附設之圖書館或資料單位。一個專門的、內部的部門或單位，如企業圖書館或企業資訊與知識中心，提供服務以滿足該組織人員之資訊需求。「企業圖書館」為「工商圖書館」之一種類型，關於「工商圖書館」與「企業圖書館」之名詞釋義細節，請見第五章第一節之說明。

第二章
智慧資本於圖書館經營管理概述

　　智慧資本為本書採納之理論概念，本章主要目的即為論述智慧資本之發展背景與脈絡，及其理論應用於圖書館經營管理之綜述。

　　本章內容共七節，由於智慧資本理論源於商業管理學界，首先綜整商業管理學相關於智慧資本文獻於前四節，第一節：智慧資本發展概述。第二節：智慧資本、無形資產與知識管理之名詞釋義。第三節：智慧資本之組成構面與相關衡量機制。第四節：智慧資本與平衡計分卡之概念比較。

　　圖書館可視為非營利型組織之一種，因此本章先於第五節介紹非營利型組織之智慧資本管理，再於第六節論述本章重點：圖書館之智慧資本經營管理。先整理國內外圖書資訊學領域文獻於智慧資本管理之相關論述，再分述不同類型圖書館之智慧資本管理，如專門圖書館（含公司、法律、醫學圖書館）、學術圖書館、公共圖書館、學校圖書館等。最後再於第七節小結本章內容。

第一節　智慧資本發展概述

　　「智慧資本」一詞最早出現之年代，依據Serenko與Bontis（2013b）的推測，該詞可回溯至19世紀，當時學者Senior（1836）提

及智慧資本是勞動力品質的關鍵要素。另有J. Roos與Edvinsson等學者提及有名的經濟學家John Kenneth Galbraith於1969年創用「智慧資本」概念，不僅是價值創造的形式，亦可視為傳統意義上的資產（J. Roos et al., 1997, p. 4）。Serenko與Bontis亦進一步推測「智慧資本」用語逐漸成為流行用語之重要著作應是Feiwel於1975年之著作：*The Intellectual Capital of Michal Kalecki*（引自Serenko & Bontis, 2013b, p. 478）。

然而，智慧資本相關概念之起源，甚至可追溯至18世紀，Westerman（1768）發現瑞典運輸業遠落後於競爭對手之重要因素是缺少專業知識。20世紀之後的發展為其關鍵期，重要學者Paton（1922）則提出無形資產，如商譽（goodwill），以及強調員工所擁有的無形資產的重要性。而Schumpeter（1912/1934）更是首將公司經營管理奠基於資源基礎的先驅學者（引自Serenko & Bontis, 2013b, p. 478）。因此，近代智慧資本之理論發展主要是源自於會計學與經濟學。

智慧資本學科進展歷程（Serenko & Bontis, 2013b）如圖2-1，非科學時期（non-science）大約自1950-1980年代中期，此時個別發展的相關概念，如腦力工作者、人力資源會計、智慧資本、知識流等，尚未凝聚共識而成一學科。而前科學（pre-science）時期，則再區分為二個時段，第一時段在1980年代中期至1990年代中期，智慧資本研究學者試圖有系統性地定義核心概念、建構理論，以及如何應用智慧資本原理原則於實務中以取得競爭優勢，此時期也可稱之為價值溝通期。前科學時期之第二時段則自1990年代晚期開始，目標是取得外部認同，認可其為一明確的學科領域，以建構更深入的智慧資本原理原則，展現更多理論與實務之應用，以確認此學科領域未來發展方向。此時進入理論鞏固時期階段，個案研究、訪談、二次資料等實證型研究量提升，而概念型論文數下降，此時研究人員著重於以實務資料來驗證現有的理論，而不是發展新的理論模型。

視為常態科學（normal science）之學術領域，往往呈現如下特徵：內部具共識、單一典範、具有成熟發展之理論基礎，參考學科

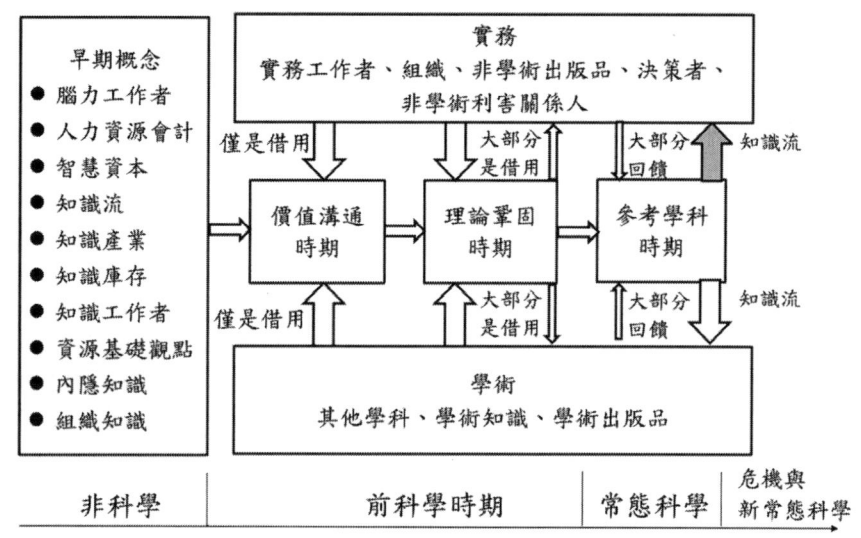

圖2-1：智慧資本學科之進展歷程

資料來源：（翻譯自）"Investigating the current state and impact of the intellectual capital academic discipline" by A. Serenko & N. Bontis, 2013b, *Journal of Intellectual Capital*, *14*(4), p. 481.

（reference discipline）是其重要徵象（Serenko & Bontis, 2013b）。參考學科的定義是一個建構完整的，且為他人認同的學科領域，該領域之理論與方法論之知識基礎可提供其他學科參考（Baskerville & Myers, 2002）。

20世紀以來，產業的競爭優勢多半來自於無形資產，因此如何有效掌握知識資源及管理成為當代關鍵的議題。自1990年代之後，開始興起了智慧資本之理論及實務應用研究熱潮，許多國家都有重要學者為智慧資本學科投入研究貢獻，並發表重要理論與出版影響深遠的著作。美國學者Stewart率先發表文章於*Fortune*雜誌（Stewart & Kirsch, 1991），提倡腦力是美國最重要智慧資產，之後並於1997年出版專書（Stewart, 1997）。Stewart（1997）認為智慧資本是可用來創造財富之知識、資訊、智慧財產、經驗等智慧材料。它是腦力的集合，難以有效地辨識與應用，但若能善加運用，則成為贏家。Edvinsson與Malone（1997）則定義為擁有知識、經驗、科技、顧客關係及專業技術，進而可提供組織競爭優勢，且將智慧資本分為人力資本與結構資

9

本二大構面，結構資本中再區分為顧客與組織資本，而組織資本則包括更新與發展資本及流程資本，智慧資本可揭示組織本身的真正價值以創造財務資本。瑞典的斯堪地亞（Skandia）是一家保險與財務服務公司，於1995年公開了世界第一個智慧資本年度報告，提供了164個衡量指標，Leif Edvinsson是世界上首位以智慧資本為頭銜來命名的主管，自1991年起即帶領斯堪地亞公司進行一系列智慧資本相關衡量指標的研究（Edvinsson & Malone, 1997, p. 17）。

英國學者J. Roos等人先於1997年提出智慧資本理論概念、構面及衡量指標（J. Roos et al., 1997），其後又於2005年出版了利於產業應用的實務專著（G. Roos, Pike, & Fernström, 2005）。而智慧資本相關概念發展樹狀結構首由J. Roos等人（1997）提出，圖2-2呈現經Petty與Guthrie（2000）微幅調整之概念樹狀圖，J. Roos等人將智慧資本區分為策略觀點與衡量觀點之二種研究取向，前者著重於應用知識為公司創造價值，包括知識發展之學習型組織與知識槓桿效應（knowledge

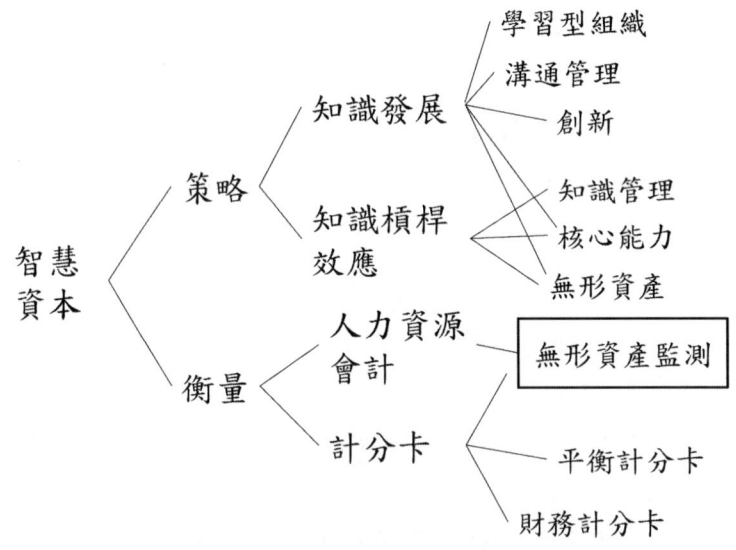

圖2-2：智慧資本概念樹狀圖

資料來源：（翻譯自）"Intellectual capital literature review: Measurement, reporting and management" by R. Petty & J. Guthrie, 2000, *Journal of Intellectual Capital*, *1*(2), p. 157.

註：J. Roos等人（1997）於專書中第15頁提出原始架構圖，本研究採納Petty與Guthrie（2000）之微幅調整版本。

leverage）之知識管理等理論，J. Roos等人認為智慧資本發展早於知識管理，智慧資本之策略觀點的研究流派發展為知識管理。而後項之衡量觀點，則著重於如何建構非財務型、質化的智慧資本相關衡量指標，如平衡計分卡等。此外，學者Petty與Guthrie（2000）進一步提出無形資產監測（intangible asset monitor），包含人力資源會計與計分卡之概念。

　　不少歐美學者由其他觀點探索智慧資本，瑞典學者Sveiby（1997）著重於衡量員工能力、內部結構（專利、概念模型、電腦資訊系統等）、以及外部結構（品牌與商標、公司商譽、顧客與供應商關係）等三種類型之無形資產（intangible assets）。丹麥學者Mouritsen（1998）比較經濟附加值（economic value added）與智慧資本，前項是財務績效指標，可衡量獲得利潤之所需資本總投入成本；後項則強調公司內生成長變數，尤其是非財務相關之衡量指標，更符合知識經濟時代的需求，可提升員工之創造力。美國學者Lev（1999）提出實際數據以呈現財務指標漸與市場價值變數脫勾的現象，亦呼籲非財務型指標，如專利、商標、商品及時到貨率等指標之重要性。荷蘭學者Daniel Andriessen曾任職於全世界知名的專業諮詢服務組織KMPG企業，並於1997年在該企業創立知識顧問服務團隊，目前是荷蘭Inholland大學教授並擔任智慧資本研究中心主任，彙集多年研究的成果，合併在業界的實務經驗，提供相當實用的無重量財富工具包（weightless wealth toolkit），包括自我診斷、辨識無形資源、執行價值評量、執行財務鑑價、發展管理議程、價值儀表板報告等六大階段，以及其中20個鉅細靡遺之步驟，包含問題集、問卷、計算公式等，以利實務工作者衡量機構內之智慧資本（Andriessen, 2004, pp. 376-398）。

　　著作等身的加拿大學者Nick Bontis，其博士論文（Bontis, 1999）主題關於智慧資本、知識管理及企業績效之實證研究，當時在加拿大是下載次數最多之學位論文。另一篇收集64位企業管理碩士學生之問卷調查資料，以PLS（partial least square）之統計方法實際驗證智慧資本及其三大構面（人力資本、結構資本、顧客資本）之二階理論模

型與衡量指標（Bontis, 1998），至2015年1月為止，在Google Scholar顯示之被引用次數已超過2,000次。除了學術影響深遠之外，Bontis博士成立網站（http://nickbontis.com/），為宣揚智慧資本概念於實務界之應用，到各地演講，激發不少實務工作者之創意與潛能。此外，為探索與見證智慧資本學科發展歷程，Bontis博士與另一學者Serenko經常合著智慧資本文獻計量研究（Serenko & Bontis, 2013a; 2013b），以審視並檢討智慧資本研究取向，更多智慧資本與知識管理文獻計量統合分析請見本書第三章。

法國學者Bounfour（2003）基於資源基礎理論觀點，提出智慧資本動態價值（intellectual capital dynamic value, IC-dVAL）方法，分為公司層級與國家層級，且分別在輸入、流程、資產、輸出等四個面向，設計衡量指標。以公司層級之指標舉例如下：輸入面向為研究發展之投資，流程面向為公司內外知識網絡之建構、資產面向為聲譽與合作網絡、輸出面向為產品與服務之市場定位與占有率。以國家層級之指標舉例如下：輸入面向為新創事業資本占國內生產毛額比率、流程面向為高科技附加價值比率、結構資產面向為專利數占人口數比值、人力資產面向為科技背景畢業生占20-29歲青年人之比值、輸出面向為創新出口值占總銷售額比率。前述研究同時以微觀與巨觀角度，應用智慧資本觀點檢視不同公司與國家之價值，尤其是歐洲國家的實證資料結果，可提供歐洲國家制定科技政策之參考資訊。

臺灣管理學界亦跟隨時代潮流，不少學者投入智慧資本管理研究，吳安妮（2002）為會計實務界介紹智慧資本之定義、組成要素、重要議題，以及其他相關評價模式。近年來，吳安妮著力於結合平衡計分卡與智慧資本概念（Wu, 2005; 吳安妮，2006），研發策略性智慧資本評估管理模組（strategic intellectual capital evaluation module, SICEM）（吳安妮，2012），該架構已獲新型專利。

陳美純（2002）由理論與實務經營觀點綜整智慧資本相關概念，其中實務運作篇收集相關網路資源，提供國內十家企業與國外五家企業之個案分析。另外，藉由深入訪談三家國內企業，分述該三家公司之策略、關鍵因素與智慧資本之人力資本、結構資本、關係資本等三大構面之具體衡量指標，可初步獲取不同公司之實證資訊。

國立政治大學商學院承接經濟部學界科專「智慧資本理論、政策與實務推廣四年計畫」（執行期間自2003-2007年），彙集國內專家學者之專業，以群體力量共同為臺灣環境量身打造可行性高之智慧資本導入方案。該計畫為配合臺灣特質，建議可採行之最佳策略如下：（1）繼續推動國際交流合作。（2）落實智慧資本實務社群（ICM），以利分享新觀念與導入實務經驗於社群成員。（3）建構產業智慧資本指標範例，依不同產業特質與情境設計相關指標。（4）推動各產業最佳智慧資本發展獎之頒發，希望如同日本「戴明獎」受到國際的重視。（5）建構各產業智慧資本資料庫。（6）強化智慧財產課題之研究。（7）強調資訊科技與智慧資本之整合。（8）整合及歸納不同產業之智慧資本衡量與評價模式，以利加速推動導入實務（彭火樹，2006，頁19-21）。

　　前述關於推動國際交流合作的實質成果，由政治大學企管系林月雲特聘教授之研究成果可窺見一斑。林教授與國際智慧資本知名學者Edvinsson教授合作研究，應用經濟指標於國家型智慧資本研究並合作出版多篇論文與專書，由北歐五國之競爭力分析（Lin & Edvinsson, 2008）、全世界40國之智慧資本比較研究（Lin & Edvinsson, 2011），以及中國、香港、新加坡與臺灣於財務危機下之智慧資本表現（Lin, Edvinsson, Chen, & Beding, 2013）等，前述作者群出版相同主題之系列叢書，共計48個國家智慧資本分析研究。由此顯示國內學者於智慧資本管理議題於巨觀層級之研究已與國際接軌。然而，由於臺灣市場規模不大，營利型企業相關研究，除非為國際知名企業，否則較難引起國際合作研究興趣。

　　非營利型組織應用智慧資本之研究，尤其是圖書館或資訊中心之場域，為本書關注的議題，過去是較少人注重的研究取向，本研究希望在智慧資本學科已朝成熟學科發展之際，引進智慧資本觀念於圖書資訊學界之理論與實務，體現資訊專業人員之工作價值。

第二節　智慧資本、無形資產與知識管理

　　無形資產是一種會計用語，依據國際會計準則第38號「無形資產」係指「無實體形式之可辨認非貨幣性資產」。Edvinsson與Sullivan（1996）定義智慧資本是可被轉換為價值的知識；而智慧資產（intellectual assets）則是組織智慧資本中最主要的元素，是組織擁有權中，可被編碼而實質描述的特定知識。智慧資本管理學者Sveiby（1997）在書中使用「無形資產」用語而非「智慧資本」，因此，前述用語之內涵有其重疊。

　　智慧資本與知識管理之關連，不同學者各有其見解。若干學者認為智慧資本是近代無形資產管理研究之源（概念發展樹狀圖詳見圖2-2），其策略觀點的流派發展為知識管理，另有衡量觀點之流派發展為無形資產監測與平衡計分卡等方法（Petty & Guthrie, 2000; J. Roos et al., 1997）。Bounfour（2003）說明無形資產管理實務大致區分為二種類型：知識管理之發展基於資訊科技，而智慧資本之發展是相關於財務與策略管理控制。Koenig與Neveroski（2008）亦說明智慧資本起源較早，網路科技興起之後，企業界覺得可運用網路科技連結組織知識，知識管理隨之興起，早期知識管理發展重視資訊與知識資本、結構資本之管理，後來才擴展增加顧客資本管理，另有IBM公司提出之知識管理三位一體之架構，包括知識資源（內隱與外顯、正式與非正式）、社會資本（文化、信任、知識行為、人力資本）、基礎建設（流程、資源、科技、衡量指標），其後知識管理又增加更多要素，如組織學習等等。

　　Snyder與Pierce（2002）認為需能夠衡量組織資源，才能達成有效管理，另一方面，既然智慧資本是無形資產，即應落實管理原則之應用。P. H. J. Hendriks與Sousa（2012）完整論述知識管理與智慧資本管理之關係，本研究綜整其概念，製作如圖2-3之關係圖。學者P. H. J. Hendriks與Sousa認為知識管理著重於組織知識之管理，並主述知識管理與智慧資本之雙向關係。首先，由知識管理發展至智慧資本管理之方向，其發展重點為概念的內部關係，其下再區分為基於本體論與知識論的關係，而衡量知識物件之方法則依其關係建構原理之不同，分別有若

干的衡量方法，如基於本體論下之衡量方法中，直接智慧資本是衡量無形資產之金錢價值，市場資本化是衡量市場價值與股東權益之差異，資產報酬率由有形與無形資產來計算年度盈餘。而基於知識論下之衡量方法，則著重於知識存量（knowledge stock）與流量等議題，如無形資產監測之知識存量議題為其穩定度，而流量則為成長與更新；價值鏈計分卡之知識存量議題為智慧財產，而流量則指發掘、學習、導入、商業化等價值鏈；衡量無形資產與改善創新管理（<u>ME</u>asu<u>R</u>ing <u>I</u>ntangibles To <u>U</u>nderstand and improve innovation <u>M</u>anagement, MERIUM）之知識存量與流量分別為無形資產資源與活動。

	由知識管理至智慧資本管理：概念的內部關係	
	關係建構原理	衡量物件方法
知識管理	建構（Constitution）：基於本體論	直接智慧資本 市場資本化 資產報酬率 計分卡
	映射（Reflection）：基於知識論	無形資產監測 智慧資本指標 價值鏈計分卡 知識稽核 衡量無形資產與改善創新管理
	由智慧資本管理至知識管理：因果的外部關係	
	智慧資本管理之意圖效果：對組織外部	
	公共關係（對潛在員工、其他公司、媒體）	
	智慧資本管理之意圖效果：對組織內部	
	增強決策者之管理策略、提供行動方案並影響組織成員行為	

圖2-3：知識管理與智慧資本管理關係圖
註：本研究依學者P. H. J. Hendriks與Sousa（2012）所提概念，自行製圖。

　　另外，由智慧資本發展至知識管理之方向，其發展重點為因果的外部關係，其下再由智慧資本於組織內外部之意圖效果（intended effects），分述其內容，智慧資本管理有效運用具體指標，以利提供對外公共關係之相關資訊，而組織內部之影響則因可衡量性指標之應用，而促進決策管理之效率與效能（P. H. J. Hendriks & Sousa, 2012）。

本書重點在於智慧資本管理，由可量測的管理指標，具體檢視知識管理成效，以利未來調整組織策略管理之目標與方向。

第三節　智慧資本之組成構面與相關衡量機制

不同學者對於智慧資本之組成構面有其獨特見解，國內已有管理領域，如吳安妮（2002）、陳美純（2002）等研究彙整國外管理學者之組成構面，本節內容即不再贅述。本書旨在論述智慧資本於圖書館經營管理，圖書資訊領域學者論及智慧資本組成構面與衡量指標之詳細內容，請見本書第四章。

本章節僅摘錄少許管理學領域研究關於智慧資本組成構面如表2-1，其中Edvinsson與Malone（1997）將智慧資本分為人力資本與結構資本二大構面，結構資本中再區分為顧客與組織資本，而組織資本則包括更新與發展資本及流程資本，為智慧資本提出層級式之資本構面。J. Roos等人（1997）主要提及結構資本與人力資本，結構資本包括關係、組織、更新與發展內容，人力資本包括能力、態度、智識敏捷力等內容。Stewart（1997）之資本構面包含人力、結構與顧客。Sveiby（1997）則主述無形資產包含內部結構、外部結構、個人能力等三種類型，其中外部結構含品牌、顧客與供應商關係，由於學者Sveiby應用之名詞與先前學者不盡相同，在相關資本構面中，保留原書之名詞於表2-1。Bontis（1998）的研究包含人力資本、顧客資本與結構資本。而國內研究則僅摘錄政治大學與資策會合編專書所提及的資本構面，該書集結了國內商學領域學者專家之研究，資本構面包含面向廣而完整。

各資本構面之內容與範疇定義如下，組織資本（organizational capital）與結構資本（structural capital）：組織制度與文化、品牌與形象、結構層級及人員編制狀況。人力資本（human capital）：員工的能力、知識及經驗。程序資本（process capital）：組織創建高效能的營運作業流程的能力。技術資本（technological capital）：組織導入相關科技或軟硬體設備以強化服務品質的程度。關係資本（relational capital）：員工或組織與所有利害關係人，如公司高層

表2-1：管理學者之智慧資本組成構面

研究文獻	組織	結構	人力	程序	技術	關係	顧客	更新與發展
Edvinsson & Malone, 1997	○	○	○	○			○	○
J. Roos et al., 1997		○	○					
Stewart, 1997		○	○				○	
Sveiby, 1997		○	○			外部結構	外部結構	
Bontis, 1998		○	○					
國立政治大學商學院臺灣智慧資本研究中心與財團法人資訊工業策進會資訊情報中心，2006	○		○	○	資訊科技	○	○	

註1：研究文獻依年代排序，後以字母順序排列。
註2：該研究提及之資本構面以「○」註明，若該研究資本構面名稱不全相同，則以文字說明。若干學者將process資本，譯為流程資本，本書譯為程序資本。

及直屬部門主管、機構內所有同仁、組織產品或服務之上下游廠商、策略聯盟合作等關係經營的狀況。顧客資本（customer capital）：組織因應顧客需求，維持良好顧客關係，提升顧客忠誠度以創造商業價值之知識與技能。更新與發展資本（renewal and developmental capital）：為因應未來內外部環境變動，組織提升服務質與量的知識與技能。

除了前述提及智慧資本組成構面之外，許多學者亦設計不同之智慧資本衡量機制，Snyder與Pierce（2002）綜整先前研究，將衡量指標區分為二大類型：複合衡量變數與單一衡量指標，複合衡量變數包括Sveiby（1997）之無形資產監測、Edvinsson與Malone（1997）之斯堪地亞領航指標、平衡計分卡（Kaplan & Norton, 1992, 1996）。單一衡量指標包括商譽、市場價值與專家鑑價、股價淨值比、投資成本、Tobin's q、專利被引權重等。吳安妮（2002）亦曾綜整國外學者之評價方法，如市場價值／帳面價值法、Tobin's q、智慧資本附加價值係數等。前述衡量機制各自有其發展背景與歷史，並已應用於各產業，

相關細節可參見前述學者之研究。平衡計分卡與智慧資本之衡量機制比較分析，請見下一節。

　　智慧資本衡量指標於圖書館經營管理之綜整分析，則請參見本書第四章，應用部分衡量指標於工商圖書館之實證研究結果，請見本書第七章與第八章。

第四節　智慧資本與平衡計分卡

　　由Kaplan與Norton（1992, 1996）提出的平衡計分卡（balanced scorecard, BSC）也廣泛運用於各行業來衡量公司績效，除了財務構面之外，尚有顧客、企業內部流程、學習與成長等四項構面，各構面衡量變數之設計同時包含領先與落後指標之概念。

　　智慧資本強調知識資源的互補能力以辨識未來發展的能力，而平衡計分卡重視指標的因果關係以便檢視機構的市場定位（Mouritsen, Larsen, & Bukh, 2005）。另外，Bontis、Dragonetti、Jacobsen與Roos（1999）認同平衡計分卡不應僅是一套複雜的衡量系統，而應系統化地檢視各個構面，做為企業整體的管理系統。但平衡計分卡有如下限制。第一，平衡計分卡由四大構面趨使其關鍵成功因素指標的發展，然而，部分重要指標很難嚴格地歸類於四大構面，如平衡計分卡中的顧客構面缺少考量外部因素，如供應商、聯盟伙伴、在地社區的互動關係。第二，員工在平衡計分卡中，未受到應有的重視，員工與資訊科技歸類於學習及成長構面，而創新是企業內部流程構面，若創新成為企業的例行事務，則似乎可自行於組織中運行良好而不需員工來執行，因此，管理員工及其知識之議題，在平衡計分卡中被低估。整合前述學者關於平衡計分卡與智慧資本之各項比較因素如表2-2，平衡計分卡常需由財務績效呈現其成果，然而，智慧資本著重於知識資源及未來需求，顧敏與王怡心（2009）雖曾運用平衡計分卡於國家圖書館與大學圖書館的經營績效分析，但以圖書館屬性為非營利型組織而言，智慧資本理論更適用於圖書館之經營管理。

　　除了比較平衡計分卡與智慧資本之理論發展與衡量指標特性之

表2-2：平衡計分卡與智慧資本之比較

比較項目 （文獻來源）	平衡計分卡	智慧資本
策略理論 （Mouritsen et al., 2005）	● 定位理論 （positioning theory）	● 能耐基礎理論 （competency-based theory）
策略目標 （Mouritsen et al., 2005）	● 未來的獲利性與市場定位 ● 組織未來的市場定位為何？ ● 組織未來如何競爭？	● 辨識未來的需求 ● 我們未來想要在哪些地方表現優越？ ● 組織未來如何運作？
主要論點 （Bontis et al., 1999）	● 公司需要一套包含領先、落後、內部、外部衡量指標系統	● 強調應重視公司之無形資產，如同有形資產般，無形資產亦應該被監測及管理
衡量指標 （Mouritsen et al., 2005）	● 為四大構面找尋其因果關連之指標，以達到「預測」公司未來財務績效	● 找尋知識資源與能耐間之互補性指標，以利落實公司知識管理
優點 （Bontis et al., 1999）	● 強有力的邏輯 ● 衡量指標與財務績效間具明確的關連性 ● 發展完整且具備豐富而一致性高的理論文獻	● 彈性 ● 動態模型 ● 可比較部分外部資源因素 ● 可應用於非營利型組織
缺點 （Bontis et al., 1999）	● 太呆板，彈性不足 ● 未適當地考量人力資產與知識創造過程 ● 靜態，未考慮動態環境變數 ● 無外部資源因素	● 百花齊放的研究文獻 ● 衡量指標發展尚在起步階段 ● 太重視知識存量而犧牲了知識流

外，Wu（2005）綜整先前若干學者論述關於比較二種管理機制文獻，區辨為三項主題重點：主題一為理論概念比較，主題二以衡量與管理觀點比較平衡計分卡與智慧資本之關係，主題三為應用平衡計分卡來衡量智慧資本績效。部分比較研究除了文獻論述之外，亦以個案方法分析，不同研究其個案樣本公司背景多元，來自於歐洲、瑞典、丹麥、美國等地區。Wu（2005）整合二項方法並提出策略性智慧資本（strategic intellectual capital, SIC）之概念，以智慧資本理論為主架

構，運用平衡計分卡強化其衡量指標，落實智慧資本管理，並以個案研究方法進行實證研究，試圖結合二種方法之優點，提出較佳的策略管理方法。

儘管已有若干學者（Bose & Thomas, 2007; Wu, 2005）提出整合二種管理機制，然而，不同學者其角度不同，整合方法仍需經更多討論，以達一致性之共識。圖書館屬性為非營利型組織，選擇導入企業管理機制時，應慎重考慮該理論架構之穩定性與適用性。長期投入於非營利型組織管理之學者Kong（2007）曾提及非營利型組織較不適合導入平衡計分卡之因素如下：（1）平衡計分卡之基本假設為公司有其穩定之目標客戶群，然而，非營利型組織往往無消費客戶群，而是服務接收者，與企業管理之顧客定義，相當不同。（2）平衡計分卡基於學習與成長構面指標表現好而驅使企業內部流程快速，進而呈現良好的財務績效，然而，非營利型組織並非基於該因果關連之運作方式，與平衡計分卡假設的邏輯有很大不同。（3）平衡計分卡之構面含括面向範圍有其局限性，彈性度及周延性不足，非營利型組織環境複雜多變，以平衡計分卡之顧客構面而言，難以套用於非營利型組織。（4）平衡計分卡未特別為人力資源設計一構面，非營利型組織往往是藉著志工或具熱誠的員工來完成各項任務，人力所帶來之知識資源是相當重要的資產。

本書主軸在於圖書館經營管理，基於前述若干學者所述理由，本研究選定智慧資本理論應用於圖書館管理。

第五節　非營利型組織之智慧資本管理

智慧資本肇始於商業管理學界，應用於營利型組織。然而，近年來，學者Kong等人倡導智慧資本於非營利型組織之營運研究（Kong, 2007, 2008, 2009; Kong & Prior, 2008）。

非營利型組織範圍廣，包含文化與娛樂、教育與研究、健康、社會服務、環境、社會發展與住宅、法律與政策、博愛與志工、國際型、宗教型、專業學會與工會、其他等12種類型（Kong, 2010），圖

書館應歸屬於前述之教育與研究類型,教育與研究類型之次分類則區分為國小教育、中等教育、高等教育、成人教育、研究機構等,圖書館雖未明列於其中,但不同類型之教育機構往往包含圖書館,因此,此節概述非營利型組織之智慧資本管理,作為引導下一節之圖書館之智慧資本經營管理之相關前置概念。

同樣結合智慧資本於非營利型組織之研究,部分學者泛論非營利型組織之智慧資本管理,亦有學者關注特定組織類型,如芬蘭之老人照護組織(Sillanpää, Lönnqvist, Koskela, Koivula, Koivuaho, & Laihonen, 2010)、高等教育機構與大學(Bezhani, 2010; Ramírez & Silvia, 2014; Sánchez, Elena, & Castrillo, 2009; Secundo, Margherita, Elia, & Passiante, 2010)、交響樂團(Mesa, 2010)等等。

Kong與Prior(2008)由人力資本(human capital, HC)、結構資本(structural capital, SC)、關係資本(relational capital, RC)等三構面來分析非營利型組織的運作及知識移轉的過程,並提出智慧資本與競爭優勢之概念模型,如圖2-4。

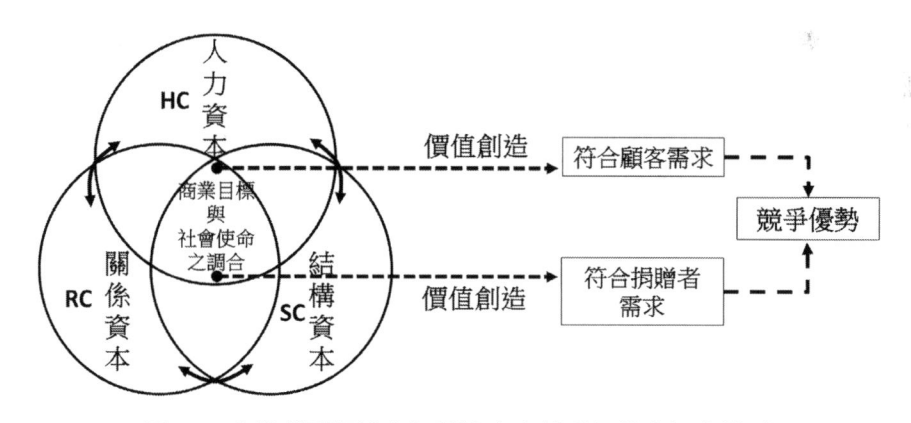

圖2-4:非營利型組織之智慧資本與競爭優勢之概念模型
資料來源:(翻譯修改自)"An intellectual capital perspective of competitive advantage in nonprofit organizations" by E. Kong & D. Prior, 2008, *International Journal of Nonprofit and Voluntary Sector Marketing*, 13, p. 123.

兩兩構面間的知識移轉活動,共包括了六種型態,如由HC至RC包括鼓勵員工輪調,以符合顧客(服務接收者)、捐贈者,或供應商

的要求；由RC至SC包括建立顧客與捐贈者檔案，及進行顧客與捐贈者意見調查；由SC至HC包括新任員工需熟悉瞭解組織政策及相關手冊，以分析顧客資料進而瞭解需求；由HC至SC包括資深經理人建構策略方案及建立訓練手冊，以供新進員工或義工參考；由SC至RC則包括建置網站以便公開資訊，並發布電子報以與顧客溝通；由RC至HC包括員工需與顧客進行面對面溝通，及提供24小時不間斷的線上諮詢服務。

許多智慧資本研究著眼於某特定組織類型之衡量指標的內容設計，Kong與Prior（2008）的研究重點在非營利型組織之不同資本構面間的知識流，並辨識其知識流方向，以全面之觀點來檢視不同資本構面間之概念重疊處，相當具參考價值。

不少研究著重於高等教育機構與大學之智慧資本管理，西班牙學者Sánchez等人探索如何藉由推展智慧資本概念，促使歐洲高等教育機構增進治理之透明度與改善內部管理，分別以國家型與區域型觀點來分析，包含奧地利、馬德理自治大學（Autonomous University of Madrid）、歐洲十餘所大學與研究機構組成之歐洲大學瞭望聯盟（Observatory of European Universities, OEU）之智慧資本衡量機制應用於高等教育機構之相關政策與經驗資訊，分列於人力資本、組織資本、關係資本等三項構面，總計43項之財務與非財務型指標，具體呈現專屬於高等教育機構之智慧資本衡量指標，可有效揭示大學或研究機構之營運特色（Sánchez & Elena, 2006; Sánchez et al., 2009）。

另一西班牙學者Ramírez等人亦論述多篇關於大學中的智慧資本管理，Ramírez、Lorduy與Rojas（2007）介紹關於智慧資本應用於大學之先前研究，包含其要素、各學者所提之模型、與衡量指標，包含數個歐洲地區的大學聯盟的相關計畫。Ramírez、Peñalver與Ponce（2011）則著重於論述西班牙公立大學之利害關係人（大學主管、教師及研究人員、行政服務人員、學生、企業組織、聯盟組織、公共行政）之資訊需求，提出人力資本應重視學術專業人員合格條件、移動力、科學產出、教學品質；結構資本應重視創新與改善、智慧財產、管理品質；關係資本應重視畢業生之就業、與商業界的關係、研

究之應用與傳播、學生滿意度、大學的形象、與其他大學的合作等。Ramírez與Silvia（2014）則進一步為西班牙大學建立漸進式智慧資本施行階段架構，以及各構面的具體衡量指標，包括人力資本之12項指標、結構資本之14項指標、關係資本之16項指標，並進行實證研究，收集247位西班牙公立大學聯盟理事會成員對於衡量指標之評估意見，統計分析各指標之重要性，再據以修正其指標內容。

英國學者Bezhani（2010）將智慧資本區分為人力資本、結構資本、關係資本等七項構面，各構面下各設若干指標，總計共39項指標，其中圖書館及其電子媒體的投資金額為結構資本的指標。研究結果呈現30所英國大學應用智慧資本相關指標之概況。

Secundo等人（2010）為義大利大學建構人力資本之29項指標、組織資本之17項指標、關係資本之16項指標，其中圖書館館藏量列於組織資本之基礎建設發展次構面的指標之一。該研究分別收集2001年、2004年、2008年資料，依指標計算相關數據，並據以檢討不同年度之營運績效，可有效辨析大學發展之強弱項，而改善經營方針與調整策略。

本研究摘錄前述三項西班牙與義大利學者研究（Ramírez & Silvia, 2014; Sánchez et al., 2009; Secundo et al., 2010）之部分衡量指標內容如表2-3，雖然都採納人力資本、組織（結構）資本、關係資本等三項構面，但各研究之衡量指標內容不盡相同，僅少數內容重複，如教職員人數、教師著作量等，其他指標各有其強調之特點。Sánchez等人（2009）強調大學與外部組織之產學合作，Secundo等人（2010）重視基礎建設之發展與國際化指標。因高等教育機構之特色重點與營利型組織之經營方式不同，因此其智慧資本衡量指標內容迥然不同，而圖書館為大學之一環，館藏量指標為構成大學之組織（結構）資本之一項。本研究重點在於圖書館之智慧資本管理，適用於圖書館之各資本構面之衡量指標，於本書第四章論述其細節。

表2-3：高等教育機構之智慧資本指標

主／次構面		指標	文獻來源
人力資本	吸引力	科技／商管背景學生百分比	Secundo et al., 2010
		大學生／碩士生／博士生人數	
		學生滿意度	
		學生平均年齡	
		畢業生六個月後就業百分比	
		校友擔任大學教職員之比例	
	效率	教師與職員總數	Ramírez & Silvia, 2014; Secundo et al., 2010
		新進人員人數	Secundo et al., 2010
		教師占大學全體員工比例、師生比	
		研究人員數與行政人員數之比值	Sánchez et al., 2009
		博士生數與研究人員數之比值	
		教師與職員平均年齡	Secundo et al., 2010
		學生對教師之評鑑	
		研究計畫經費總額除以研究人員數量	Sánchez et al., 2009
	學術專業合格程度	教師與研究人員具博士學位比例	Ramírez & Silvia, 2014
	開放性	訪問學者數量除以本校研究人員數量（依不同學科領域，區分為本國與國際）	Sánchez et al., 2009
	科學產出	博士論文數、科學著作出版數	Ramírez & Silvia, 2014

表2-3：高等教育機構之智慧資本指標（續）

主／次構面		指標	文獻來源
組織資本／結構資本	基礎建設發展	支援教學研究而導入之軟體數量	Secundo et al., 2010
		平均每人次之資訊科技花費	
		平均每生（學生、教師、職員）之電腦數量	
		圖書館館藏量	
	創新與知識編碼	研究計畫成功獲取率	Secundo et al., 2010
		進行中的研究計畫件數	
		教師出版學術著作（研討會論文、期刊論文、圖書）數量	Ramírez & Silvia, 2014; Sánchez et al., 2009; Secundo et al., 2010
		專利數、國際獲獎數、大學扶植成立新創公司數	
	知識編碼	學術著作被引量	Sánchez et al., 2009
		與他校合作研究量（學術著作與專利數）	
		智慧財產授權金	
關係資本	教學效率	退學率、畢業率	Ramírez & Silvia, 2014
	大學形象	社會對大學的評價、他校畢業生之參與本校之博士後研究人數	Ramírez & Silvia, 2014
	研究與發展網絡	新夥伴發展量	Secundo et al., 2010
		涉入教學（研究）之公司（研究機構）數	
		造訪網站數量	
		電子郵件收到與寄出量	
	大學衍生企業（spin-off）	大學支援而扶植成立之新創公司數	Sánchez et al., 2009

表2-3：高等教育機構之智慧資本指標（續）

主／次構面	指標	文獻來源
合約與研究發展計畫	與產業或公部門簽定研究計畫的合約數（或總合約金）	Ramírez & Silvia, 2014; Sánchez et al., 2009
知識移轉	技術移轉機構及其相關活動	
政策、社會及文化生活參與度	涉入國家政策、社會與文化生活之相關活動	Sánchez et al., 2009
科學之公眾瞭解程度	推廣科學相關活動	
國際範疇	具國際經驗之學生數	Secundo et al., 2010
	國際學生（教師）百分比	
	跨國合作之國家數	
	教師參與國際會議之人次	

第六節　圖書館之智慧資本經營管理

　　西方圖書資訊學領域當中，Baron（1995）有感於鄉村地區公共圖書館不僅館員數量不足，而且館員技能亦無法提供現代化的資訊服務，率先為文呼籲應投資於公共圖書館智慧資本，建議可建立館員學習社群，鼓勵館員取得圖書資訊學碩士學位，或加強遠距教育學習環境等。前述研究著重於人力資本之觀點，而Koenig（1996, 1997）的論述則將智慧資本觀點於圖書館之整體經營管理，他提及智慧資本為應用組織知識，並創造差異優勢，主要包含二項要素：知識本身，以及適當地維護及散播知識的架構。Koenig認為前述源自於商業界的智慧資本管理要素，實雷同於圖書館員已在做的業務。Koenig（1997）建議圖書館員可依循以下六方針以融入智慧資本觀念於工作之中：（1）為機構內之資訊或知識定義其作用。（2）評估競爭者的知識資產及其策略。（3）評價自身機構的知識資產及策略組合。（4）鑑定自身知識資產，如專利等。（5）投資與行動。（6）重組知識組合與資訊地圖，並持續循環更新。此外，該文獻亦提供智慧資本解題書目，尤其是專門圖書館營運相關書單，以利館員參考。

White（2007c）曾提及二十多年前，即有學者（Buckland, 1982; Rodger, 1990）以 "library goodness" 敘述圖書館之無形貢獻與服務，1990年代後，才跟隨管理學之趨勢以智慧資本用語來闡述。導入圖書館無形資產評價管理有三項潛在效益：（1）可提升圖書館影響力的範疇，使利害關係人（如顧客、機構主管等）更瞭解圖書館之價值。（2）調整圖書館資源以符合利害關係人之需求。（3）可更有效地整合有形與無形資產資源，促進圖書館管理效能（White, 2007c）。而White之另二篇文獻主要關於人力資本評價，其中一篇提出短期與長期之人力資本評價策略模式（White, 2007a），另一篇則提出人力資本評價之過程中，仍會面臨許多挑戰，包括各評價項目之操作型定義無共識、整個評價流程之複雜度與不確定性、中階主管之需求標準不一致等。因此，克服前述之困難，為順利導入圖書館人力資本評價流程（White, 2007b）。

圖書資訊領域學者曾與商業管理領域學者合作研究，如Snyder與Pierce（2002）完整介紹智慧資本相關概念，包括資產定義、智慧資本簡史、不同學者之智慧資本定義、衡量構面與指標等。Snyder與Pierce結論如下：因為圖書館與資訊中心在機構當中，經常被認為是開銷單位，而非是組織中的核心單位。因此，即使導入智慧資本概念於經營管理中，亦不會使圖書館於機構中的位階驟然提升，但運用智慧資本之相關工具可促進變革，也可將資訊專業人員投入於整理組織資訊與知識之工作，有系統地呈現其價值（Snyder & Pierce, 2002）。因此，圖書館雖屬非營利型組織，不需為機構追求利潤極大化，但仍需導入智慧資本於經營管理，以彰顯圖書館工作的重要性。

委內瑞拉學者Vegas（2004）曾在國際圖書館學會聯盟期刊發表應用智慧資本與社會資本於中南美洲圖書館之組織資訊架構，為因應全球化環境，亦提及關係（顧客）資本、結構資本、人力資本等三項智慧資本於圖書館經營管理之重要性。

近年來，希臘學者Kostagiolas投入智慧資本於圖書館經營管理之系列研究，先探索學術圖書館之無形資產（Kostagiolas & Asonitis, 2009），其後介紹智慧資本之主要資本構面：人力資本、組織／

結構資本、關係資本，及為三項資本構面下列舉若干指標性無形資產（indicative intangible assets），如人力資本之人員教育背景及相關訓練、組織／結構資本之學習型文化與知識型團隊、關係資本中之顧客關係管理等，但未提供相關數值計算公式（Kostagiolas & Asonitis, 2011）。另有多篇研究以公共圖書館角度探索其智慧資本管理（Kostagiolas, 2012b, 2013），並與另一學者Asonitis合作研究，採取德菲法（Delphi method）與層級分析法（analytic hierarchy process, AHP），請圖書館學者專家填答問卷，為公共圖書館現有的績效衡量指標計算權重，依其重要性優先序排列，將各衡量變項歸類至智慧資本之人力資本、結構資本、關係資本之三構面（Asonitis & Kostagiolas, 2010），該研究將現行圖書館營運作業對應於智慧資本，將原先抽象之智慧資本概念以圖書館之績效指標具體化，相當具實務價值。除了前述提及若干論文外，Kostagiolas（2012a）出版專書以完整介紹圖書館管理智慧資本之概念。

臺灣學者首由阮明淑（2002）介紹智慧資本觀念應用於公共圖書館管理，淺述智慧資本組成：人力資本、結構資本（包括創新資本與過程資本）、關係資本，以及其定義與內涵。

陳光榮與謝采汝（2004）論述智慧資本概念並提供具體行動方案的建議。以下分述該研究之具體建議方向：（1）人力資本管理，包含嚴格且具彈性的甄選、有效的教育訓練計畫、適才任用、個人的激勵與獎賞、適度的授權與賦能、學習型組織的建置、向心力的凝聚、圖書館學會機制的發揮等項目。（2）結構資本之一的流程資本包含作業管理、全面品質管理、設備管理。結構資本之二的創新資本包含創新文化、透過「建築」創新、透過「設置周邊休閒設施」創新、透過「科技－數位圖書館的建置」創新、透過「服務」創新，透過「推廣活動」創新。（3）顧客資本管理，與供應商、合作夥伴間之互動關係，以及與讀者間之互動關係。

前述研究並未進行圖書館實證研究，2010年後，臺灣地區才陸續有圖書館智慧資本管理實證研究，分別為龔彥融（2010）於大學圖書館收集量化問卷資料以分析不同資本構面下衡量指標之重要性，而黃

元鶴（2014a）結合量化與質化研究方法收集工商圖書館管理人員於智慧資本不同構面之意見。

中國學者往往以「智力資本」或「知識資本」稱「智慧資本」一詞，為統一用詞，統一以臺灣用語稱之。中國由毛贛鳴（2000）首將無形資產概念應用於圖書館之論述，毛贛鳴與其研究夥伴陸續發表多篇相關論著，毛贛鳴（2004）結合無形資產與知識產權之社會無形資產（socio-intangible assets）資本化分析，介紹成本法、市場法、收益法等評估方法，提出圖書館之智慧資本要素包括「人力資源（未編碼知識）＋結構性資本（資訊資源總價值量〔已編碼知識資產〕和經營性資產）＋資源共享（公有權無償服務為主）＝社會效益（智慧資本量化）」，其中資訊資源總價值量包含資訊資源存量與增量，而經營性資產是維繫圖書館運作的成本，包括人員工資、書刊流通管理費、設備添置維修費、館舍增容或開辦費、網路資源購置與使用費等。

毛贛鳴研究團隊之後續研究則提出智慧資本循環示意圖，指出資訊流與價值流在互動、交流、融合與貫通中指向讀者，經館員的有效整合控制成知識價值（毛贛鳴、王建雄，2006）。其後較為完整的理論模型由毛贛鳴（2008）提出之「圖書館知識資本運營機制模型」，則呈現智慧資本理論於圖書館實務工作之架構圖，廣泛收集各方資訊，資訊流經由「輸入」、「處理」、「輸出」等流程，包含人力資源價值實現、資訊資源管理之經營型資產，其間包含決策層知識管理與內外部結構資本之運作，以達知識移轉與顧客價值實現、體現社會或經濟效益。另外，毛贛鳴、毛贛萍與李黛君（2006）則由國家創新系統觀點論述圖書館智慧資本管理。

中國相關文獻亦多為論述型，少見實證研究，唯二篇研究為實證研究。李蘭芹（2011）應用層級分析法為個案圖書館建立智慧資本綜合評價模型，其研究結果呈現人力資本四項指標、組織資本四項指標、知識產權四項指標、社會資本三項指標，其指標細節詳見本書第四章。另外，陸康、王聖元與劉慧（2012）建構人力資本、結構資本、讀者資本、知識產權等四個構面之12項指標，並區辨為投入型與產出型指標，收集26個圖書館之智慧資本指標之各項實際數據，應

用資料包絡法（data envelopment analysis, DEA）分析，其結果呈現個別圖書館各項指標之強弱項，可說明圖書館智慧資本之相對效率問題，以利未來調整資源分配與提升經營效能。

一、專門圖書館（含公司、法律、醫學圖書館）之智慧資本經營管理

一項由美國專門圖書館學會主導的研究，應用了智慧資本觀念提出了完整的分析報告，Portugal（2000）曾訪談了北美地區中分布於25種產業類型之90間公司、跨國企業之14間公司、以及18個美國公共及私人學會組織，提出無形資產的評價方式以衡量館員及資訊專業人員的貢獻，此研究採納了顧客、程序、更新及發展、人力、財務等五個面向，各面向分別提出10-20個不等的指標。前述研究為圖書館實務界首見將完整的智慧資本構面，在專門圖書館之實證案例。

公司圖書館之母機構為營利型機構，而智慧資本源自於商業及管理學之理論，理應成為公司圖書館之應用案例，然而，除了前述Portugal（2000）提出完整研究報告之外，智慧資本應用於公司圖書館之文獻量並不如預期。Gandhi（2004）曾撰文論述公司圖書館及專門圖書館率先發展知識庫，以組織整理機構內員工之智慧資本，文中提及了Hewlett-Packard公司、Sun公司、Oak Ridge國家實驗室等公司圖書館如何發展相關工具與服務，以貯存及散播知識。Griffiths（2012）提及應用資訊／知識稽核方法來辨識機構內重要資產，並提升其應用效率與效能。

臺灣亦有探索智慧資本管理於公司圖書館之實證研究，黃元鶴（2014a）於臺灣一千大企業收集54家公司之量化問卷調查與八家公司資訊服務人員之質性訪談資料，於結構資本、人力資本、程序資本、技術資本、關係資本、顧客資本、更新與發展資本等七項構面分述量化及質化研究結果，完整內容請詳見本書第七章。

另有醫學圖書館以導入新資訊科技來提供讀者快速便利的資訊服務，以有效地應用與發揮圖書館之智慧資本（Hopkins, Summers-

Ables, Clifton, & Coffman, 2011）。而Milles（2006）則以管理法律圖書館角度呼籲法學院應將他們擁有的智慧資本，由原先出版法律學術為主之狀況，轉移方向至發表與出版適合法律實務界之資訊資源。

中國並無學者將智慧資本概念焦注於專門圖書館之研究，但任職於中國三精製藥股份有限公司之趙興慧（2014）曾撰文呼籲圖書館智慧資本管理模式之重要性。

二、學術圖書館之智慧資本經營管理

不少研究將智慧資本概念應用於學術圖書館，芬蘭學者Huotari與Iivonen（2005）探索大學圖書館與其母機構之夥伴關係，將大學中的知識流程分為三種類型：創造型知識流程（generative knowledge process）、生產型知識流程（productive knowledge process），以及代表型知識流程（representative knowledge process），表2-4顯示圖書館於不同知識流程類型中於大學中的角色，為了強化圖書館於大學中的夥伴關係，該研究建議圖書館應強化其智慧資本。在人力資本構面中，應發展與更新核心專業能力；在結構資本中，應設計扁平式與網路式的工作團隊，以彈性而即時地回應顧客的需求；在顧客資本中，應基於忠誠度與永續經營態度，重新審視圖書館與相關利害關係人之夥伴關係。

該二位芬蘭學者之後續研究，由大學圖書館角度檢視其智慧資本，整合至母機構大學之智慧資本，強化圖書館於大學之角色，以利大學整體績效表現（Iivonen & Huotari, 2007）。以下分項論述該研究綜整之人力、結構、關係等三項資本：（1）人力資本包含大學圖書館員之管理技能、組織技能、創造力等，應提升圖書館工作專業度、充分瞭解大學中教職員工生之知識與需求、瞭解及體認圖書館於大學知識流程之角色。（2）結構資本包含組織資本，可區分為組織面向與技術面向，組織面向包含組織學習、業務流程與組織文化；技術面向如資料庫、授權與資訊系統。圖書館審慎為大學研究人員引進適切之外部資源，改善研究環境，促進研究生產力。（3）關係資本包括圖書館

表2-4：大學不同類型之知識流程中圖書館扮演的角色

知識流程類型	大學	圖書館可參與該流程之相關業務
<u>創造型知識流程</u>：創造新知識與創新流程	● 研究 ● 建構式學習 ● 策略管理 ● 組織發展	● 館藏發展 ● 參考資訊服務 ● 資訊素養整合於教學中 ● 生產電子教材 ● 提供瀏覽、閱讀與思考的場所
<u>生產型知識流程</u>：新知識被用來提供與維護新產品與服務之流程	● 教學 ● 科學傳播 ● 管理與領導力 ● 委託研究	● 資訊素養指導利用 ● 教材維護、更新及數位化 ● 提供內外部資訊資源便利檢索機制
<u>代表型知識流程</u>：彰顯知識與向顧客移轉知識之流程	● 出版 ● 教學 ● 公共關係與行銷 ● 溝通協調科學研究工作與教育相關議題 ● 委託研究	● 電子與紙本出版 ● 圖書館資訊資源之遞送 ● 資料庫整理工作（內容描述、索引與摘要、編目工作） ● 內外部溝通

資料來源：（修改自）"Knowledge processes: A strategic foundation for the partnership between the university and its library" by M. L. Huotari & M. Iivonen, 2005, *Library Management, 26*(6/7), pp. 326, 328, 330.（本研究合併原始文獻之三個表格資訊為此表）

與大學內外部單位之相關利害關係人（顧客、供應商等）之關係。基於網路環境之資訊素養利用指導，可協助學生減少學習時間，而積極投入於大學教師之學術出版活動，如鼓勵OA（open access）期刊之利用、傳遞學科最新發展資訊等，亦是強化關係資本之一環。

　　希臘學者Kostagiolas與Asonitis（2009）亦由學術圖書館角度檢視圖書館之無形資產。本研究合併該研究之圖表資訊如圖2-5，由左側說明完整的管理策略應包括管理有形與無形資產，而無形資產資源包含三大構面（關係資本、組織／結構資本、人力資本），各資本構面下分別列舉實例，如關係資本中之讀者教育訓練（users training）

等，圖2-5之右側說明應由學術圖書館之一系列績效指標來檢視無形資產資源狀態，且設計雙向之回饋機制，可即時修正與改善學術圖書館之無形資產管理效益。

管理策略
- 無形資產
- 有形資產

無形資產資源

關係資本
- 讀者教育訓練
- 與其他學術專家之合作
- 參與資訊網絡
- 員工之信任與合作
- 聲譽／品牌

組織／結構資本
- 圖書館組織文化／領導力
- 圖書館資訊系統／資料庫
- Web 2.0服務
- 館藏之資訊價值
- 彈性服務之實踐

人力資本
- 員工訓練
- 館員人力品質
- 團隊發展
- 動機、變革能力、經驗

學術圖書館之績效指標

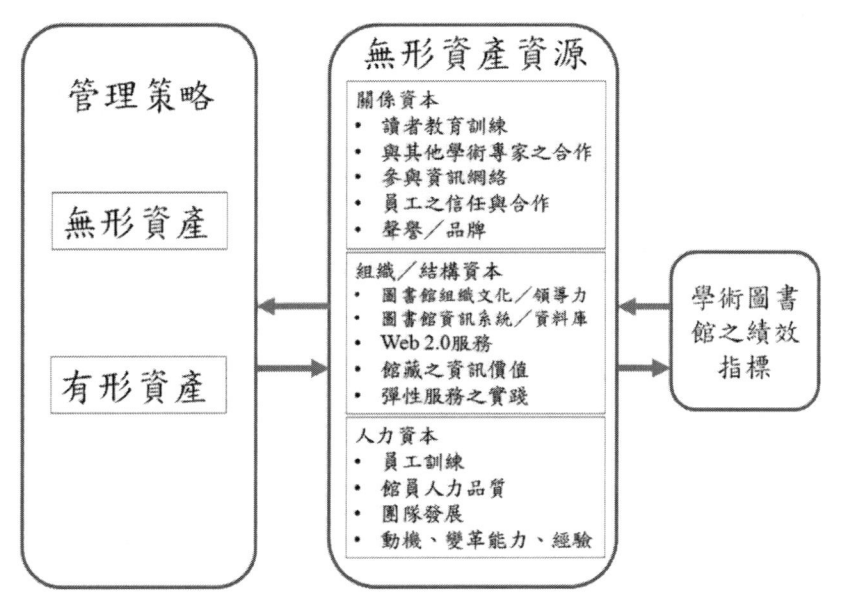

圖2-5：學術圖書館無形資產管理架構
資料來源：（翻譯及修改自）"Intangible assets for academic libraries" by P. A. Kostagiola & S. Asonitis, 2009, *Library Management*, 30(6/7), pp. 422, 425.
註：本研究合併原始文獻之表1與圖1資訊修改為此圖。

　　大學退休教師累積了一生的智慧，曾有相關研究以圖書館如何協助大學保留智慧資本觀點，強調圖書館如何對大學退休教師提供適切的資訊服務，以保存及發揮學術機構人力資本之價值。該研究採取二階段研究，第一階段訪談美國Rutgers大學退休名譽教授，除了藉機介紹機構典藏（institutional repository）服務之外，主要目的在於獲取退休教授之資訊需求。第二階段採取網站內容分析，檢視66所研究圖書館協會（Association of Research Library, ARL）圖書館網站內容，查閱各館提供退休教師的資訊服務類型（Hartman, 2009）。該研究並非以管理圖書館本身之智慧資本觀點，而是著重於圖書館協助大學保存其智慧資本，有助於大學主管體會圖書館之延伸價值。

除了歐美之外，亞洲地區之泰國亦曾有學者以田野調查（fieldwork）方法評價學術圖書館之智慧資產（intellectual assets）。大部分圖書館之智慧資本管理文獻，內容多為介紹相關理論概念及衡量指標，或描繪實踐藍圖，少有實證研究。Corrall與Sriborisutsakul（2010）鉅細靡遺地說明實證研究之過程與結果分析，實為難能可貴的圖書館之智慧資本管理實證研究，具有相當高的參考價值，以下分述其研究內容，以利智慧資本管理於圖書館之推廣與利用。

該研究以個案研究方法分別以二階段收集實證資料，第一階段先收集單一個案大學之初探研究，第二階段再由網站資源搜尋39個圖書館後，經圖書館規模、無形資產之可量性、圖書館經營者是否有興趣接受訪談等三項條件篩選後，獲取三家圖書館個案研究資料。同時採納量化及質化之研究方法如下：（1）初步訪談以獲取圖書館之策略與政策等基本資訊。（2）文獻分析法以瞭解圖書館之現行績效管理方法。（3）與資深主管之半結構式之訪談以確認適用於該館之無形資產項目與架構。（4）每一個案圖書館進行自我管理式（self-administered）問卷及訪談，以結構式的量化問卷對中階主管施測，合併德菲法與焦點團體的方法，收集並分析衡量指標運行於圖書館之可行性調查（Corrall & Sriborisutsakul, 2010）。

Corrall與Sriborisutsakul（2010）之四項研究問題如下：哪些是泰國學術圖書館最重要的無形資產？圖書館主管為何需評鑑無形資產？圖書館如何選擇適切的績效指標以揭示無形資產的價值？哪些績效指標適合評鑑圖書館無形資產？表2-5呈現其研究成果之第一項：個案圖書館之智慧資產，與典型的智慧資本組成構面不同，多了圖書館特有的館藏與服務資產，該研究認為該項是圖書館知識流程之終端產品。T圖書館先前曾採用Kaplan與Norton（2004）之策略地圖，因此該館相關文件資料相當充足，能有效地將無形資產轉換為有形資產之產出成效。此外，該研究亦進一步提供各資本構面下之衡量指標，此部分之細節內容陳述於本書第四章。

研究圖書館協會曾結合情境規劃（scenario planning）方法，得到如下情境假設：（1）未來應有中堅分子存在之必要，亦可再區辨為個

表2-5：個案圖書館之智慧資產

資產類型	K圖書館	SW圖書館	T圖書館
人力資產	● 服務心態 ● 思維敏捷度 ● 經驗 ● 技能 ● 團隊精神 ● 對圖書館目標之投入度（commitment to library goals）	● 調適能力 ● 群體參與／團隊工作 ● 對圖書館策略之投入度（commitment to library strategy）	● 教育與訓練 ● 核心能力發展
結構資產	● 知識分享會摘錄 ● 工作團隊報告 ● 品質控制記錄 ● 管理資訊系統	● 品質保證文件，如手冊、自我評鑑報告、工作流程	● 知識管理專案計畫之產出，如最佳實務、成功故事、學習經驗
關係資產	● 與關鍵利害關係人之關係 ● 讀者回饋	● 與大學高層主管之關係 ● 圖書館之公共形象 ● 行銷溝通	● 館員與讀者之互動
館藏與服務資產	● 常用服務 ● 讀者讚賞點 ● 常被索取之資訊資源 ● 數位館藏 ● 館內資料庫	● 核心課程資料 ● 新檢索工具 ● 電子檔案 ● 新加值服務 ● 使讀者滿意之館藏與服務	● 目標讀者之資訊資源需求 ● 滿意度高之服務 ● 新服務 ● 數位館藏

資料來源：（翻譯自）"Evaluating intellectual assets in university libraries: A multi-site case study from Thailand" by S. Corrall & S. Sriborisutsakul, 2010, *Journal of Information and Knowledge Management*, 9(3), p. 283.

人與機構層級。（2）不同圖書館間存在競爭。（3）品質管理與衡量有其必要性。（4）不同情境有其不同之價值衡量方式。（5）隨著工作場域不同，相關因素是變動的。（6）工作心理學也是變動因素，也會為人們帶來不同的價值觀。

　　該研究為學術圖書館建構價值計分卡，提出四大維度（dimension），其下各包括若干資本要素。（1）維度一：關係資

本。此維度再區分為競爭定位資本與關係資本，前項包含同類型圖書館間之聲譽等因素，後項主要包含圖書館與顧客或其他機構間之關係。（2）維度二：圖書館資本。可區分為實體資產與無形資產，前項包含館藏、環境與服務，後項包含後設資產（meta-assets）、組織資本、人力資本。此處所指之後設資產是為有形資產做加值服務，如圖書館目錄、參考資訊指引服務、資源探索工具等。（3）維度三：圖書館功效（virtue），是指圖書館對於機構之研究、學習、可用性（employability）、專業服務等貢獻。（4）維度四：圖書館動力（momentum）。包括由進步而獲取之資本、增加研究資本、增加學習資本、品質提升、永續發展（Town & Kyrillidou, 2013）。前述研究並未提出具體指標細項，但提供若干指導方針，可據以思考圖書館營運之方向。

臺灣亦曾有探索智慧資本管理指標於大學圖書館環境之實證研究，龔彥融（2010）綜整圖書館評鑑與績效衡量指標，如ISO 11620與國際圖書館學會聯盟制訂之指標，將其結果比對智慧資本衡量指標之異同，並設計人力資本之17項指標、結構資本之15項指標、顧客（關係）資本之14項指標，對大學圖書館之中高階主管發送問卷，驗證大學圖書館實務工作者對各項指標重要性之認知。實際回收48份問卷，統計分析結果顯示：大部分指標重要性高，但有些許指標重要性之認同度較低，如人力資本中之「館員發表圖書資訊學相關論文數」，結構資本之「決策階層數目」，顧客（關係）資本之「館藏為他校讀者借閱之比例」、「未被使用之館藏比例」、「引用文獻為館藏擁有之比例」、「讀者薦購資料占年度採訪資料比例」、「讀者滿意度調查頻率」等。前述若干指標內容理想性高，如讀者滿意度調查頻率高，應較能隨時覺察讀者需求轉變的態勢，但圖書館實務工作者對於該項重要性之認同度不高，可能擔心經常做滿意度調查有擾民之嫌，不見得能真實反應讀者需求。

大部分中國學者論述智慧資本管理未指定圖書館類型，但常以數位圖書館論述，若特別指定圖書館類型，大學圖書館（中國用語以高校圖書館稱之，本文統一以大學圖書館稱之）算是較常提及的類型。

彭小平（2009）與常占輝（2014）都提及整合人力資本、結構資本、顧客資本管理於大學圖書館，可提升大學圖書館經營效能。劉金剛（2004）則憂心內部管理缺乏科學性而造成內部失衡，而強調大學圖書館應跳脫傳統組織管理方式，重視人力資本管理問題。

三、公共圖書館之智慧資本經營管理

大部分文獻都僅淺述公共圖書館之智慧資本經營管理概念，希臘學者Asonitis與Kostagiolas之系列研究（Asonitis & Kostagiolas, 2010; Kostagiolas, 2012b, 2013），除了豐富的論述之外，難能可貴地採取實證研究，值得參考借鏡。

希臘有46所公共圖書館，其中29所定位為中央圖書館，需支援周遭圖書館相關業務，因此，中央圖書館館員常需發展新型態工作模式以提升服務效能，圖書資訊學者Asonitis與Kostagiolas（2010）即為公共圖書館規劃設計基於智慧資本理論之圖書館績效指標。該研究首先依據國際標準ISO 11620等圖書館管理衡量指標文件來設計問卷內容，採取二階段之德菲法，邀請12位公共圖書館管理經驗豐富的專家填寫問卷，二次問卷回覆率分別是91%與75%。依據德菲法研究階段回收問卷資料設計AHP問卷，問卷發放對象為16位圖書資訊所研究生，回覆率為93%，此回收問卷資料利用層級分析法來分析，層級分析法適合處理多重準則之決策過程，可透過其兩兩比對其相對權重之方法，經過三階段之建構層級架構與比序過程，可獲取智慧資本不同構面下之衡量指標，其研究結果如圖2-6。其研究架構包含四層級，第四級為衡量變項，第三級為決策要項（關係資本、結構資本、人力資本），第二級為主要服務項目（獲取文件、資訊搜尋、提供文件、借出文件），以達成第一級之終極目標：改善圖書館效能。第三級之不同資本要項應交叉支援圖書館所有服務項目（架構圖中第二級）。

除了提出層級架構圖之外，Asonitis與Kostagiolas（2010）亦依回收問卷資訊，分析計算圖書館主要服務項目之權重值，由高至低分別是獲取文件（0.307）、資訊查詢（0.285）、提供文件（0.266）、借出文件（0.142）。因此，獲取文件相關工作流程對於改善圖書館效能

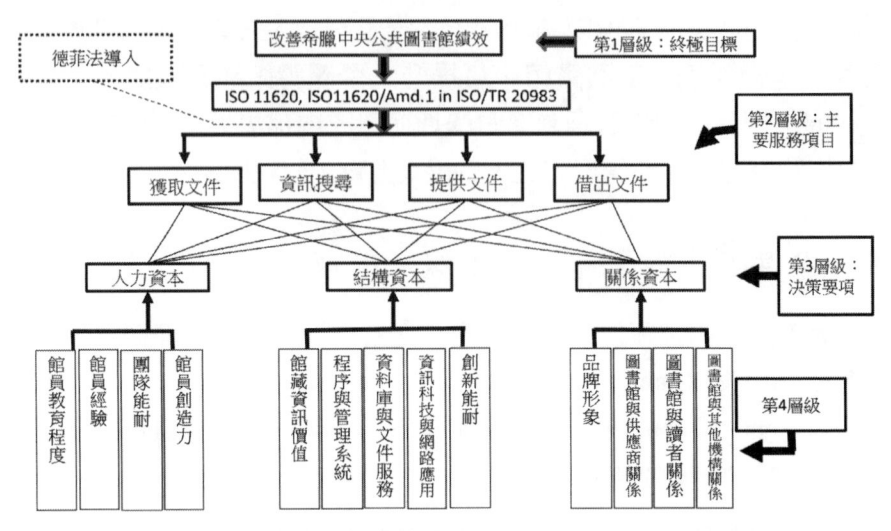

圖2-6：希臘中央公共圖書館之智慧資本管理層級架構圖

資料來源：（翻譯自）"Analytic hierarchy approach for intellectual: Evidence for the Greek central public libraries" by S. Asonitis & P. A. Kostagiolas, 2010, *Library Management, 31*(3), p. 154.

之比重最高，圖書館首應重視資訊服務流程之上游，由最開始之採購與選取資源等流程，即應慎重處理。

Asonitis與Kostagiolas（2010, p. 156）亦進一步提出智慧資本績效衡量指數之計算公式如下：

績效指數（performance index）＝0.421人力資本＋0.318組織資本＋0.261關係資本

前述績效指數之人力資本權重最高，依次才是組織資本與關係資本，顯示館員素質之良窳，影響圖書館整體績效營運表現甚鉅。

此外，Kostagiolas（2013）再度檢視公共圖書館之智慧資本與知識資產管理議題，其觀點如下：（1）公共圖書館為公部門程序資本之一環，由公共圖書館發展之社會資本，與其他公部門之環境管理、預防照護等議題息息相關，公共圖書館有其社會價值。（2）為保存逐漸損壞而超過著作權法保護年限之著作，公共圖書館應數位化後，提供大眾利用，以創造圖書館之智慧資本價值。（3）圖書館聲譽應視為重要的知識資產，圖書館聲譽取決於館藏、館員、館舍與設備等資產，

以及其他無形因素,如未來的期待、形象、服務、組織文化等。(4)圖書館網絡之動態競合關係等議題,公共圖書館間建構正式與非正式之聯盟關係,為了滿足讀者需求,可推行超越傳統館際合作之業務。因此,成員館間之權利範圍即需清楚定義,包括智慧資本之運用與創造等議題。而圖書館與其資訊供應商,如出版商,以及圖書館與其他類型之記憶(memory)貯存機構,如博物館與檔案館等,機構之間的競合關係與影響因素,也值得進一步探究。(5)圖書館所在之地理區域環境影響其智慧資本發展,圖書館鄰近於科學園或學術機構、城市或鄉村等因素,將影響館員訓練課程之可及性,進而影響人力資本之發展。而牽涉於不同國家之法令與制度之規範不同,亦會影響圖書館之組織與關係資本之發展。

前述研究由不同角度檢視公共圖書館之智慧資本發展議題,提醒實務工作者深思公共圖書館之社會責任與策略管理議題,值得思索如何進一步協助公共圖書館創造更具價值之智慧資本。

四、學校圖書館之智慧資本經營管理

較少學者直接論述學校圖書館之智慧資本經營管理,但融入知識管理於中學圖書館之應用,Boelens(2007)提及當此教育工作者面臨鉅變之時代,教育環境已朝向電子學習平臺,學校圖書館應鞏固其網路資訊基礎建設。新世代之學校圖書館員應強化整體營運管理、資訊科技素養、溝通技巧等技能,建立良好的內容管理系統,提供清楚簡明的分層檢索服務。前述研究較著重於技術資本與關係資本管理。另一羅馬尼亞學者Bulută(2011)則由技術資本觀點,建議學校圖書館應提供適合Google世代族群的資訊服務。

第七節 小結

本章簡介智慧資本之源起及其發展,由於其概念源起於商業管理學界,先介紹管理學領域之重要相關研究,智慧資本將管理指標具體化,可有效掌握知識管理之達成率,以瞭解管理策略之良窳,促進改

善。整合不同管理學者觀點之智慧資本組成構面，以及比較另一個廣泛應用於各行業用來衡量公司經營績效的工具：平衡計分卡。以圖書館之非營利型組織屬性而言，智慧資本比平衡計分卡具有更適用於非營利型組織之特性。

已有不少研究關於非營利型組織導入智慧資本管理，本章特別整合若干研究關於高等教育機構與大學之人力資本、組織／結構資本、關係資本等三構面相關衡量指標，顯示智慧資本因機構屬性不同而可彈性設計指標之內容，實與營利型之商業機構差異甚大。

本章重點在圖書館之智慧資本經營管理，前述綜合管理學者觀點與非營利型組織之研究，是為了引導國內外圖書資訊學領域關於智慧資本之相關研究。國外學者Koenig較早即撰述多篇智慧資本與知識管理於圖書館經營之論述，而近年則由希臘學者Kostagiolas有系統地綜整公共圖書館與學術圖書館之相關衡量指標內容，並結合實證研究分析，完整呈現其研究成果。臺灣較少圖書資訊領域學者投入此主題研究，近年僅龔彥融（2010）與黃元鶴（2014a）曾分別於大學圖書館與工商圖書館進行實證研究。中國較多圖書館實務工作者投入研究，毛贛鳴與其研究夥伴自2000年後，陸續發表多篇研究，陳述其理論架構。中國之圖書館智慧資本管理實證研究相當罕見，僅李蘭芹（2011）與陸康等人（2012）之研究。

本章亦探討不同類型圖書館導入智慧資本管理研究內容，最多論述關於學術圖書館，其次為公共圖書館，智慧資本雖源自於商業界，然少見學術文獻探討智慧資本於工商圖書館之應用，工商圖書館往往受限於母機構之政策，其營運資訊不若大學與公共圖書館般公開。本章有系統地整合圖書館之智慧資本管理研究重點，呈現不同學者焦注於圖書館營運之不同資本構面及其內容概述，可提供圖書館實務工作者瞭解應用智慧資本於圖書館管理之可行方案，而各構面下衡量指標細節，請見本書第四章。

第三章
智慧資本文獻計量統合分析

　　為完整檢視智慧資本理論於管理學與圖書資訊學領域之研究脈絡與學術傳播概況，本章以文獻計量統合分析方法來呈現智慧資本學術研究概況。

　　本章內容包含三節，第一節：智慧資本與知識管理文獻計量之研究統整分析，精選先前國外學者之研究成果並比較相關內容。後二節則將智慧資本聚焦於圖書館管理之文獻計量分析，分別為第二節：圖書館智慧資本管理之外文文獻39篇之書目計量與內容分析；第三節：圖書館智慧資本管理之中文文獻68篇之書目計量與內容分析。

第一節　智慧資本與知識管理文獻計量研究統整分析

　　近代智慧資本相關研究熱潮源於商學及管理學領域，管理學領域學者已有不少關於智慧資本文獻計量研究，若干研究併同知識管理文獻分析計量，綜整先前相關文獻計量研究，摘錄其研究結果於此節。

一、智慧資本與知識管理重要期刊

　　智慧資本與知識管理在管理領域中，是新興學術領域，Bontis與Serenko（2009）、Serenko與Bontis（2009, 2013a）曾做了一系列的

研究，為此領域之學術期刊排等級，以利學術研究參考。由於專家調查問卷及資料庫之引用影響係數之二種分析方法各有其優缺，Serenko與Bontis合併前述二種方法製作學術期刊排名，2013年之更新版，收集了379位知識管理與智慧資本領域專家學者的問卷調查資料，並採計資料庫之h-index、g-index值來分析，最終獲得如表3-1的結果。前三名的期刊在二次評比結果之名次是相同的，而第四與第五名期刊則對調其排名，A級期刊包含六種，品質穩定，二次評比結果差異不

表3-1：知識管理與智慧資本重要期刊排名

排名	等級	期刊名	創刊年	分數	2008年排名
1	A+	Journal of Knowledge Management	1997	4.274	1
2	A+	Journal of Intellectual Capital	2000	2.804	2
3	A	The Learning Organization	1994	2.118	3
4	A	Knowledge Management Research & Practice	2003	2.089	5
5	A	Knowledge and Process Management: The Journal of Corporate Transformation	1997	1.759	4
6	A	International Journal of Knowledge Management	2005	1.590	6
7	B	Journal of Information and Knowledge Management	2002	1.395	8
8	B	Journal of Knowledge Management Practice	1998	1.181	7
9	B	Electronic Journal of Knowledge Management	2003	1.000	9
10	B	International Journal of Learning and Intellectual Capital	2004	0.918	10
11	B	International Journal of Knowledge and Learning	2005	0.895	11
12	B	VINE: The Journal of Information and Knowledge Management Systems	2003	0.889	12

表3-1：知識管理與智慧資本重要期刊排名（續）

排名	等級	期刊名	創刊年	分數	2008年排名
13	B	International Journal of Knowledge Management Studies	2006	0.594	13
14	B	Interdisciplinary Journal of Information, Knowledge and Management	2006	0.542	16
15	B	International Journal of Knowledge, Culture and Change Management	2001	0.513	14
16	B	International Journal of Knowledge-Based Development	2010	0.415	N/A
17	B	Knowledge Management for Development Journal	2005	0.367	18
18	B	International Journal of Knowledge-Based Organizations	2011	0.358	N/A
19	B	Knowledge Management & E-Learning: An International Journal	2009	0.356	N/A
20	C	International Journal of Knowledge Society Research	2010	0.209	N/A
21	C	The IUP Journal of Knowledge Management (formerly The ICFAI Journal of Knowledge Management)	2003	0.202	N/A
22	C	Intangible Capital	2004	0.170	N/A
23	C	Open Journal of Knowledge Management	2010	0.131	N/A
24	C	actKM: Online Journal of Knowledge Management	2004	0.127	N/A
25	C	International Journal of Knowledge and Systems Science	2010	0.106	N/A

資料來源："Global ranking of knowledge management and intellectual capital academic journals: 2013 update" by A. Serenko & N. Bontis, 2013a, *Journal of Knowledge Management*, *17*(2), p. 317.

大。25種期刊區辨為三級，除了六種期刊名列A級之外，尚有13種期刊列為B級，六種期刊名列C級，C級期刊之創刊年均在2003年之後，而A級期刊創刊年普偏較早。25種期刊中，僅排名第一名的*Journal of Knowledge Management*與第四名的*Knowledge Management Research & Practice*收錄於Web of Science資料庫。

二、智慧資本重要會議論文計量分析

除了期刊重要性之評比外，國際研討會可提供世界各地專家學者知識交流與溝通的場域，會議成果也可顯示學科發展的脈絡，曾有學者以書目計量方法分析會議論文，Serenko、Bontis與Grant（2009）分析1996-2008年間McMaster World Congress on the Management Intellectual Capital and Innovation之399篇會議論文。其研究結果顯示：（1）約半數論文是單一作者，每篇平均1.73位作者。（2）高產量前五國家依次為美國、加拿大、英國、西班牙、澳大利亞。（3）高產量前五機構為Calgary大學（加拿大）、Catalonia科技大學（西班牙）、Oviedo大學（西班牙）、Hanken大學與Helsinki大學（芬蘭）、政治大學（臺灣）。（4）最常被採用的研究方法是個案研究（約占四分之一），其次是架構、模型、衡量指標，第三為文獻探討、第四名為問卷調查、第五名為次級資料分析。

前述研究結果臺灣雖未名列前五大高產量國家，然而，來自臺灣的政治大學是名列機構層級前五名，可見臺灣智慧資本研究領域學者踴躍參與國際會議，樂見臺灣學者提升國際化能力。

同樣是智慧資本與知識管理研究領域，相較於另一項以同儕評閱之專業期刊文獻計量研究之結果，最高應用比率之研究方法是架構、模型、衡量指標（約占三分之一），其次才是個案研究（Serenko, Bontis, Booker, Sadeddin, & Hardie, 2010），會議論文呈現個案研究占研究方法應用比率最高，顯示以實務個案於會議中分享風氣盛，而同儕評閱專業期刊審查嚴謹，個案研究方法之論文可能議題含括的完整度較不若架構、模型、衡量指標，因此刊登比率較少些。然而，Serenko等人（2009）僅分析單一國際會議，未來若併入更多其他研討會論文分析，可能研究結果不見得相同。

三、智慧資本與知識管理研究生產力

書目計量研究可呈現不同層級之學術生產力，本單元則分別由微觀、介觀、巨觀層級統整先前智慧資本與知識管理文獻計量相關研究成果。

（一）微觀層級：作者個人

Serenko與Bontis（2004）收集表3-1中排序第一、第二及第五名期刊（*Journal of Knowledge Management*、*Journal of Intellectual Capital*、*Knowledge and Process Management*）於創刊年至2003年間所有出版文獻，進行書目計量分析，研究顯示46%文獻為單一作者、33.8%文獻為二位作者、15.1%文獻為三位作者。該研究綜整最高生產力之前64名之作者，前三名為Ganesh D. Bhatt、Nick Bontis、Syed Z. Shariq，撰寫智慧資本重要著作之Leif Edvinsson名列第33名。Dattero（2006）則陸續由該名單應用社會網絡分析技術，探索其合作網絡關係，研究結果顯示其中17名作者是單獨研究，未與其他研究者合作，曾有合作關係作者也都是小型合作關係，而且不見得合作對象亦是高產量作者。圖3-1顯示排名第一之學者Bhatt曾與排名第54及第56合作，然而，排名第二之學者Bontis以及排名第三的學者Shariq的合作者並非名列於前64名中。

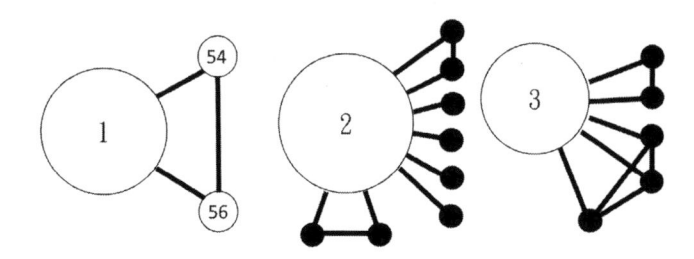

圖3-1：發表量前三名作者之合作網絡

資料來源："Collaboration between the top knowledge management and intellectual capital researchers" by R. Dattero, 2006, *Knowledge and Process Management, 13*(4), p. 267.（本研究僅節錄其部分結果）

由前述研究顯示，高比例之智慧資本研究為獨立研究，即使為合作研究，其規模也不大，合作網絡都是各個分離的小群體，並未串連為一大型的合作網絡，相較於理工及醫學領域之大規模合作研究，此領域之研究社群相當小型。

（二）介觀層級：作者隸屬機構、學術與實務界

由作者隸屬機構計量分析，綜整不同學者於2004年與2010年之研究中，名列前十名之機構於表3-2。由於取樣期刊範疇不同，二者研究結果亦呈現其差異，Serenko與Bontis（2004）之樣本期刊取樣三種，而Serenko等人（2010）取樣11種期刊，後者規模更大，應更具可信度。二次研究結果都名列前十名的學校包括Cranfield大學（英國）、Macquarie大學（澳大利亞）、McMaster大學（加拿大）、Open大學（英國）等四校，顯示此四校於智慧資本之研究能量已達高水準，在

表3-2：2004年與2010年機構生產力排名

名次	2004年	名次	2010年
1	Cranfield大學（英國）	1	Cranfield大學（英國）
2	McMaster大學（加拿大）	2	Copenhagen商學院（丹麥）
3	Warwick大學（英國）	3	Macquarie大學（澳大利亞）
4	Morgan州立大學（美國）	4	Oviedo大學（西班牙）
4	Sydney科技大學（澳大利亞）	5	McMaster大學（加拿大）
6	Macquarie大學（澳大利亞）	6	Open大學（英國）
7	Chalmers科技大學（瑞典）	7	Tampere科技大學（芬蘭）
7	IBM公司	8	Loughborough大學（英國）
7	Open大學（英國）	9	Chalmers科技大學（瑞典）
10	Standford大學（美國）	10	George Washington大學（美國）

資料來源：（修改自）"Meta-review of knowledge management and intellectual capital literature: citation impact and research productivity rankings" by A. Serenko & N. Bontis, 2004, *Knowledge and Process Management*, *11*(3), p. 191.

資料來源：（修改自）"A scientometric analysis of knowledge management and intellectual capital academic literature (1994-2008)" by A. Serenko, N. Bontis, L. D. Booker, K. Sadeddin, & T. Hardie, 2010, *Journal of Knowledge Management*, *13*(1), p. 13.

不同年代之計量研究，其生產力均名列前十名。比較特別的是2004年的機構排名中，唯一來自產業界的IBM公司，然而，未列名於2010年前十名機構，似乎已透露來自產業界作者降低撰寫文章刊登於智慧資本或知識管理相關期刊之意願。

作者來自學術或實務界之相關研究中，Serenko等人（2010）呈現1994-2008年每年實務工作者撰寫文獻的比例，研究結果顯示，1997年呈現最高比例48.3%，之後逐年降低其比例，最低比例為2008年之10.1%，顯示作者來自實務界的比例逐年減少，實不利於智慧資本概念於產業界之推廣應用。此外，Booker、Bontis與Serenko（2008）曾訪談12名實務工作者，研究結果顯示：（1）智慧資本與知識管理之理論與實務具鴻溝，實務工作者很少閱讀學術專業期刊文獻。（2）實務工作者認同研究文獻傳達的知識，但由於同儕審查者亦來自學術界，而非來自實務界，因此，文獻能提供之實務貢獻很有限。（3）學術專業期刊文獻內容型式並未依實務工作者之需求設計。（4）應促進間接的知識傳播管道以提升研究文獻之效能。（5）建構知識市場以做為學術與實務界的中介溝通場域。（6）應投入知識傳播過程的相關研究。（7）實務工作者不太瞭解期刊品牌與聲譽等資訊，期刊商應可對實務工作者多多行銷。（8）建議學術研究者應將研究結果具體為實踐步驟，以利實務工作者執行。

（三）巨觀層級：作者國籍、國家經濟指標

彙整二項研究（Serenko & Bontis, 2004; Serenko et al., 2010）之國家生產力前十名如表3-3，前三名皆相同，前十名國家大部分相同，僅排名順序稍有變動，唯2004年名列第十名之丹麥，2010年轉為義大利，仍以歐美國家為主要貢獻國。以巨觀層級來看，美國居首，然而，若以介觀層級之機構生產力（表3-2）來看，英國大學入前十名之比例高於美國大學，顯示美國於智慧資本之研究能量是分散於不同大學，較未集中於某特定機構。

智慧資本的概念除了應用於分析個別的組織或機構之外，亦有學者應用其概念分析國家層級的競爭優勢，Lin與Edvinsson（2011）將國家智慧資本區分為人力資本、市場資本、程序資本、更新資本、

表3-3：2004年與2010年國家生產力排名

名次	2004年	名次	2010年
1	美國	1	美國
2	英國	2	英國
3	澳大利亞	3	澳大利亞
4	加拿大	4	西班牙
5	西班牙	5	加拿大
6	瑞典	6	德國
7	荷蘭	7	芬蘭
8	芬蘭	8	瑞典
9	德國	9	荷蘭
10	丹麥	10	義大利

資料來源：（修改自）"Meta-review of knowledge management and intellectual capital literature: Citation impact and research productivity rankings" by A. Serenko & N. Bontis, 2004, *Knowledge and Process Management*, *11*(3), p. 193.

資料來源：（修改自）"A scientometric analysis of knowledge management and intellectual capital academic literature (1994-2008)" by A. Serenko, N. Bontis, L. D. Booker, K. Sadeddin, & T. Hardie, 2010, *Journal of Knowledge Management*, *13*(1), p. 12.

財務資本等五項構面，採納24-48種衡量指標，大多為經濟相關的指標，收集15年資訊，分析了40個國家。Lin與Edvinsson（2008）結果顯示北歐前五高競爭力的國家分別是瑞典、芬蘭、丹麥、挪威、冰島。可見智慧資本應用範圍很廣，而且各構面下的衡量指標可隨著關注議題的不同而有所調整，亦可彈性地將兩兩資本構面對照研究，如Edvinsson（2013）之研究曾以人力資本指數（縱軸）與更新資本指數（橫軸）之散布圖來呈現芬蘭、日本、瑞典等三國之智慧資本，顯示瑞典於2001年之二項資本均達高指數，然而1996年狀況較不理想。芬蘭則於2001年人力資本指數達高峰，更新資本指數表現也不錯。日本在2000年人力資本指數達高峰，但更新資本指數不高，芬蘭與瑞典整體表現比日本好。

　　國家型智慧資本專家Lin與Edvinsson有感於2008年全球金融海嘯後，經濟局勢變化大，於是將資料收集範圍擴大至48個國家，出版一

系列不同國家於財務危機下之智慧資本表現，其中在中國、香港、新加坡、臺灣的專冊中，整體資本構面表現結果：第一名為新加坡，第二名為香港，第三名為臺灣，最後是中國，然而臺灣在人力資面構面表現與新加坡不相上下（Lin & Edvinsson, 2013）。

四、智慧資本與知識管理研究影響

由高被引次數等相關資訊來獲取高影響力著作清單，以量化數據呈現重要著作的貢獻度。另外，可由引文分析方法，觀察智慧資本此新興學門之知識吸收與知識擴散效果，以下分段說明。

（一）高影響力著作

Serenko與Bontis（2004）採用NCII（Normalized Citation Impact Index），即被引用總次數除以文獻已發表年數，計算智慧資本與知識管理重要著作之貢獻度，茲節錄該研究結果如表3-4。前12名著作中，即包含了智慧資本之重要學者Bontis, N.、Edvinsson, L.、Roos, G.、Steward, T. A.等六項著作，顯示該著作具高影響力。

表3-4：智慧資本與知識管理重要著作依NCII指標排名

序號	著作名稱	作者	年代	NCII
1	The knowledge creating company	Nonaka, I. & Takeuchi, H.	1995	15.25
2	Working knowledge	Davenport, T. H. & Prusak, L.	1998	11.60
3	Intellectual capital	Stewart, T. A.	1997	9.17
4	Assessing knowledge assets	Bontis, N.	2001	9.00
5	The new organizational wealth……	Sveiby, K. E.	1997	8.33
6	Intellectual capital	Edvinsson, L. & Malone, M. S.	1997	6.67
7	What's your strategy for managing knowledge	Hansen, M. T., Nohria, N. et al.	1999	5.50
8	Intellectual capital	Roos, G., Roos, J. et al.	1998	5.4

表3-4：智慧資本與知識管理重要著作依NCII指標排名（續）

序號	著作名稱	作者	年代	NCII
9	A dynamic theory of organizational knowledge......	Nonaka, I.	1994	5.11
10	Reengineering the corporation	Hammer, M. & Champy, J.	1993	3.90
11	Intellectual capital	Bontis, N.	1998	3.80
12	Managing organizational knowledge by......	Bontis, N.	1999	3.75

資料來源：（修改自）"Meta-review of knowledge management and intellectual capital literature: Citation impact and research productivity rankings" by A. Serenko & N. Bontis, 2004, *Knowledge and Process Management*, *11*(3), p. 195.

（二）學術傳播影響

Serenko與Bontis（2013b）曾收集*Journal of Intellectual Capital*期刊之出版文獻，以引文分析該樣本文獻之1,442篇參考文獻與3,328篇引用該刊之文獻。本研究節錄其研究結果如圖3-2，由參考文獻的學科分布可呈現智慧資本文獻受影響的學科領域，主要仍以商業及管理領域為主，尤其是會計學門。另外由曾引用智慧資本文獻的學科分布，可顯示智慧資本研究之影響學科範疇，呈現多元化結果，商業及管理領域之比例降低，非管理領域之比例較高。非管理領域中，公共政策、教育、工程、人工智慧、心理學、社會學、傳播、農業、健康照護等學門，皆曾引用智慧資本文獻，可見智慧資本之知識擴散效果。15篇圖書資訊學領域文獻曾引用智慧資本文獻，占0.91%，比例不高，但也顯示圖書資訊學者確曾應用智慧資本觀點於研究中。

Serenko、Cox、Bontis與Booker（2011）曾應用Yule-Simon模型與Lotka's平方律，分析來自11種智慧資本與知識管理期刊之2175篇文獻，探索此學科是否有超級明星現象（馬太效應）。研究結論如下：（1）智慧資本與知識管理學科呈現相當年輕而具吸引力的學術領域，歡迎不同領域學術界與實務界貢獻其研究成果。（2）智慧資本與知識管理期刊編輯群並未偏好於特定高產量的作者群，文獻來自世界各地之不同領域的研究學者，此學科尚未呈現馬太效應現象。（3）學術界

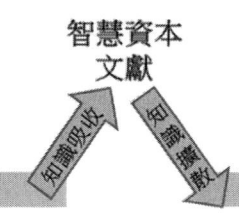

第三章　智慧資本文獻計量統合分析

```
                          智慧資本
                           文獻
                      ↗           ↖
                 知識吸收         知識擴散

   參考文獻學科分布              引用智慧資本文獻學科分布
• 商業／管理 95%               • 商業／管理 89%
   • 會計 25%                   • 智慧資本／知識管理 43%
   • 一般管理 23%                • 會計 13%
   • 智慧資本／知識管理 15%        • 一般管理 12%
   • 商業策略 9%                 • 科技與創新管理 5%
   • 科技與創新管理 6%            • 人力資源、組織行為、學
   • 作業管理／管理科學 6%           習與訓練 3%
   • 行銷 5%                    • 作業管理／管理科學 3%
   • 財務 2%                    • 管理資訊系統 3%
   • 其他 4%                    • 其他 7%
• 非商業／管理 5%               • 非商業／管理 11%
   • 經濟 3%                    • 經濟 2%
   • 其他 2%                    • 跨學科 2%
                                • 其他 7%
```

圖3-2：智慧資本文獻知識吸收及知識擴散學科領域

資料來源：（翻譯修改自）"Investigating the current state and impact of the intellectual capital academic discipline" by A. Serenko & N. Bontis, 2013b, *Journal of Intellectual Capital, 14*(4), p. 490.

註：本研究摘錄局部資訊修改繪圖。

研究成果的貢獻高於實務界，一方面多數學者將研究成果刊登至具同儕評閱期刊，顯示此學術領域已朝向成熟期；然而，另一方面，幾乎無實務工作者為智慧資本與知識管理期刊之高產量作者，此現象實不利於未來此學科領域發展。

五、智慧資本與知識管理文獻計量研究歷程

由引文分析方法可探索智慧資本之學術影響力，智慧資本學科之研究潮流已散播至非英語世界，圖書為奠定此學門發展的重要資源，此學門已由實證型知識朝向學術型知識發展，此學門之影響力呈現有限度的成長狀態，智慧資本學科發展已過了散播知識階段，目前正朝向理論鞏固階段（Serenko & Bontis, 2013b）。

Serenko（2013）曾收集關於知識管理與智慧資本文獻計量研究共計108篇，以後設分析（meta-analysis）方法綜整先前的研究發現，綜

整知識管理文獻計量研究歷程如圖3-3。該研究將此領域之科學計量研究區辨為三個階段：創始期、早期發展、鞏固期。第二期之後，應用的科學計量方法相當多元，包括後設分析、網絡分析等等。

焦點方法	第Ⅰ期：1997-2001 科學計量研究之創始期	第Ⅱ期：2002-2006 科學計量研究之早期發展	第Ⅲ期：2007-2012 科學計量研究之鞏固期
	回溯分析與知識管理的未來		
	合作研究分析		
		知識管理學門之智識核心	
		知識管理期刊分析及排序	
		生產力與影響	
			研究相關性
			研究典範
			後設分析
			字頻分析
			網頁分析
			網絡分析
	關鍵字分析		
	引文分析		
	專家意見		
	頻次技術		
	共被引分析		
	內容分析		
	個人意見		
	文獻探討		

圖3-3：知識管理學門科學計量研究之演化歷程

資料來源：（翻譯自）"Meta-analysis of scientometric research of knowledge management: discovering the identity of the discipline" by A. Serenko, 2013, *Journal of Knowledge Management, 17*(5), p. 782.

智慧資本與知識管理文獻計量研究之後設分析結論如下：（1）知識管理文獻計量研究產量每年約十篇，穩定成長。（2）大部分研究應用基本的科學計量技巧。（3）科學計量研究人員並未適當地參考先前的科學計量研究，每篇研究平均僅引用二篇先前出版之科學計量文獻，以致未能熟悉知識管理科學計量研究的全貌。（4）可能選取資料

範圍不同等因素，先前若干關於排名之研究結果並不一致。（5）大部分知識管理期刊均未收錄於Web of Science資料庫，應合併不同資料庫來源分析，以完整呈現知識管理文獻計量研究。（6）應建構知識管理關鍵詞分類表，因計量研究常以「知識管理」關鍵詞查獲樣本文獻，然而，「智慧資本」亦為知識管理之一環，但往往並未檢得納入分析。（7）44%計量研究並非發表於知識管理專業期刊，而是刊登於資訊系統相關期刊，知識管理專業期刊應歡迎科學計量研究文獻以利此學科評鑑。（8）應鼓勵知識管理文獻計量研究人員做跨學科或跨國合作研究，以促進大規模且更完整的研究。（9）約八成之知識管理文獻作者僅貢獻一次，造就此學科領域知識差異化，不利學科發展而難以鞏固其核心知識。（10）若干較少人研究的主題：負向知識管理、實證（evidence-based）知識管理理論、非營利型組織、組織規模的角色、知識管理的歷史根源、學術研究的實務貢獻等，應鼓勵投入研究。（11）大多為獨立研究，應鼓勵更多高產量研究人員合作研究，以提升生產力與影響力。（12）整體而言，智慧資本與知識管理在科學前期（pre-science）之學科發展階段，朝向成熟學科邁進（Serenko, 2013）。

第二節　圖書館智慧資本管理之外文文獻計量與內容分析

為完整獲取智慧資本於圖書館經營管理之相關文獻，本節由外文資料庫查檢圖書資訊學領域，應用智慧資本觀點論述之文獻，以下分述其研究資料取得過程與分析結果。

一、樣本資料取得過程

（一）查檢資料庫範疇：Academic Search Complete（ASC）、Emerald Insight、Library and Information Science Abstracts（LISA）、Library, Information Science and Technology Abstracts with Full Text（LISTA FT）、Web of Science（WOS）-- Social Science Citation Index。

(二) 關鍵語與樣本資料筆數：資料年代限定在2000-2013年。第一階段：選定關鍵詞為「intellectual capital」在資料庫中之控制語欄位查詢（不同資料庫其檢索欄位有些許差異，如ASC資料庫於SU欄位查，WOS資料庫於Topic欄位查，再限縮在Information Science and Library Science領域），以及摘要欄位包含「librar*」。第二階段：選定關鍵詞「intangible asset*」與「librar*」在摘要欄位查詢。合併二階段檢索結果，刪除重複筆數後，總計為47筆，但因需進行內容分析，非英語文獻無法判讀，經扣除後，最終分析39筆文獻，完整書目清單請詳見附錄一。

二、研究範圍與限制

本研究以智慧資本管理文獻為主，由於知識管理與智慧資本於概念上有若干重疊之處，部分檢出文獻內容本身主要陳述知識管理內容，並非以管理智慧資本概念論述，但該文獻之主題詞、關鍵詞、摘要等欄位（部分在WOS資料庫之Topic欄位查獲之資料，經比對後，「intellectual capital」出現在摘要欄位），包含智慧資本用語，仍列入本研究範圍。

本研究為聚焦於圖書館之智慧資本管理文獻，選定資料庫以圖書資訊學文獻索引資料庫為主，再併入一些綜合學科之文獻資料庫，並未查全所有資料庫，可能本研究未選定查檢之資料庫中，包含本研究欲收集的資料，此為研究限制之一。

本研究僅使用智慧資本「intellectual capital」及無形資產「intangible asset」之二用語來查詢，智慧資本之狹義語（如人力資本、組織資本、顧客資本、關係資本、結構資本等詞），並未一一分別於資料庫中查詢。若干文獻可能內容包含前述之個別資本相關概念，但內容並未提及上位用語「智慧資本」，則無法檢得，此為本研究限制之二。

由於樣本資料來自不同資料庫，大部分文獻並未收錄於WOS資料庫，為取得被引次數資訊，本研究於2014年12月在Google Scholar查詢

文獻被引次數，此部分研究結果之正確性取決於Google Scholar之資訊品質。

三、分析結果與討論

（一）各年代發表篇數

本研究雖查檢2000年之後的文獻，但2000-2001年皆無文獻於此分析資料中，由圖3-4顯示每年約二至四篇之產量，而2007年與2009年之發表量較多，分別是七篇與六篇。大致而言，並未呈現持續成長趨勢，顯示近十年圖書館於智慧資本管理議題雖持續有相關著作發表，但並未造成熱潮。

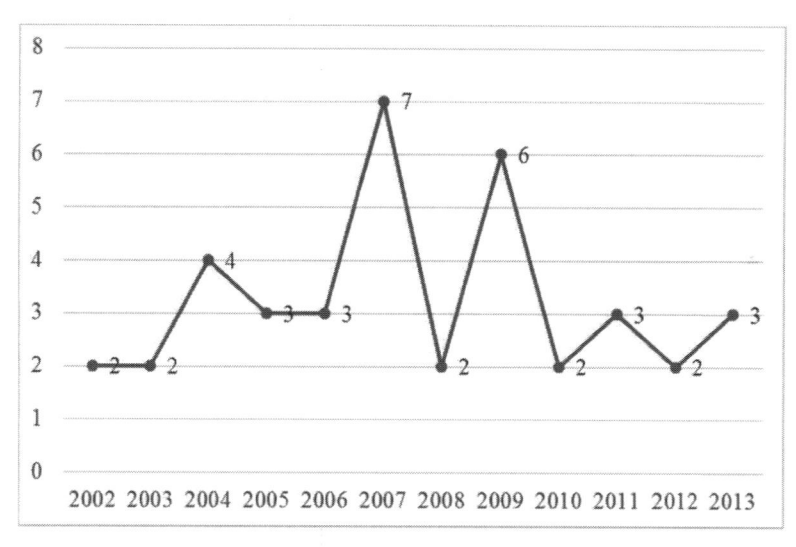

圖3-4：圖書館智慧資本管理之外文文獻各年代發表篇數

（二）刊登期刊或會議論文集

綜整樣本文獻之刊登期刊於表3-5，分散各期刊，集中趨勢不明顯，四篇是最高刊登篇數，刊登於*Library Management*與*The Bottom Line*。期刊名加底線者，同樣列名於管理學者整理之知識管理與智慧資本重要期刊排名（表3-1），包括*Journal of Knowledge Management*、*Journal of Information & Knowledge Management*、

VINE: *The Journal of Information and Knowledge Management Systems* 等三種期刊。顯示研究圖書館智慧資本管理議題者，仍傾向發表於圖書資訊學領域期刊，發表於商業管理學領域之刊物仍屬少數。

表3-5：圖書館智慧資本管理外文文獻之刊登期刊或會議論文集

期刊名	篇數
Library Management	4
The Bottom Line	4
Journal of Knowledge Management	3
DESIDOC Bulletin of Information Technology	2
Advances in Librarianship	1
Advances in Library Administration and Organization	1
Annual Review of Information Science and Technology	1
Business Information Review	1
Computers in Libraries	1
IFLA Conference Proceedings	1
IFLA Journal	1
International Journal of Information Management	1
Journal of Academic Librarianship	1
Journal of Educational Media & Library Sciences	1
Journal of Information & Knowledge Management	1
Law Library Journal	1
Library & Information Science Research	1
Library Administration & Management	1
Library Collections Acquisitions & Technical Services	1
Library Quarterly	1
New Library World	1
Performance Measurement and Metrics	1
Reference & User Services Quarterly	1
School Libraries Worldwide	1
Texas Library Journal	1
VINE: The Journal of Information and Knowledge Management Systems	1
Health Information and Libraries Journal	1

（三）作者數、國籍與任職機構屬性

39篇文獻，共計43位作者。56%文獻（22篇）為單一作者，41%（16篇）為二位作者，僅3%（一篇）為三位作者，圖3-5呈現作者數分布比例長條圖。顯示超過五成研究為個人著作，合作研究比例較低。

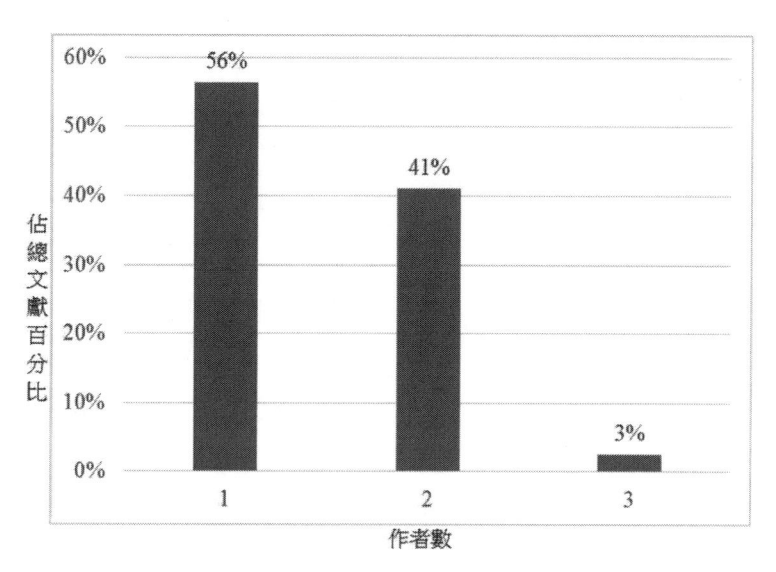

圖3-5：圖書館智慧資本管理之外文文獻作者數分布比例長條圖

作者國籍別之計量結果如表3-6，僅列出高於二次之國家別，相較於管理學者先前研究結果（表3-3），前三名都是美國、英國、澳大利亞，顯示以巨觀層級來觀察圖書館智慧資本文獻之生產力，圖書資訊學領域與管理學領域之國家生產力表現差異不大。表3-6中雖出現與表3-3不同的國家，如塞爾維亞、印度、希臘。但由於樣本文獻量總數不多，第三名國家之生產力都是二篇，因此，第三名之後的排序意義不大。

綜整43位作者之任職機構屬性如表3-7，由於其中二位作者同時具備學術與實務界之職稱，因此製表過程中，該二位作者同時歸類於「任職學術機構」與「任職圖書館」，因此學界與實務界之占作者總數比例和並非百分之百。作者來自學界比例高於實務界比例，以任職於學術機構之學科領域而言，由於樣本文獻主要來自圖書館學相關文獻，不意外地，結果仍以圖書資訊學為主，在學界作者占54%，但仍有

表3-6：圖書館智慧資本管理之外文文獻作者國籍別

國家	人數	占作者總數比例
美國	16	37%
英國	6	14%
澳大利亞	2	5%
加拿大	2	5%
丹麥	2	5%
芬蘭	2	5%
希臘	2	5%
印度	2	5%
塞爾維亞	2	5%

表3-7：圖書館智慧資本管理之外文文獻作者任職機構屬性

作者任職機構		人數	占作者總數比例	小計次數	占學界／實務界總數比例
學界／大學		26	60%	N	%
學科領域	圖書資訊學			14	54%
	商業／管理			6	23%
	教育			2	8%
	傳播			1	4%
	法律			1	4%
	其他			2	8%
實務界		18	42%	N	%
	圖書館			14	78%
	公司資訊服務單位			4	22%

23%作者來自商業與管理學領域，少許來自教育、傳播等領域，顯示仍有其他領域學者投入於圖書館智慧資本管理研究。另外，作者來自於實務界（包括任職於圖書館與公司資訊服務單位）約占42%，顯示實務工作者發表智慧資本管理文獻比例不算少，不完全是來自於學術機構作者之貢獻。相較於Serenko等人（2010）憂心管理學界發表智慧資本文獻來自實務界比例由48.3%降至10.1%，圖書館智慧資本管理文獻計量結果顯示，約42%文獻作者來自圖書館實務工作者，不少比例之圖書

館經營者關注智慧資本研究,樂見本研究呈現之結果,智慧資本於圖書館推行實務之可行性高。

發表文獻量大於二篇以上之學者清單如表3-8,圖書資訊學背景者比例高於商業管理領域,學界比例高於實務界。發表量第一名與第二名之二位學者是合作研究團隊,都任教於希臘Ionian大學檔案與圖書館資訊科學系所,近年研究以圖書館智慧資本管理為主。而同樣發表三篇之學者Bontis與Serenko是跨校合作研究團隊,Bontis任教於加拿大McMaster大學商學院,而Serenko任教於加拿大Lakehead大學企業管理系所,合作多篇智慧資本文獻計量研究。White任教於美國East Carolina大學圖書館與教學媒體系,著作以圖書館無形資產與人力資本評價為主。來自芬蘭的Huotari與Iivonen是學術界與實務界之合作研究,Huotari任教於Helsinki大學傳播系所,Iivonen則任職於Tampere大學圖書館,其合作二篇著作內容為圖書館與母機構大學之夥伴關係,及大學圖書館智慧資本管理。雖然單一作者比例占樣本文獻56%(圖3-5),然而多產作者大多為合作研究者,顯示團結力量大,應鼓勵合作研究,以增加研究之活絡度。

表3-8:圖書館智慧資本管理之外文文獻多產作者背景

作者	發表篇數	學科背景	學界/實務界	國家
Kostagiolas, Petros A.	4	圖書資訊學	學界	希臘
Asonitis, Stefanos	3	圖書資訊學	學界	希臘
Bontis, Nick	3	商業/管理	學界	加拿大
Serenko, Alexander	3	商業/管理	學界	加拿大
White, Larry Nash	3	圖書資訊學	實務界	美國
Huotari, Maija-Leena	2	傳播學	學界	芬蘭
Iivonen, Mirja	2	圖書資訊學	實務界	芬蘭

(四)高被引文獻

本研究於2014年12月在Google Scholar查詢文獻被引次數,表3-9顯示被引次數超過16次之文獻清單,排名第一及第二名文獻之出版年都在

表3-9：圖書館智慧資本管理之高被引外文文獻

名次	被引次數	作者	文獻題名	年代
1	109	Gandhi, S.	Knowledge management and reference services	2004
2	80	Gunnlaugsdottir, J.	Seek and you will find, share and you will benefit: Organising knowledge using groupware systems	2003
3	77	Serenko, A. & Bontis, N.	Global ranking of knowledge management and intellectual capital academic journals	2009
4	66	Bontis, N. & Serenko, A.	A follow-up ranking of academic journals	2009
5	39	Huotari, M. & Iivonen, M.	Knowledge processes: A strategic foundation for the partnership between the university and its library	2005
6	38	Hartman, K. A.	Retaining intellectual capital retired faculty and academic libraries	2009
7	35	Singh, S. P.	What are we managing – knowledge or information?	2007
8	25	Snyder, H. & Pierce, J. B.	Intellectual capital	2002
9	24	Kostagiolas, P. A. & Asonitis, S.	Intangible assets for academic libraries: Definitions, categorization and an exploration of management issues	2009
10	22	O'Connor, S.	Collaborative strategies for low-use research materials	2004
11	21	Serenko, A & Bontis, N.	Global ranking of knowledge management and intellectual capital academic journals: 2013 update	2013

表3-9：圖書館智慧資本管理之高被引外文文獻（續）

名次	被引次數	作者	文獻題名	年代
12	17	Asonitis, S. & Kostagiolas, P. A.	An analytic hierarchy approach for intellectual capital: Evidence for the Greek central public libraries	2010
12	17	Iivonen, M. & Huotari, M.	The university library's intellectual capital	2007
12	17	Lai, L. L.	Educating knowledge professionals in library and information science schools.	2005
15	16	White, L. N.	Unseen measures: The need to account for intangibles	2007

　　2005年之前，收錄於WOS資料庫，摘要內容提及智慧資本，但內文未提智慧資本細節概念，第一名文獻主要由知識管理角度論述參考資訊服務，提倡公司圖書館應重視保存、管理及善用公司員工之智慧資本。第二名則提倡以群組軟體保存與管理組織重要知識與智慧資本。

　　第三、第四名及第11名文獻是加拿大企業管理學者Serenko與Bontis之智慧資本期刊排名之系列研究，並非直接相關於圖書館之智慧資本管理研究，但該期刊排名可做為圖書館採購智慧資本之核心期刊館藏之參考資訊。

　　第六名文獻是關於學術圖書館如何對大學退休教授提供適切的資訊服務，設計符合需求的網路資源服務，使退休教師可持續投入學術貢獻，以保存及發揮學術機構人力資本之價值。第八名文獻是圖書資訊學領域，智慧資本文獻探討相當周延而完整之文獻。

　　圖書資訊學領域之希臘學者Kostagiolas博士，近年來發表多篇關於圖書館智慧資本管理之文章及專書（Kostagiolas, 2012），其文章被引次數排名分列於第九名關於學術圖書館之無形資產，第12名關於公共圖書館之智慧資本衡量指標實證研究。

芬蘭之傳播學者Huotari與圖書館員Iivonen合作研究之二篇著作，名列第五名與第12名，第五名文獻建議圖書館應強化其智慧資本以加強大學圖書館與其母機構之夥伴關係，另一篇文獻則為大學圖書館綜整人力、結構、關係等三項資本構面及相關衡量指標。

另外，由於樣本文獻出版年限定於2000-2013年，圖書資訊學領域中，較早提出智慧資本管理議題之學者Koenig博士於1996年與1997年之二篇論文"Intellectual capital and knowledge management"與"Intellectual capital and how to leverage it"，未列入本章之書目計量研究。然而，該二篇論文對於圖書館之智慧資本管理具有相當重要的啟發作用，在Google Scholar查得之被引用次數分別是49次與46次，亦具有相當高之影響力。

（五）文獻內容之圖書館類型

本研究逐一辨析每篇文獻內容之圖書館類型，綜整其結果如表3-10，有些文獻內容包含不同類型圖書館，亦各在不同類型圖書館計次。除了未特別指明圖書館類型之外，內容論述比例最高即為學術圖書館，其次才是公共圖書館，顯示學術圖書館導入智慧資本管理實務之可行性高於其他類型圖書館，可能學術圖書館通常具一定規模，且館員素質高，較具導入智慧資本管理能力。然而，源自於企業管理學界之智慧資本理論，卻少有文獻內容論述公司圖書館之智慧資本管理。可能公司圖書館員之負責業務多元，圖書館業務僅占其部分業務，館員較無發表文章以分享圖書館管理知識之意願。

表3-10：圖書館智慧資本管理之外文文獻之圖書館類型

圖書館類型	篇數	占總數比例
未指定圖書館類型	14	47%
學術圖書館	13	43%
公共圖書館	5	17%
學校圖書館	2	7%
公司圖書館	2	7%
法律圖書館	1	3%
醫學圖書館	1	3%
其他	6	20%

（六）文獻應用之研究方法

本研究逐篇判定文獻應用之研究方法，少許研究同時採納量化與質性研究，則會重複列計於不同研究方法中，如Corrall與Sriborisutsakul（2010）以個案研究方法並合併採納量化與質化資料分析，則於前述方法中各列計一次，綜整結果如表3-11。大部分為文獻探討類型文章，而關於衡量指標之研究，後期（2007-2013年）較前期（2000-2006年）之數量增加，顯示近年對於智慧資本衡量指標之研究更具體化。

表3-11：圖書館智慧資本管理之外文文獻之研究方法

研究方法	2000-2006年（14篇）篇數	占該時期總篇數比例	2007-2013年（25篇）篇數	占該時期總篇數比例
文獻探討	9	64%	16	64%
架構、模型、衡量指標	1	7%	5	20%
個案研究	1	7%	3	12%
評論文章	1	7%	1	4%
問卷調查	1	7%	4	16%
其他質性研究，如內容分析	1	7%	1	4%
次級資料分析，如書目計量	0	0%	3	12%
訪談	0	0%	2	8%

表3-12為綜整先前管理學者分別於2009年與2010年分析智慧資本文獻研究方法之比例。Serenko與Bontis（2009）之會議論文計量結果，最高比例之研究方法為個案研究，而Serenko等人（2010）之期刊論文計量結果，最高比例是架構、模型、衡量指標，顯示管理學領域之智慧資本文獻，研究方法較具體，且貼近實務，相較於表3-11之結果，圖書資訊學領域學者往往僅論述理論概念，但少以實證研究進行，期許未來應投入更多圖書館之智慧資本實證研究。

表3-12：2009年與2010年管理學領域智慧資本文獻研究方法依應用比率排名

	2009年排名		2010年排名
1	個案研究	1	架構、模型、衡量指標
2	架構、模型、衡量指標	2	個案研究
3	文獻探討	3	文獻探討
4	問卷調查	4	問卷調查
5	次級資料分析	5	次級資料分析
6	訪談	6	訪談
7	評論文章	7	其他質性方法，如民族誌、行動研究、焦點團體、內容分析等
8	統合分析	8	評論文章
9	實驗研究	9	數學模型
9	數學模型	10	實驗研究

資料來源：（修改自）"A scientometric analysis of the proceedings of the McMaster World Congress on the management of intellectual capital and innovation for the 1996-2008 period" by A. Serenko, N. Bontis, & J. Grant, 2009, *Journal of Intellectual Capital*, *10*(1), p. 17.

資料來源：（修改自）"A scientometric analysis of knowledge management and intellectual capital academic literature (1994-2008)" by A. Serenko, N. Bontis, L. D. Booker, K. Sadeddin, & T. Hardie, 2010, *Journal of Knowledge Management*, *13*(1), p. 15.

(七) 文獻內容提及之資本構面

　　本研究採納黃元鶴（2014a）彙整之資本構面來歸類39篇文獻內容，多數文獻內容涉及不止一項資本構面，有些文獻用詞與本研究不同，但其意涵與該資本構面相同，則註記於表3-13之右二欄資訊，組織資本與結構資本之概念互有重疊之處，且其包含內容較廣，本研究之程序資本、技術資本、更新與發展資本之內容包含於先前其他學者所提之組織資本與結構資本。另外，部分學者於關係資本提及顧客需求與關係等內容，本研究除歸類於關係資本之外，亦於顧客資本中計次。逐篇歸類每篇提及之資本構面，最高比例為人力資本，其後依次為技術資本、顧客資本、結構資本、程序資本。

表3-13：圖書館智慧資本管理之外文文獻之資本構面

資本構面	篇數	占總文獻篇數比例	文中所用名詞不同，本研究依其所提概念來歸類之篇數	部分文獻之原來用詞
人力資本	22	56%	0	
技術資本	16	41%	16	組織、結構
顧客資本	15	38%	8	關係
結構資本	13	33%	1	組織資本
程序資本	13	33%	13	組織、結構、館藏與服務
關係資本	12	31%	2	結構
更新與發展資本	7	18%	5	結構

第三節　圖書館智慧資本管理之中文文獻計量與內容分析

　　前一節為智慧資本於圖書館經營管理之外文文獻計量分析，本節由中文資料庫查檢圖書資訊學領域，應用智慧資本觀點論述之文獻，大致與外文文獻計量分析項目相同，以下分述其研究資料取得過程與分析結果。

一、樣本資料取得過程

（一）查檢資料庫範疇：臺灣期刊論文索引系統、中國知識資源總庫－中國期刊全文數據庫、臺灣博碩士論文知識加值系統。

（二）關鍵語與樣本資料筆數：資料年代限定在2000-2014年。第一階段：分別在「臺灣期刊論文索引系統」與「臺灣博碩士論文知識加值系統」之二種資料庫之關鍵詞或摘要欄位以「智慧資本」與「圖書館」查詢，總計獲取四筆資料。第二階段：在「中國知識資源總庫－中國期刊全文數據庫」之關鍵詞或摘要欄位，分別以關鍵詞「intellectual capital」、「智力資本」、「知識資本」與「圖書館」以AND查詢，再組合三次檢索結

果，一一篩選過濾後，共計64筆資料。合併二階段檢索結果，總計為68筆文獻，完整書目清單請詳見附錄二。

二、研究範圍與限制

兩岸學者於intellectual capital之用語譯名不同，本研究以「智慧資本」、「智力資本」、「知識資本」等用語檢索資料庫，可能仍有相關研究雖相關於圖書館之智慧資本管理內容，但未應用前述用語，則未被檢出而納入本研究之計量分析。

中文文獻來自海峽兩岸不同資料庫，為取得一致性來源之被引次數，本研究於2015年2月在Google Scholar查詢文獻被引次數，被引次數值隨著時間不同而變動，本研究僅取前述時間點之被引次數。Google Scholar檢索結果可能無法充分顯示中文文獻之被引次數，而其自動化的引文索引結果，可能正確率並非百分之百，此為本研究限制。

三、分析結果與討論

（一）各年代發表篇數

智慧資本於圖書館經營管理之中文樣本文獻年代為2000-2014年（各年代發表篇數詳見圖3-6），平均每年發表量為4.53篇，2006年以前略呈逐年上升趨勢，之後即不太穩定，雖又在2011年出現高峰，然而在2013年降至谷底0篇，2014年又回到持平點，整體而言，近15年來，持續有學者關注此研究議題，但未出現研究熱潮，雷同於外文文獻整體趨勢。

（二）刊登期刊或會議論文集

由於樣本文獻來自臺灣文獻僅四筆資料，因此，刊登篇數較多之期刊都是中國出版之期刊。表3-14顯示中國出版之《圖書情報工作》刊登篇數最高為五篇，次高者為三篇，包括《內蒙古科技與經濟》、《情報資料工作》、《現代情報》與《圖書館學刊》等四種期刊，比較特別的是《內蒙古科技與經濟》並非圖書館學專業期刊，卻刊登不止一篇圖書館之智慧資本管理文獻，其他刊登篇數較多之期刊，多為

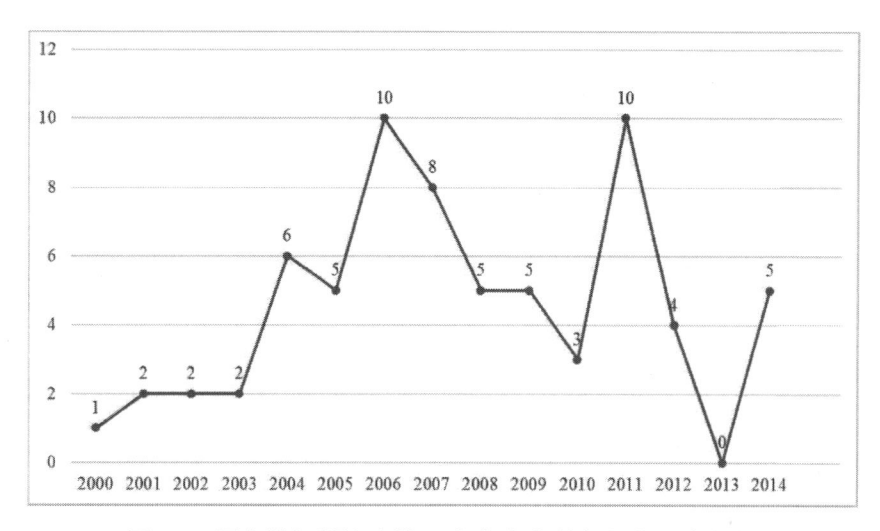

圖3-6：圖書館智慧資本管理之中文文獻各年代發表篇數

表3-14：圖書館智慧資本管理中文文獻之刊登期刊或會議論文集

期刊名	篇數
圖書情報工作	5
內蒙古科技與經濟	3
情報資料工作	3
現代情報	3
圖書館學刊	3
大學圖書情報學刊	2
大學圖書館學報	2
才智	2
河南圖書館學刊	2
情報科學	2
情報探索	2
情報雜誌	2
圖書館	2
圖書館工作與研究	2
圖書館論壇	2
小學科學（教師版）	1
中國圖書館學報	1
中華醫學圖書館雜誌	1
交通大學碩士論文	1

表3-14：圖書館智慧資本管理中文文獻之刊登期刊或會議論文集（續）

期刊名	篇數
全國新書目	1
江西圖書館學刊	1
西藏民族學院學報（哲學社會科學版）	1
赤子（上中旬）	1
河北科技圖苑	1
科技情報開發與經濟	1
科技風	1
科技情報開發與經濟	1
科技資訊	1
晉圖學刊	1
荊州師範學院學報	1
國立中央圖書館臺灣分館館刊	1
教育探索	1
經濟研究導刊	1
圖書資訊學研究	1
圖書與情報	1
圖書館界	1
圖書館理論與實踐	1
圖書館學研究	1
圖書館雜誌	1
福建師範大學學報（哲學社會科學版）	1
臺北市立圖書館館訊	1
廣西社會科學	1
魅力中國	1
醫學信息	1
贛南師範學院學報	1

圖書資訊學專業期刊。整體而言，刊登之期刊亦相當分散，並未明顯集中某特定刊物。主要刊登於圖書資訊學專業期刊，其他如教育、社會科學、醫學資訊等學科領域亦曾刊登相關文獻，但無商業管理類型之期刊。

（三）作者數、國籍與任職機構屬性

68篇文獻，共計72位作者。74%文獻（50篇）為單一作者，19%（13篇）為二位作者，僅7%（五篇）為三位作者，結果如圖3-7。七成以上文獻都是個人著作，相較於外文文獻，其合作研究比例更低，顯示華人在此領域之研究，大部分是單獨研究。

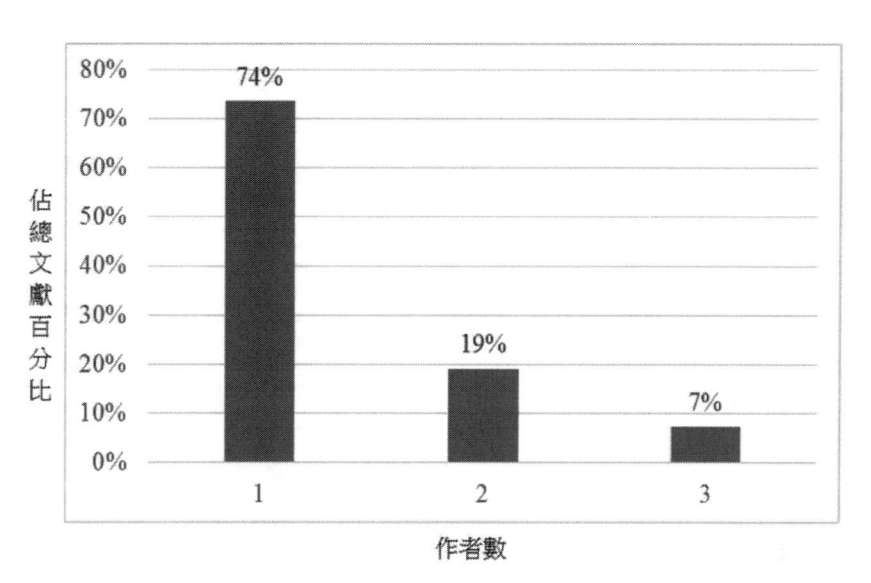

圖3-7：圖書館智慧資本管理之中文文獻作者數分布比例長條圖

71位作者來自55所機構別，依作者隸屬機構別計次結果如表3-15，僅列次數超過二次以上之機構，最多來自大學圖書館，其次來自於大學（未進一步提供系所或單位別資訊）機構。另外，有三位作者來自醫院圖書館。若以第一層次之機構名稱來累計次數，以贛南師範學院之次數最高。二次以上之作者所屬機構別中，未顯示任職於圖書資訊學系所之作者，大部分是任職大學圖書館之實務工作者，顯示華人發表圖書館之智慧資本管理文章，較少來自學術角度，多由實務觀點。

綜整71位作者任職於55所機構屬性於表3-16，超過一半作者來自大學圖書館，34%作者來自大學各系所，作者任職於公共圖書館與醫學圖書館僅占12%（共九人），唯一作者來自一家製藥股份有限公

表3-15：圖書館智慧資本管理之中文文獻作者隸屬機構別

隸屬機構	次數
中共中央黨校圖書館	4
南京曉莊學院圖書館	3
福建省三明市第二醫院圖書館	3
贛南師範學院	3
贛南師範學院圖書館	3
贛南師範學院圖書館文獻信息檢索教研室	3
長江大學圖書館	2
洛陽師範學院圖書館	2
浙江大學圖書館	2
浙江農林大學圖書館	2
廣東工業大學華立學院	2
鄭州輕工業學院圖書館	2

表3-16；圖書館智慧資本管理之中文文獻作者任職機構屬性

作者任職機構		人數	占作者總數比例	小計次數	占學界／實務界總數比例
學界／大學		24	34%	N	%
學科領域	商業/管理			6	25%
	教育			5	21%
	理工			5	21%
	圖書資訊學			3	13%
	傳播			1	4%
	文學			1	4%
	其它			3	13%
實務界		47	66%	N	%
大學圖書館				37	79%
公共圖書館（含兒童）				6	13%
專門圖書館（醫學）				3	6%
公司				1	2%

司,是比較特別的例子。繼續由大學的學科領域來計次,最多來自商業與管理領域作者為六人,僅三人來自圖書資訊學領域,此結果再度顯示圖書館智慧資本管理之中文文獻中,實務工作者研究貢獻較學術界多,以學科領域區分,圖書資訊學界投入於此研究者亦相當少,由於大部分樣本文獻來自於中國之文獻,而中國之部分原屬圖書資訊學科領域之系所已歸屬為管理相關系所,因此,單純以作者任職機構來觀察其學科背景,可能無法呈現作者確切之研究領域。相較於外文文獻之作者來自於學術界比例高於實務界比例,且研究領域為圖書資訊學之作者比例較高的結果(表3-7),中文文獻之作者任職機構屬性分析,中外文文獻分析結果差異大,華人地區之館員較常發表智慧資本於圖書館管理之相關文獻。

　　計算作者發表生產力,發表二篇以上作者列表於表3-17,居首位的毛贛鳴發表15篇,他的職稱包括三種:贛南師範學院、贛南師範學院圖書館、贛南師範學院圖書館文獻信息檢索教研室,前述資訊部分未列作者單位細節,僅記錄大學校名,而有些則呈現毛贛鳴隸屬該校圖書館之資訊,顯示他是圖書館實務工作者。他個人的首篇文獻發表於2000年,也是海峽兩岸最早發表圖書館智慧資本管理相關研究者,首先將西方學者關於圖書館無形資產的理論觀點引介至華人地區。他曾於2005年接受中國國家社會科學基金資助,完成「圖書館的知識移轉機制研究——圖書館知識資本運營機制研究」,而發表一系列之研究成果(毛贛鳴,2006a,2006b,2008)。他的著作中,約占一半文獻是個人作者,另一半文獻是合作研究,排名第二之王建雄,即是毛

表3-17:圖書館智慧資本管理之中文文獻多產作者背景

作者	發表篇數	任職機構	學界－學科背景／實務
毛贛鳴	15	贛南師範學院、贛南師範學院圖書館、贛南師範學院圖書館文獻信息檢索教研室	學界－教育／實務
王建雄	5	贛南師範學院圖書館	實務
李黛君	2	贛南師範學院、贛南師範學院體育學院	學界－教育
常友寅	2	中共中央黨校圖書館	實務

贛鳴的研究夥伴，王建雄的五篇文章之合著者都是毛贛鳴。排名第三之李黛君亦曾有一篇文章與毛贛鳴合著，顯示中文文獻之多產作者彼此互相合作，呈現小世界網絡現象。李黛君則結合國家創新系統之觀點於圖書館智慧資本管理之研究（毛贛鳴、毛贛萍、李黛君，2006；李黛君，2012），具備另一項特色論點。多產作者之文獻內容均是文獻探討與理論陳述，無實證研究。相較於外文文獻之多產作者（表3-8），相同的是多產作者間之合作研究比例高，相異的是不少國外學者結合實證研究，而多產華人作者均僅撰述理論與文獻探討類型文章為主。

（四）高被引文獻

本研究於2015年2月在Google Scholar查詢文獻被引次數，被引次數超過四次之文獻清單呈現於表3-18。排名前三名文獻之出版年皆為2004年之前，排名第一名之文獻「知識管理與圖書館管理創新」主要論述知識管理，其中提及些許知識資本的概念，而排名第二之文獻，是本研究樣本文獻中，最早提及智慧資本或無形資產概念於圖書資訊學界之文章，亦是多產作者毛贛鳴所著。高產作者毛贛鳴之文章於此清單中亦上榜多篇，經一一檢視其相關文章，顯示其自引比率高。圖書資訊學之中文文獻中，主述知識管理之文章被引次數高於主述智慧資本文章，顯示圖書館之智慧資本管理研究熱潮不若圖書館之知識管理研究熱潮，而智慧資本管理之相關文章由同一研究團隊重複引用，顯示少數研究者投入於此研究議題。雖然由西方學者（J. Roos et al., 1997）觀點，知識管理為智慧資本之策略觀點下所延伸之研究議題（詳細資訊請見本書第二章，圖2-2：智慧資本概念樹狀圖），圖書資訊學領域之學者，較少人投入智慧資本研究，較多人投入知識管理研究，此現象與外文文獻之高被引文獻結果相同（表3-9），皆為主述知識管理之被引次數高於主述智慧資本之被引次數。

然而，與外文文獻之高被引文獻結果不太相同點為表3-18清單呈現之文章，全部為文獻探討類型，而外文文獻則呈現多篇為實證研究，可能上榜文獻全部為中國之文獻，而中國之圖書資訊學領域文獻之實證研究所占比例低之故。

表3-18：圖書館智慧資本管理之高被引中文文獻

名次	被引次數	作者	文獻題名	年代
1	49	鄭輝	知識管理與圖書館管理創新	2002
2	16	毛贛鳴	圖書館無形資產特徵述略	2000
3	13	毛贛鳴	圖書館社會無形資產及其評估	2004
4	12	毛贛鳴	圖書館知識資本構成及其價值轉移機制研究	2006
5	10	毛贛鳴與王建雄	圖書館知識資本循環中的知識轉移機制	2006
6	8	王關鎖與朱學榮	大學圖書館知識資本整合及效能	2007
7	7	毛贛鳴	圖書館的知識資本運營機制	2008
8	6	王建雄與毛贛鳴	知識資本理論框架下的圖書館知識管理系統	2007
9	5	毛贛鳴	圖書館社會無形資產效益的資本化分析	2004
9	5	孫海霞	基於知識資本的圖書館核心競爭力構建	2005
9	5	呂叢笑	社會變革與知識創新環境下圖書館管理模式的變革	2001
12	4	王欣欣	智力資本在圖書館管理中的運用與對策	2007
12	4	遲秀麗	論圖書館的智力資本管理	2006
12	4	彭小平	高校圖書館知識資本整合及效能	2009
12	4	李子	知識管理與西藏圖書館事業發展對策研究	2008
12	4	黃曉菁	現代圖書館的人力資源管理	2007
12	4	王建雄與毛贛鳴	圖書館與知識管理	2006
12	4	毛贛鳴、毛贛萍與李黛君	國家創新體系中的圖書館知識資本循環機制	2006
12	4	常友寅	推進以資本運營為核心的數字圖書館企業化運營	2005
12	4	毛贛鳴、楊桂榮與黃盛卿	圖書館無形資產特性研究（下）	2005

（五）文獻內容之圖書館類型

經一一檢視每篇文獻內容之圖書館類型，彙整於表3-19，最高比例是未指定類型，其次是數位圖書館，第三是高校圖書館，公共圖書館與專門圖書館之所占比例都相當低。與外文文獻內容包含的圖書館類型（表3-10）相同者是專門圖書館所占比例都相當低，相異是內容包含學術圖書館占外文文獻比例超過四成，然而，該比例於中文文獻卻僅12%，中文文獻作者來自大學圖書館比例雖高（詳見表3-16），但內容卻未特別指定主述高校（大學）圖書館，僅廣泛討論圖書館需具備之智慧資本內容。而且，外文文獻之內容雖包含科技應用於圖書館之議題，但樣本文獻中無作者提及「數位圖書館」，中文文獻作者卻經常提及「數位圖書館」用語，可能原因是西方學者認為「數位」於圖書館已是普遍現象，不需再特別稱之。

表3-19：圖書館智慧資本管理之中文文獻之圖書館類型

圖書館類型	篇數	占總文獻數比例
未指定類型	48	71%
數位圖書館	10	15%
高校（大學）圖書館	8	12%
公共圖書館	4	6%
專門圖書館（含工商圖書館）	2	3%

（六）文獻應用之研究方法

逐一檢視中文文獻之研究方法整理如表3-20，前期（2000-2006年）文獻探討類型占八成以上，後期（2007-2014年）雖然也是文獻探討比例較高，但研究方法類型較多元，顯示後期之研究方法多樣性，也多了些許實證研究。後期之「架構、模型、衡量指標」類型比例明顯提高，續看此類型細節，以架構（十篇）高於衡量指標（五篇）之篇數，提出具體之衡量指標論文數較少。

相較於外文文獻計量結果（表3-11），相同的是均以文獻探討所占比例最高，而中文文獻更高，相異的是外文文獻之研究方法更多元，中文文獻之實證研究論文相當少，僅臺灣之龔彥融（2010）、

黃元鶴（2014a），以及中國之陸康、王聖元與劉慧（2012）、李蘭芹（2011）等四篇研究為實證研究。前三篇應用問卷調查，最後一篇則為個案研究，中國之二篇分別應用資料包絡法（data envelopment analysis, DEA）與層級分析法（analytic hierarchy process, AHP）來分析智慧資本衡量指標，臺灣學者黃元鶴（2014a）除了應用問卷調查，亦以質性方法分析訪談資料。中文樣本文獻僅包含四篇臺灣文獻，其餘64篇是中國文獻，然而總共四篇實證研究之半數來自臺灣，顯示中國於圖書館之智慧資本管理之實證研究比例相當低，雖然作者來自圖書館實務之比例超過六成（表3-16），卻少有作者收集實證資料並分析撰述，呼籲更多圖書館實務工作者投入實務研究，將理論結合實證分析，使理論更貼近實務。

表3-20：圖書館智慧資本管理之中文文獻之研究方法

研究方法	2000-2006年（28篇） 篇數	占該時期總文獻篇數比例	2007-2014年（40篇） 篇數	占該時期總文獻篇數比例
文獻探討	24	86%	26	65%
架構、模型、衡量指標	4	14%	15	38%
問卷調查	0	0%	3	8%
個案研究	0	0%	1	3%
其他質性研究，如內容分析	0	0%	1	3%
訪談	0	0%	1	3%
次級資料分析，如書目計量	0	0%	0	0%
評論文章	0	0%	0	0%

（七）文獻內容提及之資本構面

中文文獻包含的資本構面如表3-21。最高比例為人力資本，其次是結構資本，第三高比例為顧客資本。比較特別的是歸類於本研究之更新與發展資本中，部分中國文獻（王伊卓，2011；李蘭芹，2011）提及之「知識產權資本」，包含圖書館自主開發的管理系統、資料庫

表3-21：圖書館智慧資本管理之中文文獻之資本構面

資本構面	篇數	占總文獻數比例	部分文獻之原來用詞
人力資本	55	81%	
結構資本	36	53%	組織資本
顧客資本	29	43%	用戶資本、讀者資本、社會資本
程序資本	14	21%	經營性資產、管理資本
技術資本	9	13%	組織資本、結構資本
關係資本	8	12%	社會資本、資源共享資本、市場資本
更新與發展資本	6	9%	知識產權資本、專有知識資本

等產品的版權、專利權等要素，前述內容李子（2008）則稱之為「專有知識資本」。然而，陸康等人（2012）之「知識產權資本」僅包含科研成果，以「公開發表論文數」來具體衡量。

此外，李子（2008）將圖書館聲譽、形象和品牌、人際網絡等內容要素稱之為「市場資本」。劉劍虹與王雯（2011）則將讀者關係、公共形象、學術影響力、國內外合作等內容要素稱之為「社會資本」。然而，李蘭芹（2011）之「社會資本」包含項目為顧客滿意度、與其利益相關者的協調關係、對特定顧客的信息掌握度。

相較於外文文獻分析結果（表3-13），中文文獻應用的資本構面名稱更多元，且各構面亦無一致性內容範疇，顯示目前正處於百花齊放的研究階段，亟需統整相關名詞釋義。

第四節　小結

本章由統整國外知識管理與智慧資本文獻計量相關研究來檢視智慧資本研究之核心期刊、重要會議論文分析，以及由微觀、介觀與巨觀等三層級來觀察智慧資本之研究生產力表現，摘錄書目計量學者之先前研究結果，關於智慧資本之學科影響力及其發展歷程，由管理學者角度應用書目計量方法之研究，獲取智慧資本理論發展概況。

其次,將智慧資本聚焦於圖書館,收集中外文文獻以書目計量方法分析。整體而言,每年有相關研究著作出版,但並未出現研究熱潮。主要仍刊登於圖書資訊學領域期刊,但有些許外文文獻刊登於管理學領域期刊。不論中外,皆以個人著作為多數,合作研究比例低,此外,華人之合作研究呈現小世界網絡樣態。外文文獻以美國產量最高,作者來自學界發表量高於實務界,學界當中,亦以圖書資訊領域學者占半數以上。然而,中文文獻作者則是實務界生產力高於學界,而商業管理領域高於圖書資訊領域學者人數,推測可能原因為中國之部分原屬圖書資訊學科領域之系所已歸屬為管理相關系所。

中外文文獻之內容分析包括圖書館類型、研究方法、資本構面。中外文文獻均呈現未指定圖書館類型之比例最高,具體明列圖書館類型之文獻當中,外文文獻呈現學術圖書館比例最高,而中文文獻則是數位圖書館。研究方法中,均呈現中外文文獻以文獻探討為主,且後期(2007年後)採納之研究方法多樣性優於前期(2000-2006年),然而,外文文獻採納實證研究之比例較中文文獻高。資本構面之內容歸類,智慧資本概念始於提倡重視人力投入之無形資產,中外文文獻均以人力資本所占比例最高,而中文文獻內容包含知識產權資本、社會資本、資源共享資本等資本構面,具備多元觀點。

第四章
圖書館智慧資本管理之衡量指標

　　本書已於第二章與第三章介紹智慧資本之概念與資本構面，本章內容主要重點在於彙整國內外專家學者論述圖書館經營之智慧資本構面與衡量指標之細項。首先，不同專家學者提及智慧資本之組成構面不盡然相同，表4-1呈現其綜整表，共計13項智慧資本，相較於第二章之表2-1彙集之八項資本構面，資本構面多了五項。由於第二章重點在於介紹一般管理學界於智慧資本之詮釋，而本章主要彙集圖書資訊學領域學者於智慧資本之詮釋，觀點不同，因此，智慧資本之分項亦不同。

　　表4-1顯示，人力資本是共同具備的資本構面，大多數研究包含結構資本，若干研究（Iivonen & Huotari, 2007; Kostagiolas & Asonitis, 2011; 李蘭芹，2011）以組織資本包含或替代結構資本內容。另外，分別有六篇研究文獻包含關係資本與顧客資本，然而，龔彥融（2010）以顧客資本包含關係資本內容來論述，另一方面Iivonen與Huotari（2007）卻以關係資本包含顧客資本內容來論述，顯示此二項資本構面之內容範疇互有重疊之處。

　　由於商業管理學者主要為凸顯非財務資產之重要性而提出智慧資本，因此，通常智慧資本不包含財務資本構面。然而，具專門圖書館背景之Portugal（2000）則提及財務資本。此外，Corrall與Sriborisutsakul（2010）特別以館藏與服務資本凸顯圖書館智慧資本

管理議題與商業管理學界之特色重點不同。中國學者提及之社會資本（李蘭芹，2011；劉劍虹、王雯，2011），以及知識產權資本（李蘭芹，2011；陸康、王聖元、劉慧，2012）是西方圖書資訊學領域學者未特別強調之資本，李蘭芹（2011）之社會資本內容主要包含關係資本與顧客資本之要項，而劉劍虹與王雯（2011）則另包含公共形象、學術影響力等指標要項，其範疇內容有些差異。此外，李蘭芹（2011）之知識產權資本包含年均申請專利數、自行研發管理系統之質量與自建資料庫等指標項目，於圖書館智慧資本管理研究中，的確是較具特色之議題。

表4-1為圖書資訊領域學者提出的相關資本構面，經整併若干相近概念的資構面後，本研究採納結構、人力、程序、技術、關係、顧客、更新與發展等七項資本構面，分別於本章七小節依序詳述各資本構面之要素內容與衡量指標。

各節內容主要綜合不同研究之相關資本與其衡量指標並整理成表，製表過程細節說明如下：（1）若干研究提及該資本構面之意涵與要素，但未提供細節之指標計算方法。因此，各小節之第一個綜整表，先呈現資本構面之要素內容，後續表格再列舉詳細之衡量指標及其計次或百分比之計算值。（2）由於不同學者所提及之資本構面與名稱不盡然相同，本研究採納七項資本構面，重新另行歸類，並將原文獻之資本構面列於每表格之第一欄，以利讀者參考。（3）部分衡量指標為財務相關量數，則在具財務屬性之指標右上方註記FI（financial indicator）。（4）為避免譯文未能完整呈現指標之意義，各衡量指標之原文亦以【】符號加註於中文後方，以提供讀者參照比對。（5）凡表格呈灰底色，並在該衡量指標後方註記【實證研究變數代碼：a#】即為本研究實證研究採納之指標，應用於工商圖書館之實證資料分析，本研究收集臺灣一千大企業機構、以及財團法人及國營事業機構等不同類型工商圖書館資料，其分析結果請見本書第七章與第八章。

第四章　圖書館智慧資本管理之衡量指標

表4-1：國內外研究文獻於圖書館智慧資本之不同構面一覽表

研究文獻	組織	結構	人力	程序	館藏與服務	技術	關係	顧客	更新與發展	市場	財務	社會	知識產權
Portugal, 2000（工商圖書館）			○	○				○	○		○		
陳光榮與謝采汝，2004（公共圖書館）		○	○	結構				○	結構				
Iivonen & Huotari, 2007（大學圖書館）	結構	○	○			結構	○		關係	結構	關係		
Corrall & Sriborisutsakul, 2010（大學圖書館）		○	○			○		○					
Kostagiolas & Asonitis, 2011	○		○					○					
Kostagiolas, 2012a		○	○					○					
龔彥融，2010（大學圖書館）		○	○				顧客	○					
王伊卓，2011		○	○							○			
李蘭芹，2011	○		○									○	○
劉劍虹與王雯，2011		○	○									○	
陸康等人，2012		○	○					○					○
黃元鶴，2014a（工商圖書館）		○	○			○	○	○					

註1：研究文獻依年代排序，若該研究為特定類型圖書館，以括弧註解。
註2：該研究提及之資本構面以「○」註明，若該研究另歸類於不同資本構面，則另以文字說明。

第一節　結構資本

先前不同學者常合併使用「組織」或「結構」資本，本研究採納結構資本（structural capital）之名稱，廣義而言，其內容與範疇包含組織制度與文化、品牌與形象，由於前述概念難以量測，為利於後續於圖書館智慧資本管理之實證研究，本研究採納狹義定義如下：圖書館或資訊服務單位在機構內的層級及人員編制狀況。先呈現各學者提及此資本構面之要素內容如表4-2，本研究將其分類為三大主題：組織制度與文化、品牌與形象、政策與法律，在表格中分群列出，前述項目難以量化指標呈現，但多位學者強調其重要性，因此本研究仍整理列表，呼籲圖書館實務工作者需重視此三項無形資產之經營。組織文化影響組織與個人知識活動內容，然而，知識活動較難量測，筆者先前研究（Huang, 2014）曾發展兼具組織與個體之多層次知識活動量表，其中組織層次之知識活動發展三構面（知識成長、知識整合、知識廣度）總計13題問項，圖書館管理人員可參考該工具量表，以輔助瞭解結構資本中之組織文化與學習型組織之達成程度。

表4-2：結構資本要素內容

分群主題	要素	參考文獻來源
組織制度與文化	組織的（組織學習、管理與業務流程、組織文化）[b]	Iivonen & Huotari, 2007, p. 90
	學習文化[d]	Kostagiolas & Asonitis, 2011, p. 39
	知識團隊[d]	
	學習型組織的建置[e]	陳光榮與謝采汝，2004，頁17、20
	創新文化[b]	
	組織建設文化水平[c]	李蘭芹，2011，頁23
	制度文化（圖書館理念和宗旨、組織結構的合理性、制度體系建設和執行情況、管理方法科學性、文化塑造程度）[a]	劉劍虹與王雯，2011，頁58
	圖書館組織結構、制度規範、館內文化[a]	王伊卓，2011，頁124

表4-2：結構資本要素內容（續）

分群主題	要素	參考文獻來源
品牌與形象	品牌[d]	Kostagiolas & Asonitis, 2011, p. 39
	圖書館城市形象[a]	王伊卓，2011，頁124
	圖書館信譽[f]	
政策與法律	合約[d]	Kostagiolas & Asonitis, 2011, p. 39
	品質與安全保證[d]	

註：每項要素後方英文代碼註記為原文獻歸類之資本構面：a：結構；b：結構（包含組織、創新、系統、程序等資本）；c：組織；d：組織（結構）；e：人力；f：市場。

綜合整理國內外研究關於結構資本之衡量指標如表4-3，本研究將人員編制歸於結構資本之範疇，因此若干學者原列於人力資本之衡量項目，列於本研究之結構資本衡量指標，如館員數、主管人員數等。本研究將表4-3指標分類為三大群：人員編制、人力投入費用與可分配運用之工作時數、組織層級結構。

表4-3：結構資本衡量指標

分群主題	衡量指標	參考文獻來源
人員編制	圖書館或資訊中心在該母機構之單位名稱／隸屬之部門【實證研究變數代碼：a1】	Edvinsson & Malone, 1997, pp. 11, 35-36[註]
	人員編制【實證研究變數代碼：a2】	
	館員數【number of librarians】*	Kostagiolas, 2012, p. 105
	已受訓館員數【number of library trainees】*	
	員工人數*	陸康等人，2012，頁16
	圖書館或資訊中心館員數（兼職館員以0.5計）【number of library or information center staff (#)】*	Portugal, 2000, pp. 125-126, 130, 132
	圖書館或資訊中心主管人員數【number of library or information center managers (#)】*	

表4-3：結構資本衡量指標（續）

分群主題	衡量指標	參考文獻來源
	圖書館或資訊中心女性主管人員數【number of women library or information center managers (#)】*	
	圖書館或資訊中心全職約聘館員數【number of full-time temporary library or information center employees (#)】*	
	圖書館或資訊中心兼職約聘館員數【part-time library or information center employees and non-full-time contractors (%)】*	
人力投入費用與時間	員工工資總額*,FI	陸康等人，2012，頁16
	員工工作時間（月工作總時間）	
組織層級結構	組織科層化程度：讀者意見改善速度（不含回應時間）	龔彥融，2010，頁84
	組織科層化程度：決策階層數目	
	組織科層化程度：新服務推出時間	

註：結構資本原訂範圍較廣，包含公司軟硬體、組織架構、商標專利、客戶關係等跨層面的組織能力，本研究僅取「組織架構」之狹義內容。
若衡量指標後方註記「*」，原文獻歸類為人力資本構面，而非結構資本構面。
FI：財務指標。

第二節　人力資本

　　本研究為人力資本（human capital）內容與範疇定義如下：資訊服務提供者的能力、知識及經驗。智慧資本首重人力資本，綜整先前研究，各學者為人力資本提出之要素與衡量指標之內容量最多。首先將人力資本難以量化之要素內容分列於表4-4與表4-5，表4-4主要呈現人員遴選與教育、人力品質等基本議題，表4-5再呈現人力資本之加深加廣範圍與內容。

　　個人知識除了能為組織增進營運效能之外，館員間的互動亦能促進組織知識成長效益，前述之個體、群體、組織等三個層次之知識活動都難以測量，筆者先前的研究（黃元鶴，2013）曾為個體層次萃取四個因素：知識吸收、知識分享、知識阻礙、知識移轉；群體層次萃

表4-4：人力資本要素內容之一

要素	參考文獻來源
館員訓練／教育背景	Kostagiolas & Asonitis, 2011, p. 39
館員品質／能力	
館員特性	
人力資源管理*	
鼓勵館員持續地發展個人工作技能	Corrall & Sriborisutsakul, 2010, p. 286
強化館員資訊服務工作專業技能	
發展符合當代學習中心之館員所需技能	
有效的教育訓練計畫	陳光榮與謝采汝，2004，頁16
適才任用	
嚴格且具彈性的甄選	
館員知識水平、經驗	王伊卓，2011，頁124
館員知識更新、共享圖書館知識和經驗的能力	

註：若衡量指標後方註記「*」，原文獻歸類為組織（結構）資本構面，而非人力資本構面。

取知識擴增、知識群聚及知識創始等三個因素，分別為前述因素各自設計四至六項問項以量測該構念，並在大學圖書館收集實證資料以驗證量表，此研究之量表可提供人力資本關於個體與群體之隱性知識活動量測之參考工具。

　　表4-5主要呈現人力資源之進階技能，如管理與組織等非圖書資訊學專業技能、授權與賦能程度、解決問題與創新力、專業學會建立之專業職能訓練機制等等。前述項目都相當重要，除了機構內部管理機制之設計需配合之外，機構外部之圖書館學會也應扮演領頭羊的角色，協助圖書館館員提升其資訊專業人員之地位與形象。

表4-5：人力資本要素內容之二

分群主題	要素	參考文獻來源
管理技能	管理技能（分析思考與問題解決、創新能力、領導力、市場策略知識、成本效益分析、瞭解顧客需求、市場知識、策略規劃與目標導向）	Iivonen & Huotari, 2007, p. 88

表4-5：人力資本要素內容之二（續）

分群主題	要素	參考文獻來源
	組織技能（建構能力、協調與管理團隊、專案合作彈性處理機制、創建與組織公共服務）	
	建立館員之忠誠度、工作動機、團隊士氣	Corrall & Sriborisutsakul, 2010, p. 286
	適度的授權與賦能	陳光榮與謝采汝，2004，頁17
	個人的激勵與獎賞	
	向心力的凝聚	
	館員對圖書館和自身工作的態度	王伊卓，2011，頁124
	館員為用戶解決問題的業務能力	
	使館員有機會展現工作之外的能力	Corrall & Sriborisutsakul, 2010, p. 286
解決問題與創新力	創造力（創新、產品與服務之長期規劃、願景思考）	Iivonen & Huotari, 2007, pp. 88-89
	館員素質（工作態度、知識組織能力、服務能力、溝通能力、創新意識、協調能力、言行舉止、儀表形象）	劉劍虹與王雯，2011，頁58
專業學會	圖書館學會機制的發揮：建立專業館員的認證制度、提供教育訓練、建立專業館員人力資料庫	陳光榮與謝采汝，2004，頁17

　　人力資本衡量指標綜整表依其性質分群列於表4-6、表4-7與表4-8。表4-6先呈現人力資本之基本資訊：平均年齡與年資、全職或兼職等不同屬性館員占機構總人力百分比、高學歷或具圖書資訊學專業人才比例等項目。此表以量化指標來呈現人力資源基本資訊，如平均年齡高低來顯示人力資源是否有老化現象，而平均年資高低意指工作穩定度。

　　表4-7呈現人力資本之專職技能品質與養成教育機制，人才除了遴選時注重品質之外，機構提供之在職教育訓練，更可發揮人力之潛能，因此不同學者設計相關項目之計次或百分比值，以實際數據顯示其程度。此外，Portugal（2000）與龔彥融（2010）亦特別提及具備資訊科技能力館員之衡量指標。

表4-6：人力資本衡量指標之一

分群主題	衡量指標	參考文獻來源
年齡與年資	館員的學歷背景／負責業務【實證研究變數代碼：b1】	Kostagiolas, 2012, p.103; Portugal, 2000, pp. 128-133
	館員平均年齡【average age of staff】	Kostagiolas, 2012, p. 103
	圖書館或資訊中心館員平均年齡【average age of library or information center employees (#)】	Portugal, 2000, pp. 126-127, 129
	圖書館或資訊中心館員平均年資【average years of service of library or information center employees with the unit (#)】	
	圖書館或資訊中心全職館員平均年資【average years with unit of full-time permanent library or information center employees (#)】	
	館員的專業知識、能力及經驗：專業人力的平均年資	龔彥融，2010，頁84
全職或兼職等不同工作屬性	全職館員占全體館員比例【full-time permanent staff over the total staff employed】	Kostagiolas, 2012, p. 103
	館員在家工作占全體館員比例【staff working at home over the total staff employed】	
	兼職約聘館員平均約聘期【average duration of contract with non-full-time contractors (#)】	Portugal, 2000, pp. 125-126, 130, 132
	圖書館或資訊中心館員汰換率（當年度離職館員數占全體館員數百分比）【library or information center staff turnover (%)】	
	圖書館或資訊中心全職館員汰換率（當年度離職之全職館員數占全體全職館員數百分比）【annual turnover of full-time permanent library or information center employees (%)】	

表4-6：人力資本衡量指標之一（續）

分群主題	衡量指標	參考文獻來源
	隊伍結構（學歷結構、專業技術服務結構、學科專業結構、年齡結構、人力分配情況）	劉劍虹與王雯，2011，頁58
	專業人員當年保持率	李蘭芹，2011，頁23
高學歷或具圖書資訊學專業人才	圖書館或資訊中心主管人員具備圖書資訊學碩士或博士學歷人數【percentage of library or information center managers with Masters or Doctoral degrees in library or information science (%)】	Portugal, 2000, p. 133
	圖書館或資訊中心主管人員具備其他學科碩士或博士學歷人數【percentage of library or information center managers with Masters or Doctoral degrees in other professional areas (%)】	
	管理者才能－高階管理者：相關學科背景（圖書資訊學／非圖書資訊學）	龔彥融，2010，頁84
	高學歷（碩士以上）員工比例	陸康等人，2012，頁16
	高職稱（副高級以上）員工比例	
	高級職稱人員占有率	李蘭芹，2011，頁23

　　表4-8呈現人力資本之員工滿意、認同與激勵、授權與賦能、領導與研究能力等面向之衡量指標。前述項目具抽象特質，較難以測量，但已有許多學者發展若干量表，可採納現成之量表來輔以測量。而Kostagiolas（2012）則強調可合併質化的敘述來強化衡量的品質，本研究於第七章與第八章之實證研究即同時採納量化與質化之研究方法以收集與分析資料。此外，強化管理者之領導力與學術研究能量可促進圖書館營運之創新程度，本研究綜整之人力資本構面指標，大部分原文獻仍歸於人力資本，僅少數例外，陸康等人（2012）原將館員論文發表量視為知識產權構面，更能體現其意涵。

表4-7：人力資本衡量指標之二

分群主題	衡量指標	參考文獻來源
專職技能品質	在職專業教育訓練【實證研究變數代碼：b2】	
	投入每全職館員之教育訓練與溝通成本：教育訓練平均成本除以全職館員數（教育訓練平均成本可由館員參與教育訓練課程之人次與小時乘以時薪來估算其成本）【average cost of training, communications, and support programs / full-time permanent employees (#)】	Portugal, 2000, pp. 127-128, 130-132
	投入每全職約聘館員之教育訓練與溝通成本：教育訓練平均年成本除以全職約聘館員數（教育訓練平均年成本可由約聘館員參與教育訓練課程之人次與小時乘以時薪來估算其成本）【annual cost of training, communications, and support programs / full-time temporary employees ($)】	
	智力發展（參與培訓與繼續教育情況、組織參觀次數、參加學術會議次數、研究生培養情況、職業發展計畫人數、出國進修情況）	劉劍虹與王雯，2011，頁58
資訊科技能力	具資訊科技素養能力館員比例【library or information center employees literate in information technology (%)】	Portugal, 2000, pp. 128-129
	花少於50%之工作時間在圖書館或資訊中心之全職館員數（意指圖書館或資訊中心之網路通訊設備是否可充分支援遠距資訊服務）【number of full-time permanent library or information center employees who spend less than 50 percent of work hours in a library or information center facility (#)】	
	館員的專業知識、能力及經驗：運用資訊科技的能力	龔彥融，2010，頁84

表4-8：人力資本衡量指標之三

分群主題	衡量指標	參考文獻來源
員工滿意認同與激勵	員工滿意、授權與賦能指數【實證研究變數代碼：b3】	Edvinsson & Malone, 1997, p. 132; Kostagiolas, 2012, pp. 103-104; Portugal, 2000, pp. 123-125, 142-147[註]
	高滿意度館員比例（請館員填答工作滿意度問卷，依回覆問卷結果，計算高滿意度館員占全體館員之百分比）【satisfied library or information center staff (%)】	Portugal, 2000, pp. 123-124
	館員滿意度：同事之間的關係	龔彥融，2010，頁84
	館員滿意度：心聲傳達度	
	館員滿意度：盡責程度	
	員工之間的和諧度	李蘭芹，2011，頁23
	認同和激勵（人才任用情況、職工滿意度、考核和激勵方法）	劉劍虹與王雯，2011，頁58
	內部員工抱怨數【number of internal disputes and complaints】[a]	Kostagiolas, 2012, p. 104
授權與賦能	工作動機與能力強之館員比例（請館員填答動機與能力相關量表，將其結果與預定目標相比之比值）【motivated and competent library or information center staff / pre-set target (%)】	Portugal, 2000, pp. 124-125
	賦能館員比例（請館員填答賦能相關量表，如動機、圖書館支援度、館員覺察之品質需求、自我評估能力等概念，計算達成預定目標的館員數占全體館員之百分比）【empowered library or information center staff (%)】	
	對館員質化的敘述（承諾、忠誠、創業精神、熱誠）【qualitative description of staff (commitment, loyalty, entrepreneurial spirt, enthusiasm)】	Kostagiolas, 2012, pp. 103-104

表4-8：人力資本衡量指標之三（續）

分群主題	衡量指標	參考文獻來源
	承諾、忠誠等之質化衡量【qualitative measures of commitment, loyalty, etc.】[a]	
	員工忠誠度與歸屬感	李蘭芹，2011，頁23
領導與研究能力	管理者才能－中階管理者：使人員、資源與組織目標一致	龔彥融，2010，頁84
	管理者才能－中階管理者：瞭解並善用組織動能來達成目標	
	管理者才能－中階管理者：使員工能力得以發揮	
	管理者才能－高階管理者：分析式思考能力	
	管理者才能－高階管理者：前瞻性思考能力	
	管理者才能－高階管理者：建立、協調及管理團隊的能力	
	領導能力（管理創新能力、參與決策能力、戰略領導能力、專業化水平）	劉劍虹與王雯，2011，頁58
	管理者才能－高階管理者：每年發表關於圖書資訊科學相關之論文數量	龔彥融，2010，頁84
	公開發表論文[b]	陸康等人，2012，頁16

註：本研究採納若干員工滿意度問卷題項，以及參考其影響授權與賦能之因素（如Responsibility versus authority to act）來編製問項。

部分指標後方英文代碼註記為原文獻歸類之資本構面：a：組織；b：知識產權。

第三節　程序資本

本研究為程序資本（process capital）內容與範疇定義如下：圖書館或資訊服務單位維持營運的相關作業流程的能力。首先整理其要素內容於表4-9，區分為四群：整體營運品質管理、數位館藏管理、服務管理、空間與設備管理。可謂含括了圖書館軟硬體管理之各種面向，但未具體設計對應之衡量變數，本研究綜整不同學者所提出之衡量指標於後續所列之表4-10與表4-11。

表4-9：程序資本要素內容

分群主題	要素	參考文獻來源
整體營運品質管理	為圖書館之營運建構有效率的程序管理[a]	Corrall & Sriborisutsakul, 2010, p. 286
	作業管理（經營模式改變）[b]	陳光榮與謝采汝，2004，頁18
	全面品質管理[b]	
數位館藏管理	智慧財產／著作權[c]	Kostagiolas & Asonitis, 2011, p. 39
	數位館藏[c]	
	數位存取政策[c]	
服務管理	著重於符合讀者需求之核心館藏管理[d]	Corrall & Sriborisutsakul, 2010, p. 286
	建構實務知識之問與答之文件管理以改善資訊產品與服務品質[a]	
	由改善服務遞送過程以提升讀者滿意度[d]	
空間與設備管理	改善圖書館學習空間環境[d]	
	設備管理[b]	陳光榮與謝采汝，2004，頁19
	環境資產（館舍面積、館舍布局、閱覽設施、管理設施、信息服務設備）[a]	劉劍虹與王雯，2011，頁58

註：每項要素後方英文代碼註記為原文獻歸類之資本構面：a：結構；b：結構－流程；c：組織（結構）；d：館藏與服務。

表4-10：程序資本衡量指標之一

分群主題	衡量指標	參考文獻來源
	館藏狀況【實證研究變數代碼：c1】[a]	Portugal, 2000, pp. 107-108
圖書館資源投入程度	館藏量【size of the library's collection】[a]	Kostagiolas, 2012, pp. 105-106
	圖書採購費用【cost for acquiring monographs】[a, FI]	
	紙本期刊訂購費【cost for acquiring printed journals】[a, FI]	
	電子資源總採購費用【total cost for acquiring electronic information sources】[a, FI]	
	紙本資訊資源總採購費用【total cost for acquiring printed information sources】[a, FI]	

表4-10：程序資本衡量指標之一（續）

分群主題	衡量指標	參考文獻來源
	現行紙本期刊訂購總數【number of current subscriptions to printed journals】[b]	
	現行電子期刊訂購總數【number of current subscriptions to electronic journals】[b]	
	每年圖書館藏新增量【monographs that entered the library in one year】[b]	
	經費投入（經費來源、基礎設施投入、購書經費）[a, FI]	劉劍虹與王雯，2011，頁58
	主要服務內容【實證研究變數代碼：c2】[a]	Portugal, 2000, pp. 107-108
	圖書館每日開館時數【total library opening hours per day】[a]	Kostagiolas, 2012, p. 105
	圖書館開放時間[a]	陸康等人，2012，頁16
服務管理投入時間	圖書流通處理平均時間【average processing time for local circulation requests (books) (#)】	
	期刊流通處理平均時間【average processing time for local circulation requests (journals and magazines) (#)】	Portugal, 2000, pp. 107-108
	館際合作處理平均時間【average processing time for interlibrary loan (#)】	

註：每項指標後方英文代碼註記為原文獻歸類之資本構面：a：結構；b：關係（供應商）。原文獻歸於程序資本之指標項目，後方未加註英文代碼。
FI：財務指標。

表4-11：程序資本衡量指標之二

分群主題	衡量指標	參考文獻來源
	新到館資源處理的速度（或編目外包商處理的速度）【實證研究變數代碼：c3】	Portugal, 2000, pp. 107-108
服務速度與錯誤率	內部作業流程：採購平均時間[a]	
	內部作業流程：圖書資料處理平均時間[a]	龔彥融，2010，頁84
	內部作業流程：文獻傳遞平均時間[a]	
	內部作業流程：館際互借處理平均時間[a]	
	內部作業流程：系統操作錯誤率[a]	

表4-11：程序資本衡量指標之二（續）

分群主題	衡量指標	參考文獻來源
資訊加值投入度	資訊加值投入度【實證研究變數代碼：c4】	Portugal, 2000, pp. 107-108
	回覆讀者問題的速度【實證研究變數代碼：c5】	
	資訊檢索問題之處理平均時間【average processing time for information search requests (#)】	
	資訊服務能力：參考問題回答之正確率[a]	龔彥融，2010，頁84
	資訊服務能力：參考諮詢服務滿意度[a]	
	資訊服務能力：線上檢索評估（精確率／回現率）[a]	
	書刊借閱量[c]	陸康等人，2012，頁16
	館藏利用情形：引用文獻為館藏擁有之比例[b]	龔彥融，2010，頁84
	館藏利用情形：未被使用之館藏比例[b]	
	館藏利用情形：館藏為它校讀者借閱之比例[b]	
	館藏利用情形：每年讀者薦購之資料占該年度採訪資料之比例[b]	
行政成本與費用	行政費用占全部收益[註]百分比【administrative expense / total revenue (%)】[FI]	Portugal, 2000, pp. 104-109
	行政錯誤成本占全部行政費用百分比（行政錯誤成本估算可由花費於糾正錯誤投入的人次及時數乘以該人次與時薪）【cost for administrative errors / total administrative expense (%)】[FI]	
	專業人員錯誤成本占全部收益百分比（專業人員錯誤成本估算可由專業人員花費於糾正錯誤投入的人次及時數乘以該人次與時薪）【cost for professional errors / total revenue (%)】[FI]	

表4-11：程序資本衡量指標之二（續）

分群主題	衡量指標	參考文獻來源
	平均每館員行政費用：行政費用除以館員數【administrative expense / library or information center employee ($)】[FI]	

註：圖書館收益：圖書館通常不會對提供的服務收費，因此需將館員的資訊或知識產出或服務轉換為適切的市場價值（market value）。此價值即可視為收益（revenue），收益可由圖書館總費用乘以市場價值計算而得，圖書館或資訊中心需自行提出相關數據以闡明如何計算市場價值（Portugal, 2000, pp. 135-136）。每項指標後方英文代碼註記為原文獻歸類之資本構面：a：結構；b：顧客（關係）；c：讀者。原文獻歸於程序資本之指標項目，後方未加註英文代碼。
FI：財務指標。

　　本研究將圖書館之產品（即館藏）與服務之相關衡量指標綜整於表4-10。館藏之衡量指標多為財務指標，因往往由購置費用來衡量圖書館資源投入程度，而服務則由時間多寡來呈現其程度。表4-10呈現之衡量指標與典型圖書館績效評估指標內容重疊比例較高。

　　程序資本當中關於速度與資訊加值投入度之衡量指標綜整於表4-11，除了以每單位處理時間來顯示服務速度之外，錯誤率也是一種指標，Portugal（2000）甚至將糾正錯誤之成本，由投入之人力資源與行政費用來換算其財務指標，此類型數值可提醒相關業務人員之謹慎度。典型圖書館績效評估指標重正確率指標，而本研究綜整智慧資本學者之觀點，則另由錯誤率來凸顯其影響程序資本表現之嚴重性。此外，Portugal（2000）以工商圖書館為主要研究對象，圖書館為非營利型機構，除了少數專門圖書館曾有會員制之收費服務之外，大部分圖書館無實質「收益」，但Portugal（2000）提出相關財務型衡量指標時，仍以收益稱之，其觀點請詳見表末之註解資訊。

第四節　技術資本

　　大部分學者並未將技術議題獨立為一資本構面，往往合併於組織／結構、程序資本等構面，本研究刻意將資訊科技相關議題單獨為一資本構面，以呈現科技層面對組織營運的影響，本研究之技術資本

（technological capital）內容與範疇定義如下：圖書館或資訊服務單位導入相關科技或軟硬體設備以強化服務品質的程度。首先於表4-12呈現技術資本要素內容，主要即為資訊科技與相關資料庫系統之建置。

表4-12：技術資本要素內容

要素	參考文獻來源
應用資訊科技以強化資訊存取流通管道與服務品質[a]	Corrall & Sriborisutsakul, 2010, p. 286
藉由管理資訊系統建構學習環境[a]	
科技的（資料庫、授權、資訊系統）[b]	Iivonen & Huotari, 2007, p. 90
遠距資訊服務[c]	Kostagiolas & Asonitis, 2011, p. 39
資料庫系統[c]	
網路系統[c]	
圖書館信息技術系統[a]	王伊卓，2011，頁124
作業管理（自動化系統的設置）[b]	陳光榮與謝采汝，2004，頁19
透過「科技－數位圖書館的建置」創新[b]	

註：每項要素後方英文代碼註記為原文獻歸類之資本構面：a：結構；b：結構（包含組織、創新、系統、程序等資本）；c：組織（結構）。

表4-13呈現技術資本之數位資訊傳送普及度，如網頁數與下載流量等指標，以具體數值呈現圖書館之數位資訊服務能力。

表4-13：技術資本衡量指標之一

衡量指標	參考文獻來源
數位資訊傳送服務之普及度【實證研究變數代碼：d1】[b]	Edvinsson & Malone, 1997, pp. 101-110; Portugal, 2000, pp. 109-111
遠距讀者造訪圖書館網頁數【virtual visit sessions at the library's web page by remote users】[a]	Kostagiolas, 2012, p. 105
線上回覆讀者問題數【user questions that have been dealt with electronically】[a]	

第四章　圖書館智慧資本管理之衡量指標

表4-13：技術資本衡量指標之一（續）

衡量指標	參考文獻來源
圖書館的網站數量[a]	李蘭芹，2011，頁23
FAQ問題庫與RSS訂閱服務[c]	
數字資源下載流量[d]	陸康等人，2012，頁16

註：每項指標後方英文代碼註記為原文獻歸類之資本構面：a：結構；b：程序；c：組織；d：讀者。

　　資訊科技投入資源相關衡量指標彙整於表4-14，Portugal（2000）常由財務面向設計指標，其理念明確、合理且客觀，但實務上較難施行，因此本研究於第七章與第八章之實證研究往往僅能擷取其概念，轉為描述情境之同意程度量表，才能提升實務工作者之填答意願。實際上，圖書館經營管理者若可掌握相關數值資訊，則直接應用Portugal（2000）來計算其數值，可自我檢視管理效能。

表4-14：技術資本衡量指標之二

衡量指標	參考文獻來源
導入新技術的及時性【實證研究變數代碼：d2】	
應用新機制以傳遞資訊服務【實證研究變數代碼：d3】	
平均每館員資訊科技費用：資訊科技費用除以館員數【information technology expense / library or information center employee ($)】[b, FI]	Portugal, 2000, pp. 109-111
圖書館或資訊中心電腦效能（中央處理器與儲存裝置之效能）【information technology capacity of the library or information center (CPU and Direct access storage devices) (#)】[b]	
資訊科技費用占行政費用百分比【information technology expense / administrative expense (%)】[b, FI]	
平均每館員可運用之電腦效能：圖書館或資訊中心電腦效能除以館員數【information technology capacity of the library or information center (CPU and Direct access storage devices) / library or information center employee (#)】[b]	

表4-14：技術資本衡量指標之二（續）

衡量指標	參考文獻來源
平均每館員可運用之資料庫數量：資料庫數量除以圖書館或資訊中心館員數【databases / library or information center employee (#)】[b]	
管理軟件投入[a]	陸康等人，2012，頁16
圖書館資訊系統：資料庫更新程度[a]	龔彥融，2010，頁84
圖書館資訊系統：系統故障頻率（系統穩定度）[a]	
圖書館資訊系統：系統備份頻率（含異地備援）[a]	
圖書館資訊系統：使用者滿意度[a]	
信息技術（建築智能化程度、自動化集成管理系統、服務信息網建設和利用情況、數字圖書館建設情況）[a]	劉劍虹與王雯，2011，頁58

註：每項指標後方英文代碼註記為原文獻歸類之資本構面：a：結構；b：程序。

第五節　關係資本

　　本研究為關係資本（relational capital）內容與範疇定義如下：圖書館之資訊服務提供者與所有利害關係人，如公司高層及直屬部門主管、機構內所有同仁、圖書及資料庫等資源來源廠商、圖書館相關作業外包作業廠商、策略聯盟公司之跨館合作等關係經營的狀況。整理先前學者提及之關係資本要素內容如表4-15，本研究區分為四群：館員間人際網絡、館員與讀者間互動關係、圖書館與其他外部機構之合作關係，以及建立關係的重要特質——信任與忠誠度。由個體至群體，由有形至無形，可謂包含面向完整，可惜的是無法有效量測前述項目之程度強與弱，具體衡量指標請見表4-16。

　　本研究綜整關係資本衡量指標於表4-16，區分為三群。第一群為館際合作系列指標，顯示組織層級之雙向關係與其強度，目前館際合作系統功能已可提供相關記錄，實務上可行性高。第二群為館員與讀者於各種溝通管道之聯繫強度，包含面對面或線上通訊，指標設計用心良苦，但實務上不見得容易留下資訊記錄，尤其是面對面之溝通次數，館員需刻意撰寫工作日誌始能留下面談記錄。第三群為圖書館與

表4-15：關係資本要素內容

分群主題	要素	參考文獻來源
館員人際網絡	個人網絡[b]	Kostagiolas & Asonitis, 2011, p. 39
	支持館員間的知識交換活動[b]	Corrall & Sriborisutsakul, 2010, p. 286
館員與讀者間互動關係	與大學內外部之顧客、供應商、及其他利害關係人之關係處理能力[a]	Iivonen & Huotari, 2007, p. 92
	資訊素養之教學應用可展現圖書館之關係資本，與大學教師、研究人員與學生之關係處理能力[a]	
	顧客關係管理	Kostagiolas & Asonitis, 2011, p. 39
	與讀者間之互動關係[c]	陳光榮與謝采汝，2004，頁25-27
	長期與用戶聯繫[d]	王伊卓，2011，頁124
	圖書館服務網絡[d]	
圖書館與其他外部機構之合作關係	與其他組織建立雙贏環境以推展永續經營的合作關係	Corrall & Sriborisutsakul, 2010, p. 286
	館際網絡與合作	Kostagiolas & Asonitis, 2011, p. 39
	與供應商、合作夥伴間之互動關係[c]	陳光榮與謝采汝，2004，頁24-25
建立關係之重要特質	合作	Kostagiolas & Asonitis, 2011, p. 39
	信任與忠誠度	

註：每項要素後方英文代碼註記為原文獻歸類之資本構面：a：關係（包含顧客、市場、網絡等資本）；b：人力；c：顧客；d：市場。原文獻歸於關係資本之指標項目，後方未加註英文代碼。

表4-16：關係資本衡量指標

分群主題	衡量指標	參考文獻來源
館際合作	各種利害關係人連繫的頻率【實證研究變數代碼：e1】	Iivonen & Huotari, 2007, pp. 87, 92-94
	策略聯盟機構之跨館合作項目及範圍【實證研究變數代碼：e2】	
	貸入館藏量【size of the library's loan collection】[a]	
	館內讀者申請館際合作件次【interlibrary loan requests made by library users】[c]	
	其他館向本館申請館際合作服務件次【interlibrary loan requests made by other libraries】[c]	Kostagiolas, 2012, p. 105
	館內讀者申請館際合作之成功件次【interlibrary loan requests made by users which have been successfully completely by the library's inter-loan service】[c]	
	其他館向本館申請館際合作服務成功件次【interlibrary loan requests made by other libraries which have been successfully completed by the library's inter-loan service】[c]	
各種溝通管道之聯繫強度	圖書館或資訊中心與其讀者之關係持續時間：將每讀者持續使用圖書館之時間加總除以讀者總數【average duration of library or information center-user relationship (#)】[d]	
	圖書館或資訊中心館員與讀者面對面互動的次數【face-to-face interactions between library or information center staff and users (#)】[d]	Portugal, 2000, pp. 101-102, 120
	與讀者直接溝通次數（直接溝通包括電話、電子郵件、內部傳訊、面對面溝通、組織內部網路公告等）【direct communication from library or information center to users (#)】[g]	

表4-16：關係資本衡量指標（續）

分群主題	衡量指標	參考文獻來源
圖書館與外部機構之聯繫程度	與大學及其他母機構之關係：圖書館占全校年度總預算之比例[e, FI]	龔彥融，2010，頁84
	與大學及其他母機構之關係：其他來源之經費占圖書館年度經費之比例[e, FI]	
	與大學及其他母機構之關係：與其他圖書館資源共享方式[e]	
	各部門間的配合度[b]	李蘭芹，2011，頁23
	與其利益相關者的協調聯繫[f]	
	國內外合作（聯合培訓次數、到訪的訪問學者數、向外派遣的訪問次數、圖書館聯盟情況）[f]	劉劍虹與王雯，2011，頁58

註：每項指標後方英文代碼註記為原文獻歸類之資本構面：a：結構；b：組織；c：關係（其他組織）；d：顧客；e：顧客（關係）；f：社會；g：更新與發展。原文獻歸於關係資本之指標項目，後方未加註英文代碼。
FI：財務指標。

外部機構之聯繫程度，除了由財務指標之經費相對比例來顯示關係強度之外，另亦可拓展至國際參訪次數來呈現國際化合作程度。

第六節　顧客資本

本研究為顧客資本（customer capital）內容與範疇定義如下：圖書館或資訊服務單位清楚母機構經營目標，瞭解機構內同仁的資訊需求，並能提供客製化服務的能力。綜整顧客資本要素內容於表4-17，區分為二大群，其一為掌握讀者需求，提高其滿意度，屬被動型服務；其二為推廣利用教育，使讀者瞭解圖書館之多元服務內容，屬主動型服務。

顧客資本衡量指標分列於表4-18與表4-19，關於讀者人數之增減量基本資訊、滿足讀者需求、提升服務滿意度等項目綜整於表4-18，圖書館服務品質滿意度調查有一具信效度之量表工具——LibQUAL+®可供利用，其量表發展與更新過程、完整與精簡版本之量表問卷內容、網路問卷伺服器服務、資料分析方法等資訊均可在其

表4-17：顧客資本要素內容

分群主題	要素	參考文獻來源
瞭解需求	讀者意見調查[a]	Kostagiolas & Asonitis, 2011, p. 39
	著重於符合讀者需求之核心服務[b]	Corrall & Sriborisutsakul, 2010, p. 286
	即時回應讀者需求[b]	
	由讀者滿意度調查結果設定工作優先序[c]	
	提供符合讀者需求之館藏與服務[b]	
	圖書館接待用戶能力[e]	王伊卓，2011，頁124
主動服務	強化讀者推廣利用服務[c]	Corrall & Sriborisutsakul, 2010, p. 286
	讀者教育訓練[c]	Kostagiolas & Asonitis, 2011, p. 39
	圖書館協助大學出版事宜並與相關研究人員聯繫之能力（參與研究人員於科學傳播知識之教學、向研究人員傳送最新研究資訊、推廣開放存取（open access）期刊、訓練研究人員與行政人員瞭解引文索引概念[d]	Iivonen & Huotari, 2007, p. 93

註：每項要素後方英文代碼註記為原文獻歸類之資本構面：a：組織（結構）；b：館藏與服務；c：關係；d：關係（包含顧客、市場、網絡等資本）；e：市場。

表4-18：顧客資本衡量指標之一

分群主題	衡量指標	參考文獻來源
顧客統計	讀者需求調查【實證研究變數代碼：f1】	Edvinsson & Malone, 1997, pp. 89-100; Portugal, 2000, pp. 101-103
	讀者服務滿意調查【實證研究變數代碼：f2】	
	滿足客製化需求【實證研究變數代碼：f3】	
	已註冊之讀者總數【total number of registered users】[b]	Kostagiolas, 2012, p. 106

表4-18：顧客資本衡量指標之一（續）

分群主題	衡量指標	參考文獻來源
	已註冊且仍有資源利用活動之讀者總數【total number of active registered user-members of the library's community】[b]	
	讀者人數	陸康等人，2012，頁16
	圖書館或資訊中心讀者總數【library or information center users (#)】	
	圖書館或資訊中心讀者減少數【library or information center users lost (#)】	
	曾經利用圖書館之讀者占機構內全體員工數之百分比【user base captured / total opportunity user base (%)】[c]	Portugal, 2000, pp. 100-102, 123
	平均每圖書館或資訊中心館員服務讀者數：讀者總數除以館員總數【library or information center users / library or information centers staff (#)】	
顧客滿意度	讀者對館員的佳評【user positive effects from implemented suggestions from staff】[a]	Kostagiolas, 2012, p. 103
	讀者滿意度	陸康等人，2012，頁16
	顧客滿意度[c]	李蘭芹，2011，頁23
	讀者對圖書館或資訊中心之評價平均值（由讀者滿意度調查問卷結果計算）【average library or information center user rating of library (#)】	Portugal, 2000, p. 101, 103
	圖書館或資訊中心讀者滿意度指數（運用適切量表請讀者填答問卷後，再據以計算評價滿意之讀者數占問卷填答者總數之比例）【satisfied library or information center user index (%)】	
	讀者導向：讀者滿意度調查頻率[d]	龔彥融，2010，頁84

103

表4-18：顧客資本衡量指標之一（續）

分群主題	衡量指標	參考文獻來源
	讀者聯繫（讀者對資源的利用情況、讀者對資源和服務的滿意度、讀者投訴次數）c	劉劍虹與王雯，2011，頁58

註：每項指標後方英文代碼註記為原文獻歸類之資本構面：a：人力；b：關係（讀者）；c：社會；d：顧客（關係）；e：更新與發展。原文獻歸於顧客資本之指標項目，後方未加註英文代碼。

表4-19：顧客資本衡量指標之二

分群主題	衡量指標	參考文獻來源
	讀者導向：回應讀者意見速度d	龔彥融，2010，頁84
	讀者導向：讀者意見接受度d	
	讀者導向：提供資訊加值服務d	
	對特定顧客的信息掌握度c	李蘭芹，2011，頁23
	讀者聯繫（讀者接受信息素養教育的情況、組織各類專家講解次數、組織讀者協會情況、與讀者創發館刊情況）c	劉劍虹與王雯，2011，頁58
加值服務之投入與成效	每年參與圖書館教育訓練活動人次【total number of users that attend the library's educational activities yearly】b	Kostagiolas, 2012, p. 106
	從聯絡潛在讀者開始到進行專案工作之平均投入時間：加總所有投入於組織內外部之諮商服務（由接洽至專案進行）時間除以專案提案件數【average time from initial contact with potential user to start of proposed work (#)】	
	諮商服務成功比率：提案接受數除以潛在讀者接洽數【proposals accepted / potential contacts made for new business (%)】	Portugal, 2000, pp. 100-103, 118-120
服務成本與費用	平均每讀者分配圖書館收益[註1]：年度收益除以圖書館或資訊中心讀者數【annual revenue / library or information center users ($)】F1	

表4-19：顧客資本衡量指標之二（續）

分群主題	衡量指標	參考文獻來源
	為支援讀者服務，平均每讀者之費用：年度費用除以圖書館或資訊中心讀者總數【support expense / library or information center ($)】 FI	
	投入於讀者利用教育訓練費用【educational investment in library or information center users ($)】 e, FI	
	投入於每讀者之非資訊相關費用（非資訊相關費用包括行銷與新業務發展費用）【non-information-related expense / library or information center users ($)】 e, FI	

註：圖書館收益：圖書館通常不會對提供的服務收費，因此需將館員的資訊或知識產出或服務轉換為適切的市場價值（market value）。此價值即可視為收益（revenue），收益可由圖書館總費用乘以市場價值計算而得，圖書館或資訊中心需自行提出相關數據以闡明如何計算市場價值（Portugal, 2000, pp. 135-136）。
每項指標後方英文代碼註記為原文獻歸類之資本構面：a：人力；b：關係（讀者）；c：社會；d：顧客（關係）；e：更新與發展。原文獻歸於顧客資本之指標項目，後方未加註英文代碼。
FI：財務指標。

專屬網站（https://www.libqual.org/）中查得。國內已有不少研究應用該工具來施行圖書館滿意度調查或驗證該衡量指標於國內施行之可行性，大多應用於大學圖書館（吳中信、王梅玲，2012；林鈺雯、范豪英，2007；張慈玲、韓竹平，2009；蔡佳霖，2005），少數應用於高中圖書館（王梅玲、羅玉青，2012）。

　　表4-19以主動型讀者服務型態之衡量指標為主，除了回應速度、資訊加值、讀者教育訓練活動等項目之外，Portugal（2000）另提出主動向讀者接洽專案型資訊服務之投入時間與成功比率，呈現相當積極的顧客資本面向，可惜實務上較少有實例；難能可貴的是本書實務篇中，第八章所提之個案f館工作人員主動到訪機構內各單位，深入訪談以瞭解需求，並據以思考更多知識加值服務。另外，Portugal（2000）又提出若干財務型指標，將費用攤提於各讀者，可提供圖書館管理人員據以向上層單位爭取資源與預算之參考資訊。

第七節　更新與發展資本

若干圖書資訊學領域學者並未特別將更新與發展獨立為一資本構面，大多將其相關要素列在其他資本構面，如結構、人力、關係、顧客資本等，甚至是知識產權。本研究為更新與發展資本（renewal and developmental capital）內容與範疇定義如下：圖書館或資訊服務單位提升服務質與量的表現。其要素內容綜整於表4-20，由知識分享至創新服務模式，甚至募款與社會責任等，包含項目相當多元。Corrall與Sriborisutsakul（2010）說明知識管理活動重要性，但未提出明確之衡量機制，筆者先前研究（Huang, 2014; 黃元鶴，2013）所驗證之量表，或可做為輔助參考工具。其他學者所提創新服務想法，則有待進一步研究，以及實際在圖書館中小規模地將想法具體落實與測試。

表4-20：更新與發展資本要素內容

要素	參考文獻來源
導入知識管理活動以推展知識分享風氣[a]	Corrall & Sriborisutsakul, 2010, p. 286
成功散播與分享群體知識[a]	
可持續改善與發展潛在機會與觀察環境變數之組織能力（創新資本）[b]	Iivonen & Huotari, 2007, p. 90
因應變動而調整的能力以創造未來（系統資本）[b]	
創新網絡參與度[d]	Kostagiolas & Asonitis, 2011, p. 39
透過「建築」創新[c]	陳光榮與謝采汝，2004，頁20-25
透過「設置周邊休閒設施」創新[c]	
透過「服務」創新[c]	
透過「推廣活動」創新[c]	
獲取適量的募款經費[d]	Corrall & Sriborisutsakul, 2010, p. 286
啟動文化保存計畫以擔起部分社會責任[d]	

註：每項要素後方英文代碼註記為原文獻歸類之資本構面：a：結構；b：結構（包含組織、創新、系統、程序等資本）；c：結構—創新；d：關係。

更新與發展資本衡量指標分列於表4-21與表4-22，表4-21主要為提升館員技能、學習力與創新力之相關指標，如Portugal（2000）之

表4-21：更新與發展資本衡量指標之一

衡量指標	參考文獻來源
個人工作進修與成長的機會【實證研究變數代碼：g1】	Edvinsson & Malone, 1997, pp. 111-121; Portugal, 2000, pp. 112-123
投入於每館員之能力發展費用：能力發展費用除以圖書館或資訊中心館員數（能力發展費用包括館內外之館員教育訓練經費總額）【competence development expense / library or information center employee ($)】[FI]	Portugal, 2000, pp. 112-113
投入於每館員之教育訓練時數：教育訓練總時數除以圖書館或資訊中心館員數【training hours / library or information center employee (#)】	
投入於每館員之非專業能力相關之訓練費用：非專業能力相關之訓練費用除以圖書館或資訊中心館員數（非專業能力包括溝通技巧、時間管理等能力）【non-competency training expense / library or information center employee (#)】[FI]	
投入於非專業能力相關之訓練費用占總行政費用百分比【non-competency training expense / administrative expense (%)】[FI]	Portugal, 2000, pp. 112-117, 121-123
新產品支援與訓練投資金額（使館員適應新導入產品的訓練成本費用）【investment in new product support and training ($)】[FI]	
圖書館或資訊中心館員工作滿意度評價（以工作滿意度量表問卷來衡量）【library or information center employee satisfaction questionnaire rating (#)】	
經費投入（科研經費投入、專業培訓投入、會議和招待經費、其他投入）[a, FI]	劉劍虹與王雯，2011，頁58
館員的專業知識、能力及經驗：創新能力[b]	
館員學習力：館員參與創新活動程度[b]	龔彥融，2010，頁84
館員學習力：館員發表與組織新產品、新服務相關之文章數量[b]	
館員學習力：館員參與業務相關之教育訓練時數[b]	

註：每項指標後方英文代碼註記為原文獻歸類之資本構面：a：結構；b：人力。原文獻歸於更新與發展資本之指標項目，後方未加註英文代碼。
　　FI：財務指標。

表4-22：更新與發展資本衡量指標之二

分群主題	衡量指標	參考文獻來源
行銷推廣	辦理推廣活動的頻率【實證研究變數代碼：g2】	Edvinsson & Malone, 1997, pp. 111-121; Portugal, 2000, pp. 112-123
	新活動發展投資金額（由投入新活動設計之館員人次與時數乘以人次與時薪來估算【new activities development investment ($)】FI	Portugal, 2000, p. 121
	推廣活動之舉辦：各項推廣活動參與人數c	龔彥融，2010，頁84
	推廣活動之舉辦：圖書館利用活動舉辦c	
	推廣活動之舉辦：圖書館利用活動追蹤時間c	
	公共形象（圖書館主頁點擊率、媒體報導次數、對外宣傳次數、獲得的榮譽、社會評價、對外提供講座、展覽、會議等次數）d	劉劍虹與王雯，2011，頁58
發展創新服務	新型態的服務方式【實證研究變數代碼：g3】	Edvinsson & Malone, 1997, pp. 111-121; Portugal, 2000, pp. 112-123
	館員對新服務與新流程之建議數【number of new services and operations suggested】b	Kostagiolas, 2012, p. 103
	每館員可運用行銷費用：行銷費用除以圖書館或資訊中心館員數【marketing expense / library or information center employee ($)】FI	Portugal, 2000, pp. 114-115, 117-118
	新業務發展費用占總行政費用百分比（新業務發展費以投入於發展新業務人次與時數乘以人次與時薪來估算）【business development expense / administrative expense (%)】FI	

表4-22：更新與發展資本衡量指標之二（續）

分群主題	衡量指標	參考文獻來源
	圖書館或資訊中心館員年齡低於40歲占全體館員百分比【library or information center employees below the age of 40 (%)】	
	年均申請專利數[e]	李蘭芹，2011，頁23
	自行研製的數據庫數目[e]	
	近三年自建的數據庫數目[e]	
	年平均申請的項目數量[e]	
	知識創新（科研課題申報和完成情況、成果發表的數量和質量、成果獲獎情況）[a]	劉劍虹與王雯，2011，頁58
	學術影響力（主持召開國際性學術會議次數、組織國內高水平學術會議次數、參加國際圖聯大會情況、SCI與SSCI等被引次數）[d]	

註：每項指標後方英文代碼註記為原文獻歸類之資本構面：a：結構；b：人力；c：顧客（關係）；d：社會；e：知識產權。原文獻歸於更新與發展資本之指標項目，後方未加註英文代碼。
FI：財務指標。

投入於專業或非專業館員之教育訓練費用與時間，尤其是為圖書館新導入產品與服務時，使館員適應的訓練成本，如近年大學圖書館紛紛導入資源探索服務（discovery services），導入該服務後之館員訓練成本與時數，均可列入更新與發展資本之衡量指標。

表4-22則主要綜整二大類型：其一為辦理推廣活動的投入費用、時間與頻率、形塑公共形象之活動次數等；其二為新型態的服務機制，包括Kostagiolas（2012）所提之館員為新服務與新流程之建議數、Portugal（2000）所提之年輕館員比例、李蘭芹（2011）之自製資料庫數與專利數等，內容包羅萬象。劉劍虹與王雯（2011）所提之知識創新與學術影響力指標，則加深加廣了館員的研究能量重要性。其中自製資料庫之圖書館實務案例並不多見，然本書第八章之個案e館，為自製資料庫之開發與設計投入不少人力與物力，實為寶貴的參考範例。

第八節　圖書館績效評估與智慧資本管理比較分析

　　國內外關於圖書館績效評估研究相當多，王怡璇、劉宜臻與柯皓仁（2012）曾彙整ISO 11620圖書館績效評估指標標準、IFLA圖書館績效評估指標、德國BIX學術圖書館標竿計畫之績效評估指標，以及國內大專校院圖書館共同評鑑項目（陳雪華，2009）等四套指標，採用德菲法請21位圖書館專家填答問卷，並應用平衡計分卡模式，將指標項目分成資源與基礎建設、使用、效率、潛在機會與發展等四大構面。該研究團隊亦建立網站（http://measure.glis.ntnu.edu.tw/），完整地介紹適用於各類型圖書館之績效評估指標，並分享其研究成果與促進推廣與利用。

　　本研究主要採納七項構面，因財務構面是圖書館較少研究的議題，實證研究時也難以收集工商圖書館中關於財務方面的敏感議題，因此未納入本書主要探索的智慧資本構面。然而，由於圖書館績效評估指標包含財務構面，因此，為比較智慧資本管理衡量指標與圖書館績效評估指標之異同，本節另外加上智慧資本財務指標構面，便於對照比較。

　　圖書館智慧資本管理相關衡量指標，與圖書館績效評估指標有何異同？本研究將王怡璇等人（2012）彙整圖書館績效評估之主／次構面對應於本研究採納之結構等七項資本構面，另加上財務資本構面，比對結果呈現於表4-23。凡提及館際合作，本研究即對應於關係資本，加上其原屬業務內容，若干績效評估構面對應於不止一項資本構面，如資源與基礎建設之館藏次構面同時對應於程序與關係資本。另外，「使用」構面中「圖書館做為學習與研究的場所」次構面，因涉及資訊科技應用與讀者利用，則同時對應於程序、技術、顧客資本。

　　圖書館績效評估之主次構面除了無法對應於組織／結構資本之外，雖有對應於其他資本構面，但頻次高低不同，顯示圖書館智慧資本管理與績效評估方法具備不同特性，說明如下：（1）圖書館智慧資本管理重策略管理與無形資產管理意涵，因此，結構資本構面之圖書館形象與制度文化，較難呈現於績效評估方法。（2）智慧資本特重人力資本，相關於人力之衡量指標相當多，而績效評估較重業務績效，

表4-23：圖書館績效評估之主／次構面對應於智慧資本之不同構面一覽表

圖書館績效評估 主／次構面與指標舉例		組織／結構	人力	程序	技術	關係	顧客	更新與發展	財務
資源與基礎建設	圖書館做為學習與研究的場所：人均席位、人均電腦數			○	○				
	館藏：人均獲配館藏量、館際互借外來申請件成功比率			○		○			
	館員：人均館員數		○						
	網站：如網站優使性程度				○				
使用	一般：如讀者滿意度						○		
	圖書館做為學習與研究的場所：席位占有率、公用電腦占有率			○	○		○		
	館藏：人均借閱冊數			○			○		
	資訊服務：人均訓練課程參與次數			○			○		
	活動：人均活動參與次數			○			○		
效率	一般：如每次到館的平均成本			○					
	館藏使用與建置花費：每次借閱／下載的平均成本			○					
	程序－速度：採訪速度、館際互借外來申請件處理速度			○	○				
	程序－可靠度：參考問題回覆滿足率			○					
潛在機會與發展	電子化服務：電子化館藏採訪支出比率				○		○		
	館員發展：每館員參與訓練課程的平均時數		○					○	
	預算：母機構分配給圖書館之資金比率								○

註：圖書館績效評估之主／次構面與指標舉例資料來自王怡璇等人（2012）之研究，部分績效評估次構面對應不止一項智慧資本構面。

因此，大多數項目對應於程序資本，較少項目對應於人力資本。（3）績效評估之內容中，僅館際合作業務可對應關係資本，然關係資本之館員知識交換活動，以及與組織內外部之顧客、供應商、及其他利害關係人之關係處理能力，目前之績效評估無法呈現其內容。（4）王怡璇等人（2012）基於平衡計分卡模式，綜整各種圖書館績效評估指標，而本章列舉基於智慧資本理論發展之衡量指標，二種管理模式於策略理論、目標、主要論點、衡量指標，以及優缺點等項目之比較分析表，請參考本書第二章第四節。（5）由於績效評估往往藉由量化資料呈現其結果，優點是客觀、高量測性；缺點是易流於目標導向而忽略其運作過程及隱性知識之累積。智慧資本重無形資產管理，優點是衡量觀點較周延，亦強調隱性知識的重要；缺點是隱性知識之可量測性較低，衡量結果可能較為主觀，衡量指標於實務之可行性較低。

　　圖書館績效評估方法已發展多年，已累積不少前人研究經驗，應用績效評估指標於圖書館的確是提升圖書館管理效能的好方法，經由前述與智慧資本之比較分析，顯示二項管理模式有其重疊之處。然而，典型圖書館績效評估內容較少關於結構、人力、關係資本等無形資產指標之衡量，若能結合智慧資本所強調之無形資產管理，則更能彰顯知識經濟時代之圖書館貢獻與價值。

第五章
工商圖書館營運特性

　　臺灣工商業發展快速，支援資訊服務之工商圖書館發展狀況，當然是圖書館事業發展重要的議題。工商圖書館為專門圖書館之其中一種類型（國家圖書館輔導組，2009，頁175），而國內最早之工商圖書館相關著作為張淳淳（1990），該書主要由資訊資源觀點陳述商情資源的組織、整理及利用。後續研究則由工商圖書館員人才培育觀點來論述（張淳淳，1994，1995）。21世紀之後，張淳淳（2000）提出讀者對於館藏之時效性與實用性的要求較以往高、工商資訊資源內容型式與媒體更多樣化、加值型資訊服務、落實「資訊有價」觀念、企業內圖書館與電腦部門之關係變化、工商圖書館員之「定位」問題等見解。林珊如（2003）著重於服務的觀點來陳述工商圖書館的相關議題，並將工商圖書館定位為「企業經營管理顧問最具知識生產力的專業資訊中心」，扮演的角色不僅是「企業資訊中心」，而應該是「競爭情報中心」，成為「企業知識中心」。

　　提供工商及企業資訊服務的機構，不僅是企業圖書館或工商圖書館，其他類型如國家圖書館、學術圖書館、公共圖書館、專門圖書館等都提供多元化的商業資訊服務，林美君與黃元鶴（2009）曾綜整前述四種類型圖書館所提供商業資訊服務之特色，顯示其服務對象範圍差異甚大，且各有其營運特點。中國曾有學者以書目計量方法分析大學圖書館提供企業服務研究文獻，該研究收集1987-2012年間共297

篇相關文獻，分析結果如下：前期文獻數呈緩慢成長，近期（2003-2012年）呈幾何級成長，顯示近年圖書資訊學研究社群之大學圖書館企業服務研究之關注力增加。主題分布而言，以理論研究占最多比例（74.07%），其次是實踐研究（7.4%）與服務模式（5.05%），分布主題不均衡（楊其珍，2014）。雖然不同類型圖書館都提供工商資訊服務，但學術圖書館、國家圖書館、公共圖書館之工商資訊服務並非本章重點，本章主要檢視專門圖書館之工商圖書館，其經營管理與其資訊服務特色，然而，若干研究以較廣義範疇來檢視工商圖書館之功能運作，則亦伴隨論述其相關資訊。

國外之工商圖書館營運相關資訊，主要可由美國專門圖書館學會出版之*Information Outlook*與英國Sage出版商發行之*Business Information Review*等期刊文獻窺見近年理論及實務研究趨勢，本研究以智慧資本之觀點彙整國外工商圖書館管理發展趨勢於本書第六章。

臺灣關於企業圖書館的調查研究不多，陳雪華與邱子恆（2003）曾於2001-2002年間以天下雜誌的臺灣地區二千大企業資料為調查母體，進行企業圖書館之工作環境及角色變遷的研究。研究結果顯示資訊服務單位在臺灣企業中並不普遍，工作人員編制相當精簡，運用網際網路資源支援工作情形並不普遍，參與母機構的知識管理計畫情形並不理想等。此外，林鳳儀（2003）亦曾以天下雜誌2001年跨產業排名前五百大為研究對象，以問卷及個案訪談方法研究企業圖書館館員核心能力。近年則僅有黃元鶴（2014a）以中華徵信所編製的2009年版的臺灣地區大型企業排名資料為母體，調查製造業與服務業各前五百大公司之工商圖書館營運概況，研究結果呈現圖書管理導向與文件管理導向之不同經營策略，該研究之量化問卷調查與質性訪談結果細節內容請見本書第七章。

中國之企業圖書館研究文獻較臺灣多，何德兵與敖可（2012）曾以書目計量方法收集1979-2011年間297篇文獻分析，研究結果顯示近期（2001-2011年）文獻數占全部文獻57.6%，年平均數為8.27篇，比早期（1979-1989年）之0.9篇增加許多；刊登期刊類型而言，45.6%文獻刊登在圖書館學期刊，32.9%文獻刊登在企業與科技期

刊;論文作者的地區分布而言,前三名為河南、四川、黑龍江等三地;論文作者所屬機構分布,約七成來自企業圖書館,其他三成來自大學圖書館、公共圖書館、科研圖書館等;主題分布之多寡依次是管理(64.6%)、服務(19.6%)、資源建設(9.5%)、數位圖書館(6.3%)等。中國沿岸地區商業活動繁忙,但該研究卻呈現中東部地區作者產量較高,不知是否中國之大型企業設置在這些地區之比例較高,而大型企業設置圖書館之機會應比小型企業來得高,應可進一步研究分析。總之,中國關注企業圖書館發展之專家學者不在少數。

本章綜整工商圖書館相關研究文獻,分別由如下七項特性述其重點:「定義、特性與範疇」、「存在價值與重要性」、「資訊資源選粹策略」、「客製化讀者服務」、「經營管理策略」、「資訊專業人員知識技能」、「工商圖書館員之教育與訓練」等。本研究收集工商圖書館實證資料之分析結果,臺灣一千大企業機構圖書館請見第七章,財團法人與國營事業機構圖書館請見第八章。

第一節　定義、特性與範疇

本研究主軸為政府機構、研究單位、民間團體、公司行號附設之圖書館或資料單位,以「工商圖書館」泛稱本研究範疇之圖書館,以「企業圖書館」專指公司行號附設之圖書館或資料單位。以下探討相關名詞於國內外文獻之釋義。

國外關於工商圖書館之名稱,較常使用「企業圖書館」(corporate library),近年另有學者使用「企業資訊服務單位」(corporate information agency),結合若干研究(Edgar, 2004a; Marshall, 1993; Slater, 1981)之概念,將其定義為「一個專門的、內部的部門或單位,如企業圖書館或企業資訊與知識中心,提供服務以滿足該組織人員之資訊需求」。然此名稱專指隸屬於公司或企業等營利型機構之圖書館,較像是工商圖書館之狹義定義。

依美國圖書館學會認證之圖書館與資訊學碩士課程(ALA-accredited Master's Programs in Library and Information Studies)之工

商圖書館相關課程名稱（詳細課程討論請見本章第七節，完整課程列表請見表5-4），大致可區分為專門圖書館與資訊中心、企業圖書館、商業資訊服務（business information service）等三大種類型，除了企業圖書館之外，並無其他相關於工商主題之專門圖書館名稱，大部分以「商業資訊服務」之課程名稱，而不限定於圖書館類型名稱，著重於商情資訊資源之整理與服務，少涉獵該單位之管理議題。因此，亦難由美國與加拿大圖書館學校之相關開課名稱來確立工商圖書館對應之明確英文名稱。

國內張淳淳（1990，頁173）曾說明工商圖書館之特性如下：工商圖書館屬於專門圖書館，而依照專門圖書館之隸屬型態與功用而言，工商圖書館大致可呈現四種型態，其一為獨立圖書館，其二為公共圖書館之工商專業部門，其三為大學中之工商專業系所圖書室，其四包括政府機構、研究單位、民間團體、公司行號附設之圖書館或資料單位。本研究之工商圖書館範疇為前述之第四種型態為主，雖各有其成立宗旨、組織規模、經費來源、服務對象和管理型態，但其收藏資料以財經工商為主，或相關於企業經營資訊。強調以最快速度，回應讀者資訊需求。

黃元鶴（2014a）調查臺灣一千大企業資訊服務單位營運現況，研究結果顯示大部分圖書館（室）或文管中心由其他部門代管，代管部門相當多元，圖書館（室）之代管部門包含人力資源處、企劃部、技術資料室、品保部、稽核室、總務課、知識管理中心、投管部等等；文件管理中心之代管部門則包括人資行政處、文案管理組、品保部、技術管理課、研發事業群、財務暨經營資訊處、智權部、資料室、檔案室等單位。中國學者烏蘭與王翠蘭（2009）則說明企業圖書館的表現形式有專業圖書館、科技圖書館、工會圖書館、文獻中心圖書室、資料室等。而其依附的機構有廠辦、黨辦、工會、資訊中心、科技中心、培訓中心、檔案資料中心、研究院、設計院、情報所等。由此可見，母機構之核心能力與業務性質不同，企業資訊服務功能與業務範疇亦隨之調整，難以為資訊服務單位提出一致性之名稱與定義。

前述所提之政府機構、研究單位、民間團體、公司行號附設之

圖書館或資料單位，即為本研究之工商圖書館主要研究範疇，大學校院之商業管理系所圖書室或公共圖書館之專科部門等型態之工商圖書館，並非本研究範疇。

第二節　存在價值與重要性

　　國家圖書館、學術圖書館、公共圖書館等類型圖書館各自有其存在必要性之法理或政策基礎，工商圖書館與其他類型圖書館最大不同即是常被母機構挑戰並質疑其存在之必要性，因此需向隸屬機構主管單位證明圖書館對機構貢獻與存在價值，一旦母機構認為工商圖書館貢獻不多，則圖書館岌岌可危。尤其是企業圖書館，對營利型企業而言，圖書館是成本單位，而非利潤單位，若無法使企業高層管理者認為圖書館有助於企業運作，即「無感」於圖書館提供的資訊服務，則隨時可裁撤該單位，要如何提供對企業「有感」的資訊服務，往往是企業圖書館相關文獻的熱門話題。

　　張淳淳（1990）即曾經提及企業資料單位是後勤部門，不能直接替公司賺錢，需表現高效能與高效率，並使決策者認為設立此單位是小投資、高利潤。烏蘭與王翠蘭（2009）認為內外部競爭激烈，企業圖書館面臨裁撤危機，館員需更加注重自我價值的實現，強化圖書館管理效能，深化讀者服務，獲取讀者認同而運用口碑行銷，以提高企業圖書館在機構的地位。袁豐平（2014）認為企業對資訊服務單位的「需要」程度決定資訊服務的「定位」，「需要」程度是隨著企業發展方向變化，而衡量是否能發揮企業資訊服務功能運作是該單位能否成為企業發展之生產、銷售、研發、管理活動等之重要一環。中國馬鋼科技圖書館沈平（2014）則進一步具體指出圖書館需強化在母機構之地位與作用，可由下列三方面來思考其對應之策略：（1）為企業決策、管理提供科學依據。（2）為企業科研、生產活動節約時間。（3）為企業科技、生產活動節省財力。

　　國外之企業圖書館也曾遭受過時的資訊管理方法與服務模式老舊的批評（Davenport & Prusak, 1993），因此Hall與Jones（2000）訪談八家企業圖書館以探求積極的改善之道，提出下列建議：（1）館員

應積極融入企業活動，如主動參與商業展覽、為新進員工提供導覽活動。（2）提供資訊檢索與研究服務，主動建立讀者檔，瞭解讀者個人化資訊需求，試圖為未來需求做準備。（3）參與公司其他部門之專案計畫，提供資訊諮詢服務，積極參與公司發展企業內部網路。（4）提供以讀者為導向的服務，如摘要文獻重點，並透過企業內部網路散布，另有些圖書館甚至提供一周七天24小時之服務。（5）其他創新實例：某館建立員工知識技能資源檔，如某員工熟法文、某人熟Java程式語言，此資訊經建檔、索引整理，可經由不同欄位項目（興趣、技能、目前負責之專案、可聽說讀寫之語言種類、研究領域等）查得某人擅長之專長摘要。前述之措施，由資訊管理朝向知識管理，深化企業資訊服務的層次，強化企業員工對圖書館之「有感」服務的認知。

國外學者Edgar（2004a）以周延的觀點為提升企業圖書館影響力，提出下列數項研究議題：（1）面臨外部環境變動，積極配合母機構改善相關活動流程，如策略規劃與新產品開發。（2）圖書館可助企業節省時間與金錢成本，相較於資訊需求者個別花費查檢費用，由圖書館統購資料庫之規模經濟，可降低查詢資料之單價成本，可由實際數據來證明。（3）套用成本效益分析公式，佐證圖書館貢獻度。（4）藉由訪談研究，瞭解機構內成員利用圖書館理由，以揭示圖書館利用價值。（5）為圖書館運作之輸入、流程、容量、輸出等因素，設計量化指標，如「參考服務案件完成率」即為輸出指標之一。Edgar（2004a）進一步提出判定企業圖書館對企業貢獻度四個條件：（1）注意企業圖書館內部運作細節，依前述所列研究議題，積極創造圖書館價值。（2）應以組織層次，而非個體層次觀思考企業圖書館服務，需支援組織核心能力與組織營運流程。（3）將企業顧客價值具體概念化，顧客價值對企業而言，不是獲利的結果，而是獲利的源頭。形塑顧客價值，可做為企業發展之導引參考，如何處該刪減資源？該收集哪些圖書館量化指標？此外，應以整體觀點檢視顧客價值，因為顧客價值往往可以彌補額外成本，如以快遞傳送文件，不在於節省成本的考量，而是使顧客感受企業圖書館的用心。（4）將企業競爭環境具體概念化，區分為具相同資訊需求之顧客群、產業、區域經濟體等三種層次，以辨析其細節。

前述Edgar（2004a）整合不同面向之觀點來檢視企業圖書館於機構中的影響力，當企業圖書館需進行研究以尋求未來改善方針時，學者Edgar之另一篇研究，則介紹了不同種研究方法，如訪談法、觀察法、調查法、內容分析法、現成之統計資料分析、實驗法等（Edgar, 2004b），以利企業圖書館進行實證研究時參考利用。

館員需向母機構證明資訊服務業務或單位存在的價值，許多研究提倡以具體量化數據來呈現其營運績效，Portugal（2000）提出投資報酬率（return on investment, ROI）概念，以及應用智慧資本概念，發展使用者、程序、更新與發展、人力資源、財務等五大構面15項指標，在某個案圖書館中進行三年的實證研究，呈現1998-2000年各項指標數值成長的事實。Strouse（2003）認為相較於學術圖書館與政府圖書館，企業圖書館研究其價值與影響力之需求最殷切，該研究提供問卷範本，可利用該問卷來收集投資報酬率計算所需資料，以證明企業圖書館存在價值。顧敏與王怡心（2009）則應用平衡記分卡的概念，將財務、顧客、內部流程、學習與成長等四大構面，分別訂定策略目標，再依其目標訂定各項指標，如此可以實際數據揭示圖書館的價值。Fletcher等人（2009）調查結果顯示需積極地行銷圖書館服務、充分瞭解讀者群的特殊需求、配合母機構的工作流程並提供對組織有重要影響的服務、將績效量化並提出服務的投資報酬率報告及電子資源使用統計等資訊，提醒館員需將抽象的工作績效描述化為較具體的數量指標，將圖書館服務績效量化的概念，並非新概念，只是不易落實於工作中。關於如何計算工商圖書館之投資報酬率內容與細節，請見本書第六章。

除了以量化數據證明資訊服務業務在母機構中必要性之外，亦有研究主張圖書館可協助企業文化之建設並促進創新能力，張建民（2009）由工會圖書館角度提出以下六項建議：工會圖書館應注重企業行為文化建設、企業人際關係的規範建設、企業公關策畫及其規範的建設、企業文化制度的建設、企業精神文化建設，以及發揮宣傳、輔導、參與、協作職能職級創建企業團隊精神。此外，趙玲（2013）提及三項觀點：（1）企業圖書館是建設企業文化之重要基地：企業可

藉由圖書館營造學習的氛圍，推行學習型組織，亦可建構公司相關產品之特色館藏，協助消費者認識企業，提高企業知名度，如日本一家食品公司建立之飲食文化資料館，提供員工與顧客利用，希望能「以文興企」、「借書生財」。此外，企業圖書館凝聚員工的企業精神，以推廣閱讀活動，提升員工文化修養，增強凝聚力。（2）企業圖書館是企業自主創新能力的物質保障：企業圖書館建置資訊資源之有形與無形之建設，提供員工知識累積與創新的最佳場域與資源。（3）企業圖書館是協同相關資訊資源的網絡中心：整合企業內部資源，建構資訊資源網路建設以利分享；對外則可與公共圖書館共建共享資源，如濟鋼圖書館已發展成為濟南市圖書館與山東省圖書館的分館。

第三節　資訊資源選粹策略

工商資訊資源是工商圖書館收藏重點，有其資訊資源選粹原則，張淳淳（1990）曾務實地說明企業圖書館少主動而系統性收藏圖書，往往僅採購與公司和產品相關之書籍。除了書目資訊之外，如統計表之「資料來源」，都是寶貴資訊，以利未來循線徵集。此外，工商資訊首重實用與時效，需時常檢視館藏並汰換。整理商情資料時，必須同時考慮「精細」（exhaustivity）與「專深」（specificity）。沈平（2014）亦提及企業科技圖書館之館藏管理如下四項：（1）應該「以用定藏」，藏書宜少而精。（2）應就核心重點主題館藏，周延而完整地收集資源，收集主題範疇勿太廣而失去核心館藏的焦點。（3）應以期刊為主，圖書為輔。（4）宜種類多而複本少。

企業資源選粹特色之一即為重視企業內部之非正式出版品，如行業內部編印書刊資料、企業內部編印限制發行之出版品、企業管理過程形成之報告、規定、標準、制度、會議文獻、科技研究報告、技術改善報告等，並應為前述所提資料建立企業特藏之資料庫，以利檢索及利用（烏蘭、王翠蘭，2009）。嚴亞莉（2010）管理中國之冶金企業圖書館，也認為資訊資源選取原則應重視機構內科技成果的收集與建檔，以及著重於動態資訊的查找與收集，動態資訊即指以價格、市場動態、新聞報導等時效較短之資訊。王巖（2007）亦提及管理期刊

在包鋼科技圖書館的重要性，因為期刊相較於圖書，其內容時效性較高，該研究提出期刊管理工作之四要素：廣、快、精、準。

近年中國提倡大學圖書館應為教學服務之外，亦需為社會科學技術與經濟發展服務，賴道秀與呂淑儀（2014）曾就廣東石油化工學院圖書館與茂名石化技術資料室比較其期刊管理特色，本研究綜整其各自之強弱項如表5-1，顯示大學圖書館之工商資訊資源雖完整，但專業度及時效性不若企業圖書館，因此，二種不同類型圖書館若能建立產學研之合作機制，資源共享，互補其不足處，則雙方機構應能互蒙其利。

表5-1：工學院圖書館與公司技術資料室期刊資源管理特點比較表

期刊管理	工學院圖書館	公司技術資料室
強項	豐富的資訊資源，全方位、多層次、開放式的資訊服務，如科技查新、專題檢索、館際互借、文獻傳遞等。	收藏期刊周期短、專業性強、時效高，如企業主管參與國外會議資料，在短時間內即可向讀者公告最近技術發展訊息。
弱項	難以為企業全面提供企業所需的政策法規、經濟、市場資訊、投資項目、產品研發、專利、人才、競爭對手資訊等。電子資源資料庫選購現成產品，不注重結合企業需求之資料庫產品。	缺乏對外宣傳與交流，部分讀者不知企業內部有此資料室存在，捨近求遠回到母校大學圖書館去找資料。

資料來源：（整理自）賴道秀、呂淑儀（2014）。「工科高校圖書館期刊部與特大型企業技術資料室的特點及優勢的比較：以廣東石油化工學院圖書館與茂名石化公司技術資料室為例」。**南方論刊**，**10**，頁94。

企業圖書館需因應公司核心產品與服務相關營運，而收集公司所需資訊資源，Edgar（2007）由支援企業核心能力觀點，收集四家網路通訊產業之企業圖書館相關資料，採用內容分析法分析公司文件與訪談資料，提出企業圖書館資源選擇模型，如圖5-1所示。依公司核心能力之廣度與深度之不同程度，該研究提出六項資源選擇要素，以下分項說明：（1）強度（intensity）：隨著支援公司核心能力，增加其業務量之廣度與深度，圖書館之資源選擇強度亦增強。（2）集中度

（centralization）：當公司核心能力廣度增加，資源選擇範圍大，愈不集中；當公司核心能力深度增加，則資源選擇愈集中。（3）制度化（formalization）：當公司增加其核心能力廣度與深度，資源選擇愈顯制度化。雖然僅其中一家圖書館擁有館藏發展政策，但大部分受訪者認同此概念。（4）自動化（automation）：當公司之核心能力加深加廣時，館員較難一一挑選適合的資源，往往採納資訊供應商之整批電子資源套裝方案，可一次選取數種資源，如資料庫、期刊與商業出版品、特定報告等。搭配其稍具彈性之資源管理機制，以及因採購量大而享有的價格優惠，因此圖書館常採納自動化之認購模式。（5）精確度（specificity）[1]：當公司增加其核心能力廣度與深度，資源選擇之精確度愈高。然而，受訪者對於此項敘述，呈現不一致意見，一半受訪者認為在資源評估階段，較明確的資源選取準則較體現公司核心能力，另一半受訪者認為，就主題涉入層面而言，較少的資源選取準則較好，如至多不超過三種主題層次，才不會導致選了太多資料。降低資源選擇精確度，可促成館藏的廣度，而較高的精確度則可促進使用者查檢資料之精確率。（6）使用者涉入之開放性（openness to user input）：當公司之核心能力廣度與深度增加，使用者應涉入愈多資源選取相關活動。然此敘述亦有兩極意見，一方主張當公司之核心技術能力增廣時，應重視使用者的專業意見，以確認資源選擇之正確性；另一方則認為館員應保有主控權，才能確保未遺漏選取重要資源，以及未重複採購而浪費資源。

　　學者Edgar（2007）之六項要素，可提供企業圖書館資源選粹之方針，然而，組織之內外部環境不同，並無一致性的標準答案可供依循。此外，中外學者都提到資料選粹精確度之權衡問題，亦需因地制宜地思索其最佳方案。

---

[1] 張淳淳（1990）譯為「專深」，本文譯為「精確」，但若引自張淳淳（1990）提出該概念之相關內容，則仍直接使用原作者之譯文。

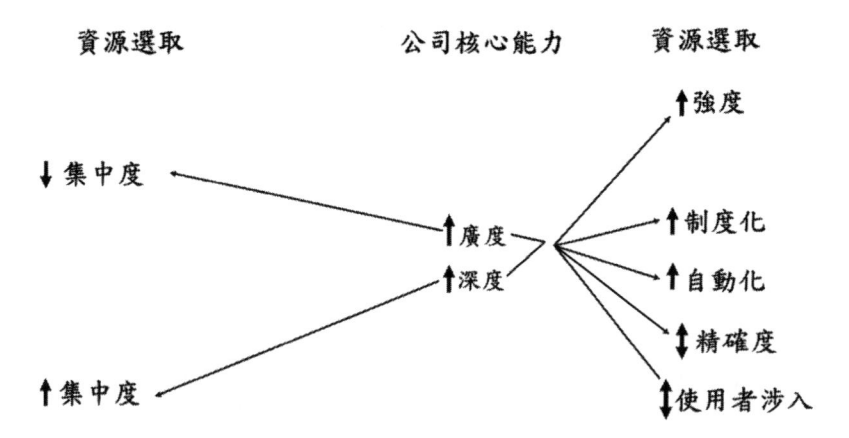

```
資源選取          公司核心能力         資源選取
                                    ↑強度
↓集中度 ←                         
              ↑廣度  →              ↑制度化
              ↑深度                  ↑自動化
                                    ↕精確度
↑集中度  →                          ↑使用者涉入
```

圖5-1：圖書館配合公司核心能力之資源選取要素

資料來源：（翻譯自）"Corporate library resource selection: Exploring its support for corporate core competencies" by W. B. Edgar, 2007, *The Library Quarterly: Information, Community, Policy*, 77(4), p. 402.

第四節　客製化讀者服務

　　企業需要的資訊特性，除了強調現況（張淳淳，1990）之外，企業所需要的知識往往非以文獻為單位，是以「問題」來累積知識（林珊如，2003）。因此，館員提供服務的原則需掌握「即時性地提供問題解決方案」，平時即應對相關於公司經營策略的各項資訊資源有相當高的敏感度，隨時建立各種問題導向的資訊檔，以備不時之需。主動建立各式剪報資料是儲備服務資源的方式，包括選擇、分類、歸檔、提供讀者使用等過程，看似簡單，但需具備財經及該產業相關之背景知識才能勝任此工作（張淳淳，1990）。孫學梅與徐麗萍（1997）歸納讀者服務工作的焦點為優化服務，主要體現在服務態度、服務方式、服務質量、服務效率等四項。Fletcher等人（2009）的研究結果顯示許多館員認為對組織中的其他成員及管理者來行銷圖書館服務是有效的策略，對工作滿意度較高之館員認為對組織中管理者行銷圖書館服務比減少館務成本來得重要。因此，要充分瞭解讀者需求，滿足其客製化資訊需求，進而能促使讀者以口碑行銷圖書館之良性循環。為達到提升讀者服務品質的目標，以下呈現不同個案或研究之多元策略與推行方式。

Wiss, Janney, Elstner Associates, Inc.（WJE）是一家具有53年歷史的公司，總公司設在美國伊利諾州，由工程師、建築師及材料科學家所組成，提供各式建造相關的顧問服務。於2001年時，公司主管打算將圖書館服務外包，但新聘了一位館員後，則使圖書館成為不可或缺的單位，並增聘一位助理協助她工作。首先她依公司使命及策略來辨識及引進適合的資料庫，提供讀者查詢，由於工程師無足夠時間來瀏覽與查詢有用的館藏，她主動到各單位引薦適合的資源提供服務，並常於午餐時間收集工程師的資訊需求，主動積極行銷圖書館的服務，因此大為提升各項資源之被利用率（Sympson, 2005）。

石育平與柯皓仁（2010）曾於國內某半導體晶圓代工公司進行服務對象資訊行為分析，該公司設有總資料室及各廠資料室，各廠資料室員工人數約一至三人，資料室業務包括購置公司研發所需之圖書、期刊及資料庫、資訊檢索與館際合作、廠內技術資料的建立、管理與複印申請等。服務對象資訊行為分析結果如下：提升自我工作能力是促使工程師尋找資料的動機，工程師最常參考文件資料是公司內部文件，最常參考之線上資料為電子資料庫，其次是搜尋引擎，資訊品質是首先考慮的因素。

Jin與Ju（2014）曾經調查競爭智慧[2]執業人員（competitive intelligence practitioners）利用企業資訊服務單位情形，該研究修改科技接受模型，提出覺察性與有用性等二項因素，影響使用行為、與館員互動頻率、利用資源頻率等三項構面之因果模型。其研究結果顯示：（1）高利用率，僅12.7%競爭智慧執業人員填答利用率低。（2）高覺察性，88.8%之競爭智慧執業人員知道其任職公司之企業資訊服務單位。（3）中高程度之有用性：72.6%之競爭智慧執業人員認同他們任職公司之企業資訊服務單位有助於工作所需，僅8.1%填答完全無用。（4）整體因果模型而言，除了覺察性對於利用資源頻率之影響未達統計上顯著性之外，其他項目之因果關係達到統計上顯著關連。對資源有用性之認知，顯著影響其利用率，因此有用性是資源利

---

[2] 若干學者將「competitive intelligence」譯為「競爭情報」，本文譯「競爭智慧」，理由說明請見黃元鶴（2014b），頁22。

用之關鍵決定因素,其次才是覺察性。因此,企業資訊服務單位增加行銷資訊服務活動仍不足夠,需持續分析使用者資訊需求,以設計客製化之資訊服務,始能符合競爭智慧執業人員業務所需。

武鋼研究院科技圖書館為強化讀者服務,強化以下四項工作:(1)依讀者需求制定館藏發展計畫,以系統性、實用性、價值性等三項要素來健全選書制度。(2)對讀者層次閱讀需求進行分析,分為普通型、專業型、決策管理等三種讀者,以讀者類型提供資訊資源。此外,使讀者參與圖書館工作,如利用網路社群環境,建構讀者參與空間。(3)提升館員素質與服務能力。(4)建構數位館藏,朝向電子資訊資源服務(潘綠萍,2012)。

周力虹、劉璐與董行(2014)為建構企業圖書館之知識服務理論模型,曾同時採納問卷調查法與案例研究法,量化方法收集一家生物製藥企業圖書館之475位顧客填答之問卷,質性方法收集了17位圖書館管理人員之訪談資料與文件資料。以下簡介其顧客需求調查分析結果:(1)約17%顧客認為圖書館服務未能滿足他們的需求,約71%顧客則表達部分滿足需求。(2)各項服務滿足顧客需求程度:滿足百分比程度由高至低分別為:學科資源數據建設、科技查新、情報分析、學術信息推送、舉辦學術會議。(3)對圖書館服務拓展方向的認知:填答者勾選各項目的百分比,由高至低分別為:加快資源更新、增強實效性、與其他圖書館或機構合作、提高服務的速度和質量、增強互動與交流。前述結果顯示企業顧客需求首重時效,圖書館知識服務仍有進步空間,可再深化服務的內容。

第五節　經營管理策略

臺灣的工商圖書館由於主題館藏專精及小眾特定讀者等原因,少有橫向式的各館溝通管道,因此少有可茲借鏡的實例(宋雪芳、陳怡如,2002)。關於臺灣企業之資訊服務實證研究,近年僅黃元鶴(2014a)先以電話調查一千大企業之資訊服務單位設置情形,收集54家企業回覆之問卷量化資料,以及深入訪談八家企業資訊服務提供者,兼具理論及實證觀點來剖析企業圖書館之現況,此研究更多詳

細實證資料內容分析請見本書第七章，而財團法人及國營事業類型之33家工商圖書館量化資料分析與六位工商圖書館經營者之深入訪談分析，請見本書第八章。綜整過往研究文獻，本節以個案簡述形式列舉國內外工商圖書館之經營管理特色。

一、臺灣之工商圖書館

中國生產力中心圖書館：於2002年進行組織再造，原隸屬於行政室的圖書館組，改隸屬於企劃訓練部之圖書資訊組。思考如何提高圖書館的定位與價值，由「成本中心」轉型為「成本利潤中心」，希望未來能朝向「國際利潤中心」。由於主管的支持，僅編制一人的圖書資訊組，歷經了盤點館藏、導入自動化系統、制訂標準化作業流程、建立核心館藏及熱門主題專欄等內部作業重整活動，對外的讀者服務則包括建立使用者專長藍圖、主動寄發主題新聞郵件、評估專案報告數位化方案、為組織專屬之電子文件進行電子資源編目計畫等（宋雪芳與陳怡如，2002）。

工業技術研究院資訊技術服務中心：自2006年起推動重點業務品質管理活動，選擇七項關鍵績效衡量指標（key performance indicators, KPI），並訂定年度目標，定期衡量與檢討改善。KPI包括選書平均利用率、分編時效達成率、期刊到刊率、電子資源使用成功（連線）率、圖書借閱可得率、圖書館藏流通率、申請資料獲得率等，其中選書平均利用率在2006-2008年間目標值提升65%，為進步量最多的項目（國家圖書館輔導組，2009，頁187-188）。

資策會資訊資料服務中心（2007，2008）：以「知識服務3.0」為主題，辦理了二次研討會，2007年的主軸是針對潛在客戶來推廣服務的說明會，2008年則是向圖書館同道分享知識服務的經驗，包括組織編制的變革，導入專案管理的理念，隨著交辦業務的變化，資料服務中心的每位人員負責的工作是彈性而變動的，如此才能發揮每人的專才。另外，主動至資策會的其他單位提供客製化的服務，以及積極策畫與製作產業年鑑，將資料服務中心的角色定位在業務單位，而非支援單位，試圖朝向利潤中心的目標。

二、中國之工商圖書館

　　中鹽吉蘭泰鹽化集團公司工會：重視「以人為本」理念，強調以建設企業文化之過程來達到工會圖書館之宣傳、輔導、指導、參與、協調、服務等功能。藉由建立各種制度與規範，或透過活動來實踐，如建立整齊美觀的企業外部形象、結合公司員工喜好舉行相關活動、閱讀推廣活動、知識競賽等，希望能營造「學習型組織」的環境（張建民，2009）。

　　冶金企業中小型專業圖書館：目前面臨以下困境：經費不足、人員素質偏低而知識老化現象嚴重、管理落後、缺乏創新意識等。此外，由於國營企業進入整頓，全球經濟危機衝擊鋼鐵工業之營運，期刊來源數量銳減，影響資源選採過程，因目前政策無法隨意翻譯外文資料而使若干專業期刊停刊，以致缺少國際專業資訊之來源。改進之道為重視自身單位科技成果的收集與建檔工作、重視「動態性」資訊的收集和研究、導入圖書館自動化管理、提高圖書管理人員業務素質等。此冶金企業圖書館有一實例以說明動態資料之重要性：曾有一位工程師想改善轉爐設備，無意中看到報紙刊登一則無錫一家工廠研製成功新型耐火材料報導，採用該耐火材料廠技術，而使轉爐壽命大幅度提高，顯示報紙此時效性高的媒體，即使是一則小新聞或廣告，都可能影響企業的決策（嚴亞莉，2010）。

　　武鋼經濟管理研究院科技圖書館：武鋼經濟管理研究院是武鋼集團的研究機構。主要職責是負責公司發展策略、產業規劃、經濟與管理及國際化經營等重大課題的研究，收集、分析國內外鋼鐵行業相關資訊，掌握相關動態，為公司改革發展決策提供諮詢建議（郭自祥，2014）。該單位之科技圖書館營運首重讀者服務工作，讀者服務為圖書館賴以生存的基礎。其經營管理特色為區辨讀者層次（普通型讀者、專業型讀者、決策管理型讀者）以滿足其不同層次之資源需求，並建立讀者參與之網路社群空間，以強化讀者認同感（潘綠萍，2012）。

　　北京市郊一家生物製藥企業圖書館：該企業已推行三年知識管理，該企業圖書館已成立五十餘年，圖書館之營運與功能獲得高層主

管的認可與支持。圖書館推行知識服務,將部門區分為資源服務、情報[3]編譯、知識產權等三部門,資源服務室包括文獻流通組、採訪編目組、數字資源建設組和網路組;情報編譯室負責企業內部的情報諮詢和翻譯編纂;知識產權研究室包括知識產權研究組、專利分析和科技查新組(周力虹等人,2014)。

茂名石化技術資料室:重視建立產學研機構的合作,與廣東石油化工學院圖書館合作,曾就期刊管理營運模式上,分析其各自之優缺點,希望能排除困難,以達互補資源之效,提出解決困難的應對措施,包括建立館際之資訊服務平臺、搭建投資合作平臺、建立互訪交流平臺等(賴道秀與呂淑儀,2014)。

馬鋼科技圖書館:館藏管理與讀者服務是圖書館之二項重要工作,前項更是後項的基石,提升服務品質首重優質的館藏。馬鋼公司設置之企業科技圖書館,首重館藏管理,現有館藏12萬冊,大多是科技類、冶金生產技術類圖書,為符合時效性,科技期刊比重高於圖書。資源選取原則需符合企業生產及研究工作所需,以及符合館藏政策。若公司有新生產線或讀者急需,則配合其需求,加速採購時程(沈平,2014)。

三、國外之工商圖書館

KPMG國家稅務圖書館:KPMG LLP(http://www.kpmg.com/)是一諮詢服務機構,提供審計服務、稅務投資諮詢服務、管理顧問服務以及財務顧問諮詢服務。該公司的華盛頓國家稅務處(Washington National Tax Office)負責主要的核心業務,因此圖書館也被命名為KPMG國家稅務圖書館,以呼應公司業務主軸。館員不僅視讀者為館藏的使用者,亦視讀者為「投資者」,強化與公司主管的溝通,由公司不同層級員工組成圖書館委員會,以充分配合讀者的需求,藉由使用者的意見調查來獲取需增補資源的資訊,如立法歷史資源及若干線

---

[3] 由於兩岸用語不同,原則上凡中國之「情報」或「信息」之用語,本書皆以臺灣用語「資訊」稱之,但此處涉及部門名稱,則保留中國之原始用語。

上資料庫等等。改變公司專業人員常需以個人名義重複購置所需資源的現況，由圖書館集中採購，並進行資訊稽核，確保購置資源有效被利用（Fletcher et al., 2009; KPMG, 2010）。

印度Tata顧問服務公司資訊資源中心：基於近年之「非會議」（unconference）活動趨勢，該單位於2009年首度於印度邦加羅爾市舉行「LibCampBangalore」活動，「非會議」是由參與者驅動之會議，未邀請主題演講，不需付註冊費，算是有效率的知識分享方案。「LibCampBangalore」活動歷程如下：首先建構維基平臺，為印度邦加羅爾市之企業資訊專業人員之名錄建檔，即為潛在之參與人員，由參與人員自行決定當年討論主題：現代圖書館事業、行銷、整合檢索、企業圖書館之開放存取資源、Web 2.0應用等。除了摘要前述主題之討論結果之外，亦整理回饋分析之量化與質化資料，首次活動之整體滿意度達4.3（5為最高分），並分別由困難、經驗學習、決策模式、規劃、執行等歷程來分析其改善之處。第二次「LibCampBangalore」活動在首次活動後11個月舉行，成效亦良好，未來仍持續舉行（Nandeesha, 2011）。前述個案之相關回饋意見調查問卷範本，Nandeesha（2011）列於該文附件以利分享給大家參考。

波音公司圖書館：波音公司原先有12個實體圖書館，常需購置複本，為節省成本，原先決定要建立虛擬圖書館，但現有館藏無電子資源的版本，因此，調整為實體資源放入倉儲空間，服務方式則採取顧客導向之互動虛擬服務，館員需學習新技能並需突破原先傳統服務的方式。為了達成虛擬資訊服務的政策，展開了多年的員工發展計畫，逐步訓練與提升館員技能，若干實施策略如下：（1）建置SharePoint網站，利於館員分享文件。（2）首次聚集公司內超過60名館員舉行面對面形式會議，以宣示公司改變的決心並凝聚共識，另亦藉由網路社群，以發展館員興趣小組促進向心力。（3）虛擬館員會議舉行時，以維基（wiki）工具輔助會議進行所需之資訊交流，另外亦藉由網路研討會（webinar）、播客（podcast）等工具促進討論，建構虛擬圓桌會議（virtual round tables）以做為討論專業知識的非正式環境，營造學習社群的氛圍。（4）第一年重點在於討論建構館員未來技能以因應新

圖書館的服務模式，第二年重點在於發展圖書館所需之新的研究與溝通工具。（5）導入變革管理後的評估過程也相當重要，部分館員因無法適應此變革而選擇提早退休（Brewsaugh & Valleroy, 2011）。前述研究並另外提供館員應讀專業期刊列表、館員應掌握之Web 2.0相關技能列表等共六項附件（Brewsaugh & Valleroy, 2011, pp. 224-232），具參考價值。

　　前述工商圖書館個案各自有其營運特色，以下介紹DEGW顧問公司改造工作場域（workplace）以使圖書館成為機構中樞紐角色之案例。成立於1974年之DEGW顧問公司，創造一種新方法以改變工作場域以改善組織效能。工作場域包含場地、工具、流程、支援工作之關係等，不僅包含實體場域，亦包含虛擬場域，實體場域包含書桌、辦公室、會議室、休息區等；虛擬場域如線上討論區、內部網路、或社群媒體等。工作場域之改造特點是導入新工具（如行動裝置、視訊會議等）、強調移動力、重視協調合作等三項要素。改造企業圖書館工作場域可創造如下特色：重新定位企業圖書館其樞紐之功能、支援機構之多元工作型態、提供不同種變化功能與選擇（如正式與非正式會議場地、開放或封閉型空間）、改變員工工作型態與服務需求、符合館藏多元的資源類型。改造工作場域後，館員可積極扮演主動的資訊顧問師的角色。改造過程包含經驗設計、使用者研究、核心管理人員參與規劃工作、服務設計、建構測試用之樣板環境以收集使用回饋意見、評估與檢討等程序（Felix & Dugdale, 2011）。

1. DEGW公司為美國疾病控制與預防中心（Centers for Disease Control and Prevention）之資訊中心改造工作場域，如建立數位研究實驗室，館員可與研究人員合作以利編輯多元媒體型態與可用性測試。由於研究人員希望能七天24小時利用資訊中心資源，因此，為達到同時兼顧研究人員便利性與館員可控管館藏資源之目的，導入無線射頻辨識（radio frequency identification, RFID）技術以利追蹤圖書所在之處（Felix & Dugdale, 2011, pp. 39-40）。

2. DEGW公司為GlaxoSmithKline（GSK）公司創建了一系列的

創意樞紐（innovation hubs）提升研發績效，GSK公司之跨學科之工作團隊包含專案管理師、行銷專家、工程師、設計師、財務分析師等。不同專案由不同人組成，因此未為個人設置固定辦公室，但有大與小、活潑與安靜、開放與封閉等不同的公共空間可使用，而個人的物品則放置在帶輪子的儲物櫃。空間改造後，促進工作之機動性，達成加速決策、加速產品上市、資訊可分享更多同仁、更為有效的溝通等效益（Felix & Dugdale, 2011, pp. 42-43）。

更多國外案例可見Kelsey與Porter（2011）合編之*Best Practice for Corporate Libraries*一書，分別由服務與設施、溝通與網絡、管理、行銷與價值呈現、變革管理等不同面向，呈現16家工商圖書館或相關顧問公司輔導改造的最佳實務案例。實際案例包括為證明企業圖書館存在價值，Novartis知識中心應用投資報酬率之計算模式，完整呈現採納的衡量變數與計算過程（He, Chaudhuri, & Juterbock, 2011），前述個案之部分內容請見本書第六章第七節更新與發展資本。除了企業圖書館，亦包含大學之研究中心個案圖書館，如於1984年由美國聯邦政府成立，但由卡內基美隆大學經營之半自治性之研究組織：軟體工程院（Software Engineering Institute, SEI），其機構圖書館與其他大學圖書館與研究團隊之合作機制（Rosenthal & Harvey, 2011）。

以上是國內外工商圖書館的經營實例，這些是可由文獻查得的相關案例，臺灣案例的共同點是母機構是顧問諮詢性質的機構，圖書館運作良好對母機構的核心業務是加值功能，加上館員努力突破以往業務的範疇，在機構中扮演更積極的角色。中國案例的共同點是母機構屬製造業，支援工程技術之研發過程為圖書館重點業務。國外案例則相當多元，且有些創意與翻轉做法，如由下而上之「非會議」營造之圖書館專業人員社群會議、DEGW顧問公司改造工作場域（workplace）使圖書館成為機構中樞紐角色，值得國內借鏡參考。

第六節　資訊專業人員知識技能

　　工商圖書館屬於專門圖書館，其資訊服務人員之任務與核心能力，由美國專門圖書館學會提供之21世紀資訊專業人員之核心能力報告可窺見一斑。

　　美國專門圖書館學會定義資訊專業人員（information professional）為掌握有效策略運用資訊於工作中，以達成組織之使命；藉由發展、運用與管理資訊資源與服務以完成業務；善用科技工具以達目標（Abels, Jones, Latham, Magnoni, & Marshall, 2003, p. 1）。關於發展資訊專業人員之個人核心能力，美國專門圖書館學會建議以下要素：尋找挑戰及運用新機會；具宏觀視野；能有效溝通；可清楚表達個人意見，具自信心與說服力特質；能創造夥伴關係與結盟；能建構互敬與互信的環境，並尊重不同的價值觀；能運用團隊方法，維持溝通協調的平衡，兼具領導力與服從力；能冒可承擔的風險，展現勇氣與面對困境之韌性；可有條不紊地區辨輕重緩急事務；展現個人職涯企圖心；具創意思考能力，找尋或再創未來機會；知曉專業社群網絡之價值；平衡工作、家庭與社區責任；面臨變動環境，保持彈性與正向思考；能為個人與他人慶賀成功表現（Abels et al., 2003, pp. 12-16）。

　　近年來，Nutting（2012）亦為文呼籲資訊專業人員處於工商業競爭環境，需時時行銷自己以證明他們對機構決策者的價值，提出下列裝備自身技能的建議：（1）跟上科技時代潮流，及具備公司所需核心技能。（2）扮演分析師角色，不僅能熟悉查找資訊，亦要以組織所需的格式來呈現其重要內容，要找出資訊服務之獨特賣點（unique selling point, USP）。（3）要先發制人，要預先規劃讀者未來想要的服務，如行銷顧問常被顧客認為準備不夠，企業圖書館即為行銷顧問推出一種新的簡報資訊產品，將資訊依標準化的格式來整理，增加易讀性，使公司員工可花小力但吸收最多知識。（4）加值以證明自身價值，不僅是被動地等待被問問題，更要主動參與企業核心業務流程及協助解決問題。向企業證明：比起任何事都到Google查找的員工，資訊專業人員對企業的幫助較大。（5）勿抗拒改變，應主動求變，深入

瞭解造成讀者資訊行為改變之因素,並主動改善。(6)行銷自己及所屬單位,當企業縮減規模時,圖書館若未使決策者意識到有感的服務,即會成為企業縮減預算之目標單位,因此,需常與不同部門尋求合作業務,證明自己在組織的貢獻。

臺灣關於工商圖書館員之調查研究中,陳雪華與邱子恆(2003)建議企業資訊服務單位工作人員應加強個人專業能力以因應知識型企業的需求。林鳳儀(2003)探索資訊資源、資訊檢索、資訊服務、資訊組織、資訊技術、管理、語言、學科專長等不同核心能力所列細項的重要性排序,其中管理能力之首要為溝通、人際能力,資訊服務能力首重顧客資訊需求分析能力。林珊如(2003)曾提及工商圖書館,扮演的角色不僅是「企業資訊中心」,而應該是「競爭情報中心」。Jin與Ju(2014)亦曾說明在企業當中,主要業務為資訊處理者,除了資訊專業人員之外,尚有競爭智慧執業人員,部分資訊專業人員甚至已轉型為競爭智慧執業人員。此外,在美國圖書館學會認證之圖書館與資訊學碩士課程中,亦有六校開設競爭智慧相關課程(黃元鶴,2014b),顯示培育競爭智慧執業人員之相關課程已納入部分圖書館學校之課程規劃設計。

Jin與Bouthillier(2012)曾比較競爭智慧與圖書資訊工作範疇,顯示圖書資訊工作重客觀與正確,但較缺時效;而競爭智慧重時效,然而,卻往往以直覺與主觀來判定資訊的有用性。本研究綜整Jin與Ju(2014)提及二種專業人員之任務異同,如表5-2。二者之工作業務都是資訊導向,然而資訊專業人員通常面臨較明確的問題,著重於資訊檢索過程的細節,而競爭智慧執業人員往往面對模糊問題,需累積隱性知識經驗,果斷判定合用資訊以即刻解決問題。如表中所列之資訊檢索任務之例,資訊專業人員經常處理有正確答案的問題,而競爭智慧執業人員常需自己判斷最接近答案的資訊,因並無所謂的正確答案,不見得能獲取最佳答案,常需權衡考量時間因素。中國寶山鋼鐵公司研究員袁豐平(2014)亦提出競爭智慧分析工作不僅是「告其然」,還要「告其所以然」,即資訊專業人員詳細敘述報告的結論分析、邏輯推理等判斷過程。

表5-2：資訊專業人員與競爭智慧執業人員之任務異同

項目	競爭智慧執業人員	資訊專業人員
相同	●資訊導向之工作業務 ●終極目標都是促進組織智慧	
相異	●競爭智慧執業人員是具有資訊專業人員特性之商業專業人員（business professionals） ●必須具備分析與創意技能以處理複雜與模糊資訊，比資訊檢索較困難些	●著重於獲取資源的過程與查檢資訊的細節 ●較缺少競爭智慧分析與預測所需之知識與技能
資訊檢索任務舉例	在草堆中查找特定一撮草	在草堆中查找一根針

註：本研究依學者Jin與Ju（2014）所提概念，自行製表。

　　Stiller（2014）調查法國200家企業之資訊服務概況，其研究結果呈現36%公司未設置資訊服務部門，以建置企業內部網路與強化資訊系統功能來替代設置專職部門與專職人員之方案。許多公司往往不見得聘用資訊專業人員，而採取加強訓練工程師資訊檢索能力之策略，企業期待的資訊服務人員的能力，除了資訊專業人員具有資訊檢索技能之外，更重要的是公司核心能力所需之專長。因此，具有雙重專長之人員，才是企業願意聘用的人才。

　　為因應組織中導入知識管理的趨勢，資訊專業人員之知識管理活動研究亦相當重要，黃元鶴（2013）曾綜合應用專家訪談、探索性因素分析、驗證性因素分析等方法，提出大學圖書館資訊專業人員之知識活動量表。周力虹等人（2014）在生物製藥企業圖書館訪談17位館員，提出四主題及其各二至四項次主題的知識管理活動，本章綜整前述二項研究於表5-3。黃元鶴（2013）著重於抽象知識活動的量測，除了區分為個體與群體層次之外，尚區辨為正向與負向之知識活動；而周力虹等人（2014）則重視企業圖書館推行知識服務時，館員需強化的知識管理活動技能。

表5-3：資訊專業人員知識管理活動構面比較表

知識活動構念			黃元鶴（2013）提及的構面、經因素分析過程而刪減的過程，及最終量表的題項數	周力虹等人（2014）研究提及的主題與其下包含的次主題
個體層次	正向	知識取得	知識取得構念因平均變異抽取量較低，因此刪除該構念	
		知識吸收	如「我在工作中的創意來源常來自不同專業領域的概念」等題項，共四題	
		知識創造	經探索性因素分析後，合併知識創造於知識取得構念中	企業文化；知識創造共享空間；知識諮詢服務
		知識分享	如「我會和同仁（同道）討論，並向彼此諮詢工作上的建議」等題項，共四題	
		知識移轉	如「當我需兼任職務代理工作，我馬上可上手」等題項，共三題	內部知識移轉；外部知識移轉
		知識擴散	原先由文獻探討提出知識擴散，因僅由二題構成而刪除該構念	
		知識儲存與檢索		顯性知識儲存與檢索；隱性知識顯性化
		知識應用		企業範圍內；圖書館內；對外知識服務
	負向	知識藏私	如「我會利用本館之聲譽來建立個人的資源」等題項，共四題	
		知識推諉		
		知識挪用		

表5-3：資訊專業人員知識管理活動構面比較表（續）

群體層次	知識擴增	如「我的同仁會參考其他部門的最佳實務經驗以改進工作」等題項，共四題
	知識群聚	如「我的同仁會將現有的知識散播給所有相關同仁」等題項，共四題
	知識交換	經探索性因素分析後，相關題項之特徵值未大於一而刪除該構念
	知識創始	如「我服務的部門提出之方案，可使其他部門來仿效」等題項，共四題

第七節　工商圖書館員之教育與訓練

　　工商圖書館員之正規教育與訓練課程，由於臺灣圖書資訊學相關學校不多，亦並非每校都有開設相關課程，他山之石，可以攻錯，本研究即由美國圖書館學會認證之圖書館與資訊學碩士學位所開設課程來獲知其概況，美國圖書館學會提供線上資料庫[4]，可供查詢經認證核可的圖書館與資訊學課程符合各主題專業（areas of concentration）課程的學校清單，本研究於2014年1月於該資料庫中查詢提供專門／企業圖書館學（special / corporate librarianship）相關課程，共計19校開設相關課程，綜整開課系所名稱與課程名稱如表5-4。12所學校開設「專門圖書館」相關課程，11所學校開設「商業資訊服務」，僅Simmons學院以「企業圖書館學」之名稱來開課，而多倫多大學則結合了「專門與企業圖書館」之課程名稱。

　　由於知識管理與競爭智慧亦是工商圖書館員所需之課程內容，黃元鶴（2014b）曾由美國圖書館學會認證學校來探究前述二項課程之開設情況與課程內容分析，獲取20所學校提供知識管理相關課程與六所

---

[4] 查詢各主題專業課程於 ALA 認證學校之線上資料庫網址：http://www.ala.org/CFApps/lisdir/，上網日期：2014 年 3 月 12 日。

第五章　工商圖書館營運特性

表5-4：專門／企業圖書館學相關課程於各校開課狀況及課程名稱列表

學校名稱	開課系所名稱	專門圖書館 (Special Libraries)	專門圖書館與資訊中心 (Special Libraries and Information Centers)	企業圖書館學 (Corporate Librarianship)	商業資訊服務 (Business Information Service)	其他相關課程
Louisiana State University	School of Library & Information Science		◎		◎ (Business Information Resources)	
Pratt Institute	School of Information and Library Science				◎ (Business / Corporate Information Services)	
Queens College, CUNY	Graduate School of Library and Information Studies		◎ (Organization and Management: Special Libraries and Information Centers)		◎ (Business Information Sources)	

137

表5-4：專門／企業圖書館學相關課程於各校開課狀況及課程名稱列表（續）

學校名稱	開課系所名稱	專門圖書館 (Special Libraries)	專門圖書館與資訊中心 (Special Libraries and Information Centers)	企業圖書館學 (Corporate Librarianship)	商業資訊服務 (Business Information Service)	其他相關課程
San Jose State University	School of Library and Information Science		◎			
Simmons College	Graduate School of Library and Information Science			◎ (Organization and Management of Corporate Libraries)	◎ (Business Information Sources and Services)	
St. Catherine University	School of Business and Professional Studies [註]	◎				
St. John's University	College of Liberal Arts and Sciences, Department of Library and Information Science	◎ (Special librarianship)	◎			

第五章　工商圖書館營運特性

表5-4：專門／企業圖書館學相關課程於各校開課狀況及課程名稱列表（續）

學校名稱	開課系所名稱	專門圖書館 (Special Libraries)	專門圖書館與資訊中心 (Special Libraries and Information Centers)	企業圖書館學 (Corporate Librarianship)	商業資訊服務 (Business Information Service)	其他相關課程
University at Albany, State University of New York	Department of Information Studies		◎		(Information Sources and Services in Business and Economics)	
University of Alabama	School of Library & Information Studies				◎ (Sources of Business Information)	Economics of Information
University of Alberta	School of Library and Information studies					Information Resources in Specialized Fields

139

表5-4：專門／企業圖書館學相關課程於各校開課狀況及課程名稱列表（續）

學校名稱	開課系所名稱	專門圖書館 (Special Libraries)	專門圖書館與資訊中心 (Special Libraries and Information Centers)	企業圖書館學 (Corporate Librarianship)	商業資訊服務 (Business Information Service)	其他相關課程
University of British Columbia	School of Library, Archival and Information Studies (SLAIS) .	◎				
University of California, Los Angeles	Information Studies Department		◎		(Business Reference)	
University of Illinois, Urbana-Champaign	Graduate School of Library and Information Science	◎ (Special Library Administration)			◎ (Business Information)	
University of Maryland	College of Information Studies					Access to Business Information

140

第五章　工商圖書館營運特性

表5-4：專門／企業圖書館學相關課程於各校開課狀況及課程名稱列表（續）

學校名稱	開課系所名稱	專門圖書館（Special Libraries）	專門圖書館與資訊中心（Special Libraries and Information Centers）	企業圖書館學（Corporate Librarianship）	商業資訊服務（Business Information Service）	其他相關課程
University of South Carolina	School of Library and Information Science	◎			◎（Business Information Sources and Services）	
University of Toronto	Faculty of Information					Management of Corporate and other Special Information Centres
University of Western Ontario	Faculty of Information & Media Studies	◎			◎（Business and Industry Information）	

141

表5-4：專門／企業圖書館學相關課程於各校開課狀況及課程名稱列表（續）

學校名稱	開課系所名稱	專門圖書館 (Special Libraries)	專門圖書館與資訊中心 (Special Libraries and Information Centers)	企業圖書館學 (Corporate Librarianship)	商業資訊服務 (Business Information Service)	其他相關課程
University of Wisconsin - Madison	School of Library and Information Studies				◎ (Strategic Information Services)	
Wayne State University	School of Library and Information Science		◎			

註：該學院提供多種專業課程，不僅包括圖書資訊學碩士學位（Master of Library and Information Science），還包括Master of Arts in Organizational Leadership、Master of Business Administration等都在同一學院。

學校競爭智慧相關課程,比較知識管理與競爭智慧課程名稱、圖書資訊學程定位、學分數、目標、內容及課程單元、教學設計等議題,亦探索了二課程間關連,分析表請見表5-5。表中課程內容單元之斜體字為二種課程內容不同之處。

表5-5:知識管理與競爭智慧課程名稱、圖書資訊學程定位、學分數、目標、內容及課程單元、教學設計比較表

項目		知識管理	競爭智慧
其他相關課程名稱		組織中的知識管理、知識資產管理、知識網絡、知識結構與資訊專業人員、專門圖書館與知識管理、圖書館資訊專業人員知識管理、知識管理與系統。	策略智慧、巨量資料與競爭智慧、資訊專業人員策略智慧
圖書資訊學程定位		主要為強化資訊服務的深度,亦為圖書館(資訊服務機構)管理提供轉型與質變的方法。	以圖書資訊學教育為其基石,強化資訊專業人員將資訊快速轉化為決策資訊的能力,以補充其動態資訊處理能力。
學分數		3學分	3學分
目標		瞭解組織中顯性及隱性知識之創造、獲取、分享、再造、保存、再利用等過程,重視組織成員的知識成長,以適應內外部環境之變化。	應用合法及符合倫理的方法,有效率地發掘、發展、綜整分析並即時傳送外部新知,以利整合企業趨勢、管理公共關係、危機處理,以促進有效的決策。
內容/課程單元			*認識論與有限的理性*
	理論		策略理論
	範疇(含營利及非營利型組織)		組織定位(含營利及非營利型組織)
	組織文化與人力		組織定位、角色及任務
	流程		*價值與需求* 智慧產品及週期與時效
	分享與網絡(知識分享、社會網絡)		*利害關係人*(個人、公司、社群、國家;競爭者、顧客、市場、趨勢、新興技術)之競合關係
	評鑑		評鑑

表5-5：知識管理與競爭智慧課程名稱、圖書資訊學程定位、學分數、目標、內容及課程單元、教學設計比較表（續）

項目	知識管理	競爭智慧
	資訊科技與系統	新技術
		系統安全
	實務與個案	問題解決方案與決策
	競爭智慧與知識服務	
		法律倫理、環境與趨勢
		國家安全
		危機與威脅
教學方法／作業設計	教學方法包括提供講義、講授、書報討論、個案研究、最佳實務個案及組織經驗討論。作業設計包含主題論文、應用資料庫管理系統建立課堂成員之黃頁薄（含閱讀興趣等資訊）、決策支援系統分析之組別報告、線上學習之優缺點分析報告等。	教學方法包括講授、課堂討論、團體討論、校外活動等。作業設計為解題書目作業、期末報告（可自選以學術論文、競爭者分析或顧問報告等不同之報告形式）。

資料來源：黃元鶴（2014b）。「知識管理與競爭智慧課程內容比較研究：以美國圖書館學會認證之圖書館與資訊學碩士課程為例」。**圖書館學與資訊科學**，**40**(2)，頁40。

前述課程探索工商圖書館之「商」屬性，然而，工商圖書館尚有「工」屬性之技能需訓練，其相關課程之開設狀況可大致由科學圖書館學（science librarianship）之主題專業獲知概況，僅少數學校提供相關課程，因此未將該資訊製表，如下所列：密西根大學之「Knowledge / Power / Practice in Science, Technology, and Medicine」、韋恩州立大學之「Science and Technology Information Services and Resources」、北卡羅萊納州立大學之「Science Information」、伊利諾伊大學厄巴納－香檳分校之「Biological Informatics Problems and Resources」。較多學校開設「數位圖書館」或「資訊科技與圖書館」，然而前二項課程可適用於所有類型圖書館，並非專屬於工商圖書館員之養成教育，因此未逐一列表。

儘管美國之圖書資訊學碩士學位提供工商資訊服務之專業課程，

但工商環境變動快速,館員應自我訓練其「做中學」之本事,以及持續參與機構內外的學習活動,才能因應時代潮流變動。

第八節　小結

　　本章分別由七大面向來檢視工商圖書館營運特性,小結如下:(1)兩岸圖書資訊學界之用語與範疇稍有不同,臺灣為「工商圖書館」,中國是「企業圖書館」,中國沿用西方國家「corporate library」之直譯,但範疇亦包含研究中心圖書館。而在臺灣企業實務中,圖書館業務大部分由不同部門代管。(2)國內外館員常需證明圖書館於機構中存在重要性,國外學者建議以系統性的分析方法來研究此議題,並以具體的投資報酬率之衡量數值呈現圖書館的價值。(3)臺灣與中國學者都強調動態資源(如期刊、報紙)於工商圖書館的重要性高於圖書,而西方學者則為企業圖書館建立六項資源選取要素:強度、集中度、制度化、自動化、精確度、使用者涉入之開放性等。(4)國內外工商圖書館都強調客製化的讀者服務,包含問題導向、個人化或讀者分層、資訊加值、高時效等特色。(5)國內外工商圖書館之經營策略多元,有些強調館藏管理、有些著重深化讀者服務、有些則打破傳統圖書館之運作模式,因此強調重新訓練現有館員以因應虛擬圖書館服務潮流。(6)資訊專業人員的知識技能需兼具深度與廣度,才能提供工商圖書館之高度專業的資訊與知識服務。(7)由美國圖書館學會認可之圖書館學校開設課程來檢視工商圖書館員之正規教育概況,共19校開設企業圖書館相關課程,較多學校開設「專門圖書館」與「商業資訊服務」,其次才是「企業圖書館學」。另外,「知識管理」與「競爭智慧」課程亦可支援工商圖書館員的教育訓練,而支援「工」屬性之課程相當少,僅四校開設「科學與技術資訊資源服務」相關課程。

第六章
歐美企業圖書館之智慧資本管理

　　本書之實務篇內容分述於第六章、第七章與第八章，第六章彙整國外文獻關於企業圖書館智慧資本管理之實務資訊，第七章與第八章則為臺灣工商圖書館之實證研究。本章內容主要綜整商業資訊年度調查研究（business information survey）近三年報告內容（Foster, 2012, 2013, 2014），輔以法國企業之資訊專業人員調查研究（Stiller, 2014），以及其他工商圖書館之智慧資本管理相關研究（B. Hendriks & Wooler, 2006; Lesky, 2008; Portugal, 2000），分述於智慧資本七項構面，該七項資本構面之內容、範疇與衡量指標等項目已詳述於本書第四章，本章針對歐美國家之企業圖書館之營運特性，論述各資本構面之內容特點。

　　商業資訊年度調查研究至2014年為止已達第24屆，近年由資訊產業顧問師Allan Foster執行該調查研究，每年訪談二十餘位來自不同產業之跨國企業資訊專業人員（information professionals），以2014年之訪談大綱為例，主要問題包括：（1）你任職的公司來自何種產業？（2）資訊服務相關業務在你任職公司的定位為何？（3）請描述你任職公司之商業情況為何？關於公司內外部商業環境之綜述。（4）你的部門投入於商業資訊資源之年度預算為何？（5）圖書館或資訊／知識服務部門有多少員工編制？過去二年的人數是增加還是減少？（6）

當考慮目前及未來的資訊服務，你覺得服務人員應具有的主要技能為何？（7）近幾年你覺得特別值得一提的服務項目發展為何？（8）知識管理與社群媒體在你公司中的角色為何？（9）貴組織是否將資訊服務業務外包？是否曾委託海外外包公司？相關考量因素為何？（10）請敘述與內容供應商之關係，需要面臨哪些重要議題？（11）你是否嘗試去衡量資訊服務的產出與結果？（12）行動數位裝置如何影響貴組織之資訊服務利用情形？（13）未來二年於發展資訊服務相關事務中，哪些列入策略優先項目？（Foster, 2014）

　　本章之量化圖表內容主要整合 *Business Information Review* 期刊於2009-2014年間向各企業之資訊服務提供者調查之年報資訊（Foster, 2009, 2010, 2011, 2012, 2013, 2014）。由於該研究之各年度受訪者人數不一（如表6-1），因此，本章摘錄前述文獻之量化資料，計算其人數比例資訊，再重新製作相關圖表，以求比較基準點之一致性。

表6-1：2009-2014年商業資訊年度調查研究各年度受訪人數

年度	2009	2010	2011	2012	2013	2014
受訪者數	23	22	21	22	20	21

　　除了每年受訪人數不同之外，該報告每年受訪者亦來自不同產業（詳見圖6-1），其中每年都有來自於法律服務業與銀行業之受訪者、其次是財務與商業產業及顧問業，2009-2011年間，每年約八至九成受訪者來自服務產業。近三年才開始有來自於藥學、能源、科技與製造業之受訪者，然而，每年仍約六成受訪者來自服務業。因此，此份商業資訊調查研究結果偏向服務業之現況，近三年漸趨改善產業別不平衡之狀況。因此，本章著重於摘錄近三年該研究報告成果，融入於智慧資本各構面之論述。

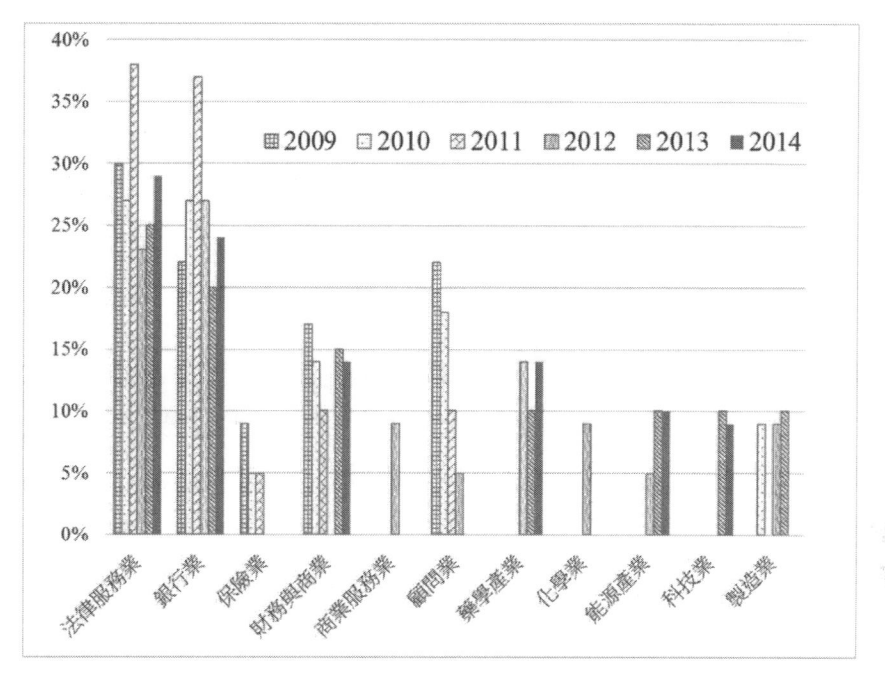

圖6-1：2009-2014年商業資訊年度調查研究之受訪者任職公司所屬產業
註：本研究彙整六年（2009-2014年）商業資訊調查研究之各年數據再自行重繪製此圖。

第一節　結構資本

　　各種產業類別與公司規模不同，資訊服務單位於該公司之定位而言，也有相當多元的調查結果，節錄2012-2014年商業資訊年度調查研究如下：

　　2012年，能源產業受訪者表示他任職於群組科技部門，上級長官為策略與溝通處副總裁，圖書資訊服務範圍包括公司全球各地分區，包括英國、中國、歐洲、美國、東亞等。藥學產業受訪者表示資訊研究與資訊科技都隸屬研發部門之業務，因此研發部門同仁最常利用資訊服務。化學產業受訪者表示資訊與研究服務工作隸屬「行銷、銷售與解決方案部門」，包含二種資訊管理團隊：其一為商業資訊，其二為科技，他需向二種主管報告，其一為負責監控趨勢與管理全球策略之美國商業資訊服務專家中心，其二為位於瑞士之行銷、銷售與解決方案部門主管（Foster, 2012, pp. 11-12）。

2013年，法律產業受訪者表示他的團隊名稱為「知識與資訊」，但他的上級部門原來是「管理夥伴」（managing partner），目前變更為「品質與顧問」（quality & compliance）。另一法律產業受訪者則提及跨文化工作的挑戰，如「研究」一詞，在洛杉磯是指先前技術發展之專利檢索，在華盛頓特區則指辦公文件工作，而在英國則是公司財務資訊檢索與分析，同一詞但各地意涵不同，影響資訊服務部門的品牌名稱與功能運作。來自藥學產業受訪者稱負責「競爭與科學智慧」業務，隸屬於資訊科技、財務與人力之整合部門其下之「核心商業服務」工作團隊。商業服務產業受訪者說明資訊系統與研究單位由知識管理工作團隊分化而成立，隸屬行銷與商業發展部門，目前採取集中式管理以利進行資訊加值服務（Foster, 2013, p. 12）。

2014年，有些公司基於全球運籌之策略，需設計一些機制，以達有效率地整合與執行資訊服務，如法律產業受訪者表示由於團隊成員分布於不同地點，因此著重於建構虛擬溝通環境；而能源產業受訪者導入矩陣式管理方法，主要提供虛擬資訊服務，然而尚有四個小型的實體圖書館分別座落於英國、法國、美國二處地點；另一銀行業受訪者表示他是倫敦資訊中心管理者，隸屬銀行投資業務部門，他也負責紐約之全球資訊中心業務，其他團隊成員分別在日本、中國、澳大利亞（Foster, 2014, pp. 19-20）。

綜整前述2012-2014年資訊服務業務在公司的定位而言，無一致性原則可依循，公司因其核心能力與產品不同，將資訊服務業務歸屬不同部門管理，呼應Edgar（2007）所提應首重瞭解公司核心能力，才能提供因時制宜的資訊服務。近年由於全球化運籌管理策略，朝向全球化之虛擬資訊服務趨勢，不論資訊服務單位（圖書館）實體位置為何，均需因應公司策略，向全球各地分公司提供資訊服務。

關於資訊資源預算金額，Fletcher等人（2009）曾調查美國113個專門圖書館（律師事務所、政府機構、公司、醫院等機構圖書館）。此研究結果顯示大約有六成圖書館曾經歷預算刪減。而Foster（2014）調查結果顯示，一半受訪者表示年度預算約15-50萬英鎊，甚至有約20%公司編列高於100萬英鎊。相較於2013年預算經費之上升或

下降的狀況：約10%公司預算上升5%，25%公司持平，55%公司微幅調降經費，15%公司經費下降25%。顯示受訪者任職公司對於資訊服務業務相當重視，大致有一定規模之經費投入於資訊服務工作中。

茲將2009-2014年商業資訊年度調查研究於各年資訊服務單位編制綜整如圖6-2，整體而言，六年間差異不大，該圖標示百分比數據為2014年資訊，各年約有一半受訪者任職企業之組織編制為6-20人，規模在50人以上之企業數不多，每年僅約0-10%。Foster（2014）表示相較於2013年結果，約35%企業縮減員工編制，45%持平，然尚有20%企業增加員額編制。

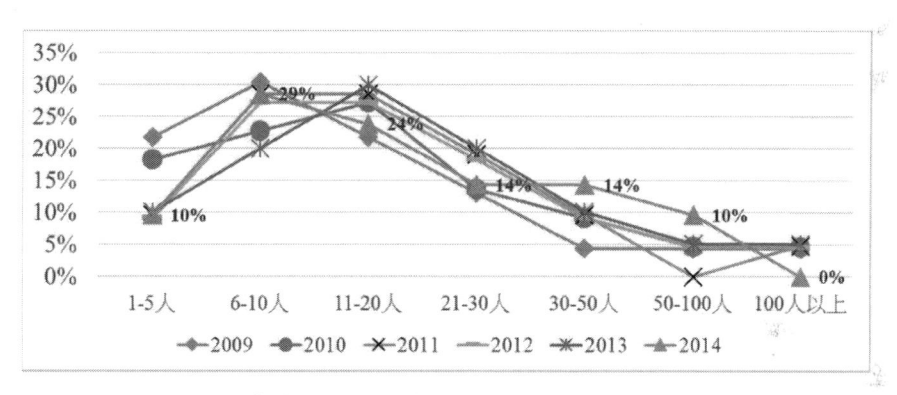

圖6-2：2009-2014年商業資訊年度調查研究之資訊服務單位於企業內之組織編制
註：本研究彙整六年（2009-2014年）商業資訊調查研究之各年數據再自行重繪製此圖。

商業資訊調查研究結果於結構資本構面呈現如下：資訊服務單位在公司歸屬部門別，隨著公司核心能力與產品發展而有所不同，共通點是全球虛擬資訊服務團隊之組織結構。約一半公司員額編制在6-20人，資訊資源預算金額在15-50萬英鎊（約臺幣700-2,400萬元）之機構約占一半。

第二節　人力資本

Foster（2014）長期研究企業資訊服務之預算、員工編制、服務發展、供應商管理、知識管理等議題，探索各面向之發展歷程，語重心

長的表示：前述議題雖然重要，但「善用資訊專業服務人員之能力，因應時代潮流發展新技能，以使組織在善盡社會責任的前提下，能做更好決策，獲取更高利益」更顯關鍵。因此，人力資本是組織發展的基石，唯有優良的人力資源，才能善加規劃組織願景並徹底實踐。

近三年之商業資訊調查報告結果，2012年由於公司併購之變動環境，重視保存人力智慧資本，並強化資料分析技能（Foster, 2012）；2013年由於海外外包成本較低，許多公司將較多資訊服務業務交由海外外包公司，如銀行服務業常將相關業務交由印度之外包公司。因此，相較於十年前，企業招募圖書資訊學背景人力之人數下降許多，甚至有資深管理人員離開原先公司，到委外公司任職（Foster, 2013）。來自藥學產業受訪者表示由印度外包公司負責業務約占總業務一半，主要為「備用辦公室」（backup office）角色，他們做檢索與分析等加值資訊。另一能源產業受訪者亦提及約40%業務外包，如專利檢索等業務（Foster, 2013, p. 21）。因此，該年主軸亦重申為資訊加值以呈現資訊專業人員之貢獻，如能源產業受訪者表示圖書館員已朝向研究員角色；而藥學產業受訪者則提及應朝向賦能、創新與敏捷力等三項目標，以提升人力素質；另一來自法律產業表示應強化「如何做」（know how）知識，朝向課題管理（matter management），提升資訊服務品質，則能減少昂貴律師投入時間，因此能節省成本與促進獲利（Foster, 2013, p. 17）。

由於近年熱門議題為巨量資料（big data），因此Foster（2014）比往年調查增加詢問關於資訊服務人員之主要技能，其中一位來自於科技業之受訪者表示圖書資訊學專業學校大多提供學術圖書館與公共圖書館之相關課程，關於工商產業資訊服務之相關課程內容不具吸引力，對於未來要進入工商產業提供資訊服務之訓練是不足的（Foster, 2014, pp. 26-27）。另外，來自於能源、銀行、財務服務、藥學等產業之受訪者，相當認同應發展新技能以勝任資料科學家（data scientist）（Foster, 2014, p. 27）。資訊專業人員在企業內角色常因時代變化而有所變動與挑戰，如公司常以資訊科技人員替代資訊專業人員，而在法律界，則以執業律師取代。先前倡導知識長（chief knowledge officers）與資訊長（chief information officers），如今則改以數位資訊長（chief digital officers），資訊專業人員是否已準備好相關技能以擔任此角色呢？一位來自財務服務業受訪者表示，工作負擔愈來愈重，因為角色由先前僅是資料檢索與傳遞，轉移至「顧問」角色。而來自科技業受訪者亦表示應更著重於資料分析的工作，而不僅是檢索與傳送資訊（Foster, 2014, pp. 16-17）。

　　Stiller（2014）調查法國200家公司資訊專業人員之業務內容，研究結果顯示36%公司未設置資訊服務部門，改以下列種種措施取代聘用資訊專業人員：強化企業內部網路、提供各種查詢工具、訓練員工資訊查詢技巧等等。該研究建議未來資訊專業人員應具備雙重學科背景，除了資訊科學專業之外，另一為相關於該企業之主要業務之相關學科知識。另外，資訊專業人員亦需具備滲透（interpenetration）技能，即常與公司核心業務專家互動，充分瞭解其資訊需求、資源選粹模式、如何利用資訊，以及他們使用資訊的目的與挑戰等事項。

　　前述研究調查結果顯示資訊專業人員角色趨向跨功能型之中介角色，38%資訊專業人員涉入公司知識管理，各種職稱包含：教練、顧問、虛擬社群管理人、策畫者、文件控制人員、檔案管理人員等（Stiller, 2014）。

第三節　程序資本

一、資訊服務重點項目

　　近三年不同產業受訪者提及資訊服務業務內容綜整於表6-2，由於商業資訊調查研究每年都有受訪者來自法律業，但其他產業則不一定每年均有受訪者，所以此表僅能呈現部分產業別之資訊服務內容。法律業之資訊服務內容為公司核心業務，然而，藥學業雖於2012年提及需朝向競爭與科技智慧資訊服務，但2014年卻又提及競爭智慧分析工作已轉由各業務單位負責，可見不同產業之資訊服務內容深度與廣度不同，由於產業環境、組織文化與制度等因素，影響資訊服務之發展。另外，2013年科技業、藥學業、能源業已提及可應用巨量資料之

概念於工作中,但未具體提及如何應用的方法。目前資料庫介面親和力高,科技與網路環境穩定發展,朝向讀者自我服務(self-service)趨勢,資訊服務重點項目亟需重新思考其方向,往資訊來源上游之資源獲取內容下功夫,亦或往資訊下游之綜整分析報告,或是橫向之溝通協調活動,各產業資訊服務專業人員需深思熟慮其工作價值與對組織的最佳貢獻。

表6-2:2012-2014年不同產業之資訊服務項目一覽表

產業	2012年	2013年	2014年
化學業	●應用內部工具以收集外部市場相關之經濟指標資訊 ●推廣思考領導力課程 ●及時性 ●因人力縮減,而需採取自我服務導向		
法律業	●重效率,提供高附加價值之資訊服務 ●其一為傳統的文件管理,其二為知識管理	●美國團隊提供24小時與五天半之資訊服務,所以英國、美國加州、雪梨等地同仁即可享有非上班時間之緊急資訊服務	●課題管理業務包含文件與法案管理、案件時間控管與聯繫溝通、各案件牽涉人力管控等,掌管事務是公司的核心業務 ●整合法學資料庫至企業內部網路,推廣讀者教育訓練課程,以強化自我服務效能
科技業		●新聞掃描、現況資訊、客製化警示、產業主要趨勢等銷售前之資訊收集與分析業務	●提供桌上資訊產品,如新聞、公司、專利、創投等資訊給公司同仁,另外亦常為同仁依需求查檢資訊

表6-2：2012-2014年不同產業之資訊服務項目一覽表（續）

產業	2012年	2013年	2014年
能源業		●強化入口網站之檢索功能	●仍需有技巧地提供參考諮詢服務
財務服務業			●參考諮詢問題如稅務考量因素為何？與客戶洽談時之注意事項為何？
商業服務業	●重視引進品質好之資料庫產品以利檢索與利用		
製造業		●刪減重複資源	
銀行業	●一般研究、合約正確性、監控、採購等四項為主要工作	●為了強化檢核合約正確性工作，多聘用俄語與阿拉伯語人才 ●檢視內容資源之利用程度，評估不同資料庫內容之強弱	
藥學業	●為科技與研發讀者提供文件資訊 ●藉由進一步研究分析以提供競爭與科技智慧資訊	●確認公司內員工所需內容資源，刪減重複資源	●圖書館主要服務較為廣泛而淺薄，競爭智慧工作已由圖書資訊服務轉為分散至各業務單位
顧問業	●併入市場部門後，需強化分析能力 ●為目標顧客提供一周新聞掃描服務		

註：本研究彙整三年（2012-2014年）商業資訊調查研究之各年受訪者語錄提及資訊服務重點項目，再自行製表。

二、知識管理

至2014年為止，商業資訊年度調查知識管理議題已進入第16年（Foster, 2014），由於公司重視知識管理中之知識分享議題，時常經由社群媒體來落實知識分享（Foster, 2012），因此自2013年起，知識管理議題往往伴隨社群媒體與協同科技應用狀況併同分析（Foster,

2013; Foster, 2014）。因此，關於知識管理制度之設計與運作在本節簡述，然而，若提及社群媒體科技之實施情形，則在技術資本構面中說明。

提倡個人、群體、組織間分享內隱與外顯知識之風氣是公司推行知識管理主要目標，然而，受限於不同公司的組織文化，推展知識管理之程度有所差異。2012年，法律產業公司推行由資深律師領頭分享他們的「如何做（know-how）知識」，不為財務報酬，僅為善盡專業責任（Foster, 2012, p. 20）。即使在同一公司，不同部門投入知識管理程度亦不同，如藥學產業受訪者表示組織文化與氣氛影響協調合作的開放度，公司不同部門表現不同，宜設計某些誘因與報酬機制，以提高知識分享的程度（Foster, 2012, p. 21）。

2014年，製造業受訪者提及知識分享重要性，為鼓勵分享行為應搭配獎勵機制，並將知識分享目標設為關鍵績效衡量指標（key performance indicator, KPI）之一。法律業之二位受訪者則利用傳達「成功故事」，來向企業內同仁分享改善企業績效之知識（Foster, 2014, pp. 29-30）。

第四節　技術資本

一、社群媒體科技與知識分享平臺

導入社群媒體機制及知識分享平臺之起因，一方面是配合時代潮流，另一方面則是為了落實知識管理策略，如法律、能源、藥學產業均曾導入知識分享平臺SharePoint系統以強化資訊、文件與知識管理，以達管理商業智慧之效（Foster, 2012）。

藥學產業受訪者表示知識管理團隊已解散，知識管理業務設在資訊科技部門，最重要之舉是導入SharePoint系統，然而知識管理的價值：資訊透明與分享，由個人自行決斷其行為，相關過程的執行並未關連於任何的財務報酬機制（Foster, 2012, p. 21）。能源產業受訪者表示他們亦採購EBSCO公司之資源探索平臺以整合至SharePoint系統，可做為入口網站以改善檢索效能（Foster, 2012, p. 22）。

2014年調查結果顯示，能源、法律業受訪者均表示公司導入Yammer為企業社群媒體系統，而商業服務產業受訪者導入Spark/Jive社群媒體系統，以促進公司內部知識交流。科技產業受訪者表示自2013年起社群媒體科技應用開始在公司內外部盛行，許多即時產業新聞往往先出現在Twitter，比傳統媒體都來得早，公司行銷團隊經常利用該工具。此外，亦善加運用公司內部Wiki、Blog、Chatter（企業社交網路與協同作業軟體）等機制，以促進內部溝通與強化顧客關係管理（Foster, 2014, pp. 29-30）。

由商業資訊調查研究之受訪者訪談語錄資料，整理近三年不同產業導入各種社群媒體科技工具於表6-3，受限於該調查研究所呈現之語

表6-3：2012-2014年各種社群媒體科技工具於不同產業導入概況

社群媒體科技工具	2012年	2013年	2014年
SharePoint	法律業、能源業、藥學業、銀行業	法律業、能源業、藥學業	藥學業
Yammer（企業社群媒體系統）	商業服務業	財務服務業	商業服務業、藥學業、能源業、法律業
Spark/Jive		銀行業	商業服務業
Chatter（企業社交網路與協同作業軟體）			科技業
Decisiv Search（由Recommind公司研發）	中型法律業		
Wiki	藥學業		科技業
Blog	藥學業		科技業
Twitter	法律業	財務服務業、法律業、科技業、銀行業	財務服務業、科技業、商業服務業
LinkedIn		法律業、科技業	
Facebook	法律業	銀行業	
Skype		法律業	

註：本研究彙整三年（2012-2014年）商業資訊調查研究之各年受訪者語錄提及應用之工具名稱，再自行製表。

錄資料，若干產業之公司可能亦導入該科技工具，但未呈現於該語錄內容，則無法納入表中。亦有公司應用一般民眾常使用之Wiki、Blog、Twitter、Facebook等工具，然而，前述工具並未針對企業營運機制來設計，因此，值得注意的是SharePoint、Yammer、Spark/Jive、Chatter等為企業運作所設計之社群網路與協同作業軟體系統，目前看來，國外企業已應用前述系統以促進知識管理成效，可供國內企業參考。

二、行動數位裝置

商業資訊年度調查自2010年開始，即開始調查行動科技的應用情形，Foster（2010）表示該年主要呈現二項結果：其一為行動裝置數量成長速度快，並可應用於資訊發掘與利用上，其二為仍少見應用於資訊服務。Foster（2011）則說明儘管Cisco公司呈現行動資料傳輸成長量相當快速，消費者增加行動應用程式（mobile app）使用量，然而，企業內部在行動裝置之使用量仍偏低，但資訊供應商仍持續推銷行動科技相關產品。

2012年之後，行動科技應用普及程度大為提升，能源業受訪者表示智慧型手機在亞洲是最平常的資料存取方式，常看到開會當中許多人即直覺地拿起手機當場查資料。藥學產業受訪者則表示公司策略開始要推廣行動科技資訊服務。然而，法律產業受訪者表示雖然Blackberries、iPad、Kindles等行動裝置利用普及率高，但律師們查找電子資源時，仍習慣利用桌上型電腦查找（Foster, 2012, p. 23）。

2013年，部分企業則更注意行動科技應用細節與投入於企業內部行動應用程式之開發，能源業受訪者表示強調資訊安全的重要，也著手發展圖書館與資訊系統應用程式（Library/IS App），以使企業內員工利用資訊服務更加簡便。然而，科技產業受訪者則表示不會投入於行動科技應用於資訊服務之工作。而律師仍是習慣在書桌前工作，少用行動資源（Foster, 2013, pp. 24-25）。

2014年，平板電腦銷售量提升不少，藥學、科技、能源等不同產業之公司內紛紛提出BYOD（bring your own device）策略，即帶著自己的行動裝置，隨時可下載研究資料。藥學產業受訪者表示他們設計

一種機制，可不需時時連上企業網路，因此可避免一些資訊安全的問題，但仍可存取所需之資訊資源（Foster, 2014, pp. 36-37）。

美國專門圖書館學會發行之 *Information Outlook* 雜誌於2014年18卷5期，刊登多篇文章關於圖書館導入無線通訊裝置之議題，包含主編Hales（2014）提問：「西元2020年時，圖書館將有何光景？行動通訊裝置之重要性將如何呢？」、Sewell（2014）論述圖書館導入行動服務之優點、Cross-Menzies（2014）提及導入開放資源之行動科技裝置以縮短數位落差促進數位世界民主化等議題。

第五節　關係資本

近年圖書館實務界重視嵌入式圖書館學（embedded librarianship）之議題，以學術圖書館而言，是提倡館員應積極融入教學與研究活動，而不局限在圖書館之實體或虛擬空間中提供服務（Carlson & Kneale, 2011）。因此，嵌入式服務（embedded service）重點之一即強調與顧客間關係的建立，即工商圖書館館員與機構內員工之對內關係，Shumaker與Talley（2009）曾接受美國專門圖書館之委託，探討嵌入式圖書館學之具體指標與調查專門圖書館學會會員之導入現況，提出對內關係之建立可區分為下列數種形式：參與顧客社群討論（包含實體與虛擬環境）以收集與分享資訊、參與及融入不同活動以支援專案團隊工作、積極涉入顧客社群之互動、與團隊領導者開會以檢視成效等等。

對外關係資本中，最複雜、耗時、瑣碎工作之一即為與資料庫內容供應商之聯繫。銀行業受訪者以三明治比喻資料庫內容供應商、資訊服務專業人員、使用者之三方關係，資訊服務專業人員扮演三明治中的果醬角色，以求最佳價值（Foster, 2012）。另外，為降低成本，銀行、財務服務、法律等產業，往往將部分非核心業務轉包給國外公司，如位於印度之邦加羅爾（Bangalore）市，即有許多接受西方國家之海外外包（offshoring）業務公司（Foster, 2012）。供應商聯繫及委外公司工作分配是商業資訊調查重點，本章將前述二項協調工作列

入關係資本,綜整近三年不同產業之供應商與委外公司聯繫工作於表6-4,不論何種產業,共同要面臨的都是每年供應商調漲價格,公司都要在滿足員工資訊需求下,檢討不同資源價值,設法協調一合理可接受的價格。並非所有公司都將部分業務交給委外公司,2012-2013年約有三分之一受訪者曾將公司部分業務委外(Foster, 2012, 2013),2014年則為一半受訪者將部分業務委外(Foster, 2014)。即使業務委外,其委外業務占總業務百分比並不相同,由表6-4來看,大約在5-50%,業務重點之一在監控委外資訊服務業務的品質。此外,除了供應商與委外公司之外,藥學業受訪者另外提及學術研究機構及科學園區公司之互動關係,呈現多元的關係資本。

表6-4:2012-2014年不同產業之供應商與委外公司聯繫工作一覽表

產業	2012年	2013年	2014年
化學業	●盡可能引進企業級版本之資料庫,但有些產品無法負擔 ●知識分享平臺是由委外公司支援維護工作		
法律業	●因為預算受限,而資料庫價格往往年年調升,需與內容供應商協商價格 ●有些供應商會提供創新產品	●曾將部分業務委外,但後來又收回該業務	●需由全球角度思考資訊產品的價值,以與供應商洽談內容 ●資料庫價格每年約15-20%漲幅,相當不合理,以實際量化數據來協商價格 ●與Lexis-Nexis資料庫公司建立合夥關係,促進雙贏
科技業			●新聞集成產品,如Factiva,最近轉變造成困擾

表6-4：2012-2014年不同產業之供應商與委外公司聯繫工作一覽表（續）

產業	2012年	2013年	2014年
能源業	●因應全球化企業運作方式及考量部分委外業務，與內容供應商洽談重點即是需降低內容授權之風險 ●部分科技研究人員來自印度委外公司，必須監控其品質	●成本壓力，需避免採購重複資源 ●電子書授權是出版商挑戰之一，一書一讀者之舊模式不符現代虛擬環境 ●大約40%資訊研究工作已委外給第三方公司，如專利查詢業務	●避免供應商跳過資訊服務單位，直接賣給使用者相關產品與服務 ●開放存取資源雖是學術圖書館面臨的重要議題，也影響工商資訊資源服務方式
財務服務業		●符合公司員工資訊需求前提下與供應商協調最佳產品組合 ●5%業務交由海外外包公司	●通常是集中式談判，但少數產品由在地辦公室自行洽談 ●藉由使用統計資料持續檢視內容產品之適用性，最近正檢視Factiva產品關於新聞集成內容之變化 ●與委外業務之第三方公司合作順利，可能是因負責該委外業務者先前曾任職於本公司
商業服務業		●繁瑣的協調工作首重互信 ●以最小的採購成本獲取最大的價值 ●不認同業務委外的策略	●不將業務交給委外公司的決策，由現行資訊服務品質可檢視其效益
製造業	●洽談全球版之內容合約最具挑戰性	●曾汰換態度不佳的供應商	

表6-4：2012-2014年不同產業之供應商與委外公司聯繫工作一覽表（續）

產業	2012年	2013年	2014年
銀行業	●與數家大型內容供應商洽談提升稅務效率之合作案，減少許多稅費 ●引進3di Profiler軟體系統以評估不同資料來源之價值	●90%工作花在內容採購與合約交涉事宜 ●供應商擔心公司兼職員工存取資料庫的合法性，需另外考量授權機制 ●目前約一半業務交由海外外包公司	●公司在全球辦公室需一致性之資料管理機制，與供應商洽談合約時已備有清楚的檢視資料重要性的程序 ●若是昂貴的資料，則是依需求付費管理方式 ●管理委外公司的合約內容，主要掌控資訊服務品質
藥學業	●增加外部組織之互動，如研究機構、大學、醫學文章作者、科學園區相關公司等 ●小型內容供應商之彈性空間較少 ●資訊研究之一半工作交由委外人員負責，海外外包人員支援辦公室與公共資源業務	●正向供應商洽談無縫授權機制，內外部員工可使用行動通訊裝置查檢資訊	●建立供應商圓桌會議以維持開放而誠信的討論，但並非每家供應商態度良好 ●執行人員技能分析以建立未來五年關於委外業務計畫、長期研究，針對供應商與委外公司管理，發展一套品質控制的系統

註：本研究彙整三年（2012-2014年）商業資訊調查研究之各年受訪者語錄提及供應商與委外公司聯繫工作，再自行製表。

第六節　顧客資本

　　擔任工商資訊服務顧問公司總裁Lesky（2008）曾提及做好顧客服務之五項要素：品質第一、使每一顧客認為自己是唯一的顧客、永遠不說「不」、流程與人員同等重要、勿分心於較不重要的事務等，以下分述其細節。

　　一、品質第一：品質包含工作品質與服務品質。相較於服務品質而言，工作品質較易達到要求，可藉由以下四種方式之實施以達工作

品質:經常舉行在職訓練、最佳實務的發展與溝通、具品質控制之研究團隊架構、團隊諮詢、豐富且持續增加的館藏資源等。而服務品質則建議制定標準與衡量機制:單一聯絡窗口(電子郵件與電話)、為專案研究的「供應鏈」相關流程建立檢核點(回應顧客、分配專案、資訊需求訪談、完成專案研究、查核品質、傳送專案成果)、建構一致性報告格式的版型、對於施行困難的專案與無法完全滿足其資訊需求的顧客之回應機制建立準則(Lesky, 2008, pp. 41-43)。

二、充分尊重顧客,使每一顧客認為自己是唯一的顧客:鼓勵顧客以電子郵件寄送諮詢問題,以避免需同時應付電話或口頭詢問的案件而使顧客覺得照顧不周。若因業務太多而無法在時間內完成交辦案件,也應及早向顧客溝通預定完成的時程(Lesky, 2008, p. 43)。

三、永遠不說「不」:即使在執行相關顧客交辦案件有困難,無法完全滿足該顧客的資訊需求,也應提供相關的資訊資源給顧客參考(Lesky, 2008, pp. 43-44)。

四、流程與人員同等重要:思考如何將文件流程工作依企業流程來設計,因應企業成長,預先思索工作增加量、變更工作流程、增設不同職務負責人員的可能性(Lesky, 2008, pp. 44-45)。

五、勿分心於較不重要的事務:考量「有所為,有所不為」之業務內容,以有限的人力物力,集中於重點項目,提供高品質的服務(Lesky, 2008, pp. 45-46)。

嵌入式圖書館學概念並非最近才興起,早在1970年代,醫學圖書館員即與藥師、社工師及其他專業人士合作,參與跨學科醫療照護團隊工作(Cimpl, 1985)。美國專門圖書館學會於2009年提出嵌入式圖書館學調查報告,提及嵌入式服務應包含如下要素:以顧客為中心而非圖書館為中心、依顧客的工作場域為主而非依館員的工作場域、重點在小群體而非所有顧客、融入顧客所處情境脈絡下提供資訊而非在場外觀望(in context not out of context)、建立在可信任的諮詢而非僅是遞送服務等(Shumaker & Talley, 2009, p. 9)。

第七節　更新與發展資本

一、績效評估機制

　　績效評估機制不外乎由輸入、輸出、與結果三個面向來設計與檢視，綜整商業資訊調查研究於2012-2014年不同產業受訪者提及之各種績效評估項目與方法，如表6-5，其中投資報酬率（return on investment, ROI）、檢視顧客之正負向回饋資訊、使用量統計資料等三項是每年不同產業均曾提及的項目，藥學業亦進一步提及著重於採購內容費用之投資報酬率。績效評估項目中，不僅有量化的資料，亦包含質性的資料，如價值、顧客之正負回饋資訊，以及知識管理之社群實踐與「故事」行銷等項目。此外，亦搭配現成軟體系統如SharePoint、Onelog、Google Analytics等系統擷取適當資料來評估績效，而科技業則應用ITIL（information technology infrastructure library）架構來做為軟體認證管理工具。其中一家藥學產業受訪者則提及市場滲透率（現有需求量／潛在需求量）來評估資訊服務的成效，而顧問業則相當重視忠誠顧客（即回頭客）的數量，來呈現服務品質好的指標。

二、投資報酬率

　　為證明工商資訊服務在機構內存在價值，不少研究提倡以投資報酬率之具體數據呈現公司投入資源的效益。Portugal（2000）提出四種方法以利企業圖書館具體呈現其價值，包括投資報酬率、成本效益分析、知識加值法、智慧資本等，相關於智慧資本之衡量指標已於本書第四章詳細介紹。Strouse（2003）曾探索企業圖書館、學術圖書館、政府圖書館等三種類型圖書館之績效衡量指標，其中尤以企業圖書館最常需證明其對於機構之貢獻與價值，建議可同時採納量化與質化之衡量變數。量化指標如讀者節省時間、不去用替代資源而選擇利用圖書館資源所節省的費用（每次利用圖書館為公司節省的金錢）、每次利用圖書館所創造之收益等；質化指標如讀者做管理決策時依賴圖書館資訊資源的程度，以及若缺少圖書館的中介角色，讀者可能無

表6-5：2012-2014年不同產業應用各種績效評估項目與方法一覽表

績效評估項目／方法	2012年	2013年	2014年
投資報酬率	藥學業	財務服務業	藥學業、法律業
平衡計分卡			法律業
產品或服務的價值			藥學業
應用「故事」以向顧客傳達價值			能源業、藥學業
檢視顧客之正負向回饋資訊	藥學業、化學業	能源業	能源業
忠誠顧客數量	顧問業		
知識管理中社群實踐之質性資料		製造業	
利用SharePoint系統收集回饋資訊			科技業
全球工作流程管理系統		銀行業	
ITIL架構			科技業
供應商提供之使用量統計資料	法律業、藥學業	能源業、藥學業	銀行業、能源業、藥學業
Onelog電子資源管理、使用量分析軟體			法律業
Google Analytics		能源業	
文件遞送時間			藥學業
市場滲透率			藥學業
準確性與及時性			銀行業

註：本研究彙整三年（2012-2014年）商業資訊調查研究之各年受訪者語錄提及績效評估項目或方法，再自行製表。

法查得資訊而意識圖書館存在重要性。結合多重指標來計算投資報酬率，該研究設計問卷範本提供同道參考使用，並進一步由Outsell公司至2002年為止所收集之21,661份資料，提供企業圖書館於各項指標之標竿值，如每次運用圖書館所節省的時間成本為美金35元、每次運用圖書館所創造的收益為美金777元、每次運用圖書館可節省美金42元（Strouse, 2003, p. 17）。B. Hendriks與Wooler（2006）則建議衡量投資報酬率的策略。首先，需由內外部環境評估直接相關與不相關於

投資報酬率之事務，如評估主要與潛在顧客之資訊需求、評析內外部環境關係因素等。其中外部關係因素包括二大類型：外部第一類為顧客、公司核心營運流程（研發、生產、採購），外部第二類為行銷、公共關係等溝通類型；內部關係因素亦包括二種類型：內部第一類為內部組織管理，如風險管理、全面品質管理、稽核等，內部第二類為支援部門，如資訊部門、人力資源、財務等部門。

其次，為制定資訊服務核心流程需思考下列問題：（1）每一過程需取得哪一種類型之資訊或知識？（2）獲取該資訊或知識是如何地困難（簡單）？（3）存取該資訊或知識之過程如何能改善得更好？（4）每一階段的知識專家是誰？（5）是否有任何的資訊或知識有缺口或重複？（6）企業能由改善資訊服務流程獲益多少（B. Hendriks & Wooler, 2006）？

最後，在建立價值的過程，B. Hendriks與Wooler（2006）提及四項重要因素：（1）資訊或知識品質：穩定度、可獲性、存取性、新穎性、成本、可檢索性、完成度、精確度、相關度等項目。（2）知識的性質：外顯、內隱、無聲（未記錄於任何系統中，但可能會在有需求時突然出現），應致力於將內隱知識外顯化，才能更穩定地掌握及運用知識。（3）資訊或知識管理風格：正式、非正式等風格。（4）資訊或知識的有效期限（shelf life），少有管理者意識到資訊及知識有其生命周期，需檢視其有效性。前述因素都可能影響投資報酬率的計算，應優先考量轉換為「金錢」價值，其次可轉為「人力－小時」，最後才轉為「品質」，即顧客滿意之比例。

藥學產業之Novartis企業以實際數據呈現該公司之知識中心（Novartis Knowledge Center, NKC）如何計算投資報酬率。首先，調查公司內18,534位員工意見，收到5,047位回應，27%回應率，分析回收問卷結果呈現95%填答者曾利用資訊服務，23%填答者可找到他們所需資訊，此值顯著高於藥學產業之標竿值15%。95%填答者認為Novartis知識中心對企業具商業影響力，商業影響力如省時、幫助決策、產生獲利、省錢、跟上產業趨勢、藥物安全評估、查找專利等。該公司知識中心投資報酬率計算公式如下（He, Chaudhuri, & Juterbock, 2011）：

{〔(MV＋SV)－總投資金額〕／總投資金額}×100%

前述公式中提及之MV(market value)與SV(user savings)，分述如下：

MV：市場價值 ＝ FTE(full time equivalent)×FTE成本
FTE＝{顧客年度使用知識中心資源總時數〔顧客每周利用知識中心資源平均時數×上班周數×(公司員工總數×回覆經常利用知識中心資源之比率)〕}／全職員工每人年度工作時數
FTE成本＝由公司研發獎酬成本與商業運作成本來預估
SV：顧客省下時間與金錢成本 ＝ {〔每周顧客節省時數(產業內顧客利用資訊服務中心平均時數－該公司顧客每周利用知識中心資源平均時數)〕／全職員工每人年度工作時數}×FTE成本

前述公式在He、Chaudhuri與Juterbock (2011) 的研究中，除了總投資金額因公司機密不公開之外，其他均以實際數據代入計算，本章僅摘錄其公式計算的內容概要，詳細數據請見He等人之研究。

另外，Ryder (2011) 亦綜整多位先前學者關於衡量企業圖書館價值的研究，其中亦提供不同學者於投資報酬率之多元觀點，量化數據往往由探索如何節省時間或金錢成本，以及將圖書館服務投入所創造的獲益轉換為金錢價值。而質化觀點中，以說故事方法來傳達資訊服務的價值也是種有效的方法。

三、未來二年欲發展的重點項目

商業資訊年度調查研究每年詢問受訪者未來二年於資訊服務發展議題中，其策略優先項目為何？此題為複選項，依訪談內容來歸類，各年調查報告內容原先提供曾提及各該項目之人次資訊，本研究依各年度總受訪人數來計算其比例，並依此資訊重新製圖如圖6-3。近六年來，每年都有提及的項目為「組織與發展」、「科技」、「內容與供應商管理」等三項，「組織與發展」包括全球協同營運機制之建立、

重新審視相關利害人之關係等內容,於2010-2011年中,全數受訪者都認同其重要性,但近年則認可該項目之比率稍降,顯示有其他更值得投入未來發展的項目,以2014年為例,38%受訪者提及「資料分析／巨量資料」,先前年度雖略為陳述,但並未特別強調欲列為未來二年發展之重點項目,內容包含鏈結資料(linked data)之概念與應用等(Foster, 2014),另一項調查法國大型企業的實證研究結果亦顯示現代資訊通訊科技環境已朝向巨量資料分析趨勢,資訊專業人員應善用相關分析工具(Stiller, 2014)。「科技」項目每年約三成受訪者認為重要,但2011年僅10%受訪者列為重要項目之一,可能科技已是無所不在的工具,不需再強調其發展潛力。「內容與供應商管理」主要是電子資訊資源管理議題,包含資料庫供應商之管理,2009年該項之勾選率達65%,但2014年降至38%,可能該項目已是例行性營運事務,較無未來彈性發展空間。

曾在五個年度列入重點發展之項目為「財務與員工發展」、「知識管理／社群」、「服務發展與行銷」等三項。每年約五、六成受訪者認同「財務與員工發展」重要性,僅2010年無人勾選該項,即使是相同項目,每年包含內容仍有些許差異,以2014年為例,內容包括提升全球團隊工作效能、強化員工軟技能(soft skill)以建立良好人際關係、著重員工工作穩定性以保存重要智慧資產(Foster, 2014)。「知識管理／社群」項目在2012-2013年約五、六成受訪者認為重要,然而2014年降為29%,與科技議題比例差不多,可能企業當中已將該項目視為營運常態,不需再被視為未來發展之潛力項目。2010年14%受訪者選「服務發展與行銷」,每年微幅上升,至2014年該比例已達57%,可見持續改善資訊服務品質,以及提高企業內所有員工意識該資訊服務部門存在價值,仍需未來繼續投入思考與發展。

另外,「海外外包」、「加值」、「讀者服務與訓練」、「資訊外包」等項目曾於2009-2010年間列入為策略優先計次的項目,近四年前述項目皆未列入,但各年報告內容仍論述其相關內容,可能是近年變動程度不大而未具體列表說明。

法國大型企業調查研究結果顯示,未來資訊專業人員工作將有二

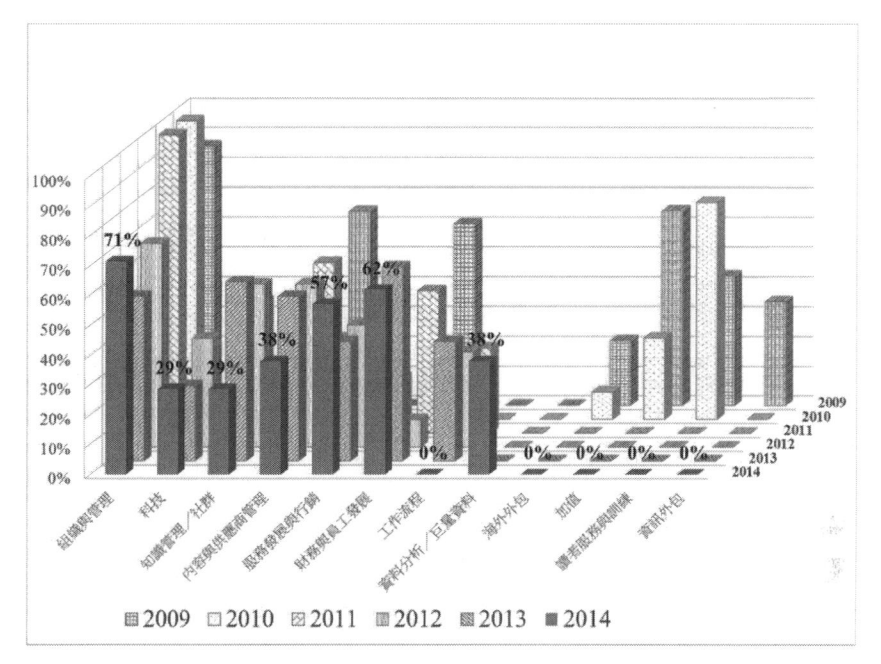

圖6-3：2009-2014年商業資訊調查研究於未來二年資訊服務發展之策略優先項目
註：本研究彙整六年（2009-2014年）商業資訊調查研究之各年數據再自行重繪製此圖。

個角度之發展方向，一為基於網路通訊科技下發展的服務，另一項為關連於安全、環境、品質、健康等議題（Stiller, 2014），前述二項發展都與當今社會脈動息息相關，資訊專業人員應時時察覺社會趨勢變化，與時俱進。

圖書館實務界持續關注巨量資料議題，Bergman（2014）為圖書館員於巨量資料管理提供SWOT（strength, weakness, opportunities, threats）分析，本研究依其所提意見綜整如表6-6。

任職於著名之統計軟體SAS公司的館員Teague與Legeros（2014）表示公司主要核心業務即是為客戶及機構內部推展巨量資料分析應用，因此，圖書館中四名資訊專業人員需積極融入巨量資料分析技術以提供服務，導入Hadoop之開放原始碼軟體以強化館藏管理，應用SAS軟體所產生之文字與視覺化的分析結果以協助發展適切的館藏，SAS軟體應用亦可協助圖書館行銷目標客戶群。訂閱Lynda.com以協助員工修習巨量資料相關課程，提供員工隨時隨地自我學習的環境。應

表6-6：圖書館員於巨量資料管理之SWOT分析

內部強項	外部機會
●編目與分類技能，如詮釋資料（metadata）之萃取，是管理與分析資料的重要技能 ●資源選取可靠度之辨識與權威資料來源有助資料分析 ●數位化、典藏管理等檔案管理技能 ●關於個人資料運用之倫理及政策議題，圖書館可擔任中介角色以協調各方資訊，協助發展平衡觀點之政策 ●「資料驅動」（data driven）的決策方式，可將「資訊素養」延伸至「資料素養」（data literacy），擴展資訊素養之影響力	●許多新資料集可利用，如Google、Amazon公司、美國人口調查局、世界銀行都提供公眾使用之資料集 ●許多新工具可應用，如Apache Hadoop等開放原始碼軟體 ●若成功應用，可扭轉大眾對圖書館之刻板印象 ●可藉此推展新專業技能，美國專門圖書館學會提供四項網路研討會，以及其他巨量資料相關的論壇、專業期刊等 ●創造新服務的機會 ●應用巨量資料管理以協助企業決策 ●館員可依資料生命周期以提供全面觀點，有機會擔任資訊服務的主導地位
內部弱項	外部威脅
●館員易固守在圖書館的「碉堡」（slio），無法意識外部機會與挑戰，公司重要資料也往往不在圖書館 ●圖書館顧客可能無法覺察圖書館館員之專業與能耐，館員需向顧客行銷自己 ●圖書館資源（經費預算、人力資源等）常被刪減 ●人力資源訓練費用亦刪減，館員需自我投資個人之專業發展 ●改變常會帶來阻力	●大眾常認為是數學家或電腦科學家處理巨量資料，而不是由圖書館專業人員 ●「資料驅動」之形勢之下，部分人認為巨量資料排除傳統資料類型，多為處理網路資源，以及「資料即可告訴我們所需知道的內容」等不全然正確的觀點。圖書館館員需證明自己的專業可協助選擇適當的工具 ●資源短缺，但又需投入人力物力以開創新服務

資料來源：（整理自）"Big data: A brief SWOT analysis" by E. L. Bergman, 2014, *Information Outlook*, *18*(3), pp. 15-17.

用網頁分析軟體監控網路流量，導入電子資源管理系統，此資訊可做為調整電子資源之採購清單，可為公司節省經費。同仁在網路介面傳送研究資料後，藉由SAS軟體功能，資料完成分析後，館員可依同仁所屬部門、地理區域等產生不同版本的報告。在前述案例中可見，圖書館充分結合母機構具有的巨量資料分析技術之優勢資源，並將其融入圖書館的資訊服務之中，可說是將巨量資料應用於圖書館服務的良好示範。

第七章
智慧資本於企業圖書館之實證研究：臺灣一千大企業機構[1]

本書以智慧資本於臺灣之工商圖書館經營管理實證研究的內容分述於第七章與第八章。本章之實證研究主軸為臺灣一千大企業機構，以下分述收集資料之各階段過程。

第一階段（電話訪查以建置公司樣本底冊資訊）：依據中華徵信所編製的2009年版的臺灣地區大型企業排名資料，製造業及服務業前五百家公司為調查對象，於2011年11月至2012年2月間以電話訪查的方式調查公司設置圖書館的概況：製造業前五百大公司中，152家表示有設置圖書館或文件管理中心，但部分表示不接受調查，其中87家公司有留下後續聯絡資料；服務業前五百大公司中，103家表示有設置圖書館或文管中心，其中僅66家有留下後續聯絡資料，最終合併共153家公司為本研究發放問卷對象。

第二階段（建立量化問卷之專家效度及深入訪談企業資訊服務提供者）：於2012年2月間訪談三家公司之企業資訊服務提供者，分別來自電子業、建築業、證券業，此階段主要目的之一為參考專家意見來

---

[1] 本章部分內容來自筆者先前發表之文：黃元鶴（2014a）。從智慧資本觀點探析臺灣企業資訊服務模式。**圖書資訊學研究**，**8**(2)，1-56。

修訂研究問卷,使問項更符合企業實際狀況,在大量發放問卷前進行專家效度的檢測,目的之二在於深入訪談其圖書室運作特色,以瞭解量化問卷調查的限制及各公司間差異。

第三階段(問卷發放與回收):將研究問卷(請詳見附錄三)建置於網路問卷伺服器中,並為樣本公司建立專屬代碼以控管問卷回覆率,問卷發放方式包括電子郵件及寄送紙本問卷,問卷填答時間於2012年3月28日至5月9日,4月中旬撥打百餘通催收電話,共計回收54份問卷。

第四階段(深入訪談企業資訊服務提供者):回收問卷當中有意願接受深入訪談之填答者共計五位,合計第二階段訪談之三家公司,共計八家公司之訪談資訊,分別於2012年2月至5月間訪談,訪談大綱請見附錄四。

第一節 製造業及服務業設置企業資訊服務單位概況

本研究於第一階段電話訪查結果如表7-1,製造業當中,前100名之製造業公司有設置圖書室或文管中心之比例為52%,排名在第401-500名之公司則僅佔其中的19%有設置相關單位,顯示排名較前的公

表7-1:前五百大製造業及服務業公司設置圖書室或文管中心之公司數及比例

製造業	有設置圖書室或文管中心之公司數	公司數	比例	服務業	有設置圖書室或文管中心之公司數	公司數	比例
1-100名	50	97	52%	1-100名	23	99	23%
101-200名	31	96	32%	101-200名	18	98	18%
201-300名	32	92	35%	201-300名	25	99	25%
301-400名	21	97	22%	301-400名	20	98	20%
401-500名	18	96	19%	401-500名	17	99	17%

註:整併跨業別重複或相同集團之公司數,扣除醫院圖書館,因此該區段公司數並非100家。

司,設置企業資訊服務單位比例較高,此結果與美國財星雜誌排名五百大企業設置圖書館比例的狀況(Anonymous, 2000)相似,但臺灣製造業設置企業資訊服務單位的比例較低。然而在金融海嘯之後,美國企業設置圖書館的比例可能也有所變動。此外,服務業則並未呈現排名較前,有設置企業資訊服務單位之公司的比例較高的狀況,排名每百名之公司當中,有設置的比例大約是四分之一至五分之一左右,排名前百大公司有設置的比例並非最高。

問卷總計回收有效填答54件,電話訪查與問卷回收狀況表請見表7-2,製造業中32%公司設置相關單位,而服務業僅21%公司設置相關單位,許多公司不願留下單位聯絡人資料,因此本研究僅能由留下通訊資料的公司催收問卷,雖一一撥打電話,但問卷回收率仍不夠理想。製造業公司之問卷回收率(37%)較服務業(33%)稍高,整體問卷回收率為35%。

表7-2:電話訪查與問卷回收狀況

業別	公司樣本數[註1]	有設置圖書或文件管理單位數(比例)	留下單位通訊資料	有效填答數	問卷回收率[註2]
製造業	478	152(32%)	87	32	37%
服務業	493	103(21%)	66	22	33%

註1:整併跨業別重複或相同集團之公司數,扣除醫院圖書館
註2:問卷回收率:有效填答數占留下單位通訊資料數百分比

第一階段主要以電話訪查企業資訊服務相關單位之設置概況,以收集及整理符合本研究調查對象之樣本底冊資訊,共計153家公司留下資訊服務人員通訊資料,此為本研究基於智慧資本觀點探析企業資訊服務模式之研究樣本清冊。

以下說明第二階段之問卷設計各構面下相關題項之理論文獻來源。

第二節　實證研究採納之智慧資本構面、內容及範圍、衡量變數

　　綜整不同學者的智慧資本觀點及相關指標（Edvinsson & Malone, 1997; Iivonen & Huotari, 2007; Lin & Edvinsson, 2008; Portugal, 2000）以設計量化調查的問卷及質性訪談大綱，關於智慧資本衡量指標內容的完整探討請見本書第四章，表7-3為本研究採納之智慧資本的構面及其相關衡量變數。前述學者所提之智慧資本衡量變數，需收集精確的數值，如採購圖書經費預算、公司總預算成本，以推算圖書經費占公司營運成本的比值。但因涉及公司機密資訊，或是若干公司未控管該量化資訊，如每日到館讀者量等，本研究問卷中雖設計相關題項，但考量部分公司可能無法提供相關數據，為了避免因每家公司提報相關量化數據之完整度不同而無法分析，問卷除了設計若干題項以提供公司填寫相關數據（如件次、人次）之外，本研究另依該構面之意涵設計若干問項，採李克特（Likert）六點量表以測量填答者對於該構面的認同程度，使各構面內容能有一致化的標準來衡量不同公司間的差異。本研究量化調查問卷內容請見附錄三，質化訪談大綱內容請見附錄四。

　　由於問卷設計來自於理論文獻內容，為貼近實務工作者之想法，在大量發放問卷之前，先進行專家效度，深入訪談三位來自企業界的資訊服務提供者（受訪者背景資料表請見表7-4），一一檢視問卷題項之適用性，依受訪意見修正內容。

　　本研究於企業設置資訊服務相關單位概況調查中，依中華徵信所編製的《2009年版臺灣地區大型企業排名TOP5000》，以電話訪查製造業及服務業各前500名之公司，然而訪查結果僅能呈現部分臺灣企業的概況，此為研究限制之一。本研究雖試圖結合量化調查與質化訪談之研究方法，但因許多公司政策保守，無法接受外部研究調查，量化調查回收率不夠理想；而有意願接受進一步訪談者多來自電子資訊業，因此，僅能呈現當今企業之部分現況，無法推論整體情況，此為研究限制之二。此外，智慧資本原始概念之量化數據指標，如「投入圖書經費占公司總經費比例」、「曾使用館藏資源的讀者占母公司所

表7-3：實證研究採納之智慧資本的構面及其定義與衡量變數

構面	定義、內容及範圍	衡量變數 代碼	衡量變數 內容	發展衡量變數相關概念參考來源[註1]
結構資本	企業資訊服務單位在機構內的層級及人員編制狀況	a1	企業資訊服務單位在該公司之單位名稱／隸屬之部門	Edvinsson & Malone, 1997, pp. 11, 35-36[註2]; Lin & Edvinsson, 2008, p. 528[註3]
		a2	人員編制	
人力資本	企業資訊服務提供者的能力、知識及經驗	b1	企業資訊服務提供者的學歷背景／負責業務	Portugal, 2000, pp. 128-133
		b2	在職專業教育訓練	Portugal, 2000, p. 127
		b3	員工滿意、授權與賦能指數	Edvinsson & Malone, 1997, p. 132; Portugal, 2000, pp. 123-125, 142-147[註4]
程序資本	維持營運的相關作業流程的能力	c1	館藏狀況	Portugal, 2000, pp. 107-108
		c2	主要服務內容	
		c3	新到館資源處理的速度（或編目外包商處理的速度）	
		c4	資訊加值投入度	
		c5	回覆讀者問題的速度	
技術資本	採用相關科技或硬體設備以強化服務品質的程度	d1	數位資訊傳送服務之普及度	Edvinsson & Malone, 1997, pp. 101-110; Portugal, 2000, pp. 109-111
		d2	導入新技術的及時性	
		d3	應用新機制以傳遞資訊服務	

表7-3：實證研究採納之智慧資本的構面及其定義與衡量變數（續）

構面	定義、內容及範圍	衡量變數 代碼	衡量變數 內容	發展衡量變數相關概念參考來源[註1]
關係資本	企業資訊服務提供者與所有利害關係人，如公司高層及直屬部門主管、機構內所有同仁、圖書及資料庫等資源來源廠商、圖書館相關作業外包作業廠商、策略聯盟公司之跨館合作等關係經營的狀況	e1	各種利害關係人連繫的頻率	Iivonen & Huotari, 2007, pp. 87, 92-94; Lin & Edvinsson, 2008, p. 528[註3]
		e2	策略聯盟公司之跨館合作項目及範圍	
顧客資本	清楚母公司經營目標，瞭解機構內同仁的資訊需求，並能提供客製化服務的能力	f1	讀者需求調查	Edvinsson & Malone, 1997, pp. 89-100; Portugal, 2000, pp. 101-103
		f2	讀者服務滿意調查	
		f3	滿足客製化需求	
更新與發展資本	提升服務質與量的表現	g1	個人工作進修與成長的機會	Edvinsson & Malone, 1997, pp. 111-121; Portugal, 2000, pp. 112-123
		g2	辦理推廣活動的頻率	
		g3	新型態的服務方式	

註1：原文獻所提指標常為精確量化數值，如程序資本之average processing time for information search request (#)，本研究轉化其概念為「回覆讀者問題的速度」，以促進問卷之可填答性，本研究參考該資本構面之意涵而自行發展變數，因此標註為發展衡量變數相關概念參考來源。

註2：結構資本原訂範圍較廣，包含公司軟硬體、組織架構、商標專利、客戶關係等跨層面的組織能力，本研究僅取「組織架構」之狹義內容。

註3：本研究僅參考該研究彙整不同學者所提之資本類型。

註4：本研究採納若干員工滿意度問卷題項，以及參考其影響授權與賦能之因素（如responsibility versus authority to act）來編製問項。

第七章　智慧資本於企業圖書館之實證研究：臺灣一千大企業機構

表7-4：問卷經專家效度之受訪者基本資料表

序號	學歷（主修）	機構類型	負責業務	目前任職工作年資	職稱（部門）	訪談日期／時間
A	學士（國貿）	證券業	基金相關研究報告整理 推廣圖書流通業務	5	交易員	2012/02/07／100分鐘
B	碩士（人力資源管理）	電子資訊業	人力資源管理、籌辦及新建圖書室	3	副理（管理部）	2012/02/08／70分鐘
C	大專（餐飲管理）	營造業	總機、總務、文件管理、圖書管理	6	總機兼圖書管理員	2012/02/09／30分鐘

有員工的比值」，本研究雖試圖由問卷中收集，但若干公司回覆「無法提供金額」或「未設置機制管控，無法回答」，因此相關資訊不完整而無法進一步計算比值，此為研究限制之三。本研究另依智慧資本於不同構面之觀點設計相關問項，採李克特（Likert）六點量表以測量填答者對於該構面的認同程度，因此，本研究問卷之量化分析結果主要呈現不同構面相關問項之同意程度。

第三節　問卷調查分析

一、結構資本

　　由於每家公司設置企業資訊服務部門狀況差異大，有關組織編制的問項，經由受訪者A、B、C建議後修改為較彈性的填寫方式，表7-5呈現其概況，若干公司設置兼具雙重功能（圖書室與文管中心）之企業服務，但比重不太相同，本研究於結構資本衡量變數代碼a1（內容詳見表7-3）呈現結果如下：大部分圖書館（室）或文管中心由其他部

門代管，但編制專屬人力管理，文管中心設置專屬單位比例較圖書館（室）設置比例高，50%之公司未設置圖書館（室）。圖書館（室）之代管部門包含人力資源處、企劃部、技術資料室、品保部、稽核室、總務課、知識管理中心、投管部等等，文件管理中心之代管部門則包括人資行政處、文案管理組、品保部、技術管理課、研發事業群、財務暨經營資訊處、智權部、資料室、檔案室等單位。本研究於結構資本衡量變數代碼a2（內容詳見表7-3）呈現結果如表7-5，以編制專屬單位及專屬人力管理項目而言，設置文件管理中心比例高於圖書館（室）。

表7-5：一千大企業圖書館（室）或文管中心之組織編制

	圖書館（室） N	圖書館（室） %	文件管理中心 N	文件管理中心 %
專屬單位，並編制專屬人力管理	6	11.1	19	35.2
由相關部門代管，有設置專屬人力管理	16	29.6	22	40.7
由相關部門代管，未設置專屬人力管理	5	9.3	4	7.4
未設置圖書館（室）／未設置文件管理中心	27	50.0	9	16.7
合計	54	100	54	100

另外，有關是否二種類型單位同時存在於公司中的題項，其中十件（18.5%）為二者合併為一單位，四件（7.4%）為雖同一單位，但由不同人員管理，12件（22.2%）為二者分由不同單位管理，28件（51.9）為僅其一種類型公司存在於公司中，詳如表7-6。由此可見，圖書館（室）與文管中心於機構中的定位相當多元，並無一致性的模式。

表7-6：一千大企業圖書館（室）或文管中心是否由相同部門管理

項目	N	%
是，二者合併為同一單位	10	18.5
是，但二者業務分由不同人員管理	4	7.4
否，二者分由不同單位管理	12	22.2
否，二者中僅其一存在於公司中	28	51.9
合計	54	100

第七章　智慧資本於企業圖書館之實證研究：臺灣一千大企業機構

為瞭解圖書館（室）與文管中心於機構之重要性，因此調查該單位主管在公司中之位階如表7-7，但超過半數者未填寫此資訊，有填寫資訊者則大多呈現中高階主管之選項，約占總回應樣本數之三分之一由中高階主管管理圖書館（室）與文管中心。

表7-7：一千大圖書館（室）或文管中心單位主管在公司中之位階

主管位階	高階主管	中階主管	低階主管	未填寫
公司數[註]	10	9	4	34

註：其中一家公司高中低階主管都勾選，因此次數總和並非54。

企業之圖書館（室）或文管中心隸屬部門名稱為開放式題項，即讓填答者自行填寫，整併相關名稱後如表7-8。有填寫之資訊部分呈現企業資訊服務功能較常隸屬於研發、行政管理、品保部等三大部門，可見其主要功能即支援此三大部門業務。

表7-8：一千大企業圖書館（室）或文管中心隸屬部門名稱

隸屬部門名稱	公司數
研發、技術部	5
行政、管理部、總經理室	5
品質、品保部	4
人力資源部（處）	2
企劃部	2
稽核室、文管中心	2
市場處／知識管理中心	1
資訊部	1
未填寫	32

關於企業機構中之圖書館（室）或文管中心之成立年代如表7-9，最早成立年代為1971年，最晚為2008年，有提供此資訊之計次中，成立於1997年有四間，為其眾數，但超過半數的填答者未填寫成立年代，有可能填答者進入公司之時間點晚於此單位之成立年代，因此無法得知其成立年代，顯示掌管相關業務人員變動程度高，且企業對於此單位之歷史資訊保存不完整。

表7-9：一千大企業圖書館（室）或文管中心成立年代

成立年代	1971	1987	1992	1997	1998	2000	2001	2004	2007	2008	未填寫
公司數	1	1	1	4	3	1	2	1	2	1	37

企業機構中之圖書館（室）或文管中心之設置地點狀況如表7-10，仍有半數以上未填答該資訊，有填答該資訊的部分呈現大部分採取集中管理，僅少許採取分散式管理。

表7-10：一千大企業圖書館（室）或文管中心設置地點

設置地點	集中於一地	分散在各地	未填寫
公司數	20	3	31

企業資訊服務單位之規模如表7-11，編制多在十人以內，少數填答者填寫千人以上，可能是誤填為整體機構的規模。

表7-11：一千大企業圖書館（室）或文管中心規模

編制	10人以內	54人	130人	200人	500人	1,500人	5,500人	未填寫
公司數	17	1	1	1	1	1	1	31

設立圖書館（室）或文管中心之主要因素如表7-12，近八成勾選文件管理之需求，其次為知識成長的平臺，休閒功能僅占約四分之一。另有人填寫其他因素，如ISO管理系統主導單位、相關考試用書等原因。

表7-12：一千大企業圖書館（室）或文管中心成立因素

成立因素（複選）	公司數	占全體樣本數比例
提供同仁工作以外的休閒管理	5	22%
重要文件需集中建檔管理	18	78%
提供同仁知識成長的環境與平臺	11	48%
促進同仁專業知識交流活動	10	43%

由於表7-7至表7-12之資訊包含不少未填答資訊,僅提供單純計數參考,但無法再進一步做不同產業別等細項分析。

以下各資本構面之量化調查部分,除了呈現整體統計結果之外,另以製造業與服務業、文管型與圖管型進行t檢定分析,依以下步驟區辨文管型與圖管型:第一步參考公司結構資本(由表7-5呈現之組織編制資訊,判斷偏重於圖書館或文件管理中心),第二步參考人力資本之填答者主要負責工作內容之比重。

二、人力資本

綜整人力資本之衡量變數於企業資訊服務者之學歷背景及負責業務之研究,結果如表7-13及表7-14。管理圖書或文件之填答者背景資料如表7-13,七成以上是女性及大學畢業者,八成以上填答者的年齡在40歲以下,僅三位的主修是圖書資訊學相關系所,其他均來自不同主修,最多人主修商管(含人力資源、企業管理、會計、資訊管理),其他尚有法律、工科、中英文等主修。另請填答者自行填寫年資及兼管業務占總工作比例,填答者之總工作年資為11.3年,而現職工作平均年資為5.5年,大部分都是兼管圖書或文件管理業務,兼管業務占總工作業務比例之平均值為30.41%。填答者目前擔任主管職務者12人(22.2%),非主管職務者42人(77.8%)。

負責職務之複選項目中,表7-14左欄顯示公司內部文件分類與管理與ISO文件管理占較高比例,有三人負責館際合作業務,顯示企業

表7-13:一千大企業圖書館(室)或文管中心填答者背景資料

性別	N	%	主修	N	%
男	13	24.1	非圖書資訊學相關系所	51	94.4
女	41	75.9	圖書資訊學相關系所	3	5.6
年齡			學歷		
20-30歲	16	29.6	高中職	2	3.7
31-40歲	29	53.7	大學及專科	41	75.9
41-50歲	7	13.0	碩士	11	20.4
51-60歲	2	3.7			

資訊服務仍有少數公司曾接洽外部圖書館資源，表7-14右欄顯示半數以上管理人員之企業資訊服務屬兼管性質，全職管理圖書室業務者比例不到10%。

表7-14：一千大企業圖書館（室）或文管中心填答者負責業務及全職與兼職工作職務

工作項目（複選）	N	%	全職／兼職（擇一選項）	N	%
公司內部文件分類與管理	27	50.0	全職管理圖書館（室）相關業務	5	9.3
ISO文件管理	24	44.4			
外部書刊採購	18	33.3			
其他行政庶務	18	33.3	全職管理文件管理中心（含檔案室、技術文件室或技術資料室）相關業務	14	25.9
電子資源管理	16	29.6			
期刊管理	14	25.9			
閱覽典藏（圖書借還、上架整理）	14	25.9	兼職管理圖書館（室）相關業務，主要負責其他業務	12	22.2
研發專案資料控管及建檔	14	25.9			
公司內部文件徵集	13	24.1			
館藏系統管理及維護	12	22.2	兼職管理文件管理中心（含檔案室、技術文件室或技術資料室）相關業務，主要負責其他業務	16	29.6
編纂公司內部文件	11	20.4			
外部書刊分類編目	10	18.5			
推廣	10	18.5			
參考諮詢	10	18.5			
員工教育訓練課程規劃	10	18.5	其他（人事、公關行政、員工教育訓練、文管職務代理人、文件及圖書業務各半）	7	13.0
單位網站建置及維護	8	14.8			
館際合作	3	5.6			

針對人力資本的構面，本研究設計八題問項以衡量人力資本，重點在於衡量企業資訊服供提供者之授權與賦能程度，各問項的平均數

及同意程度的次數分配表呈現於表7-15，除了參與重要會議的程度較低外，其他指標結果均顯示公司重視人力資本。製造業於「參與公司內部重要的決策會議」顯著高於服務業，其他項目則未達顯著差異。由表7-14顯示本研究填答者負責文管業務比例較高，而製造業之研發及製程相關文件控管為公司相當重要的一環，因此，在製造業公司負責企業資訊服務者，賦能的程度較服務業高。此外，文管型與圖管型在「人員授權」及「掌握公司最新方向」呈現顯著差異，文管型高於圖管型。

三、程序資本

各公司圖書館（室）或文管中心總館藏量如表7-16，由於各公司館藏量差異大，此資訊於問卷中為開放題項，並未設定級距別給填答者勾選，本研究依填答者之原始數據分群若干級距後，彙整於表7-16，由於事後才依實際數據彙整，若無該級距之數據，則未列該數字級距別。五成公司不收藏圖書，若有收藏也大部分在10,000冊以下。四成六公司不收藏文件，文件量在10,000件以下之公司占50%，較特例的是二家製造業公司分別收藏20及50萬件。收藏30種雜誌之公司占42.6%，五成公司未收藏雜誌。超過五成公司不收藏電子資源，約二成五公司收藏1,000件以下，有二家製造業公司收藏超過10萬件，分別是10萬及50萬件電子資源。大致而言，大部分公司圖書及文件收藏量不多，而製造業公司館藏量高於服務業公司。

公司收藏之資源狀況請見圖7-1，每一種資源提供四種選項請填答者勾選，由「紙本、電子、皆有、無」四項目必選其中一種，以媒體型式而言，紙本及電子同時收藏比例最高，圖書及期刊雜誌僅收錄紙本，但僅約五成公司收藏該種類型資源，品質管理文件、操作流程手冊、公文等項目是最多公司收藏，且電子及紙本二種媒體均收藏的比例最高。五成以上的公司不收藏影片、專家顧問報告、產業分析報告等資源。約一半的公司（29家）未編列新增書刊預算，僅八家公司願意填寫預算金額，最低金額為7,200元，最高金額為一家製藥公司編列800萬元預算。

表7-15：一千大企業圖書館（室）或文管中心人力資本相關問項同意程度

代碼	問項	平均數	標準差	製造業 ($N = 32$) 圖書管理導向 ($N = 16$) 平均數	標準差	製造業 ($N = 32$) 文件管理導向 ($N = 16$) 平均數	標準差	服務業 ($N = 22$) 圖書管理導向 ($N = 38$) 平均數	標準差	服務業 ($N = 22$) 文件管理導向 ($N = 38$) 平均數	標準差	t值
b3	我充分瞭解公司發展策略與目標	4.85	0.94									
b3	我有一個舒適自由、令我感到滿意的工作空間	4.65	1.03									
b3	在我的工作環境中，可以獲得來自他人的肯定與支持	4.74	0.85									
b3	我的主管能夠尊重與支持我在工作上的創意	4.85	0.92									
b3	我的主管能夠信任部屬、適當的授權	4.89	0.88			4.56	0.73			5.03	0.91	(−1.8)*
b3	我能充分掌握公司最新發展方向	4.37	0.83			4.00	0.97			4.53	0.73	(−2.2)**
b2	我有許多機會可參與在職教育訓練課程	4.48	1.16									
b3	我需參與公司內部重要的決策會議	3.41	1.24			3.75	1.16			2.91	1.19	2.58**

註：問項對應於表7-3之衡量變數代碼
　　*$p < 0.1$　　**$p < 0.05$　　***$p < 0.01$

表7-16：一千大企業圖書館（室）或文管中心總館藏量

圖書	N	%	文件	N	%
0冊	27	50.0	0件	25	46.3
1,000冊以下	13	24.1	100件以下	3	5.6
1,001-10,000冊	10	18.5	101至300件	6	11.1
10,001-30,000冊	2	3.7	500至1,000件	9	16.7
30,000冊以上	2	3.7	1,001至3,000件	5	9.3
			5,000至10,000件	4	7.4
			10,000件以上	2	3.7
雜誌	N	%	電子資源量	N	%
0種	27	50.0	0件	31	57.4
10種以下	15	27.8	100件以下	6	11.1
11-30種	8	14.8	500至1,000件	7	13.0
31-200種	2	3.7	1,001至5,000件	4	7.4
1,000種	2	3.7	5,001至10,000件	3	5.6
			10,000件以上	4	7.4

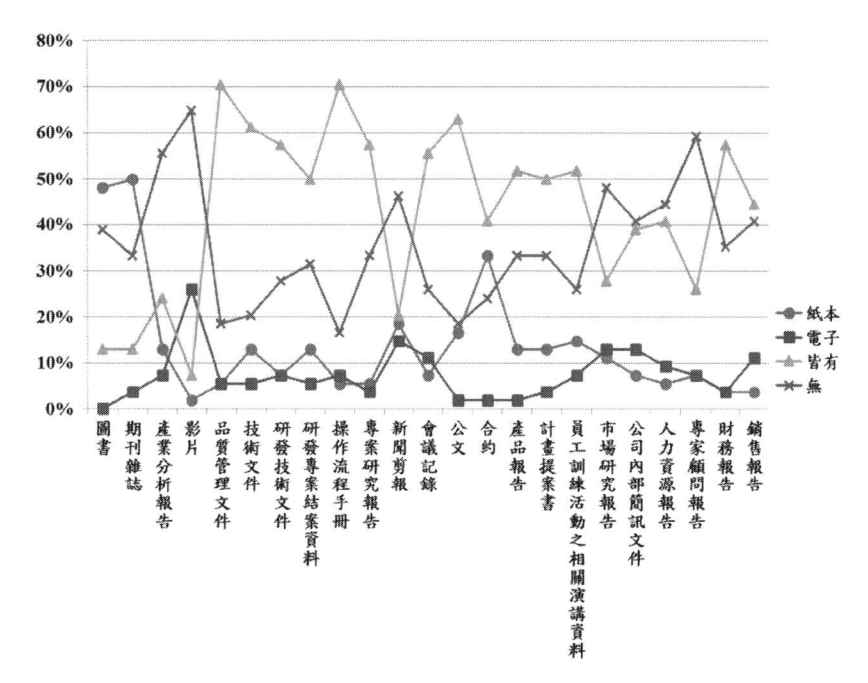

圖7-1：一千大企業圖書館（室）或文管中心各種資源於不同媒體型式之收藏概況

在服務項目方面（表7-17），約七成五之公司提供資料借還服務，約三成公司提供資料庫檢索服務。

表7-17：一千大企業圖書館（室）或文管中心資訊服務項目

項目	N	%
館藏（文件）資料借還服務	40	74.1
館內閱覽資料陳列管理	27	50.0
參考諮詢服務	21	38.9
資料庫檢索服務	18	33.3
員工專業進修教育訓練相關課程	15	27.8
資源利用教育訓練課程	13	24.1
推廣活動服務	12	22.2
公司重要新聞報導文件收集與整理	11	20.4
公司發展方針相關資源收集、整理與分析	8	14.8
產業發展分析報告	5	9.3
市場商情資料整理	4	7.4

關於各公司圖書是否委外分類編目的問題，僅二家公司勾選「是」，其餘52家公司均為否定答案，由表7-16來看，大部分公司的館藏量並不多，因此較無委外編目的需求。每月處理圖書及文件總數如表7-18，如同表7-16，本研究依填答者之原始數據分群若干級距後，彙整於表7-18，若無公司填答該數字區段，則未列該級距。約六成公司未管控處理數，無法提供確切數據，處理件數少於100件為眾數，由表7-14顯示，圖書及文件往往為管理者之兼職業務，專職管理圖書或文件者比例並不高，因此表7-18呈現了偏低的數據，呼應企業資訊服務提供者之工作內容。

公司是否自建知識庫的問題，28家公司勾選「是」，進一步探索其知識庫內容，綜整如圖7-2，比例最高者為教育訓練的教材，其次為標準作業流程，而專利技術及研發資訊亦有若干公司收藏於知識庫中。另外，一家服務業公司提及共同基金績效亦列入於知識庫中。

各項指標於程序資本之表現狀況請見表7-19，由於並非所有公司

表7-18：一千大企業圖書館（室）或文管中心每月處理圖書及文件總數

圖書及文件處理件數	N	%
10-100件	12	22.2
120-250件	6	11.1
800-1,000件	2	3.7
1,300-3,000件	2	3.7
未設置機制管控，無法回答處理件數	32	59.3

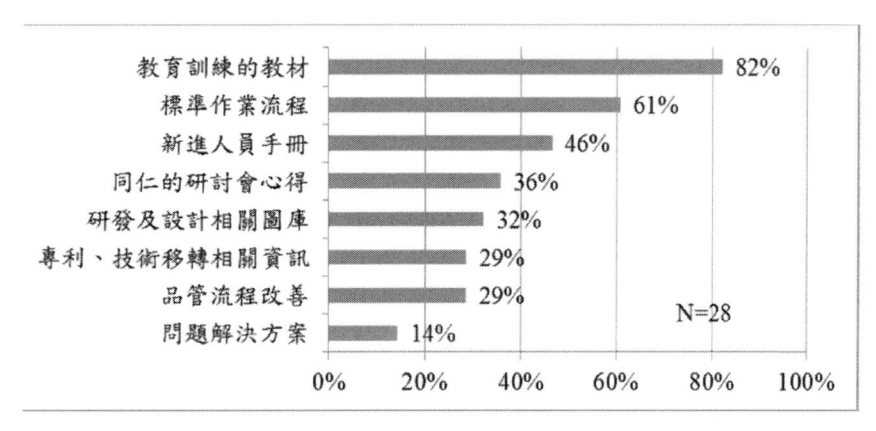

教育訓練的教材 82%
標準作業流程 61%
新進人員手冊 46%
同仁的研討會心得 36%
研發及設計相關圖庫 32%
專利、技術移轉相關資訊 29%
品管流程改善 29%
問題解決方案 14%
N=28

圖7-2：一千大企業圖書館（室）或文管中心知識庫內容

均建置知識庫，因此第八項的平均數較低，而資源對於公司重要性的議題（第一題）則較具有共識。在「公司內部文件加值資訊，並彙整為分析報告」，製造業顯著高於服務業，其他項目的t檢定分析則未達顯著差異，製造業之資訊服務提供較為深入的知識服務，呼應本研究於人力資本項目之結果：製造業之企業資訊服務提供者的賦能程度高，不僅整理文件，亦需對文件內容加以分析處理。另外，文管型在「公司相當重要的資產」、「為公司內部文件加值資訊」、「電子資源較常被利用」等題項顯著高於圖管型，顯示文管型企業資訊服務為公司核心營運之一環，程序資本之質與量較高。

四、技術資本

合併電腦設備數及預算編列狀況如表7-20，電腦設備數為開放題，自行填寫數據，平均電腦設備為2.43部，近四成公司未設置電腦

智慧資本於工商圖書館經營管理之理論與實務

表7-19：一千大企業圖書館（室）或文管中心程序資本相關問項同意程度

代碼[註]	問項	平均數	標準差	製造業（N=32）圖書管理導向（N=16）平均數	標準差	服務業（N=22）文件管理導向（N=38）平均數	標準差	t值
c1	貴單位綜整的資源，是貴公司相當重要的資產	4.78	1.27	4.00	1.67	5.11	.89	(-3.16)***
c4	貴單位業務包括為公司內部文件加值	3.91	1.44	3.25	1.73	4.18	1.23	(-1.96)*
	資訊，並彙整為分析報告			4.28	1.02	3.36	1.79	2.18**
c3	貴單位以各種管道發布新知給同仁	4.67	1.18					
	貴單位在公司中具影響力	4.31	1.06					
c2	相較於紙本資源，貴單位的電子資源較常被利用	4.39	1.41	3.75	1.44	4.66	1.32	(-2.25)**
c3	貴單位處理新到館資源速度快	4.54	1.41					
c5	貴單位即時回應讀者的需求	4.43	1.38					
c4	貴單位設計各種誘因使同仁樂於將經驗知識放在知識庫中	3.67	1.54					

註：問項對應於表7-3之衡量變數代碼，未註記代碼則該問項顯示該資本構面整體情形。
*$p < 0.1$　**$p < 0.05$　***$p < 0.01$

190

於圖書館或文件管理中心，超過一半的公司僅設置十部以內之電腦於該單位。五成公司雖有編列預算，但無法提供預算數，僅二家公司提供預算數據，分別是10萬及38萬元，約三成公司之圖書室電腦由其他部門支援。另外，約七成（38家）公司電腦全部由資訊中心管理，24%公司（13家）為部分電腦由圖書室自行管理。由此可見，大部分公司由資訊中心統籌管理電腦設備。

表7-20：一千大企業圖書館（室）或文管中心電腦設備數及預算編列狀況

電腦設備數	N	%	預算編列狀況	N	%
0部	21	38.9	有編列	2	3.7
1部	15	27.8	有編列，無法提供金額	30	55.6
2-9部	16	29.6	未編列，由其他部門支援	18	33.3
20-25部	2	3.7	其他	4	7.4

資訊服務管道及外部網路資源諮詢來源綜整如表7-21，大部分傳送資訊服務的管道為電子郵件或公司內部社群平臺，相當少數公司自建維基平臺，其他尚有公司填寫Easy Flow系統平臺及Excel建立查詢平臺。六成以上公司不會利用外部網路資源做為諮詢服務的資源，參

表7-21：一千大企業圖書館（室）或文管中心資訊服務管道及外部網路資源諮詢來源

資訊服務管道（複選）	公司數	占全體樣本數比例
電子郵件	39	72.2%
公司內部社群平臺	33	61.1%
圖書館（室）或文件管理中心自建網頁	8	14.8%
圖書館（室）或文件管理中心自建維基平臺	3	5.6%
外部網路資源諮詢（複選）	公司數	占全體樣本數比例
未提供諮詢服務	34	63.0%
政府網站	11	20.4%
新聞網站	11	20.4%
其他圖書館網站	7	13.0%
其他公司網站	6	11.1%

考政府及新聞網站高於其他圖書館網站的比例，尚有公司另外填寫會參考外聘顧問／國外法規網站。

數位資訊服務占總服務比例之平均值為33.4%，此資訊由填答者自行填寫數據，將原始數據綜整為不同級距之次數分配表如表7-22。約二成五公司並未提供數位資訊服務，但有三家公司提供資訊服務九成為數位形式。企業資訊服務雖尚未全面達到無紙社會境界，但四分之一公司達到了60%以上數位資訊比例，未來有潛力繼續成長。

表7-22：一千大企業圖書館（室）或文管中心數位資訊服務占總服務比例

比例	N	%
0%	13	24.1
1-20%	12	22.2
25-30%	8	14.8
45-50%	8	14.8
60-70%	4	7.4
80-85%	6	11.1
90%	3	5.6

表7-23顯示以網路傳送數位資訊之同意程度較高，然而在外部網路資源利用、即時導入新科技等議題則意見較分岐。文管型與圖管型企業資訊服務在技術資本未呈現明顯差異。

表7-23：一千大企業圖書館（室）或文管中心技術資本相關問項同意程度

代碼[註]	問項	平均數	標準差
d1	貴單位大部分的資訊服務，以網路傳送數位資訊給讀者利用	4.35	1.66
d1	貴單位提供讀者諮詢服務時，常需利用外部網路資源	3.48	1.60
d2	貴單位即時導入新科技以提供迅速的資訊服務	3.57	1.71
d3	貴單位工作人員運用電子報或專業論壇傳送即時新訊	3.63	1.53

註：問項對應於表7-3之衡量變數代碼。

五、關係資本

與圖書室或文件管理中心有業務往來之單位綜整如表7-24，最高比例的單位為公司內部其他部門、上級部門之聯繫，最低比例為各類型圖書館，顯示企業資訊服務極少利用各類型圖書館之資源。除了表7-24所列項目之外，其他尚有標準協會機構等單位。

表7-24：一千大企業圖書館（室）或文管中心業務聯繫及往來之單位

有業務聯繫的單位（複選）	公司數	占全體樣本數比例
公司內部其他部門	51	94%
上級部門	33	61%
公司外部（策略聯盟公司或其他分公司）圖書室	14	26%
出版社、書商	13	24%
電子資源資料庫廠商	8	15%
公共圖書館	5	9%
大學圖書館	4	7%
專門圖書館（如經建會圖書室）	2	4%

關係資本呈現企業資訊服務於公司內外部利害關係人聯繫的狀況，表7-25顯示公司內部之橫向（跨部門）及縱向（主管）聯繫頻率高於外部（跨館合作、業務委外），圖書管理導向型僅在圖書委外編目項目上顯著高於文件管理導向型，但其值仍偏低，而其他項目差異不大。

六、顧客資本

表7-26呈現顧客資本相關統計量，四問項中，雖然所有公司都填寫了服務對象總數的問項，但其中有二家公司填寫0人，似是該公司人員調動頻繁，剛接手圖書相關業務者，無法掌握確切統計數據。其他問項未填寫公司不少，即使有提供數據的資訊，其平均數與中位數差異大，標準差也大，顯示不同公司顧客資本表現差異大，因此難以由量化指標來比較。

表7-25：一千大企業圖書館（室）或文管中心關係資本相關問項同意程度

代碼[註]	問項	平均數	標準差	圖書管理導向 ($N = 16$) 平均數	標準差	文件管理導向 ($N = 38$) 平均數	標準差	t值
e1	貴單位有跨部門的合作關係	4.72	1.20					
e1	貴單位時常進行跨部門聯誼與溝通	4.72	1.04					
e1	各部門同仁經常提供貴單位相關意見	4.50	1.19					
e1	直屬部門主管瞭解貴單位運作狀況	4.91	0.76					
e1	直屬部門主管時常主動關心貴單位業務狀況	4.63	1.12					
e2	貴單位與公司外部圖書室（如策略聯盟公司或其他分公司）進行跨館合作	2.67	1.64					
e2	貴單位部分業務（如圖書分類編目）需委外處理	2.06	1.42	2.75	1.483	1.76	1.304	2.44**
e2	貴單位經常需與委外公司接洽相關業務	2.31	1.53					

註：問項對應於表7-3之衡量變數代碼。
*$p < 0.1$　**$p < 0.05$　***$p < 0.01$

表7-26：一千大企業圖書館（室）或文管中心顧客資本相關統計量

問項	公司數 已填寫	公司數 未填寫	平均數	中位數	標準差	最小值	最大值
服務對象總數	54	0	1,002.0	200.0	2,402.7	0	13,000
每月到貴單位實體地點使用人次數量	11	43	215.9	60.0	389.6	0	1,000
每月使用數位資源之次數數量	9	45	457.8	100.0	586.2	0	1,500
每月借閱書刊人次數量	18	36	95.3	35.0	159.9	5	550

　　企業資訊服務主要對象為公司內部員工，圖書管理導向與文件管理導向於顧客資本構面之同意程度無明顯差異，整體而言，表7-27顯示服務提供者因應同仁反應而調整服務內容，但較少主動深入分析同仁的資訊需求之異同以改善服務。

表7-27：一千大企業圖書館（室）或文管中心顧客資本相關問項同意程度

代碼[註]	問項	平均數	標準差
f1	貴單位可掌握貴公司不同部門同仁資訊需求之異同	3.83	1.55
f1	貴單位會深入分析同仁的資訊需求以改善服務內容	3.80	1.56
f2	貴單位會調查同仁對於資訊服務的滿意度	3.41	1.64
f3	貴單位會因應同仁的反應而適時調整服務內容	4.33	1.41
f1	各部門同仁進行相關業務時，會優先查檢貴單位綜整的相關資源	4.04	1.53

註：問項對應於表7-3之衡量變數代碼。

七、更新與發展資本

　　表7-28為曾採用以評估服務績效之量化指標，超過一半的公司未採納任何量化指標以評估服務績效，依其勾選頻率排序，借書次數是

最常被利用的指標，尚有公司主動填寫其他非列在表7-28項目，如文件簽核準時率、訓練時數、報告總經理借閱率（全體）、發行件數等項目。

表7-28：一千大企業圖書館（室）或文管中心曾採用之量化指標以評估服務績效

量化指標（複選）	公司數	占全體樣本數比例
借書次數	19	47.5%
電子資源資料庫使用次數	14	35.0%
調閱文件次數	12	30.0%
諮詢服務件數	10	25.0%
到館人次	9	22.5%
推廣活動次數	6	15.0%
讀書分享會辦理次數及參與人次	4	10.0%

由表7-29顯示，公司經費逐年成長之項目最低，然而，圖書管理導向於此項目認同度顯著高於文件管理導向公司，顯示公司有意願投入更多資源，圖書管理導向之資訊服務有成長的機會。此外，圖書管理導向型於辦理推廣活動的項目分數亦顯著高於文件管理導向型，由於文件管理重點在於安全及時效控管，向公司員工推廣及提升資源利用率並非業務重點，因此，本研究提出之衡量更新及發展資本之相關指標較適用於圖書管理導向型資訊服務，未來可加入較多符合文件管理導向型之相關指標。

八、特色與經營困難

問卷調查最後一個題項為簡述圖書室（文件管理中心）特色或經營困難，超過一半的回覆者費心填寫寶貴意見，茲摘錄其意見綜整如表7-30。製造業與服務業公司於特色部分都提及文件管理的特色，另外亦有製造業公司提及購書經費充裕，以及服務業公司設計若干推廣活動之特色。經營困難方面，製造業及服務業公司都提及了電腦軟硬體經費及空間問題，亦有組織結構、人力、管理機制等經營困難。

第七章　智慧資本於企業圖書館之實證研究：臺灣一千大企業機構

表7-29：一千大企業圖書館（室）或文管中心更新及發展資本相關問項同意程度

代碼[註]	問項	平均數	標準差	圖書管理導向 ($N = 16$) 平均數	標準差	文件管理導向 ($N = 38$) 平均數	標準差	t值
g1	貴單位工作人員常參加研討會、研習班、工作坊、在職訓練課程以獲取新知	3.63	1.59					
g1	貴單位工作人員有許多進修與學習的機會	3.89	1.51					
g3	貴單位能運用創意推出創新服務	3.72	1.61					
g2	貴單位經常辦理推廣活動	3.35	1.54	4.19	1.471	3.00	1.452	2.73***
	近年來，利用貴單位綜整的資源（含紙本與數位）的讀者人數呈現成長狀況。	3.81	1.53					
	近三年，貴單位的經費預算逐年成長	2.93	1.72	3.75	1.291	2.58	1.780	2.38**

註：問項對應於表7-3之衡量變數代碼，未註記代碼則該問項顯示該資本構面整體情形。

*p < 0.1　**p < 0.05　***p < 0.01

表7-30：一千大企業圖書館（室）或文管中心特色與經營困難

產業別	特色	經營困難
製造業	●資料中心實際上為管理公司技術文件，及與國外分公司／客戶聯絡技術文件窗口，以產品／顧客導向的公司 ●資源整合 ●員工可開立購書清單、自助借書、購書預算充足 ●使用Web系統進行文件電子化管控，節省人力經費及紙本浪費	●收集文件填寫不正確或不齊全 ●推行無紙化時稍有困難 ●電腦管理軟體的經費 ●使用網路硬碟作溝通平臺，大部分員工不會使用 ●無法利用專有軟體進行文件管理 ●不是獨立部門，較受限 ●空間稍嫌不足，對於需要汰舊的圖書的處理方式較無機制 ●圖書遺失、硬體缺乏、購書次數間隔過久、電子書推行不易 ●人員進出控管問題、未來設置人員管理，現為員工自主性借閱管理 ●自由借閱還書時間，跟催及借閱同仁不多
服務業	●輔導建立工作手冊，重要文件分類建檔保存，提供同仁工作所需之館藏文件，協助查詢工作所需之公文 ●匯總與保存公司重要的know how於系統中 ●有舉辦書展（每季）、推廣（一次借三本送禮物）	●無預算供改善服務軟硬體 ●公司分成許多事業群，各事業對於文件控管的政策不一致，無集中控管機制 ●人事調動頻繁，管理人員需自行摸索管理方式。且圖書室於總公司，外部公司不太清楚有此圖書室，借書較不便利 ●因公司人數約200人，設置圖書室較無法發揮資源分享之最大效益 ●沒有專責單位，由各處負責 ●圖書館書快放不下

第四節　深入訪談分析

表7-31為訪談對象與訪談時間一覽表。若引用受訪者的言談，圓括弧中的註解為受訪者代碼及逐字稿行號，方括弧中的註解則是針對受訪者提到之縮寫字加註其全名，為使文本通順，引用時刪除口語化文字或冗詞。本章編碼表詳見附錄五。

一、結構資本

質性訪談過程中，由於受訪者負責業務重點不同，各資本構面所提及之內容亦產生歧異，因此，本研究採取廣義之企業資訊服務，包含文件管理導向或圖書管理導向等二種型態（以下簡稱文管型與圖管型）任其一者，然而，前述二項之業務重點不同，因此在質性訪談分析中，分由二種導向論述。

1. 圖書管理導向：圖書室之成立功能及目的，常以員工福利為出發點，或為延伸功能，如提升員工的軟實力，並未與公司本業之競爭優勢有直接關連，如以下部分受訪者所言。

> 總經理覺得有些專業學習資源、實務的書，費用不低。如果公司可以買一些放在公司，這些同仁有學習的機會、管道和媒體，蠻貼心的想法，所以這個出發點很單純，與其讓每位員工自己去買很多專業書，[不如讓公司準備專業書]，如果公司可以分擔一些，就[當作]照顧員工，而且有些書很貴，一本就二千多塊，有些剛出社會的負擔很重。(B: 335-339)

> 其實我們公司當初很簡單，就一些書報架和一些雜誌，覺得是公司給的一個福利，公司有一些書可以借，第一次採購是由公司這邊做，後來轉由福委會這邊來做採購。(C: 24-26)

> 圖書館的成立目的是我們的董事長希望員工在身心上面要去加強，所以就會有一些圖書、戲劇，有一些電影的欣賞。在公司裡面並不是一個很正式的組織，主要的成員其實都是要有服務熱心，都是屬於各部門自己推派。(G: 9-20, 68-70)

表7-31：受訪者基本資料表

序號	學歷（主修）	機構類型	負責業務	目前任職工作年資	職稱（部門）	訪談時間
A	學士（國貿）	證券業	基金相關研究報告整理、推廣圖書流通業務	5	交易員	100分鐘
B	碩士（人力資源管理）	電子資訊業	人力資源管理、籌辦及新建圖書室	3	副理（管理部）	70分鐘
C	大專（餐飲管理）	營造業	總機、總務、文件管理、圖書管理	6	總機兼圖書管理員	30分鐘
D	學士（行銷管理）	電子資訊業	公司內部文件徵集、分類與管理、電子資源管理、ISO文件管理、研發專案資料控管及建檔、專利及商標申請流程控管	4	文管管理師（客服部）	60分鐘
E	學士（圖書資訊）	電子資訊業	公司內部文件徵集、分類與管理、電子資源管理、編纂公司內部文件、員工教育訓練課程規劃、ISO文件管理	3	工程師（品保部）	70分鐘
F	學士（企業管理）	電子資訊業	外部書刊採購、電子資源管理、期刊管理、閱覽典藏（圖書借還、上架整理）、推廣、參考諮詢、員工教育訓練課程規劃	1	專員（Learning and Development Dept.）	70分鐘
G	學士（財經法研究所進修中）	電子資訊業	外部書刊採購、館藏系統管理及維護、編纂公司內部文件、法律相關（legal-related）	4	行政管理師	80分鐘
H	學士（食品科學）	電子資訊業	外部書刊採購、公司內部文件分類與管理、電子資源管理、期刊管理、館藏系統管理及維護、研發專案資料控管及建檔、ISO文件管理	10	副理（市場處知識管理中心）	70分鐘

2. 文件管理導向：文管中心控管公司重要核心文件，如研發、品管、標準等文件，因此，文管功能之存在有其必然性，如以下部分受訪者所言。

> 電子公司其實會有所謂的一些ISO文件，需要有一個這樣的部門來管理他的一、二、三、四階的文件，包括客人來稽核的版本的控管，公司本身也有一些製程文件，那也是要做相關的管控，所以當初設立資料中心主要就是這個部分。(E: 4-7)

> 一個公司文件管理非常重要，為什麼重要？因為取得ISO要稽核的，每個都要稽核，稽核所有研發製造重要的文件。這個單位主要是公司接受外稽，或是內部稽核主要的負責窗口，他們也是管理文件最核心單位。像我們單位有負責文件管理和圖書室，文件管理真的很重要，比圖書室更重要。(B: 106-112, 233-234)

二、人力資本

質性訪談綜整結果顯示，由於受訪者負責業務範圍較廣，其教育背景不能完全支援工作需求，需主動查找各種管道以因應工作問題，如受訪者D之教育背景是行銷管理，為了規劃及推廣圖書室之功能，曾上網查找各大學圖書館或公共圖書館網站資源以參考相關資訊，而受訪者H之教育背景是食品科學，常主動吸取技術新知，並與工程師洽談相關技術背景知識，以規劃及擴增知識管理文件系統之功能設計。此外，參與在職教育訓練課程亦可補足本身知識資源不足的部分。

1. 圖書管理導向：受訪者A與F認同圖書之分類與編目業務需圖書資訊學背景，前者是公司已配置相關人力，後者是未來將向公司爭取聘請圖書資訊學專業人力。另有受訪者B、C與G表示以簡編方式處理書目資料，所以不需圖書資訊學背景者輔助，因該業務非公司核心營運項目。較特別的是受訪者G，公司曾聘請講師針對兼管圖書業務的六位人員提供相關教育訓練課程。

2. 文件管理導向：受訪者E是圖書資訊學教育背景，主要管理研發及品保文件並需參與公司內外部之稽核流程，並無圖書管理相關業務，表示英文、文書及製圖軟體操作、檔案管理知識是工作上必備能力，此外，亦提及主管認為公司需圖書資訊學背景者來協助資料中心的運作。受訪者D及H都提及主動學習的重要性及經驗知識的累積。

以下依核心能力、在職訓練、做中學與經驗知識等三項因素，摘錄受訪者談話內容，並再依其內容分為圖書管理導向、文件管理導向、綜合等三群。

（一）核心能力

圖書管理導向：重視圖書或期刊之分類與編目、以及流通管理之能力。

> 圖書館有分類法，編目方面的，未來找尋一個管理的人，是希望有這樣的背景，因為我們未來希望會增加很多藏書或是期刊那方面的知識。專業知識應該就是指圖書編目方面和流通管理。(F: 29-30, 38)

> 我們上級的長官他也會希望說那你是圖資系的喔，他也會蠻希望說資料中心有圖資系的，有這個背景的，來協助這一塊。(E: 511-512)

（二）在職訓練

1. 圖書管理導向：由於受訪者多不具圖書資訊學背景，因此關於圖書流通管理與資訊系統控管等知識，需聘請外部講師到公司提供在職訓練，如G公司之例。

> 跟我們講說怎麼去控管，看那個系統，怎麼去營運，我們會希望更多人去借閱，他會教我們一些方法，要怎麼去經營、去做得比較好，會針對我們現在一些運作，去幫我們想有沒有什麼改進的方法會比較好。其實有一些問題存在，我們可能不知道

怎麼解決，因為我們自己公司都會有一些訓練，可以提出來，需要尋找講師來指導這一塊。並不是每年都會有，如果不是那種公司很關注的那一方面的專業，最少都會二年安排一次，其他都是我們自己六個人聚在一起的時候會互相討論。(G: 108-109, 113-116, 165-167)

2. 文件管理導向：重視外語、專業軟體、文件管理架構與品質等類型之在職訓練課程。

他[公司]會幫我們[在職訓練]，尤其是語言這塊。其他方面像一些AutoCAD其實我們在學生時代就是像老師教的，其實會接觸到一些軟體，所以其實AutoCAD這個部分我們用到的功能不會太複雜。(E: 51-53)

[繼續進修]機會倒是有，可以去上一些品質的課程。像文件的架構性，怎麼去控管這些機密文件，用e化的方式，像一開始我們公司都是只有紙本，這時候文管這方面就要知道，怎麼去把這些一大堆紙本去做e化，文件上紙的用量，大家怎麼在一個共同的平臺上看這些文件。(D: 34-37)

3. 綜合業務：公司為培養全方位人才技能，在職訓練課程主題包羅萬象，如文化、藝術與心靈成長等主題等，並未拘限於直接與文件管理業務有關之職能訓練，若干公司之人才培育策略多元而具彈性。

主管覺得員工某能力需加強，我們就安排相關課程讓他上，像我們分類是分軟性課程或專業課程、或藝術類的心靈方面的都有。(F: 59-60)

我現在接受美國那邊總部給我們指示，就是我們希望加強我們的包容性，跟多元化，……我們要讓同仁知道不同地區有他們自己當地的文化，然後要怎麼去跟對方工作，因為那個部分其實比較跟HR [human resource]有關，但我們其實都會在年底的時候做一個，就是有點像問卷，就是你覺得公司哪一方面怎

麼樣，譬如怎麼樣這樣子，然後你就做問卷，它就會統計整個global的所有員工，它可能某一個site他缺乏什麼，他認為他的感受，因為想說他的感受會藉由那些數據出來，喔！原來你這個site的同仁缺少什麼，……可能說測試出來的不是好的話，你就要去加強那一塊，怎麼樣讓他們去提升。(G: 569-577)

（三）做中學與經驗知識

1. 圖書管理導向：非具圖書資訊學背景之企業資訊服務提供者，往往需參考大學圖書館之營運辦法，規劃企業圖書室之營運模式。

目前都是上網去找，或是去圖書館有沒有相關資料可以找，其實我主要都要在探討他們的經營模式。管理辦法、分類編目、行政上面管理方面的，像我都是去看大學圖書館比較多，因為通常大學圖書館比較完整，比起市立圖書館，比較接近我們想要營運的方式。(F: 41-42, 44-45)

2. 文件管理導向：文件內容相當專業，因此需具備該公司專業知識，若非相關科系背景，則需時時吸收新知，不時向工程師討教，重視經驗知識之累積，如此才能適切地管理公司內部之專業文件。

比如說早期連合約都是我們管，那時候我們有法務，所以我們必須管理合約，必項要訂一下合約到底有哪些SOP [standard operating procedure]，哪些規範要做，所以這個都是過程中要一直不斷去學，IP [intellectual property]那塊要不斷去學，我們不是電子電機背景，但工程師講的一些專有名詞你就會去懂，不懂時就要去問。(H: 287-290)

我覺得這是屬於一個經驗和知識，像我文管經驗有五六年，大部分會知道該怎麼去寫怎麼去做，像LED產業它的製程程序比較短，不需要把編碼編的複雜，像我以前面板產業，有好幾道光罩就需要複雜的編號，什麼製程什麼光罩第幾道程序去編碼，這是知識的經驗累積。(D: 69-72)

三、程序資本

質性訪談結果依資源上游、下游及管理模式等項目，綜整如表7-32，顯示不同企業資訊服務導向在營運上的差異。

1. 圖書管理導向：參考公開排行榜買書，含休閒書與專業書，館藏量不多，不需分類太細，所以依書店分類組織整理圖書，採取員工自主借還方式，重視推廣利用。

2. 文件管理導向：技術及品管文件為公司重要核心資產，有時需在工程師僅提供模糊的方向下，外購之資源為國際標準及法規文件，有時需自行依工程師提示查找相關標準始能完成採購，重視文件編碼之邏輯、時效性及權限控管，常需支援公司內部稽核、專利及商標申請、及智慧財產管理等流程，甚至主動向業務部門提供風險相關資訊，已涉入公司核心業務運作，扮演重要角色。

表7-32：程序資本於不同企業資訊服務導向之比較

	圖書管理導向	文件管理導向
上游（資源選取、整理建檔）	依賴公眾管道，如博客來、誠品書店等管道來採購圖書，及參考書店之分類大項整理	技術文件已存在，主動納入，無資源來源問題，唯標準及法規需費心外購。公司自建分類系統、重分類邏輯
下游（行銷、推廣、管控）	重視使用者數量之提升，利用不同行銷方式，以推廣服務	重時效及安全控管，重權限管理，依特定需求服務，需臨時應變
管理模式	多採員工自主管理，借閱規章之制定曾參考公共圖書館及大學圖書館等網站資源	為文管品質建立內部標準，需隱性知識的累積。重淘汰過期文件，提升文管效率

以下由資源收集與整理、資源典藏與管理、資源推廣與利用等三個面向，列舉受訪者談話內容。

（一）資源徵集與整理

1. 圖書管理導向：以員工推薦書單為主要採購圖書清單，非專業

性圖書則由管理圖書人員主動採購，常由博客來或誠品網站來做為選書參考清單之來源，若有多位兼職管理圖書人員，則大家一起負擔採購、分類、編目、建檔工作。專業圖書之採購，可由員工自行採購工作所需之專業書籍，典藏地點可不局限於圖書室，若某部門需使用某些特定專業書籍，圖書可長期置放在該部門，以發揮該書之利用效益。

我們都是那個工作全部分掉，比如說我們去購書，那這六個人就一定都要去，就是包含妳要去收集書單買，那個部門要去負責，要先去收集書單，因為同仁可能說想要看什麼樣的書。一次買進來大概都300多本，每一個人都要去建檔，譬如說一個人可能分個20-30本去建檔，就是那些工作一定是六個人一定要把它分掉。(G: 48-50, 54-55)

比較不偏專業性的圖書，博客來所看到的心靈類、財經類、生活類、旅遊類的，這塊的採購會給同仁，每年都有做問卷，會把一年來所有累積的一些書和同仁分享，這些書籍你覺得哪一類你比較喜歡，所以會有一個統計表，每年會有一個統計表，會讓我們知道說大家比較喜歡哪一類書籍，或是他有建議的，所以我們買書目前都是針對員工所推薦的書，因為覺得買書就是要有人看，沒人看買了就沒有用，只要有一個人願意看你買書就有用，目前買書的方向會以做的問卷還有員工推薦為主才下去買。(H: 68-74)

因為我們是建設公司，所以最希望是和建設有關的書，其實都還滿多的，像原文是關於建設方面的，蠻雜的什麼都有，沒有特定。分說中文和外文，剛好誠品有一個系統，可以查什麼種類的書，我們就用那個東西順便去查價錢，順便查說屬於什麼類，就是依照誠品網路書局的分類。我們有去圖書館看，因為他們編的我們也不大懂，就想說我們就用自己公司的方式去編。……原則上每個月會有10本書，讓員工自己去挑選，沒有人要挑我們就建築、金融、親子都去挑一下。(C: 31-32, 34-36, 38-39, 94-95)

假設研發手機需要哪一方面的資訊,目前的做法是請他們<u>自己先去買再和我們請款</u>,<u>書的版權[所有權]歸在圖書館</u>,但是給那個部門用,所以我們有不少關於<u>專業書籍流動在各部門</u>,只是用圖書館的名義去買而已。(F: 103-104, 106-107)

2. 文件管理導向:相較於典型的圖書整理業務,文件管理導向之資源組織整理模式相當不同,以下再區辨為獨特的文件文類、標準與法規文件採購、專利與商標申請流程控管等三種類型。

   (1) 獨特的文件分類:由於主要以整理文件為主,典型的圖書分類法無法適用於文件的歸類,因此,不同公司即自行發展出其特殊的分類系統,如D公司與E公司自行發展一階至四階不等的類號,但其意涵全然不同。

像我們文件階層會分,一階二階三階四階,<u>四階就是一般表單,二階是程序性文件,三階是技術文件</u>,有些東西可能要給線上小姐看,不需要寫得很程序化,應該是說你要把他歸類成技術文件,可是他們覺得程序性陳述就可以了,可能就會在這方面的內容我會和他討論,所以你說我能不了解內容嗎?好像也不行,要<u>對內容去做一些瞭解</u>,請他寫為技術性或是程序性。(D:147-151)

<u>一階是品質手冊、環境手冊</u>,那<u>二階是部門跟部門之間的工作的定義,三階在ISO架構就是說它比較偏向公司的一些製程的know how</u>在裡面,資料中心大部分的<u>職務內容是在做好版本的控管、文件的註冊、發行</u>,甚至工程文件的變更也會是歸屬在品保部、資料中心。……我們資料中心最相關的就是我們<u>常在所有文件的發行、報廢、註冊</u>,或是<u>外來文件的規章我們都定在A0520001</u>,或是對我們來講,<u>講到A05我們就知道說這個是文件管制的類別</u>,但對我們之外的同仁,他可能就會覺得這好像是一個無意義的序號。(E: 79-83, 367-369)

   (2) 標準與法規文件採購:為因應公司產品之技術規格符合國

際標準，往往文管人員即需配合工程師要求，採購相關技術之標準或規章等文件。

要去把這些法規、國際標準買回來，我們可能先上網站找好我要哪一本，我要買哪一本的法規，就是自己要先找好，然後價錢多少。有時候很模糊，但是有時候因為其實他會有號碼，譬如說JEDEC 600、6001、610。(E: 411-422)

我們現在會買的都是國際標準，但他現在都e化所以都放在外來文件，早期偏向IC design的書籍，早期五六年前都有人買，之後就都沒人買了。(H: 102-104)

研發可能會需要參考國際標準，需要國外購買，時間上延期，正在產品研發階段可能就被耽誤到，還有牽涉到預算的問題，沒有辦法預期，國外標準很貴以美金計算。我這年度編列的預算不知道會不會有辦法，可能就卡住了，卡住了就要送簽呈，這個就要費時間。(D: 90-92, 96-97)

通常不會給我很含糊的問題，因為畢竟他們算是屬於使用單位，他們甚至可以找好說：就是要這種東西。頂多最困難的，他給我這個方向，比如說綠色環保節能標準，那我可能就會請賣國際標準的小姐幫我整理說，哪一些是綠色環保節能的標準，他可能就給我一個範圍。(D: 100-105)

(3) 專利與商標申請流程控管：文管人員需要掌控的業務中，比較特別的業務尚有D公司文管人員提及之專利與商標申請流程的控管業務，這是典型圖書館館員不太可能觸及的面向，在企業圖書館都需要面對與因應。

我們研發方面專利一提出的時候，文件所有專利資料就要先到我這裡。像現在我們發明專利和其他公司有衝突的時候，那就要請專利事務所和研發專案的工程師來做討論。是由工程師產出，先有這個東西，我是負責去申這個程序和流程。(D: 238-244, 249)

我們還有很多種商標，我們每個不同產品上的logo都和[公司主要商標]逃不了關係，只是形體的變化，上個月申請了一個商標，因為你叫研發去申請好像也不對，他們要負責產品，那要叫誰呢？變成說文管這邊去做申請的動作。有很多很多資料電話要打，我們為什麼要用這樣子的logo，我希望在哪一些國家做發布，我需要把這一些資料準備給委託的商標專利局。我們就聯絡合作的法律事務所專門幫我們處理商標，不管是商標或是專利，他都要在比如說大陸也要登記、美國也要登記，我們會有客戶源的地方做登記，客戶源不同就在那個國家就要申請，以免以後有法律上的追訴。(D: 265-276, 286-287)

（二）資源典藏與管理

1. 圖書管理導向：雖有簡易的管理規則，但不會嚴格執行，往往是自主管理營運模式，必須倚賴同仁的道德感，才能降低圖書之遺失率。然而典藏並非工作重點，重點是增進圖書利用率，所以也希望能提供遠距傳遞服務，以使分公司員工亦能利用總公司之圖書。

訂的規則是主管在訂，可是他們若沒有遵守，我們也不敢催，所以我們沒有太嚴格去執行，有擬定借書辦法但沒有嚴格執行。(C: 59-62)

因為我們以前圖書室就是自己管理，所以都要重新做一個管理辦法，找一個人管理，整體會希望像大學、國中小圖書館一樣，有一個簡易的營運模式，還蠻希望可以結合書店來賣書的，因為我們公司有給員工福利，希望這一塊可以鼓勵員工多買書，先來圖書館閱讀喜歡的這本書再去購買，我們公司會規劃補助的部分，希望朝這個方向。(F: 50-53)

書會在總部，如果你要借就預約，不然請圖書館員幫你登記，然後書再幫你送過去，希望是這樣的方式，我們剛好有內部傳遞不用另外花費但需要時間，這也是我想出來的，不知道實際上會不會有難度。(F: 354-356)

還書是我們自己要去做的,但是借書是同仁自己可以在系統上做登錄的。因為我們還要去整理,就是還來的書,我們要幫他登錄,他已經還了,然後要放上去,因為他們有時候可能會亂放,其實這樣子蠻麻煩的。所以我們都是還了之後,我們再去把它整理,然後順便整理一下附近的書這樣子。像一些很基礎的教育,譬如說我們讓他們自己借書,但是你要自己自愛啊!然後還書要照時間來還,但是甚至有一些書會遺失,其實那個是變成你要去教育他一些比較基礎方面。(G: 34-35, 481-483, 606-608)

2. 文件管理導向:文件是公司的核心館藏,因此,文管人員需投入較多心力來整理與維護文件,以下再區辨為文件數位化與流通典藏政策、內外部稽核、文件控管與時效等三種類型。

(1) 文件數位化與流通典藏政策:基於查檢便利性與減少空間之因素,若干公司均重視文件數位化工作。此外,亦針對不同功能之文件,如研發文件與專利文件,區辨該文件之責任管理單位,不見得都是公司之文件管理中心業務。

我們現在建立一個系統,只要有公文進來,用掃描機掃描起來,建立在我們電腦系統裡面,這是從98年開始這樣做,從公司收發文出去都會做統一控管,做掃描存檔工作,日後要查詢直接去查會比較方便,以前都是紙本,可能比較不好查詢,現在有掃描然後分門別類。(C: 8-12)

因為如果由內部人員產出,會用一個Word給我,這樣我就有電子檔了,現在遇到的是沒辦法電子化的,新機臺進來的menu,那一些外來的文件沒辦法得到電子檔,那我就要想說怎麼電子化,掃描什麼的,如果很厚的也沒辦法掃描,聯絡原廠也不會隨便給你,除非是隨機臺會給光碟,這也是一個方法,真的沒辦法把他電子化,只好歸在文管室,文管室就越來越大。通常他們[工程師]先去受訓學習,比較少會調閱[機臺操作手冊],通常他們自己都知道,除非今天是什麼問題需要去調整,因為其實那些東西都在那裏躺很久。(D: 337-340, 344-345)

我們自己有典藏[技術文件、研發文件]，但是會放在它自己部門的部分。像技術這種文件，都會留存在技術研發那邊，它不會對外，然後譬如說商標、保證書、專利那部分會留在我們自己管理部這邊。(G: 231, 233-234)

（2）內外部稽核：文件管理人員所屬業務與公司核心業務相關為配合公司之稽核業務，除了公司內部文件稽核之外，外部客戶提供的技術文件，也是稽核業務的重點之一，以因應公司之品質管理流程。

跟公司有關的不是在圖書館這一塊，而是文控、流程、SOP [standard operating procedure]那一塊，其實我們是有制定一定的流程，然後每年都要經過內部同仁互相分組稽核，然後之後外部的人員來做再度稽核。每年會再認證一個證書給我們，所以那是每年都要做的。(G: 190-193)

現在有很多客戶的稽核，客戶給我們的一些技術文件，對我們來講是外來文件，那當他給我們這外來文件的時候，我們怎麼做控管，怎麼樣轉化成我們內部的表單，或者說SOP，會看我們的品質系統的整個流程是不是都有符合規定。(E: 149-152)

（3）文件控管與時效：由於有些文件是屬於機密文件，安全控管即相當重要，文件除了主題分類之外，重點是對於機密屬性的認定與管理，亦需制定一套標準作業程序，機密文件必須加入加密的流程。

我們會有一個內部自建的標準辦法，去歸類這些東西要怎麼控管，像現在我們就有一份文件，是在專門控管文件，怎麼去做控管，哪些文件納入文管去做管理，包含文管做什麼樣的編碼分類，機密性還是一般文件，可以在什麼樣的情況下做公開，類似一個SOP。(D: 64-67)

我們公司有強調，不止在於做這些service，還有安全控管的問題，你丟給他，有沒有做一些安全控管，所以我們每一個東西進去都是加密。(H: 390-391)

有時候老闆也想要分析一下這個月，有什麼樣case跟一些什麼樣的狀況，可以從報表分析，有時候會做一些風險評估，一般來講，品質系統ISO文件比較沒有問題，通常是在控管IP智慧財產權比較有問題，有時IP有不同的狀態，你要去做一些management，然後在進行一些在前端的sales，要告知客戶有什麼風險存在。(H: 212-215)

此外，每年檢視文件收藏的必要性是例行工作，若是電子公司，往往超過二年以上的文件即需報廢，因此，資訊系統加入年限的設定與提醒通知，強化管理檢視文件的時效性以配合公司策略。

每次都會做一個動作，就是說年限到了去檢查一下說，歸文管管理的文件，哪一些是超過二年以上的，我可能會主動通知他們單位的主管，其實二年還算久了，更快的有些業界是一年，系統會主動通知，該文件已超過一年它的實用性。(D: 169-172)

如果它已經很久沒有被更新了，我們就會發一個通知，通知各單位，就是文件的著作單位說這個文件已經很久沒有更新，那是不是要報廢？他們就可以勾選要報廢，還需要參考到，那我就會留在文管系統上面。(E: 138-140)

因為在這個領域工程變更是很重要的事情，就是說他可能下了100批的派工單在生產線跑，可能有100個批號，那如果說你的這個文件不即時變更的話，他搞不好第101批還沒變，他可能又派了100批又做到舊的，所以變成說這個時效性在這個領域是很重要的。(E: 475-478)

（三）資源推廣與利用

1. 圖書管理導向：舉辦書展或抽獎活動是常見的推廣活動，有些公司亦提供零食的誘因，來鼓勵同仁到館看書。

我們每一季買完書之後就會有新書通報，我們會有書展，有二天的時間擺在會議室上面，就給大家簽名，會提供零食，就是

他們會來看一下，因為有時候上去點這本書，可是沒有感覺，我們有時候都要去書局看才會有感覺，所以我們就會辦書展，就二個下午的時間。(A: 15-18)

900個員工會去使用圖書的，預期應該在100人以內，十分之一不到，從建議買書的過程就知道了，我們用了很多方法誘因請大家建議要買什麼書，結果真的有推薦的員工。推薦書，公司會送參加抽獎，是參加抽希臘神話展入場卷，二百多塊那個很好呀，所以誘因一下，全公司九百多個人有推薦書的加起來不到30人，所以我都可以預料到應該如果100個願意去借書就不錯了。(B: 324-328)

2. 文件管理導向：文件編碼方式有其複雜性，並非所有員工都清楚其細節，因此需針對工程師需求，回答關於文件搜尋技巧相關問題，以促進文件有效利用。有時也會協助辦理知識分享會，以利工程師間分享研究相關技術知識。

我們是蠻常被問到說，譬如他想找一個主題的、類別的規範，那我們場內有沒有，譬如說像跟製程有關的，因為我們有一些封裝的製程，所以他可能會想知道有哪一些客人他們有沒有類似這種製程的文件，可以就是可能內部製程當作參考，就是反而我們比較常被問到說文件類別查詢的部分，以電子公司的領域來講的話。……我們不可能去記說每一份文件完整的名稱號碼是什麼，太困難了，就是直接用搜尋，可能打關鍵字，譬如說我打一個製程，封裝的製程，所有這個製程的文件都會列出來，如果檔名有那個字的，打封裝，或者是我打英文sealing。(E: 149-156, 372-375)

我覺得是不定時耶，像這次去荷蘭參展就會因為這個主題，那下一次可能是因為研發新產品，每一次都不同主題，沒有固定時間，以我這樣經驗的話，有時候可能很久都沒有，如果今天我們來一個研發主管他想要發表新訊息，都有可能。(D: 85-87)

四、技術資本

1. 圖書管理導向：大部分由公司資訊部門開發相關軟體系統管理圖書，有些僅單機版系統記錄圖書登錄、借還等基本功能，僅一家公司曾探詢公司外部之圖書館管理資訊系統，但尚在規劃中。有些圖書相關功能內嵌於公司之資訊系統平臺，如受訪者A之公司內建電子表單系統提供圖書查詢與借還、借閱排行榜、新書通報等服務，另有家族通訊站做為延伸之知識交流的平臺。另外，受訪者F提及在公司之e-learning平臺組虛擬讀書會，但較具形式化，尚未達實質效益。受訪者G曾積極導入電子書系統平臺，但員工因不喜歡在電腦螢幕閱讀休閒書而接受度不高。

2. 文件管理導向：較多公司採取外購文件管理軟體系統，公司資訊人員再客製化其功能，系統管理結構通常是資訊中心管理硬體伺服器，文管人員管控軟體之登入及文件閱讀權限，全公司員工均可依權限存取文管系統相關資源，由於必須依員工需求查找符合某主題之相關文件，其軟體功能常依需求或文件流程變更而調整或修改。

以下由現行系統與平臺、系統架構與權限管理、軟體規劃與系統升級等三個面向，列舉受訪者談話內容。

（一）現行系統與平臺

1. 圖書管理導向：若干公司並未導入圖書館專用之資訊系統，運用公司現成平臺來散播資訊與流通業務，或以公司之線上學習平臺來推展分享讀書心得。

都是以網頁、email [來散播書訊]，我們就是<u>公司內部的電子表單系統</u>[做為圖書館資訊系統]。(A: 624, 627)

我們部門是做訓練發展，有一個<u>e-learning線上學習的平臺</u>，裡面有那些東西，但現在目前都是做課程的用途，圖書館完全沒有用到，頂多問卷功能、報表機制那些其實可以用，但現在

都是課程用途而已。目前有做就是這個，讀書會目前是各部門自己成立，沒有強制每個部門都要，每個部門每個月進行一次讀書會，某一本書的讀書會，會把資料給我們彙整。他們會交心得，讀書會是看實體的書，會有簡報或是PPT去閱讀，他們會簽到，會有簽到表，上班以外的時間，幾個人一起看某一本書，他們會交給我們，我們會放上e-learning，像是一個形式。(F: 178-180, 188-189, 191-193)

2. 文件管理導向：導入文件管理專用之資訊系統，結合公司內部通訊群組軟體之功能。

大部分e化部分會靠Lotus Notes系統去做，會把它放在外來文件作管理，讓員工去下載來看。(H: 109-110)

我想很多企業都是這樣子，就是我們的Facebook還有一些MSN是鎖起來的，但是我們公司有自己導入，就是我們的email是用一套叫GroupWise，它有一個Novel的messenger，就是我們內部的MSN。(E: 257-259)

(二) 系統架構與權限管理

1. 文件管理導向：由公司之資訊部門導入文件管理專用系統，伺服器硬體主機由資訊部門代為管理，但由文件管理人員來管理該系統之權限，且封鎖外部通用之社群軟體，以保護資訊系統之安全性與降低機密文件外流的風險。

我們有一個文件管理的軟體，就是所謂的文管的軟體，可能生產單位大家的電腦都會安裝，會變說資料中心發布這個文件之後，就是生產線的，甚至廠內只要是有去跟資部處註冊的，就是有帳號密碼，大家其實都看得到，就算是一個公告的文件。外購、買斷，就是程式我們資訊部那邊可以幫我們修改我們的需求。(E: 95-97, 101)

[伺服器運作管理是資訊中心負責]，然後我們資料中心這一臺就是ISO文件的部分，就是內部的文件都是我們自己管控的，

那個文件管理軟體，因為那套軟體的終端機是架在資訊部那邊的主機，各單位有裝那套軟體，但是那套軟體的就是我們資料中心這邊會有一些權限做設定，所以是管理權限就是我們。(E: 288-296)

[正在規劃系統]，內部研發，資訊平臺鎖密碼，開閱讀權限這樣子。線上論壇社交網站，這些東西屬於公司機密不太會放上去，也是不允許的，我們也在說機密文件禁止傳播。(D: 41, 118-119)

（三）軟體規劃與系統升級

1. 文件管理導向：公司資訊部門會依據文件管理部門所提需求來規劃資訊系統，坊間若有適合的現成系統，則導入後再客製化，使之更符合需求，並時時整合內部意見，檢視系統功能與安全性。

我們可以提需求，可以寫資訊需求單，我們有資訊部，他們也會寫程式，我們就是盡量內部溝通好，看有什麼功能就是內部自己開發。我們寫的申請單，但是它上面的保管人員就是我們自己，像我們使用的軟體，譬如AutoCAD或是Office這就一定要正版的軟體，這個就是由資訊部他會幫我們[規劃]。後來我們又去survey一些知識管理的軟體，可是又碰到那個20%的[維護費]，因為畢竟公司的主要投資是在一些機器設備上，所以他當然對這一塊，覺得可能能用就好。[資訊平臺]硬體架構會在資訊部，但是它的軟體，因為它會算license，譬如有30人、50人、100人，或者無上限，它就是抓軟體的[使用人數]。(E: 123-124, 217-219, 280-286)

現成加上自己可以做開發，有些tool在買賣時候他沒有辦法客製，我們這套也是現成的，可是我們會去客製，我們家不同，就是跟系統提供給你的基本，可是你覺得它還不夠，可能要enhance到其他介面。(H: 19-21, 35-37)

我們會在系統加強控管，目前方向就只有這樣，二種，一個來自公司客戶需求，不管是內或外，另一個是以高層發現的一些風險來去做enhance的部分。(H: 360-368)

五、關係資本

質性訪談顯示與量化調查結果相同之處是內部跨部門之協調頻繁，外部單位之聯繫頻率低，不同導向之企業資訊服務其內外部關係仍具差異。

1. 圖書管理導向：公司內部關係，向主管爭取增加預算額度，或開會討論運作模式，偶爾有員工主動捐書。公司外部關係，除了透過博客來網路書店或誠品書店購書，以及洽談相關軟體以支援圖書管理業務之外，受訪者F曾接洽書店以探索策略聯盟之經營模式，與公共圖書館合作方式包括企業捐資合作辦理講座或洽談行動書車活動。

2. 文件管理導向：公司內部關係，需進行跨部門協調文件管理流程，向新進員工教育訓練有關文管發行與使用流程，或與海外分公司之業務協調。公司外部關係，偶爾需直接或透過代理商採買國外標準或法規文件，主要管理公司重要文件，業務較少對外聯繫，比較特別的其中一例是在LED產業公開技術資訊平臺分享及獲取新知，另外一例是受訪者E提及的狀況，擔任公司外部客戶及公司內各部門之資訊中介角色。

以下由內部縱向聯繫、內部橫向聯繫、外部機構策略聯盟、外部知識分享、縱橫與內外聯繫等五個面向，列舉受訪者談話內容。

（一）內部縱向聯繫

1. 圖書管理導向：主要向上級報告借閱量等績效，以及溝通圖書預算等問題。

只是說交易組的主管會去月會講說我們的借閱率有多少，比較有關心到圖書館的東西，預算是因為金融風暴，所以我們把預

算從四萬變二萬，只是<u>有效溝通就是主管去跟上級總經理[溝通]</u>。(A: 640-641)

2. 文件管理導向：文件的生效與報廢，都必須經主管簽核後，才能決議。

必須<u>透過主管簽核後</u>，我這邊和主管確認有做這個動作後，我這份<u>文件才可以生效</u>。可能會一起[與工程師及主管]開個會討論都有可能，針對一些程序性的文件內容，<u>有時候不是一般管理師可以去瞭解，會找主管一起進來</u>。(D: 141-143, 153-154)

每次都會做一個動作，歸文管管理的文件，哪一些是<u>超過二年以上的，我可能會主動通知他們單位的主管</u>，其實二年還算久了，更快的有些業界是一年，系統會主動通知，該文件已超過一年它的實用性，如果工程師已經離職，就會找到主管，因為還是他們單位的文件。(D: 169-172)

（二）內部橫向聯繫

1. 圖書管理導向：同仁們會捐書以增加館藏。

但員工有時候也會<u>捐書</u>，賈伯斯原本只有買一本，另外一個又捐了一本出來。(C: 109-110)

2. 文件管理導向：向新進員工介紹文件管理流程，或與研發部門或其他業管部門同仁協商文件管理流程之改善機制。

譬如說使用上的或者他可能搞不清楚一些文件發行的流程或是怎麼樣，就是這時候我們是可以互相提出來，或者說<u>有新人的時候，我們跟他分享我們廠內的文件流程是怎麼運作</u>。(E: 309-311)

有時候發現在進行的過程中進行不順，會去找RD [研發]單位，或者是找後段部分單位，去跟他consult這塊，問一下為什麼會覺得不是很順，有什麼樣問題存在，我們就會<u>一起進行討論</u>，討論完後就會去看怎樣做改善。(H: 268-270)

（三）外部機構策略聯盟

1. 圖書管理導向：引入書店或公共圖書館的資源，可增加館藏資源。或與公共圖書館聯合舉辦講座，由企業出資，圖書館協辦，可提升員工軟實力，與擴大社會影響力，回饋鄉里，提升企業聲譽。

一開始是<u>找書店進來經營</u>，進來賣書的方式，讓同仁翻閱雜誌書籍，沒有設限是圖書館模式，有可能是書店或是其他更好的想法。(F: 267-270)

<u>市立圖書館</u>有很多<u>行動書車</u>，等我們圖書館都弄好一點，也可以看說一二個月辦一次行動書車的活動，這樣的結合，書從市立圖書館載過來可以借閱，這樣的方式還蠻不錯的，鄰近的學校和市立圖書館我都有去問。(F: 286-289)

結合我們分公司，每一家籌備費用，就可以辦比較大型的。<u>圖書館</u>說，其實他們是一個<u>公營的機構</u>，所以他會比較希望針對整個高雄市民，<u>經費是企業捐助</u>，當然會以自己公司優先，<u>但是到最後我們員工不先訂位</u>。(G: 297-299, 301-303, 305-308)

（四）外部知識分享

1. 文件管理導向：雖然電子產業競爭激烈，但為使大家獲取最新技術資訊，避免重複研發，非機密性之技術資訊可在該產業自建的平臺查得最新訊息。受訪者D即由該平臺節錄些許重要資訊，並分享給公司同仁。

其實<u>LED產業有一個平臺</u>，產品開發的資訊、市場上的需求資訊，放在共同的平臺，<u>是屬於會員制的</u>，如果發產業訊息要LED產業才可以發，那<u>其他面板產業只能以view的方式去看</u>。像LED工業的工會看有沒有人去發表類似訊息，像那個平臺也可以去看，<u>很多人都會去po新的知識</u>，都可以當作參考用，或者說我們研發新產品，其他公司也有類似這樣子的，技術上可以參考蠻好用的。(D: 50-52, 203-205)

(五)縱橫與內外聯繫

1. 圖書管理導向：藉由固定的會議來討論圖書預算問題。

   像圖書的這些預算我們內部有一個<u>管理月會</u>，因為管理月會針對每個組別，講一下現在的情況。(A: 634-635)

2. 文件管理導向：文件管理中心擔負著公司外部客戶聯絡的窗口，由文件管理中心聯繫公司內部相關業務單位，受訪者E擔任資訊中介的角色。此外，亦需與其他跨國分公司之文件管理中心負責人員協調。

   譬如<u>生產線的目視檢驗規範，可能改版本</u>，<u>客人[公司外部客戶]會先通知我們資料中心，然後再由資料中心轉介給工程、客服、生管、業務</u>。資料中心在我們公司還要有這個功能，變成客戶轉遞文件的一個窗口。(E: 171-173)

   像我們有菲律賓廠，菲律賓有菲律賓的資料中心，<u>臺灣的資料中心需要跟菲律賓的資料中心，做一些文件的聯繫確認</u>。(E: 182-183)

六、顧客資本

質性訪談顯示圖書管理導向對於顧客需求較少提供客製化服務，而文件管理導向則需配合特定主題提供資訊服務，以下說明其差異。

1. 圖書管理導向：開放全公司員工推薦圖書，主題不限定，員工大多閱讀休閒讀物，專業書僅滿足特定讀者需求，一般休閒圖書與雜誌普及度較高。偶爾因自主管理模式，員工反應無法找到特定書籍，由於圖書多為兼管業務，圖書保管問題僅能消極處理。受訪者F提及員工多選定勵志類圖書，藉由公司e-learning平臺機制建立線上讀書會。受訪者G積極辦理許多講座及藝文活動，但員工參與度不理想，不定時調查員工意見，並依活動後檢討意見轉換活動型態。此外，需因應不同部門員工作業型態，調整發布推廣活動訊息的管道。

2. 文件管理導向：不定時接獲特定文件查找任務，因應工程師需求，消化與吸收外部資訊精華以分享公司內部其他各部門，亦需主動通知客戶其關注主題的更新資訊，達成客製化的知識服務。

以下由資源需求管理、知識分享與交流、客製化知識服務等三個面向，列舉受訪者談話內容。

（一）資源需求管理

1. 圖書管理導向：主要滿足員工休閒需求，透過觀察法、設置員工意見箱，或者開會討論來收集員工對於圖書的需求。

> 我們都會公開請大家提供書單或意見，我們會參考員工意見，我們有員工意見箱設在圖書館。(F:97-98)

> 一般比較休閒的大家會比較想看，上班回家看個書放鬆一下自己，不是真的要查資料。……現在攝影大家都蠻有興趣在玩的，攝影的書借閱很熱絡。最主要雜誌還是借閱率最高的，因為出得快也比較新。(C: 97-103, 107)

> 二十幾種[雜誌]，滿多的滿多元化的，同仁也很喜歡，家居類的《媽媽寶寶》，因為我們的第一名是親子雜誌，就算他們是男生他們有老婆呀，或是剛為人父會想要知道，我的觀察是專業以外的，休閒雜誌他們會比較喜歡，《食尚玩家》、《行遍天下》這類的，圖書館對他們也是休閒的功能，吸收知識吸收時事來源。(F: 261-263)

> 透過會議吧，各部門會開部門會議，也有大型會議，圖書館這塊算是休閒部分，滿多同仁會主動傳遞他想要的資訊，會傳到員工關係部門，員工關係部門如果有相關資訊會給我，類似像這樣子，目前方式是這樣子，開一個員工大會，請各方面代表的員工、產線的員工[參與並提供意見]。(F: 310-313)

2. 文件管理導向：透過問卷來收集員工對於文件管理之相關回饋意見。

一年有一次，比如說二個禮拜或一個月的時間，讓員工去填問卷，問卷原則上我們會請HR的人支持，他們會有一個平臺叫作e-learning，可以發出一些training的資訊，上去閱讀，或者是發出問卷，讓他們去填回來，然後會告訴我們有多少人填問卷，去算出percentage，甚至把員工的feedback回來的再寫一下，這個比較都不偏常態性的，都不偏常態性在做report就對了。(H: 248-252)

（二）知識分享與交流

1. 圖書管理導向：主要由讀書會型式來分享讀書心得，藉由公司內部之線上學習平臺來傳播讀書心得。

目前有做就是這個，讀書會目前是各部門自己成立，沒有強制每個部門都要，每個部門每個月進行一次讀書會，某一本書的讀書會，我們會把資料給我們彙整。他們會交心得，讀書會是看實體的書，會有簡報或是PPT去閱讀，他們會簽到，會有簽到表，上班以外的時間，幾個人一起看某一本書，他們會交給我們，我們會放上e-learning，像是一個形式。他們看書都是比較勵志這類的，我想應該是主管要求，我們不會特別去要求員工這塊，他們會從圖書館借某本書出來，去辦他們讀書會。(F: 188-189, 191-193, 232-233)

2. 文件管理導向：常需針對新進員工介紹文件管理流程，有時亦需與同仁分享產品檢驗規範與相關時程之經驗知識。

使用上的或者他可能搞不清楚一些文件發行的流程或是怎麼樣，就是這時候我們是可以互相提出來，或者說有新人的時候，我們跟他分享我們廠內的文件流程是怎麼運作。但是教育訓練畢竟一年才一次，所以有時候可能就是同仁間的，就他可能會覺得有一些，譬如說他覺得他找不到資料，就像我們在圖書館一樣，我可能要找哪一本什麼時候的書。他可能甚至會問說，他可能要知道說什麼產品有發行過什麼的檢驗規範、什麼

東西怎麼做這樣子，或者是說什麼產品前二天看是可以pass，什麼是要回收的，就是說我們比較常被問到已經牽涉到文件裡面有哪些內容。(E: 309-311, 313-314, 321-323)

（三）客製化知識服務

1. 文件管理導向：常需因應員工特定主題的問題，如文件類別查詢等問題，或配合員工要求，由公司外部資訊平臺固定選錄相關技術資訊，綜整至公司內部平臺，甚至能在文件修正時，可即時通知相關員工。

我們常被問到說，譬如他想找一個主題的、類別的規範，那我們廠內有沒有，因為我們有一些封裝的製程，所以他可能會想知道有哪一些客人[公司外部客戶]他們有沒有類似這種製程的文件，可以就是內部製程當作參考，就是反而我們比較常被問到說文件類別查詢的部分，以電子公司的領域來講。(E: 153-156)

我覺得是不定時耶，像這次去荷蘭參展就會因為這個主題，那下一次可能是因為研發新產品，每一次都不同主題，沒有固定時間。(D: 85-87)

他們[工程師]有提議，我是否可以一個星期去[LED inside]檢查一次把相關訊息po給大家看。以公告的訊息出來，不會針對個人，在一個平臺公告新訊息，大家想看就上去看。可能會以最新研發技術，如果是廣告訊息就不會分享給大家，這個當然我要和他們討論，大家比較想看的是哪一種。(D: 221-229)

我們有一些想法，做到通知客戶端，那個scope就要另外再去談再去看。希望做到後續的service。今天給你一個東西，有revision，還要再通知你。(H: 395-397)

七、更新與發展資本

質性訪談顯示圖書管理導向之資訊服務提及較多未來擴展與推廣

事宜，求廣度；而文件管理導向則著眼於深化文件內容之知識服務，求其深度。

1. 圖書管理導向：未來朝向多元管道之推廣方式，如結合手機之行動服務；提升圖書館資訊系統效能，整合管理不同分公司之資源。此外，受訪者G曾引進電子書，員工反應上班已在看電腦螢幕，又要在電腦螢幕閱讀休閒讀物，因此接受度不高，但未來仍希望能引進更多類型的資源。受訪者F希望能爭取將圖書室空間擴大，如同經營一處優質的藝文場所，員工可隨時到館，以舒緩工作緊張情緒，獲得充分休息後再繼續工作，間接提升工作效能。

2. 文件管理導向：未來朝向深入於文件內容之客製化知識服務，如納入公司會議精華及智慧財產變動管理、工程師之研發經驗知識管理等，但需要設計相關機制使員工願意投入時間於隱性知識顯性化的過程。

以下由多元推廣、關鍵指標與績效控管、強化知識管理、推展困境等四個面向，列舉受訪者談話內容。

（一）多元推廣

1. 圖書管理導向：對於提升軟實力，力促員工多讀書的推廣形式相當多元，發揮許多想像空間，如舉辦讀書會，圖書室以咖啡吧、書店方式呈現與經營。導入新科技服務，如行動資訊服務、引進電子書平臺等。

> 其實當初設立滿希望可以學習交流，……會有圖書心得交流，讀書會每一季或是半年，分享圖書心得。……福委會想過看有沒有比賽讀書看誰讀得多，可能就是活動，讀書獎金或是獎品，可能還在規劃當中，是有這個構想，鼓勵大家多念書充實自己。(C: 113-116, 129-130)

> 原本其實有想像休息的咖啡shop，但空間實在太有限，連咖啡研磨機都買了，設計有小沙發在這閱讀，空間非常有限，以前最簡單，只有報架和雜誌櫃。(C: 147-148)

之前想辦一個讀書會，可是那是未來的方向，因為我們圖書館最主要的目標就是要提高借閱率，提高借閱率就有很多方式，一個是書展可以提高借閱率或是一次借閱滿三本就會送神祕小禮物，這是我們提高借閱率的目標。(A: 656-658)

希望是各點都可以設立圖書室，或小或大當然以總部的書為主，然後臺南新竹放一些期刊雜誌等等，讓同仁線上預約模式。因為我們有內部員工網路，希望能夠串聯，不管你在哪個地方，連上我們的內網，都可以查詢圖書館的最新資訊，或是部門的新開課程，或是行政部門的活動，有點像類似公布欄作用，查詢新書和排行榜，就算我在南部要借書我還是可以借，未來資訊方面希望有這樣的軟體可以串聯起來。(F: 14-15, 76-79)

我們希望結合手機，因為我們做手機，希望未來圖書館服務，公司每個同仁一定都有手機，然後使用手機和電腦的頻率很高，像內部電子報，讓工作之餘可以不用一直專注工作上，可以看一些藝文活動、圖書資訊，讓同仁可以放鬆，像圖書館目前最熱鬧的時候就是下班後，七八點會有很多人在那邊看書，因為我們工程師的上班時間本來就比較長，公司大部分都是工程師或是研發，行政比較少。休閒角色，所以我們未來整個規模擴大，請一個人在那邊，希望大家白天也可以來，不用下班後再來，把它當成書店在經營的感覺。(F: 66-67, 146-151, 152-153)

之前曾經有做過電子書。我們之前有透過那個，有一家叫MAG的系統，那還挺不錯，他其實做的線上圖書還挺多的，它有分雜誌、圖書、兒童圖書館類這樣子。然後我們曾經有推廣這一個部分。原先是想說不只是紙本化的，所以我們才會要推那個電子書，但發現效果之差，所以我們就會想說還是先維持這樣，就是暫時接受度不高，但是再看看是不是再過幾年，再來推第二次這樣。但是還是讓那個圖書啊！影音啦！這方面的資源比較豐富這樣子。(G: 493-494, 657-659)

2. 文件管理導向：著重於提升軟體功能，如對於檢索關鍵字的統計分析。另有些公司文件管理中心原採取閉架式資訊服務，希望能針對些許非機密型之技術用書提供開放空間，以利自由運用。

滿多家的平臺有提供這種功能，譬如說我可以知道我的user下哪些關鍵字最多，然後它那個字串就會越變越大，我們評估的其他軟體它是有這個功能，就是除了全文索引之外。(E: 437-444)

未來以後會買一些技術上的書，我現在有買這些，我不能把它放在文管室，因為文管室其實是不對外開放的，今天我有這種東西當然不能讓他躺在那裡，就可能規劃一個公開的區域把這些東西放在那邊，要這麼做還是要有上級主管的支持，要有預算，像我們現在那些雜誌，商周科技業雜誌，都散布在各地。(D: 361-364)

（二）關鍵指標與績效控管

1. 圖書管理導向：受訪者C表示流通量雖曾被要求查閱之資訊，但圖書資訊服務轉型為員工福利後，使用量之分析報表即非重點。另受訪者G則提及每年投入固定經費購置圖書，館藏量固定成長，員工亦因館藏量增加而增加借閱意願，形成良性循環。

剛開始是對公司，就是可以激勵人心，主管會希望說想知道借閱的情況，圖書館成立有沒有什麼幫助，希望我們做出分析，知道說借閱情況好不好，好，那我們圖書館可以繼續下去，他有和你們要最後有做出分析結果，但其實很基本，就做出每個部門單位借閱情況，結果下來是有繼續要執行，變成福委會接管，最先開始是公司這邊出的錢，到今天變成是福委會這邊，福委會這邊就不需要去做分析表報告什麼的，不需要去做這些。(C: 77-81)

其實我們那個經費固定，所以[圖書資源]數量會越來越多，接受度就會越來越高，但是那些書都是同仁他們自己想要他們自

己提供要看的書，其實會變成說，後來會變成慢慢的越來越好。就是整個書量也比較多。(G: 448-452)

以前我們有個平臺是在做一些討論，譬如說圖書，給一些建議什麼的。當然有好有壞，有的人寫說，書不拿回來還的，然後拿回來少掉CD片，就會有同仁會積極的去檢查。(G: 404-406)

2. 文件管理導向：文件的安全控管、標準作業程序與稽核、以及時效性是最關鍵的績效指標，最終目標是無紙化文件管理。

全廠的話很多項[key performance indicator]，大概50、60項吧，全廠的，因為其實資料中心這邊可能就是其中的一個項目。它就是從營收開始展開，然後客服接單、業務的是不是有達到目標值，一直到生產單位的yield，良率好不好這樣子，然後各單位這樣子一直展開。[資料中心]這邊的績效就是文件處理的時效性，就是有被記錄的，但我回答業務部門、我回答研發公司的部門，譬如說我找到他需要的文件的這個時間，這個目前是沒有被記錄的。(E: 459-468)

文管的績效，是怎麼把文件做最好的控管和文件上的稽核。文件這種東西怎麼去作量化，你說稽核還有可能，缺失不要太多。在業界來說，以我這個角色去稽核各單位在程序上文件上有什麼的錯誤要改進的地方，那這個就會算在每個單位的績效上面。應該是說這個稽核動作，是整個公司性的必要循環，比如如果今天製造或工程單位寫了一份標準，標準內容是否有跟著走，說寫做一致，比如A單位稽核B單位，我就拿這份程序和文件，你把你這方面做一次給我看，有沒有跟著程序做，不然就失去寫這份文件的意義。(D: 299-304, 308-310)

我們每一個flow都有一個life cycle，那我們希望這個life cycle可以在二天內完成，或一天內完成，那如果要一天內完成，有時會發現無法達到的時候是為什麼。(H: 277-278)

227

在每一個產業來講的文管，最終的目標就是無紙化，然後當然這就是要有系統上的協助。其實不用太多選擇性，只要功能夠就可以了，因為文管最主要幾個角色，文件的機密性要做控管，這是最重要的。(D: 321-328, 334)

（三）強化知識管理

主要配合公司核心業務來推展知識管理，如受訪者B提及欲建置美術圖樣知識庫的想法，E公司則鼓勵研發部同仁提供實驗報告，或是分享優良技術文件撰寫竅門。

> 我們現在還沒有經營知識庫，這個其實很好，我們是有想用一個KM系統，自己有寫，以美術的圖樣為主。(B: 221-222)

> 如果說我們可以鼓勵研發部，就是貢獻一些報告，那裡面都很多很不錯的know how，都是做很多實驗而累積的，我覺得如果說有這個平臺真的會很不錯。(E: 243-246)

> 希望文管系統除了可以自動通知說我們今天有什麼文件發行、哪份文件是寫得非常棒的，讓同仁可以去參考，就是有一些這種自動通知，甚至還可以訂閱，譬如說像我是文件中心，如果說有些部門對文件中心有發行什麼、新的文件有改進，我覺得他可以用訂閱的，然後就是又可以知識管理系統這一塊進來，我覺得那就是很棒。(E: 530-533)

（四）推展困境

1. 圖書管理導向：實體館藏空間太小，不足以應付未來圖書成長量。雖費苦心導入電子書，但多數人仍無法適應透過螢幕閱讀圖書，員工尚未養成數位閱讀習慣。

> 困難就是圖書室書快放不下，因為我們圖書室好小。(A: 588-589)

> 它[電子書系統]可以在家登入，就是說我們去把那個ID，我買幾個人的ID，然後給你部門，譬如說看部門的大小，可能我這

樣部門比較大、人數比較多，所以我就多買幾個，對，然後就是你這部門可以用，你可以用這個下去登入，但那時候是先做推廣，你可以先上去看看，然後覺得怎麼樣這樣子，然後基本上那個接受度之低，非常低。可是那時候收回來的問卷是說，我覺得也對，太麻煩了，就是眼睛很難過，還要盯著螢幕。(G: 496-500)

2. 文件管理導向：原欲納入會議文件與智慧財產管理，除了較難分類之外，員工不願投入時間記錄相關變動細節，即難以推展欲擴展之業務。

本來要把這些record，甚至meeting都納入管理，後來發現不易推動，而且有一些討論要去做分類，沒這麼簡單，所以這麼多年來，他們不太願意寫這個，甚至今天這個IP [intellectual property]做change，做revise，做改變的時候不告訴更多的詳細內容，只告訴這次改了什麼新增的哪幾塊，詳細深入問他們不是很願意，因為其實佔用他滿多空間和時間去做這一些事情。(H:149-153)

第五節　綜合討論

　　本研究第一目的為調查公司設置企業資訊服務相關單位的概況，製造業當中，規模較大的公司設置企業資訊服務相關單位比例較高，服務業則未因公司規模較大而具差異。製造業中32%公司設置企業資訊服務相關單位，高於服務業（21%）。相較於陳雪華與邱子恒（2003）研究，設置圖書室比例偏低，回覆率亦較低，可能因經濟低成長，公司縮編人事，外部揭露資訊政策更加保守。

　　本研究第二目的為應用智慧資本觀點檢視企業資訊服務運作機制及特色，由於先前關於企業資訊服務之實證研究相當少，本研究於深入訪談受訪個案後，雖同樣以基於智慧資本觀點所設計之訪談大綱進行訪談，但因受訪者主要負責業務不同，談論內容方向重點亦不同，因此在實證資料收集過程中，才逐步釐清分別以圖書管理導向與文件

管理導向來分別論述其經營模式的差異,包含管理之資源類型(前者圖書為主、後者文件為主)、管理模式(前者重推廣、後者重機密控管)、服務需求(前者重休閒、後者重客製與即時需求)等不同面向均差異大,其營運方式相當不同,因此於各資本構面亦分述二種經營模式之差異。

綜整不同學者之智慧資本構面,本研究採納結構資本、人力資本、程序資本、技術資本、關係資本、顧客資本、更新與發展資本等七項構面來分析企業資訊服務經營模式,除結構資本未設計李克特(Likert)六點量表題項之外,其餘六項資本提供一致性尺度以評比其程度。不同產業之比較僅在人力資本當中之「參與公司內部重要的決策會議」及程序資本當中「業務包括為公司內部文件加值資訊,並彙整為分析報告」具差異,製造業顯著高於服務業。

國內關於企業資訊服務概況之大規模調查為陳雪華與邱子恒(2003)研究,相較於該研究結果,人力資本構面:提供企業資訊服務者之主修背景及負責業務,相同處是主修背景相當多元,相異處是本研究填答者負責圖書相關業務大多為兼管業務,館藏分類編目業務比例不到二成。程序資本構面:本研究提供圖書館功能之基本服務項目比例降低。該研究並未提供本研究之其他資本構面相關資訊,因此無法進一步比較。另外,本研究之顧客資本構面,文件管理人員常需依工程師需求查找特定文件,此項與石育平與柯皓仁(2010)提及「工程師最常參考公司內部文件」一致。

綜合量化資訊分析結果,繪製六構面之智慧資本如圖7-3,顯示企業資訊服務之文管型在人力及程序資本表現較佳,圖管型在顧客及更新與發展資本表現較佳,因此,二種導向之企業資訊服務各有其發揮處。另外,綜整質性訪談結果,依七項構面之智慧資本繪製其重點比較圖表如圖7-4,文管型企業資訊服務為公司核心業務流程一環,在程序資本有關時效性的因素,與張淳淳(1990)強調即時性的資訊特點一致,在顧客資本關於依特定需求來查找資訊的現況,呼應林珊如(2003)提及企業所需知識是以「問題」來累積知識,文管型企業資訊服務的更新及發展資本亦強調隱性知識顯性化的重點。

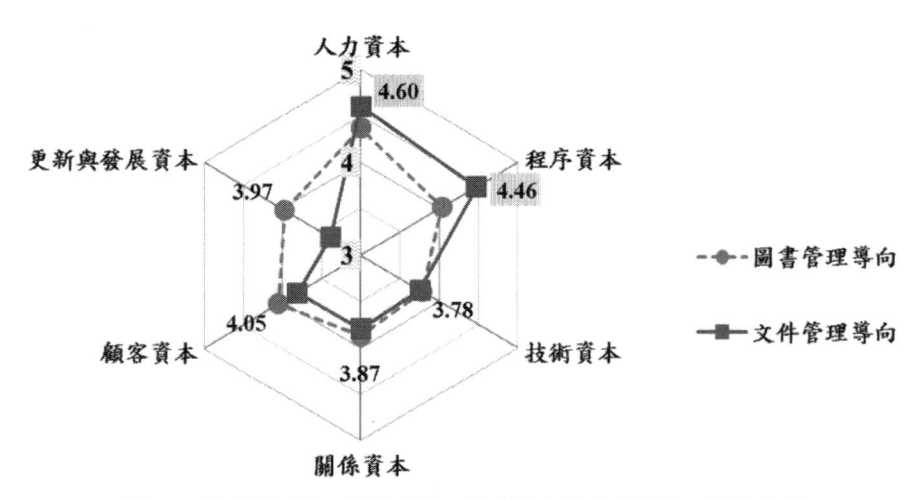

圖7-3：圖書管理及文件管理導向於智慧資本不同構面之表現

人力資本	程序資本	技術資本	關係資本	顧客資本	更新及發展資本
結構資本：圖書管理導向－由不同部門代管，定位為增進員工軟實力					
圖書資訊專業背景有需求但非必要	圖書簡編 自主管理 重視推廣	資訊部門建置系統 基本借還功能	外部跨組織聯繫程度高	提升活動參與度	多元資源 拓展推廣型態 求其廣度
結構資本：文件管理導向－較高比例設置專屬單位，為公司核心業務一環					
高授權與賦能 強調主動學習 累積經驗知識	外購標準及法規 重視時效 權限控管	外購軟體 客製化系統 依需求增強系統功能	內部縱橫向聯繫程度高	依特定需求查找資訊 深化知識服務	促進隱性知識顯性化 求其深度

圖7-4：圖書管理及文件管理導向於智慧資本不同構面之重點比較

　　依Edvinsson與Malone（1997）原創之智慧資本為檢視自身機構的無形資產並逐年評估其成長度，本研究採納其觀點並收集跨機構資訊，主要貢獻為可整合不同公司的最佳實務，並呈現企業資訊服務於智慧資本之不同面向之綜效；本研究綜整之七種資本構面及其衡量變

數，可提供圖書館檢視自身無形資產現況及思索未來發展之參考資訊。但由於收集橫斷面資料，無法為單一機構進行跨年度成長評估，各公司規模大小不同，亦無法比較不同公司間差異。此外，本研究雖已撥打上千通電話收集通訊資料及催收問卷，但企業相當保守，問卷回收率僅約三成，製造業之回覆率較服務業高，願意接受訪談的企業多來自電子資訊業，導致研究結果的詮釋較偏向製造業的現況，因此本研究結果無法推論臺灣企業資訊服務的全貌。

第六節　結論與建議

　　本研究以智慧資本觀點探討企業資訊服務經營模式，分別檢視結構、人力、程序、技術、關係、顧客、更新與發展等七項構面之表現，實證研究同時採納量化及質化方法，主要貢獻在於應用智慧資本之理論於實證資料分析，並剖析二種型態之企業資訊服務：圖書管理導向及文件管理導向，其服務模式具相異性，分述如下：

　　一、結構資本：圖書管理導向型由公司不同部門代管，功能定位為增進員工軟實力；文件管理導向型有較高比例在公司設置專屬單位，管控公司重要文件、智慧財產及稽核流程，為公司核心業務之一環。

　　二、人力資本：二種導向之管理人員背景共同點為40歲以下的學士級人力，主修背景多元，以商管學科居多，半數以上人員之企業資訊服務業務為其兼管職務。文件管理導向型管理人員之授權及賦能程度高於圖書管理導向型，大部分圖書管理導向型管理人員不具圖書資訊學背景，因圖書採取簡編處理，公司對於圖書資訊專業背景者需求不高，但曾經請講師提供教育訓練課程。

　　三、程序資本：圖書管理導向型採員工自主管理，業務重點在於推廣資源利用與加強藝文活動參與度；文件管理導向型重點在於控管公司核心文件之時效及權限、管理智慧資產及稽核流程。

　　四、技術資本：圖書管理導向型之資訊系統提供基本功能，文件管理導向型系統常依需求客製化程式，以增進文件控管效能。

五、關係資本：圖書管理導向型較有機會及彈性進行外部跨組織聯繫，如與公共圖書館共同辦理講座；文件管理導向型之內部跨部門聯繫度高，文件控管流程常需進行跨部門溝通。

六、顧客資本：圖書管理導向型重點在於提升員工借書率及活動參與度，較少提供客製化資訊服務；文件管理導向型常需依員工特定需求查找文件，提供加值型知識服務。

七、更新及發展資本：圖書管理導向型較有機會投入較多經費以外購資源，未來朝向多元資源類型及提升員工參與度等方向發展，求其廣度；文件管理導向型由於收藏公司內部文件為主，外購資源經費需求較低，未來希望能將員工的經驗知識顯性化，由文件管理朝向知識管理，求其深度。

國內圖書資訊專業人員較少投入企業圖書館的工作環境，人力供需實具成長空間，應瞭解企業資訊服務模式現況以求發展，本研究以智慧資本觀點剖析二種導向的管理模式，可提供實務運作參考及思索企業資訊服務之特殊內涵，啟發及構思多元型態之資訊服務，實務建議如下二項：（1）由文件管理導向型職務內容思索其所需技能，適度加入圖書資訊教育相關課程設計。（2）圖書館可採納本研究綜整之智慧資本七項構面進行單館之跨期觀察，或跨館之比較觀察，以檢視經營效能。未來研究建議如下二項：（1）綜整智慧資本各構面之相關指標，分析指標於不同類型圖書館之適用性，並探索不同構面之知識資源轉換情境。（2）可加強企業圖書館個案訪談的深度及廣度，收集更多經驗知識，探求更多影響因素，以建構較周延的企業資訊服務經營模式。

第八章
智慧資本於工商圖書館之實證研究：財團法人及國營事業機構

　　本章實證資料結果分析，由國家圖書館網站提供之118家工商圖書館名錄[1]為樣本底冊，問卷調查項目與第七章相同，問卷內容詳見本書附錄三，於2012年5月28日至7月2日進行問卷發放與催收，總計獲取33家圖書館之問卷填答資料，回收率28%，有意願接受深入訪談之填答者來自財團法人及國營事業機構共計六位，分別於2012年6月至7月間訪談。由於此名錄資料大多為財團法人機構之工商圖書館，與第七章之機構屬性不太相同，因此未直接合併第七章之資料分析，部分量化分析資訊與第七章之資料進行比較分析。

　　除了第七章曾提及關於量化指標於衡量各資本構面之研究限制之外，本章之樣本資料來自33家機構，質性訪談資料來自其中的六家機構，僅能呈現工商圖書館之部分現況，而且可能由於機構政策保守或未設置機制控管相關資訊，部分問項之未填答機構比例高，此為本章之研究限制。

　　本章之樣本資料以財團法人與國營事業機構為主，但仍有些許來

---

[1] 工商圖書館名錄：http://libstat.ncl.edu.tw/nclstatFront/a_libcatalog/search_result.jsp?orgId=CE&searchType=type&cityId=ALL&libDataOrgId=CED。檢索日期：2012年5月20日。

自一般企業且未排名於一千大企業之公司。因此，本章副標題雖以財團法人與國營事業機構突顯主題，但以「工商機構」來敘明本章之機構屬性，以與第七章之「一千大企業」的內容做區別。以下首先為智慧資本之七項構面呈現量化問卷調查分析結果，其次再呈現深入訪談分析結果。

第一節　問卷調查分析

一、結構資本

表8-1顯示工商機構圖書館（室）或文管中心組織編制概況，相較於第七章於一千大企業的調查結果，本章於圖書館為專屬單位，並編制專屬人力管理之比例較高。然而，未設置文件管理中心比例較第七章結果低，顯示此章分析之樣本資料，較多數為典型圖書館之樣態。

表8-1：工商機構圖書館（室）或文管中心之組織編制

	圖書館（室）		文件管理中心	
	N	%	N	%
專屬單位，並編制專屬人力管理	13	39.4	7	21.2
由相關部門代管，有設置專屬人力管理	14	42.4	10	30.3
由相關部門代管，未設置專屬人力管理	5	15.2	5	15.2
未設置圖書館（室）／文件管理中心，各部門自行管理相關文件	1	3.0	11	33.3
合計	33	100	33	100

關於圖書館（室）或文管中心是否由相同部門管理之調查結果如表8-2，近半數機構為二者分別由不同單位管理，而第七章之企業調查結果呈現二者僅其一存在於公司中之比例最高。

單位主管之位階調查結果如表8-3，中階主管最多，其次高階主管，而第七章之企業調查結果為高階主管最多，其次中階主管。相同的是低階主管比例最低。

第八章 智慧資本於工商圖書館之實證研究：財團法人及國營事業機構

表8-2：工商機構圖書館（室）或文管中心是否由相同部門管理

項目	N	%
是，二者合併為同一單位	7	21.2
是，但二者業務分由不同人員管理	4	12.1
否，二者分由不同單位管理	15	45.5
否，二者中僅其一存在於公司中	7	21.2
合計	33	100

表8-3：工商機構圖書館（室）或文管中心單位主管在公司中之位階

主管位階	高階主管	中階主管	低階主管	未填寫
次數	6	8	4	15
百分比	18.2	24.2	12.1	45.5

　　工商機構圖書館（室）或文管中心隸屬部門名稱整理如表8-4，行政部門與企劃組出現頻率較高，若干填答者自行填寫之部門名稱都很獨特，無法歸類計次，因此直接完整顯示其部門名稱。

表8-4：工商機構圖書館（室）或文管中心隸屬部門名稱

隸屬部門	次數
行政處、行政部門	5
企劃組、企劃處	2
人資中心、技術組（代管）、法律資料部、金融研究所、品質管制部、研究所技管部、秘書處文書科、院長室、產業情報研究所（MIC）、資訊服務中心、資訊組、圖書室隸屬管理部、文件管理中心隸屬研發中心、編務二處	各1次
未填寫	13

　　由表8-5可看到工商機構圖書館（室）成立年代，最早自1939年，最新是2011年，五〇年代、六〇年代、七〇年代、八〇年代及九〇年代，各世代都有成立二至三所圖書館，本研究樣本機構之成立年代分布於不同年代，但仍有半數機構未回應此資訊。

表8-5：工商機構圖書館（室）或文管中心成立年代

成立年代	1939	1961	1964	1965	1974	1976	1977	1981	1984	1985	1995	1998	2001	2002	2011	未填寫
機構數	1	1	1	1	1	1	1	1	1	1	1	1	2	1	1	17

大部分工商機構圖書館（室）或文管中心設置地點採取集中於一地的管理方式，其調查結果如表8-6，與第七章之企業調查結果相同。

表8-6：工商機構圖書館（室）或文管中心設置地點

設置地點	集中於一地	分散在各地	未填寫
機構數	17	3	13
百分比	51.5	9.1	39.4

圖書館（室）或文管中心規模如表8-7，大部分為十人以下的編制，僅二例較為特別，分別為20人與316人，由於該二例為大型機構，工商機構圖書館（室）或文管中心業務隸屬人資中心與企劃處，所填寫數字為前述二部門之規模，而非單純僅指圖書館之編制人力。

表8-7：工商機構圖書館（室）或文管中心規模

編制	0人	1人	2人	3人	4人	5人	8人	20人	316人	未填寫
機構數	1	5	5	2	1	2	1	1	1	21
百分比	3.0	15.2	15.2	6.1	3.0	6.1	3.0	3.0	3.0	42.4

約四分之一（八家）回覆圖書館（室）或文管中心可開放外部人員使用，12家（36.4%）回覆不開放，仍有13家（39.4%）未填寫此題項。圖書館（室）或文管中心成立原因如表8-8，比例最高的是「提供同仁知識成長的環境與平臺」，然而，第七章之企業調查之最高比例為「重要文件需集中建檔管理」，與此章結果不同，因此，工商圖書館之不同屬性機構，其營運原因及重點存在相當大之差異。

表8-8：工商機構圖書館（室）或文管中心成立原因

成立因素（複選）	公司數	占全體樣本數比例
提供同仁工作以外的休閒管理	8	24%
重要文件需集中建檔管理	10	30%
提供同仁知識成長的環境與平臺	17	52%
促進同仁專業知識交流活動	13	39%

二、人力資本

表8-9呈現填答者背景資料，管理人員來自圖書資訊學相關背景畢業者比例及年齡較第七章之一千大企業稍高，學歷及性別分析則差異不多。非主修圖資相關系所者，其主修包括農藝系、行政管理、資訊管理、化工、社會科學、法律、電子等不同學科領域。此章之管理人員之現職平均年資十年，比第七章之公司圖書室管理人員之平均年資5.5年長，穩定度較高。可能因本章樣本底冊來自於國家圖書館網站登錄資料，該機構相關單位應與圖書館事業關連度較高，管理人員為圖書資訊教育背景者比例達四成五，而一千大企業圖書館（室）之管理人員為圖書資訊教育背景者比例不到一成（參見表7-13），反應了此章樣本機構之任職人員較近似於典型圖書館之人員背景型態。

表8-9：工商機構圖書館（室）或文管中心填答者背景資料

性別	N	%	主修	N	%
男	5	15.2	非圖書資訊學相關系所	18	54.5
女	28	84.8	圖書資訊學相關系所	15	45.5
年齡	N	%	學歷	N	%
20-30歲	3	9.1	高中職	3	9.1
31-40歲	10	30.3	大學及專科	22	66.7
41-50歲	8	24.2	碩士	8	24.2
51-60歲	10	30.3			
61歲以上	2	6.1			

表8-10呈現填答者負責業務（左側）及專兼任職務（右側），最

高比例之業務為閱覽典藏，最低比例業務為ISO文件管理。另有人主動填答非選項中的業務包括公司對外知識中心網站（非圖書館網站）之文章徵集編審作業、美工繪圖。全職管理圖書館業務比例達六成，而第七章一千大企業之該項（表7-14）比例不到一成，差異甚大。

表8-10：工商機構圖書館（室）或文管中心填答者負責業務及全職與兼職工作職務

工作項目（複選）	N	%	全職／兼職（擇一選項）	N	%
閱覽典藏（圖書借還、上架整理）	25	75.8	全職管理圖書館（室）相關業務	20	60.6
期刊管理	23	69.7			
外部書刊採購	22	66.7			
館藏系統管理及維護	20	60.6			
外部書刊分類編目	18	54.5	全職管理文件管理中心（含檔案室、技術文件室或技術資料室）相關業務	3	9.1
參考諮詢	16	48.5			
電子資源管理	16	48.5			
其他行政庶務	12	36.4			
館際合作	12	36.4			
推廣	11	33.3	兼職管理圖書館（室）相關業務，主要負責其他業務	9	27.3
公司內部文件分類與管理	10	30.3			
公司內部文件徵集	10	30.3			
單位網站建置及維護	9	27.3			
員工教育訓練課程規劃	6	18.2	兼職管理文件管理中心（含檔案室、技術文件室或技術資料室）相關業務，主要負責其他業務	1	3.0
編纂公司內部文件	6	18.2			
研發專案資料控管及建檔	5	15.2			
ISO文件管理	2	6.1			

管理人員負責工作項目，將第七章之一千大企業之54家公司圖書室或文管中心管理人員之負責工作項目之比例，與此章之33家工商機構圖書館（室）管理人員負責工作之比例合併呈現於圖8-1。主要排序依工商機構圖書館（室）管理人員負責工作比例依高至低排，一千大

企業資訊服務於大部分業務比例均不高,然而,近五成公司包含公司內部文件分類、ISO文件管理二項業務,顯示一千大企業資訊服務提供者之業務型態與工商機構圖書館(室)管理人員業務內容差異大。

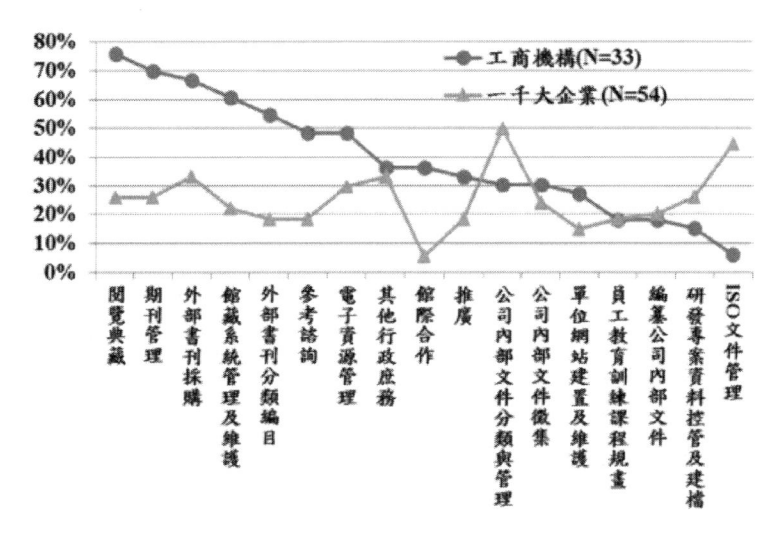

圖8-1:工商機構與一千大企業圖書館(室)或文管中心管理人員負責業務比例

人力資本構面之各項問項之同意程度綜整如表8-11,大部分工商機構圖書館管理人員於各問項同意度較一千大企業低,僅工作空間之滿意度較高,但未達統計上顯著差異。他人肯定與支持、主管支持、參加在職教育訓練課程、參與重要決策會議等四項,工商機構之同意程度顯著低於一千大企業,顯示一千大企業於人力資本表現優於本章之工商機構。

三、程序資本

工商機構圖書館(室)或文管中心總館藏量如表8-12,相較於第七章一千大企業之表7-16,本章未收藏圖書及雜誌之機構比例較少,大部分機構圖書量在1,001-30,000冊,雜誌量在11-200種,具有一定規模。然而,未收藏文件之機構比例相當高,與第七章之一千大企業出現若干超高文件收藏量的樣態差異大,此外,本章之電子資源收藏狀況亦低於一千大企業之資訊服務單位。

表8-11：工商機構與一千大企業圖書館（室）或文管中心之人力資本問項同意程度

代碼	問項	工商機構 (N = 33) 平均數	標準差	一千大企業 (N = 54) 平均數	標準差	t值
b3	我充分瞭解公司發展策略與目標	4.88	1.17	4.85	0.94	
b3	我有一個舒適自由、令我感到滿意的工作空間	5.03	0.88	4.65	1.03	
b3	在我的工作環境中，可以獲得來自他人的肯定與支持	4.12	1.52	4.74	0.85	(-2.15)**
b3	我的主管能夠尊重與支持我在工作上的創意	4.27	1.48	4.85	0.92	(-2.02)**
b3	我的主管能夠信任部屬、適當的授權	4.61	1.17	4.89	0.88	
b3	我能充分掌握公司最新發展方向	4.36	1.08	4.37	0.83	
b2	我有許多機會可參與在職教育訓練課程	3.91	1.61	4.48	1.16	(-1.92)*
b3	我需參與公司內部重要的決策會議	2.85	1.48	3.41	1.24	(-1.9)*

註：問項對應於表7-3之衡量變數代碼。
*$p < 0.1$　　**$p < 0.05$　　***$p < 0.01$，p值達顯著性始註記t值。

各種資源之收藏及類型如圖8-2，圖書部分約六成機構收藏紙本，33%同時收藏紙本及電子型式，各種資源有收藏電子版之工商機構比例較一千大企業低（詳見圖7-1），其他特殊資源如財務及銷售報告等，則本章機構未收藏的比例較高。

圖8-3為二種不同類型機構之服務項目的比較，依工商機構提供的服務項目高低比例來排序，大部分服務項目為工商機構提供比例較一千大企業高，然而，「員工專業進修教育訓練相關課程」為28%之一千大企業提供該項服務，而僅9%的工商機構提供該服務。本研究提

表8-12：工商機構圖書館（室）或文管中心總館藏量

圖書	N	%	文件	N	%
0冊	4	12.1	0件	23	69.7
1,000冊以下	3	9.1	100件以下	2	6.1
1,001-10,000冊	14	42.4	500至1,000件	2	6.1
10,001-30,000冊	9	27.3	1,001至3,000件	2	6.1
30,000冊以上	3	9.1	5,000至20,000件	4	12.1
雜誌	N	%	電子資源量	N	%
0種	4	12.1	0件	18	54.5
10種以下	3	9.1	1-20件	4	12.1
11-30種	7	21.2	21-150件	9	27.3
31-200種	14	42.4	1,000件	1	3.0
201-1,000種	4	12.1	6,000件	1	3.0
1,200種	1	3.0			

註：因本研究依填答者自填數據後，再歸類於不同級距，若干級距間數值不連續是為精簡呈現實際數據。

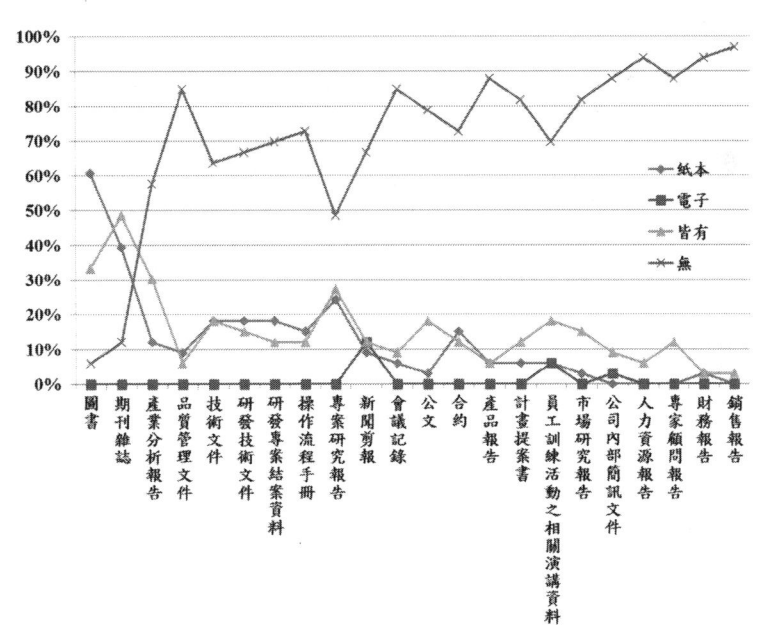

圖8-2：工商機構圖書館（室）或文管中心之各種資源於不同媒體型式之收藏概況

供勾選的大部分項目較偏重於典型圖書館的服務項目，因此本章探索之機構類型，較接近典型圖書館營運模式。除了本研究所列之項目之外，另有二家機構主動填寫年報亦是館藏之一。

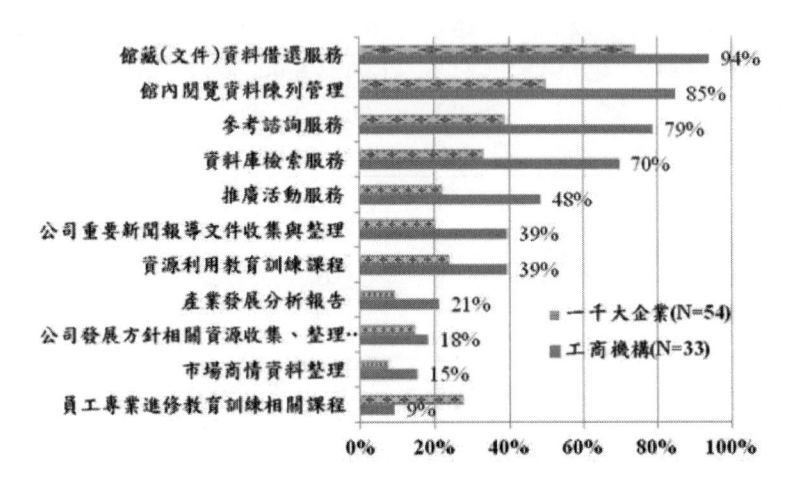

服務項目	一千大企業(N=54)	工商機構(N=33)
館藏(文件)資料借還服務		94%
館內閱覽資料陳列管理		85%
參考諮詢服務		79%
資料庫檢索服務		70%
推廣活動服務		48%
公司重要新聞報等文件收集與整理		39%
資源利用教育訓練課程		39%
產業發展分析報告		21%
公司發展方針相關資源收集、整理…		18%
市場商情資料整理		15%
員工專業進修教育訓練相關課程		9%

圖8-3：工商機構與一千大企業圖書館（室）或文管中心之服務項目

　　每月圖書及文件處理件數如表8-13，約半數機構無法回答此問題，其中約四分之一機構處理件數在100件以下。僅二家機構將圖書委外分類編目，其餘31家未將圖書委外處理。工商機構圖書館（室）之圖書處理業務大部分自行處理，新進館藏之處理業務量未超過機構內人力負荷量。關於每年新增書刊之預算問題，19家機構無法提供金額，14家機構填答此數值，由最小的120元至最高的400萬元，其中預算金額為十萬至百萬間的有六家，超過百萬的有四家，顯示工商機構圖書館（室）之大小規模差異大。

表8-13：工商機構圖書館（室）或文管中心圖書及文件處理件數

圖書及文件處理件數	N	%
30-100件	9	27.3
150-300件	4	12.1
500-1,000件	4	12.1
未設置機制管控，無法回答處理件數	16	48.5

註：因本研究依填答者自填數據後，再歸類於不同級距，若干級距間數值不連續是為精簡呈現實際數據。

第七章之一千大企業圖書館（室）共計28家（52%）勾選有自建知識庫，本章之工商機構圖書館（室）則有21家（64%）勾選。在知識庫所收藏的內容中（圖8-4），一千大企業於各項目占有設置知識庫之機構數之比例較工商機構圖書館比例高，顯示一千大企業之資訊服務一旦涉及知識管理之概念，其實施內容即較為徹底。其中「教育訓練的教材」與「標準作業流程」是五成以上的一千大企業知識庫會收藏的內容，而「同仁的研討會心得」是超過五成的工商機構知識庫會收藏之內容，不同類型組織知識庫之收藏重點有差異。

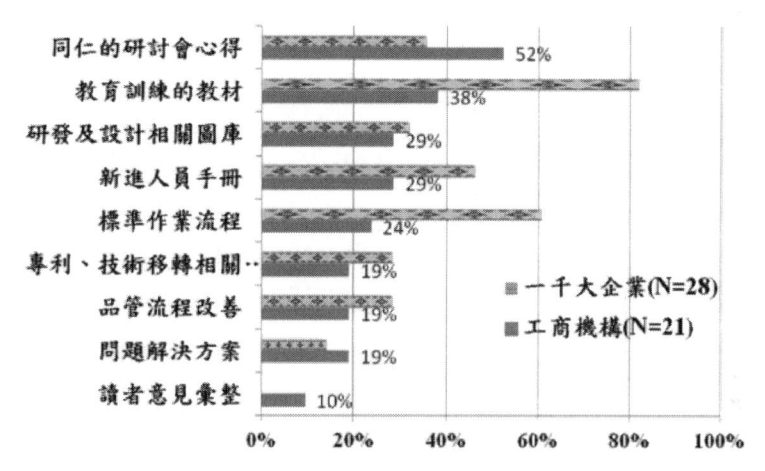

圖8-4：工商機構與一千大企業圖書館（室）或文管中心之知識庫內容收藏比例

程序資本構面之各項問項之同意程度綜整如表8-14，工商機構於程序資本表現是資產重要程度高，散播資訊管道多，但少投入於知識加值之程序。其中在加值資訊服務、單位影響力、電子資源常被利用等三項，其同意程度工商機構顯著低於一千大企業，顯示一千大企業之程序資本表現優於工商機構。

四、技術資本

電腦設備數及預算編列狀況如表8-15，相較於一千大企業（表7-20），工商機構圖書館（室）0部電腦比例低，平均每家配置3.5部

表8-14：工商機構與一千大企業圖書館（室）或文管中心之程序資本問項同意程度

代碼	問項	工商機構 ($N = 33$) 平均數	標準差	一千大企業 ($N = 54$) 平均數	標準差	t值
c1	貴單位綜整的資源，是貴公司相當重要的資產	4.79	1.22	4.78	1.27	
c4	貴單位業務包括為公司內部文件加值資訊，並彙整為分析報告	3.00	1.58	3.91	1.44	(-2.74)***
c3	貴單位以各種管道發布新知給同仁	4.45	1.62	4.67	1.18	
	貴單位在公司中具影響力	3.39	1.41	4.31	1.06	(-3.46)***
c2	相較於紙本資源，貴單位的電子資源較常被利用	3.33	1.95	4.39	1.41	(-2.93)***
c3	貴單位處理新到館資源速度快	4.82	.77	4.54	1.41	
c5	貴單位即時回應讀者的需求	4.67	1.29	4.43	1.38	
c4	貴單位設計各種誘因使同仁樂於將經驗知識放在知識庫中	3.15	1.70	3.67	1.54	

註：問項對應於表7-3之衡量變數代碼。
*$p < 0.1$　　**$p < 0.05$　　***$p < 0.01$，p值達顯著性始註記t值。

電腦，可能因本章之樣本機構於圖書館為專屬單位比例較高，電腦設備為專屬單位之基本配備。然而，關於電腦預算編列狀況，僅一家機構提供五萬元之預算金額，近四成由其他部門支援。至於電腦管理狀況，17家（51.5%）由電腦中心管理，14家（42.4%）部分自行管理，二家未註明，顯示由電腦中心與自行管理各約占一半，但採取電腦中心統籌管理模式之機構比例仍稍高一些。

第八章　智慧資本於工商圖書館之實證研究：財團法人及國營事業機構

表8-15：工商機構圖書館（室）或文管中心電腦設備數及預算編列狀況

電腦設備數	N	%	預算編列狀況	N	%
0部	4	12.1	有編列	1	3.0
1部	7	21.2	有編列，無法提供金額	14	42.4
2-5部	15	45.5	未編列，由其他部門支援	12	36.4
7-8部	6	18.2	其他	2	6.1
17部	1	3.0			

註：因本研究依填答者自填數據後，再歸類於不同級距，若干級距間數值不連續是為精簡呈現實際數據。

資訊服務管道及外部網路資源諮詢來源綜整如表8-16，如同一千大企業（表7-21），電子郵件仍是最多機構採納以提供資訊服務的管道，然而，本章機構自建網頁比例較高，可能亦因圖書館為專屬單位比例高之故。至於外部網路資源服務，約占一半的機構勾選政府及新聞網站，勾選其他圖書館網站之比例亦超過三成，比一千大企業高。

表8-16：工商機構圖書館（室）或文管中心資訊服務管道及外部網路資源諮詢來源

資訊服務管道（複選）	機構數	占全體樣本數比例
電子郵件	27	81.82%
公司內部社群平臺	15	45.45%
圖書館（室）或文件管理中心自建網頁	15	45.45%
圖書館（室）或文件管理中心自建維基平臺	4	12.12%
外部網路資源諮詢（複選）	機構數	占全體樣本數比例
未提供諮詢服務	14	42.42%
政府網站	16	48.48%
新聞網站	15	45.45%
其他圖書館網站	12	36.36%
其他公司網站	7	21.21%

數位資訊服務占總服務的比例平均為24.1%，此資訊由填答者自行填寫數據，綜整如表8-17，高於四成的機構不曾提供數位資訊服務，達80%以上為數位資訊服務之機構僅占樣本數12.1，相較於一千

247

大企業（表7-22），工商機構提供數位資訊服務比例較低，顯示仍以傳統圖書館之資訊服務模式為主。

表8-17：工商機構圖書館（室）或文管中心數位資訊服務占總服務比例

比例值	0	5	10	20	30	40	50	80
機構數	14	1	2	2	4	1	5	4
%	42.4	3.0	6.1	6.1	12.1	3.0	15.2	12.1

技術資本構面之各項問項之同意程度綜整如表8-18，工商機構之技術資本表現平平，在大部分以網路傳送數位資訊的項目中，其同意程度顯著低於一千大企業，顯示一千大企業之數位資訊服務程度優於工商機構，可能一千大企業之資訊科技及網路建置環境優於工商機構，且文件管理為其重點，主要館藏即為電子版的文件，而工商機構圖書館（室）收藏紙本圖書較多，較難推廣數位資訊服務。

表8-18：工商機構與一千大企業圖書館（室）或文管中心之技術資本問項同意程度

代碼	問項	工商機構 ($N=33$) 平均數	標準差	一千大企業 ($N=54$) 平均數	標準差	t值
d1	貴單位大部分的資訊服務，以網路傳送數位資訊給讀者利用	3.58	1.87	4.35	1.66	(-2.02)**
d1	貴單位提供讀者諮詢服務時，常需利用外部網路資源	3.85	1.70	3.48	1.60	
d2	貴單位即時導入新科技以提供迅速的資訊服務	3.58	1.71	3.57	1.71	
d3	貴單位工作人員運用電子報或專業論壇傳送即時新訊	3.27	1.96	3.63	1.53	

註：問項對應於表7-3之衡量變數代碼。
*$p<0.1$　　**$p<0.05$　　***$p<0.01$，p值達顯著性始註記t值。

五、關係資本

有業務聯繫往來之內外部機構如表8-19，與一千大企業（表7-24）相同點是與內部其他部門聯繫之比例最高，與公共圖書館聯繫比例低。相異點是工商機構與出版社、書商、電子資源資料庫廠商等業務聯繫比例亦高，且近三成機構亦勾選專門圖書館，但一千大企業於該項僅4%公司勾選，顯示本章之工商機構圖書館（室）彼此間仍有若干聯繫，與一千大企業之關係資本表現不同。

表8-19：工商機構圖書館（室）或文管中心業務聯繫及往來之單位

有業務聯繫的單位（複選）	公司數	占全體樣本數比例
公司內部其他部門	30	90.9%
出版社、書商	26	78.8%
電子資源資料庫廠商	18	54.5%
上級部門	17	51.5%
專門圖書館（如經建會圖書室）	9	27.3%
公司外部（策略聯盟公司或其他分公司）圖書室	6	18.2%
大學圖書館	4	12.1%
公共圖書館	2	6.1%

關係資本構面之各問題同意程度如表8-20，整體而言，工商機構圖書館（室）之內外關係表現平平，僅與直屬主管聯繫較密切。與一千大企業相同處是不會將圖書編目委外處理，因此與圖書委外公司接觸低。然而，相較於一千大企業，跨部門合作、跨部門聯繫頻率、其他部門同仁意見、直屬部門主管瞭解及關心業務狀況等五項目，其同意程度顯著較低，顯示工商機構圖書館（室）在關係資本的表現較保守，其運作模式較獨立，與其他利害關係人接觸程度不高。

六、顧客資本

本章33家工商機構圖書館（室）之顧客資本相關統計量如表8-21，所有機構都填寫了服務對象總數之數值，平均值大約為1,660

表8-20：工商機構與一千大企業圖書館（室）或文管中心之關係資本問項同意程度

代碼	問項	工商機構 (N = 33) 平均數	標準差	一千大企業 (N = 54) 平均數	標準差	t值
e1	貴單位有跨部門的合作關係	3.82	1.93	4.72	1.20	(-2.42)**
e1	貴單位時常進行跨部門聯誼與溝通	3.24	1.82	4.72	1.04	(-4.27)***
e1	各部門同仁經常提供貴單位相關意見	3.97	1.49	4.50	1.19	(-1.83)*
e1	直屬部門主管瞭解貴單位運作狀況	4.21	1.58	4.91	0.76	(-2.37)**
e1	直屬部門主管時常主動關心貴單位業務狀況	3.79	1.75	4.63	1.12	(-2.48)**
e2	貴單位與公司外部圖書室（如策略聯盟公司或其他分公司）進行跨館合作	2.91	1.68	2.67	1.64	
e2	貴單位部分業務（如圖書分類編目）需委外處理	1.79	1.27	2.06	1.42	
e2	貴單位經常需與委外公司接洽相關業務	2.12	1.34	2.31	1.53	

註：問項對應於表7-3之衡量變數代碼。
*$p < 0.1$　　**$p < 0.05$　　***$p < 0.01$，p值達顯著性始註記t值。

人，但有三家機構於此項目填寫0人。約有一半機構未設置機制管控實體地點使用人次數量，平均約千餘人，但標準差也大，數位資源之利用次數僅六家機構提供數值，一家財團法人機構提報高達57,100次之數位資源利用量，由圖8-2來看，雖然整體各項資源之數位版比率不高，但一旦投入收藏數位資源的機構，則數位資源的利用率相當高。由表8-21與表7-26之資訊相較來說，本章之33家機構於顧客資本之各項數值比一千大企業之54家公司高。

第八章　智慧資本於工商圖書館之實證研究：財團法人及國營事業機構

表8-21：工商機構圖書館（室）或文管中心顧客資本相關統計量

問項	機構數 已填寫	機構數 未填寫	平均數	中位數	標準差	最小值	最大值
服務對象總數	33	0	1,659.4	350.0	4,712.7	0	27,000
每月到貴單位實體地點使用人次數量	17	16	1,151.9	300.0	2,464.1	20	10,000
每月使用數位資源之次數數量	6	27	10,658.3	1,750.0	22,777.8	100	57,100
每月借閱書刊人次數量	22	11	538.9	200.0	818.2	10	3,120

　　表8-22為顧客資本各構面問項之同意程度。在深入分析同仁資訊需求及因應同仁反應調整服務內容的項目上，同意程度稍高於其他項

表8-22：工商機構與一千大企業圖書館（室）或文管中心之顧客資本問項同意程度

代碼	問項	工商機構 ($N=33$) 平均數	工商機構 ($N=33$) 標準差	一千大企業 ($N=54$) 平均數	一千大企業 ($N=54$) 標準差
f1	貴單位可掌握貴公司不同部門同仁資訊需求之異同	3.76	1.77	3.83	1.55
f1	貴單位會深入分析同仁的資訊需求以改善服務內容	4.03	1.59	3.80	1.56
f2	貴單位會調查同仁對於資訊服務的滿意度	3.61	1.73	3.41	1.64
f3	貴單位會因應同仁的反應而適時調整服務內容	4.30	1.38	4.33	1.41
f1	各部門同仁進行相關業務時，會優先查檢貴單位綜整的相關資源	3.67	1.59	4.04	1.53

註：問項對應於表7-3之衡量變數代碼。

目,與一千大企業在各問項之 t 檢定差異分析無任何一項達顯著差異,顯示二種機構類型在顧客資本表現近似,都會因應不同顧客需求以調整服務內容。

七、更新與發展資本

表8-23列舉量化指標於本章機構採納的比例,相較於一千大企業(表7-28),較高比例之工商機構比採納各項量化指標。較高比例機構採納借書次數及到館人次之量化績效呈報主管單位,而其中「讀書分享會辦理次數及參與人次」,與一千大企業相同,都是最少機構採納之指標,整體而言,工商圖書館少辦理讀書分享會來推廣資訊服務。此外,尚有人主動填答其他指標如加值服務、電子報、書刊採購、舊雜誌出售、新增資料庫等項目。

表8-23:工商機構圖書館(室)或文管中心曾採用之量化指標以評估服務績效

量化指標(複選)	公司數	占全體樣本數比例
借書次數	23	69.7%
到館人次	15	45.5%
電子資源資料庫使用次數	14	42.4%
諮詢服務件數	12	36.4%
推廣活動次數	10	30.3%
調閱文件次數	6	18.2%
讀書分享會辦理次數及參與人次	5	15.2%

表8-24為更新與發展資本各構面問項之同意程度,二種類型之機構都在經費成長項目之同意度較低,顯示經費短缺是大家共同要面臨的問題。所有項目之 t 檢定差異分析均未達統計顯著性,顯示二種機構類型之更新及成長資本相近。

八、特色與經營困難

問卷調查最後一個題項為簡述圖書室(文件管理中心)特色或經

第八章　智慧資本於工商圖書館之實證研究：財團法人及國營事業機構

表8-24：工商機構與一千大企業圖書館（室）或文管中心之更新與發展資本問項同意程度

代碼	問項	工商機構 (N = 33) 平均數	標準差	一千大企業 (N = 54) 平均數	標準差
g1	貴單位工作人員常參加研討會、研習班、工作坊、在職訓練課程以獲取新知	3.36	1.56	3.63	1.59
g1	貴單位工作人員有許多進修與學習的機會	3.48	1.56	3.89	1.51
g3	貴單位能運用創意推出創新服務	3.58	1.44	3.72	1.61
g2	貴單位經常辦理推廣活動	3.03	1.49	3.35	1.54
	近年來，利用貴單位綜整的資源（含紙本與數位）的讀者人數呈現成長狀況。	3.58	1.77	3.81	1.53
	近三年，貴單位的經費預算逐年成長	2.73	1.31	2.93	1.72

註：問項對應於表7-3之衡量變數代碼。

營困難，約一半的回覆者費心填寫寶貴意見，茲摘錄其意見並分為財團法人、國營事業及一般企業，綜整如表8-25。關於特色項目，若干機構提及該館專業館藏之主題，如語言、電力、工程等，不論何種機構類型都提及重視讀者需求的特點。經營困難項目，不少館都提及了人力不足、經費少、空間小、系統維護困難等問題，另亦有些館提及人性化管理造成館藏管理問題，一千大企業圖書館（室）或文管中心也面臨相同的經營困難。

第二節　深入訪談分析

　　回覆本研究量化問卷之工商機構共計33家，問卷最後一題項即請可接受深入訪談者留下詳細聯絡資訊，經一一電話聯絡後，有意願接受深入訪談之填答者來自財團法人及國營事業機構共計六位，於2012年6月至7月間訪談，表8-26為訪談對象背景資料一覽表。除了受訪者d

表8-25：工商機構圖書館（室）或文管中心特色與經營困難

機構類型	特色	經營困難
財團法人	• 提供的所有資訊皆以<u>服務顧問輔導</u>，診斷與政府案之執行，除企業經營管理外，產業趨勢、政策方向等皆需廣泛收錄 • 以滿足<u>同仁需求</u>為首要，<u>重視效率</u> • 典藏以語言訓練與測驗為主	• 除基本圖書／期刊外、資訊整理、參考諮詢為主要服務工作、工作量大但<u>人員編制</u>無法再擴充 • 所管資料愈來愈多，<u>人力不足</u> • <u>專業人力</u>不足 • <u>空間</u>會因機構發展時有遷動，搬遷工作繁複，<u>經費又少</u>，是很大的問題 • 組織<u>經費較少</u>，無法負擔大型資料庫費用
國營事業	• 電力專業圖書典藏 • 因應公司研發策略及讀者研究需求動態之變化，需隨時檢視館藏及電子資料庫使用率，查覺出資源缺口並及時補正，<u>以公司及讀者需求脈動</u>	• 圖書管理<u>系統</u>維護困難 • 館藏型態不符合時代需求 • 即將遷廠，故圖書館即將封館 • 圖書室<u>空間</u>小
一般企業	• 主要以工程專業書籍為主 • 典藏許多國內外的教科書及教材 • 本公司圖書室最大特色在於典藏許多國內外的教科書及教材 • <u>資訊需求</u>之創造 • <u>深入精緻服務</u>之提供	• 館員只負責管理圖書館，而無法決定書籍採購、<u>圖書預算支配</u>和添購設備 • 人性化管理，有時同仁<u>借閱未上網登記時會造成困擾</u>，無法找到借閱雜誌的同仁 • <u>經費</u>爭取不易（專業圖書館部分） • 同仁工作忙碌，<u>無暇利用</u> • 獨立作業，<u>無人及專業技能支援</u> • 母企業受大環境種種因素影響，獲利空間愈來愈少，母公司能投入購書等相關<u>經費</u>也就相對減少

第八章　智慧資本於工商圖書館之實證研究：財團法人及國營事業機構

表8-26：受訪人員背景資料一覽表

序號	學歷（主修）	館藏主題	機構屬性	負責業務	目前任職工作年資	職稱	訪談時間
a	碩士（圖書資訊所）	金融	財團法人	綜理館務（外部書刊採購、公司內部文件徵集、外部書刊分類編目、公司內部文件分類與管理、電子資源管理、期刊管理、館際合作、閱覽典藏推廣、參考諮詢）	3	圖書館館長	90分鐘
b	碩士（圖書資訊所）	傳播媒體	財團法人	外部書刊採購、電子資源管理、期刊管理、閱覽典藏、推廣、參考諮詢、館藏系統管理及維護	20	圖書館館長	90分鐘
c	碩士（圖書資訊所）	電機／人力資源	國營事業	外部書刊採購、外部書刊分類編目、館藏系統管理及維護、員工教育訓練課程規劃	1	資料員	90分鐘
d	碩士（農藝研究所）	農業	財團法人	公司內部文件徵集、館際合作、閱覽典藏、館藏系統管理、其他行政庶務	1	管理員	70分鐘
e	學士（圖書資訊學系）	經濟	財團法人	期刊管理、館藏系統管理及維護、期刊管及建檔、研發專案資料控管	14	主任	120分鐘
f	碩士（圖書資訊所）	資訊	財團法人	綜理館務（包含所有工作項目）	11	組長	90分鐘

255

主修農藝之外，其他受訪者均畢業於圖書資訊相關系所。負責業務相當廣泛而多元，包含了圖書館的各種業務類型。

先前不同學者於智慧資本各構面之研究，多為量化指標為主，然由於工商圖書館之個別差異甚大，量化指標難以呈現其各館特色，因此本研究以質性分析方法呈現工商圖書館經營實務現況。本研究依據智慧資本之觀點設計各構面之訪談問題，訪談大綱請見本書附錄四。受訪者依訪談所列問題大綱回答，本研究綜整分析訪談逐字稿，訪談分析編碼表詳見本書附錄六，若引用受訪者的言談，圓括弧中的註解為受訪者代碼及逐字稿行號，引用時刪除部分冗詞，方括弧中的註解則是針對受訪者提到之縮寫字加註其全名，部分註解文字是為了增進易讀性。

相對於樣本底冊數量而言，願意受訪的人員相當少，因此本研究僅能呈現少許工商圖書館之營運現況，此為其研究限制之一。另外，國內工商圖書館之公開名錄資料僅能由國家圖書館網站資訊而來，該名錄並未再區辨其機構屬性差異，因此該樣本底冊實包含了各種型態之工商圖書館，但因有意願接受訪談者大多來自財團法人機構，僅一個案來自國營事業機構，才聚焦於財團法人機構工商圖書館之論述，其研究過程之嚴謹度尚有進步空間，此為研究限制之二。

一、結構資本

圖書館在機構中的定位問題，多館曾經面臨圖書館存在必要性的挑戰，但因應機制不太相同，受訪者b表示母機構設有法律保障圖書館地位，f館曾以實際營運數據分析報告以挽救裁撤的危機。此外，多館曾經歷若干次組織調整，b館曾隸屬於不同部門，目前層級為最末端的單位，超過一半的受訪者表示經費調降及規模縮減是近幾年來的普遍現象。然而，e館則因母機構組織扁平化的政策，因業務整併而擴增資訊服務範圍，非傳統圖書館的「成本」中心，亦提供對外收費服務，部分業務為支援「利潤中心」。f館面臨組織調整及資訊科技快速變化的衝擊，重新思考及定位圖書館於機構中的角色，因而推展許多有別於傳統圖書館的創新服務。由於母機構性質不同，經費來源不同，造

成結構資本之多元表現，a館與e館之差異，其分別表現出預算刪減之無力感與母機構充分尊重專業之肯定感。

以下分別由定位與任務、組織結構調整與預算編列等二個面向，列舉受訪者談論內容。

（一）定位與任務

不同屬性母機構其圖書館定位有所差異，b館強調法律保障圖書館存在之必要性；c館之所屬母機構分別依功能與目標不同而設置三個不同類型的圖書館，並各自有其服務對象；a館、d館、e館與f館都為了支援母機構的研究而存在，不太會因經濟不景氣而影響其存在地位，但仍需積極思考因應時代潮流的新服務形式。

> 圖書館是隸屬在金融研究所底下，所以圖書館<u>最重要的使命應該就要支援研究</u>。(a: 9-10)

> 公共電視法四十幾條有三條規定圖書館，所以這也算是一個保障，不知道其他館有法律規定必須要存在的狀況，公共電視圖書館是有法條規定的。(b: 124-125)

> <u>這三個圖書室是歸屬在不同的一級主管</u>，我們的一級單位其實都是不一樣的，像訓練所這邊的一級主管是人力資源處，所以我們訓練所其實有，這邊是所本部，再來的話就是谷關跟高雄都各有一個中心，那每個中心都有一個圖書室，只是規模都很小所以<u>我們的定位就是因為我們是訓練單位，所以主要是以受訓的學員當作服務對象，所以變成說我們的一些開放時間及借閱規則，其實是跟一般不一樣</u>。第二個是總管理處有一個<u>企劃處</u>，那是一級單位，他們自己有一個圖書課，直接<u>服務總處那邊的員工</u>，比較特別的是公司有一些出版品像臺電月刊或之類的，好像有六種，公司那邊的出版品是他們在負責的，所以<u>他們的定位跟我們這邊又不太一樣</u>。綜研所那邊有一個圖書課，那邊是目前三個單位比起來最有規模的，包括<u>比較正規的專門圖書館</u>，然後包含一些館藏或電子資源，他們那邊是比較有在

規劃，那邊的服務對象就是for他們一整個綜合研究所的研究人員。(c: 4-14)

不會因為經濟不景氣而使我們有一些變動，但是會因為資訊科技或是資訊取得的方式越來越便利，曾經有思考過我們應該用什麼樣的方式繼續服務，但存在是沒有被否定的，只是用什麼方式存在和用什麼方式服務這是有討論過的。(e: 4-6)

我們地點都非常的分散，幕僚單位都是在科技大樓那邊，譬如行政處、會計處、人力處都在那邊，研究單位都在民生社區那邊，我們這邊就剩下我們自己的母機構MIC [產業情報研究所]，還有科法中心。因為我們有些部門比較遠，譬如南港或高雄，他們上來的時候其實這邊可以當作一個他們行動辦公室的據點，我們有時後會辦一些新知分享會，比較常用就是在這邊上班的同仁會比較常來用，就是我剛剛講的那二個部門。……應該說我們母機構是資策會，可是我們直屬的單位是資策會底下的MIC。(f: 45-48, 52-57, 59-61, 63-66)

（二）組織結構調整與預算編列

雖然圖書館不致於因外部景氣不好而被裁撤，但比較困擾的是預算刪減的問題，以及隸屬部門或圖書館名稱經常變動，像b館原為獨立單位，後因不同因素逐年轉為隸屬不同上級單位，依次為節目部、行政部、製作部、公共服務部、公服暨行銷部等單位。而e館為因應資訊時代潮流及母機構組織扁平化之因素，其名稱歷經二級單位的資訊組、資訊服務組、資訊服務處（原為二級單位，後來改為一級單位），現今則為一級單位的資訊服務中心，綜理包含圖書館、電腦中心、會員諮詢服務等業務，除了服務機構內編制人員之外，亦針對外部會員提供有價的資訊服務。另外，f館也為了轉型，扭轉傳統圖書館的形象，非以典藏量或到館人次為重點，重新定義服務的主軸，強化虛擬資訊服務的重要性。

我們的預算要讓立法院來審，順利的話預算通過，我們原本規劃的案子都可以順利執行，可是一旦預算要減縮的時候，像圖

書館這種感覺像是花錢單位的部門一定會首當其衝，先被刪減預算。(a: 11-13)

我們的位階從一開始是獨立的單位，最開始是節目部下面，有其他部門覺得又不是只有節目部在用，應該拉出來所以放到行政部下面，可是行政部覺得他們管的東西很雜，好像管不起這個專業的東西，後來又被放到製作部門下面，製作部因為想把很多節目的母帶保存，那些東西都和製作有關，那時候就是在籌委會應該放在製作的單位下面，後來到正式的基金會成立覺得應該切割，保存帶子和製播出去的地方，所以片庫就是在製作部下面，圖書館開放給公眾使用，因為公共電視法規定它必須有圖書館然後要開放給公眾使用，所以圖書館就被切割出來，就到了公共服務部門下面，後來公共服務部又和行銷部合併，所以現在就在公服暨行銷部的下面。(b: 5-14, 19)

1970、1980年那時候隸屬在行政單位，那之後因為科技發達資訊服務的需求越來越多，可是那時候還是處於⋯⋯以紙本為重的時代，所以那時候我們就連同電腦中心，那時候叫做資訊組，跟圖書館還有跟實際在做服務的諮詢單位，這樣子三個單位就把它合併組成資訊服務組。之後因為臺灣經濟研究所擴大成臺灣經濟研究院，位階就往上升，資訊服務組升為資訊服務處，當然下面三個單位就屬於資訊服務處下面的二級單位。那後來我們其他單位會覺得說，這些服務單位應該是對我們其他單位一體的服務，因為原本的資訊服務處它的業務擴大的越來越多元，所以就會有那種說你是服務本單位為主，還是服務院內所有的單位，應該是以服務院內所有的機構，所以覺得應該要從原本的這個單位獨立出來，每個被服務的單位都應該是有相同的機會，而不會因為你在哪個單位之下他會優先被服務到，所以那時候也還是二級單位，我們就直接歸屬於院長室。那後來我們整個臺經院的組織扁平化，所有單位幾乎都是平行的，都是一級單位，圖書館再改名成資訊服務中心，圖書館、電腦中心和另外一個諮詢單位，這三個單位合併成資訊服

組,我們又把資訊服組下面的這個比較屬於服務的部分,<u>會員諮詢服務的部分跟我們圖書館合併又變成資訊服務中心</u>。(e: 9-24)

在組織上沒有分,可是我們<u>在業務上會有不同的team,現階段就會有原本圖書館的這個team跟合併的這些出版、行銷、會員服務和資料庫的銷售,就分成這二個team</u>,那個team我們現在把它叫做學術會。<u>學術會的平臺,作為面對研究成果對外服務的窗口</u>,我們會<u>招募會員,利用會員管道對我們的會員做服務,做有價的服務</u>。(e: 28-39)

<u>之前是在科技大樓那邊,比較傳統形式的圖書館</u>,後來就搬到這邊來,重新做裝潢,整個設計的理念都重新再改過,所以在這邊大概是2005年搬過來,到這邊也快五年多了,<u>本來是一個危機後來反而變成一個轉機</u>,那時候據我所知,應該是說平常我們都有做一些服務的統計,不管是量化的或質化的統計我們都有一直keep住,那時候我們的黃主任,應該是說<u>他呈現的方式可能不是用傳統的</u>,多少人到館、服務人次什麼的,不是那種很傳統樣子的表達方式,是用問問題的方式,就是自己提問,譬如說他可能會依據客戶的需求,譬如同仁、長官還有客戶的客戶,用這樣的角度去,用問題的方式帶出我們服務的表現,他是用這樣的方式,所以那時候那樣整個簡報過程應該也<u>是有得到長官的認同,所以我們後來就沒有說要裁掉</u>,就搬到這邊來。(f: 6-24)

二、人力資本

受訪者的教育背景除了一位為母機構相關知識專業背景之外,其他均為圖書資訊學背景,而母機構屬性分別為金融、傳播媒體、經濟、資訊等不同專門知識領域,因此,館員往往覺得困難之處在於母機構專門領域知識不足,需加強在職訓練以充實母機構核心知識。相較於黃元鶴(2014)聚焦於企業圖書館的實證研究,該研究之八位受

訪者中，僅一位具圖書資訊學教育背景，本研究之財團法人機構隸屬之工商圖書館館員，具備圖書資訊學教育背景之比例較高。

以下分別依人力資源與配置、核心能力、在職訓練、做中學與經驗知識等四個面向列舉受訪者意見。

（一）人力資源與配置

大部分受訪者主要負責圖書館相關業務，母機構對於館員技能背景要求，除了圖書資訊領域背景之外，亦徵求具備母機構專業知識者，所以若能具備雙重學科知識領域者，應更符合工商圖書館所需人力資源。若僅具圖書資訊領域知識，則需強化學習力，如以下a館館員所提狀況：

> 我們在開缺的時候是二擇一，就是金融財金或是圖資相關領域……對，就可能會更需要這種人才的地方，那我們就二擇一，然後不足的部分就是做中學，邊做邊培養。(a: 62-67)

> 我們所內有非常多的高階金融研究人才，他們在金融知識一定是非常豐富的，那我如果真的有遇到無法順利回答的諮詢的問題的時候，我就會請教我們這些研究員，讓他們給我一些方向，比如說一些關鍵的概念，然後去查找資源，趕快速成的充實一下然後再回覆讀者。(a: 85-88)

各館人力資源與配置，因應組織變革而有所調整，大多為人力緊縮，並需調整工作流程及轉型業務內容，以使現有人力資本發揮最大效益。受訪單位中，相較於其他館，a館與e館算是較具規模，人員編制數量較多，但也因此而擔負更多非典型圖書館業務，如e館亦必須對外部會員提供有價服務，而且往往因業務量分布不均勻，集中於下半年，因此，下半年的業務量往往超過現有人力負荷。

> 如果要講的是圖書館業務，那就是只有五個人力，如果要擴大的服務的部分，因為其實服務的部分和圖書館都有相關，只是說圖書館不做有價服務，就是說學術會平臺他們的會員權益之一，是有圖書館使用權力的，所以我們對於院外的服務來說，

如果你是要使用臺經院圖書館，你必須長期要透過學術會會員，使用學術會會員使用圖書館的權利這是一個長期的，那如果只是短期的請你付當日閱覽費，就是散客和長期客戶這樣，但是在服務的部分，因為他們也會做出版品的銷售、會做一些問題諮詢，在我認知會覺得說他們的問題諮詢服務其實跟圖書館的參考服務是相同的，只是業務上有區分，圖書館回答指示性問題，不回答議題內容，議題的內容會請你直接到館來找答案，或是透過學術會平臺提供有價服務，所以學術會有部分其實還是屬於資訊服務，圖書館的延伸，有四個人。(e: 57-60)

MIC大概200人左右。我們資料中心是八個人。我們人數之前有到12個，慢慢就開始縮，到現在是八個。那時候[2003年之前]好像差不多12個人，我們還有比較助理性質的同仁，因為那時候網路還沒那麼發達，比較需要紙本的時候，我們有一些助理同仁來幫忙做如書籍的編目、期刊、催缺、上架，因為我們以前紙本的東西滿多的，後來搬到這邊來之後因為空間的關係，所以其實我們的政策就走向比較數位圖書館的概念，所以我們紙本沒有像之前那麼多。(f: 68, 70, 74, 76-80)

然而，也有些館人力精簡至只有一人，且身兼多職，不見得僅負責典型圖書館工作。如受訪者c雖畢業自圖書資訊學研究所，但其主要工作是辦理教育訓練課程，圖書採購工作僅占其工作量十分之一，圖書整理及流通為外包業務。而受訪者d則身兼人事、文書、秘書、圖書館工作，由於母機構人員退休及人事精簡因素，必須身兼多職，受訪時剛接圖書館業務一年，由於教育背景為農藝系，大致上可掌握母機構的專門知識。

其實之前是我們有個秘書室的主任，他是主任兼圖書館員這樣子。因為那位圖書室同仁主管他也退休了，所以我現在是兼二邊的工作。(d: 10, 12)

主要我是做採購，然後有一個外包人員在做流通，可是我們流通只有下課時間可以過來，所以他的比重很小。企劃處跟綜研

所那邊真的是全職的一個館員在那裡，可是他們的人力就是二到三名。這邊的人力是從訓練裡面分出來的，他其實反而不是重這塊[圖書館]，所以光在人力上面訓練所這邊可能會比較吃虧。圖書館的業務差不多占百分之十，只有這邊有要做什麼決策性變動的時候。(c: 41-44, 330-331, 337)

（二）核心能力

邏輯思考、綜合分析、不斷學習、快速吸收新知、解決問題能力是在工商圖書館工作需具備的核心能力。a館與f館館員認為圖書資訊學的訓練是有幫助的，且較熟悉資訊檢索系統的介面，但重點是在於融會貫通於工作之中，且能舉一反三，並可快速吸收當代知識以利即時回應讀者所需。

> 我覺得要求同仁去寫分析是很重要的。(e: 297)

> 其實我覺得以前在圖書館裡面受到的一些訓練是有幫助的，我們以前一些基本的訓練都是在工作上都會用到，不過現在所屬的這樣子的工商圖書館的環境，我覺得其實最重要的核心能力是要有邏輯思考的能力。(f: 95-97)

> 現在館員大部分的工作內容是要回覆同仁們的諮詢問題，同仁們的諮詢問題其實非常五花八門，有時候他提出來的問題可能我們根本聽都沒聽過，那這時候怎麼辦？我覺得這就是你要去思考說我遇到一個問題，我要怎麼先去分析那個問題，分析之後我要怎麼去解決這個問題，我覺得這個能力蠻重要的，這個不一定要受過什麼很專門的訓練，可是這種東西可能是要累積一段工作經驗，或者是說之前在學校學的一些也要把它融會貫通，才有辦法這樣子，面對一個你從來沒有遇到過的問題你要怎麼樣去解決它，而且我們這邊的館員吸收各個新知的能力要非常快，就是你要有一個不斷學習的心，因為我們這個行業的訊息更新率實在非常快，過不久就會有一個新的名詞跑出來，這時候你就要去瞭解這個名詞，然後你要能夠去幫這個同仁找到這方面相關的文獻。(f :104-112)

> 目前遇到比較困難的問題是譬如說在查數據，因為數據已經不是一個概念的問題，是要調閱精確的數據，譬如說資本適足率，譬如說貸款成長率。原則上我們當然希望讀者自己查，我們會教他操作方式，可是因為數據它可能有會很多組合，就是屬性，就變成說在查專業數據的時候，像我剛剛提到的那一些有非常多的數據的種類跟名稱，那我們就會害怕說建議的，或是幫讀者試檢索的對不對？介面反而是我們比較清楚的，可是就是要查詢的那個term，如果讀者他自己很清楚知道要哪些數據的話還ok，就難在他自己也不清楚他要那個數據精確的變數名稱是什麼，那我們就很困難了。所以我們就是趕快去查找一些資源，趕快消化吸收是還足以應付的，但在統計數據、調數據這一方面我們會感覺比較吃力。(a: 96-97, 106-108, 111-113, 116-117)

（三）在職訓練

工商圖書館館員若僅具備圖書資訊學知識背景，往往不足以因應母機構之特殊專業知識需求，因此，母機構通常會提供許多在職訓練課程，以利館員能參與相關課程，以強化個人能力而提供能適切的資訊服務。正式的學習管道為資深員工傳授業務內容、母機構之制度化的新生訓練模式，以及參與母機構或外部機構舉行的研習班或研討會，如受訪者a及f。

> 我們院內本來就有做金融專業人才的訓練，所以會開非常多的專業課程，就依自己的時間彈性去上課，所以院內的資源是可以補強像我這種非金融專業人員背景的這塊比較薄弱的知識。……院內有區分正式員工、助理跟時薪助理，這三種身分的人享有在職訓練、福利是不一樣的，當然是希望我們專業的人去學習課程，因為外部課程要花錢，那我們花了錢去外面學東西也是要貢獻在公司裡面，而且流動率比較低。(a: 31-34, 74-76)

> 我們會去聽一些跟我們這個行業有關的研討會，譬如說MIC我

們自己母單位有時候會辦一些研討會,還有一些客戶單位也會辦一些他們相關研究成果的一些研討會,我們都會鼓勵相關同仁去參加,有時候一些圖資界辦的一些活動,有相關的我也會請同仁去參加。(f: 133-134)

新人會有一個新銳學習營,其實從裡面大概可以瞭解一下公司的一些狀況。因為我們在訓練單位,我們辦的訓練,如果有興趣的話,也是可以去聽,就是從這個方式把一些就是對這個領域很陌生的東西從這樣慢慢補進來,第三個就是我們有一個導師的制度。像我的導師知道我是比較文科的,那他就是會幫我安排六個月的實習課程,就是這六個月我除了要學自己本身的業務之外,也要去其他單位。(c: 93-97, 108-109)

(四)做中學與問題導向學習

定期與同儕組知識分享會,分別以虛擬平臺及實際見面方面討論工作問題,f館具體落實了知識管理的精髓。非正式學習管道則是向機構內研究員諮詢,受訪者a、b、e、f強調做中學,隨時吸收新知,自我訓練以提升相關議題的敏感度。另外,受訪者e及f則由主管的視野,以問題導向方式引導及訓練館員,以提升其邏輯思考及解決問題的能力。

因為我們都會定期有組會,就是大家會討論說工作上遇到什麼樣的問題,……我們內部有一個知識管理的平臺,我們有時候會po問題上去。(f: 120-124)

我的同事在英國念傳播的碩士,他在臺藝大畢業也工作了很久,是製作出身的,我以前是當製作人的,和我合作的時候覺得他很踏實,他那時候不算是正式編制,所以就爭取一個館員的時候,因為我們要一個可以和我們讀者講一樣語言的人,他很認真也有去圖書館學會上課,自己也會去研究。(b: 55-60)

月刊會由我們同仁各單位來輪值做專題,看過一年月刊大概就可以知道大概在講什麼東西,熟悉研究領域和單位之後,之後

還要再找答案，都有方向可以去找答案，或是研究人員可以讓我們詢問，如果外部會員詢問這個問題，這問題如果直接可以利用資源找到，可以請研究人員指導我們說，我們怎麼樣去找到這些資源，那我們就可以從做中學，如果議題大到要有研究人員來回答，那我們會轉介，譬如會請公關來做一個訪談的安排。(e: 316-321)

不論現存人力是否為圖書資訊專業背景，受訪者共同的特質都具備「做中學」的終身學習意願與能力，更進一步的，擔任主管職的受訪者是很好的教練，不僅是教如何做的方法，更願意花時間啟發館員去思考整體工作流程的因果，帶人帶心的做法，以下摘錄受訪者a與e表現自我學習的熱忱與耐心教導館員如何釐清事情前後脈絡的實例。

我們要一直訓練我們自己的靈敏度，譬如說我們每天都要看財金新聞，財金新聞有提到的重大的議題或是經常提到的熱門的議題，我們自己就要去思考，這個要不要趕快做一個專題檢索，然後把資料拋給同仁，或者說研究人員那邊，研究人員一定是站在最前線的，他們也會回饋給我們，最近什麼東西很值得關注，那我們也可以做這樣的專題供大家使用，就是相互的，這一方面配合得還蠻好的。(a: 131-135)

我目前和同仁的訓練方式，不是只是來問我：這樣怎麼辦？我會說你先做來給我看，依照你所想的之後，你選擇最適方案，告訴我，我覺得要選A方案，另外還有B方案C方案，我也提供你參考，就算你有A方案和B方案二個決定不下，你至少列出優缺點，告訴我說AB方案很難決定，優缺點是這樣，但最後還是有一個決定，即便選A可能是抽籤選A，因為二個都同分好了，都沒關係，只是你到我這邊的時候，我可能看的點更多，不只從中心的角度看，可能從院方的角度看，所以你列這些點比重可能不一樣，可能會我加了哪些刪了哪些，可能影響到最後的方案決定會不一樣，這些我會和你討論，讓你知道以後在處理這樣子案子的時候，哪個點可能要注意，我覺得類似

這樣子的訓練可能跟專業比較沒有關係，跟基本的核心能力比較有關係。(e: 282-295)

三、程序資本

程序資本包含館內營運相關作業，內容較為繁雜，首先列舉一些不同機構受訪者提及綜覽性的營運模式與政策內容，有些圖書館受其母機構政策影響其資源的徵集與保管的方式，另有些圖書館依附在機構內人力訓練單位，因此流通等業務由外包人員進行，圖書館管理人員為督導角色。另有些機構圖書館，其營運模式有別於傳統圖書館，另外延伸至內部機構知識資源的生產及外部會員的知識服務等業務。

> 公共電視法有規定我們必須保留優良的視聽節目，所以規定片庫只要公共電視自己做的節目，我們有著作權的節目就必須做一個DVD給圖書館保存，供同仁借。(b: 44-46)

> 像文官學院他們有提供一套書給我們，for他們的學員，可是因為外包[流通業務]一定是照固定的下課時間來，可是老師根本沒有照時間下課，就變成我們會有一個困擾是學生下課了，我們的外包已經走了，因為老師可能晚下課或怎麼樣，那他根本一天到晚都借不到書，老師沒有照時間下課。像這種外包沒辦法決定書可不可以移，以及誰要去幫他管理那些書，那這時候他才會問我們。(c: 341-353)

> 我們這二塊我們去區隔是說，學術會是臺經院院內的產出，從上游到下游，那圖書館這邊處理的是外部資源，我們從外面購入資源主要服務院內同仁為主，因為我們購買資料，確定要不要購買這些資料需求是來自於院內同仁他們執行計畫的需求，只是說買進來的書、買進來的資料庫放在圖書館，圖書館還是一個可以對外服務的一項資源，這項資源就會列在學術會的會員權益之一，臺經院產生的一本叢書，怎麼提供院外人士也是透過學術會這個平臺對外提供。(e: 71-76)

> 有些資料有對外，可是大部分資料都是對內的，因為我們為了智財權的問題我們還是沒有把一些資料放上去，因為怕會有一些爭議。我們52期[專責服務]，每一周的那個，那都是有鎖IP的，都是限內部才能看的，外面的都看不到。(f: 340-344)

本研究將程序資本區辨為「採購、組織及保管資源」、「知識生產及資料庫製作之額外業務」、「被動型客製化服務」、「主動型知識加值服務」、「演講媒合之知識服務」、「團隊合作與知識分享」等主題並分述其內容。

（一）採購、組織及保管資源

資源選取與採購流程的主導權不見得由館員掌控，基於母機構專業人員相關業務的即刻性需求，或由研究計畫衍生的研究資源需求，常由資訊需求者本身自行採購相關資源以達其時效性。但館員也培養對母機構領域知識相關之新訊新知的高敏感度，亦常主動採購相關資源。不論資源是否由圖書館採購，或是來自母機構專業人員的知識產出，均由圖書館保管及典藏資源，保存母機構之知識資源為圖書館不可或缺的任務，也顯示圖書館存在的重要價值。

> 國內其他圖書館不會買太多簡體方面的資源，我們大陸的簡體圖書買的還滿多的，而且就是有一些主題的書，像大陸社科院出的藍皮書、綠皮書這些我們都有去徵集。……我們會有研究計畫主題跟方向，這樣的list，然後我一直看他們在研究什麼東西，就主動買了。(a: 161-163, 453-454)

> 比較優良的電影或是演奏會音樂會，可以讓同仁拿來參考的，可以看人家怎麼轉播，可以學習轉播，……可能會買很舊的電影，他把它翻成藍光的可能會收集，或是像過世的導演那種東西，趕快去收集一系列的影片。(b: 91-96)

> 其實因為公共電視幾乎各部門都有編資料費的款項，這個東西到會計部門，資料都必須到圖書館列管，那你在這個部門使用完畢了，資料就必須歸還到圖書館來，所以我們全公司一年其

實在資料費這個款項上應該差不多有三四百萬，只是<u>我們沒有控制的權力</u>，公司也<u>不會要求最低價格</u>，所以到誠品抓一抓，像<u>研發部門就會買國外的，各國的公共電視或是各國比較新的和電視有關的科技的</u>，他們也會去訂期刊，如果<u>有要用就長期借出去</u>，如果覺得這階段過了不會用了，就會回到圖書館，<u>別的部門還可以在這裡用</u>。(b: 27-42)

圖書館一直<u>不能被取代就只有保存功能，要怎麼樣把保存發揮到最好，保存後還可以提供資源給人家，這是很重要的</u>，像他們<u>轉播要曲譜</u>，他們把譜放到很大，<u>上面做很多記號，那些導播就捨不得丟</u>，可是他們又沒有這麼大櫃子，後來他們副理就和我們商量，這些<u>曲譜可不可以放在圖書館來</u>，那我們也同意，可是到後來就爆增，完全消化不掉，所以<u>下一波如果空間要縮減，一定是這些曲譜先淘汰，現在可以滿足這些需求，就先幫你保存下來</u>。比如說導播轉播過貝多芬第九號交響曲，換你要轉播你會來參考，可是你只是借一個去參考，不會再用這個，又會再做出一個貝多芬第九的曲譜，怎麼可能你演奏十場我有十場的曲譜，我不是一個專門收集曲譜的單位，所以到後來，<u>每一個曲譜我們只會保留一個，一個set</u>。(b: 395-404)

我們這邊<u>統一採購</u>，只是書會存放在他們那邊，可是我們的<u>database會有記錄</u>，那如果其他部門想要借他們的書的話，我<u>們可以幫忙協調</u>，因為那個經費其實是<u>那個部門的計畫出的</u>，所以那個財產已經是算他們的，我們<u>這邊只是列管，就是管理的單位</u>，我們這會掌握他這個部門有哪些書。採購一直到結報，然後到之後的盤點都是我們這邊負責，我們也會去<u>盤點部門的專案書</u>，就是他們<u>因為專案或計畫而去買的書，就部門的專案書</u>。(f: 154-160)

　　即使現今數位資源相當普及，但機構屬性不同，對於數位資源的接受度也不同，僅f館特別強調其採購重點以電子資源為主，相對而言，d館則以傳統紙本資源為主，b館與c館亦以實體資源為主、b館因其機構特性而採購較多影音資源。

269

>我們採購上以電子資源為主，當然有必要採購的紙本我們還是會採購，不過原則上我們大部分的經費都落在電子式的資源。(f: 82-83)

>我們的電子資源都是對內的，大概50幾種，應該用種來說，就是50幾個電子資料庫。我們有分成幾類，一個是市場報告類，就像Gartner、IDC，還有電子期刊，像IEEE，還有新聞類，像Factiva、電子時報，還有電子書，就是Safari、Ebrary，還有就是標準專利。(f: 281-291)

因應人力緊縮的狀況，部分圖書館業務需外包，c館由於圖書館業務僅占其少許工作量，因此將資訊組織及流通業務外包，比較特別的是b館將收集母機構相關新聞報導業務外包，圖書館再裝訂成冊典藏。

>這500本我們是透過自動化系統直接上去抓，沒有做編目的處理就抓下來，反正只要系統上面查得到就這樣而已，是我們所內的外包小姐去做這件事情。有點像是敦親睦鄰，就是我們公司有一個制度就是用這邊的居民，所以我們的編目沒有像一般圖書館，把書給書商編完給我那個編目檔，就純粹去國圖抓MARC下來，其實是沒有經過控制的，只要系統上面有記錄。(c: 132-140)

>發包給外面廠商，幫我們收集所有公廣集團相關的報導、或是產業相關的報導，他們就會收集，客服人員會把title都打出來，他們就inform給我們，連標題也都給我們，我們有空時，就整理一個月成冊，以前會去裝訂，現在用透明檔案夾，讀者可以來這裡查閱。(b: 200-204)

（二）知識生產及資料庫製作之額外業務

除了採購外部資訊資源，以及典藏管理機構內知識產出之外，比較特別的是e館需擔負資訊及知識生產相關業務，由編輯出版至資料庫製作及銷售，圖書館涉入知識產品之上下游業務，包括控管機構內出版品之編輯流程、建置及管理機構內出版品自建資料庫、機構出版品

第八章　智慧資本於工商圖書館之實證研究：財團法人及國營事業機構

授權資料庫平臺廠商相關事務等等。傳統圖書館較少涉及知識生產流程，大多負責資訊中下游的相關業務，此個案擴展圖書館業務範圍，已超越典型圖書館營運範圍，拓展至資訊的上游。另外，f館之「專責服務」與「熱門專題服務」都需館員自行整合不同資訊來源後才傳送給特定讀者，加值的過程其實已為知識生產之一種形式。

> 編輯的部分，我們要前面去做策畫、邀稿、協調，但實際寫的產出內容是研究人員。……資料庫內容自編的部分，跟圖書館比較有相關是以我們館藏期刊去做期刊目次資料庫，這是其中一個資料庫，有一些自建的資料庫，比如說我們出版品資料庫。出版品資料庫我們有全文，就是建目錄，把PDF檔放上去，開資料庫權限給會員使用。那我們也會做單一資料庫的銷售，但會跟廠商做一些資訊合作，會授權給幾個廠商在他們的期刊全文平臺，或是他們自建的資料庫來做全文的提供。(e: 80-81, 85-90)

> 在月刊的部分，我們所有的產出包括資料庫，其實都是以服務院內為主，再把它延伸對院外做服務，包括出版品資料庫也是一樣，院內也會有需求，直接在線上可以利用到月刊全文，不需要申領月刊紙本，那也是因為這樣子的發展，既然做了月刊資料庫，那月刊資料庫可以對外銷售把它納為學術會會員權益之一，那依照服務項目可以單獨銷售，或是包裝一個package。以圖書館這塊的業務比較複雜會在內部行政的部分，要講到服務的部分其實會更多元，其實要納入像學術會的服務內容才會更多元。(e: 98-102, 106-107)

> 之後我們開始主題就比較多元化，譬如現在都很強調創新、前瞻，那我們就會把一些這樣子的議題加進來，一開始本來只有比較針對我們自己資料庫的文章，之後就會慢慢加入一些比較創新、前瞻這種議題，這種東西可能通常都是會從網路上一些比較知名的雜誌或期刊，譬如說MIT的Technology Review或是一些比較趨勢性的那種網站，他們定期有些不錯的文章，譬如

說R&D 100，就是100個不錯的R&D的發明，或是某一個協會有舉辦一些Cloud Computing應用的獎，那種也是我們來源之一。(f: 236-242)

還有就是我們有熱門專題服務，有點像SDI，可是我們不是某一個主題期刊的title列出來，譬如說這個同仁說今年關注的議題是數位匯流，那我們就會把數位匯流相關的一些新聞、市場報告、專利、政策，我們就會定期的send給同仁，而且都是send全文。我們有一個format，這篇文章的title、它的出版日期、它的來源是什麼，然後一個摘要，就這篇東西的摘要或是全文，如果說很短就直接全文放在上面，如果說是一個PDF檔，我們就會針對PDF檔先做一個介紹，然後再附上全文，然後會有關鍵字，譬如說這篇文章可能大概有二、三個關鍵字，方便同仁們去search，因為我們這些東西通通都database化了，除了email之外他在database也查得到。(f: 245-247, 358-362)

（三）被動型客製化服務

專門圖書館為因應母機構不同的任務及目標，提供服務的項目及類型往往有別於傳統圖書館的業務範圍，經常需提供個人化服務，包含被動型與主動型，被動型案例如下：主管臨時交辦收集母機構相關的媒體報導，或是為了宣傳母機構研發的產品，主管交辦查找推廣產品之延伸資訊，以提供各大媒體報導的素材。二案例都與媒體有關，不同的是前者綜整媒體報導後資訊，後者需提供資訊請媒體報導。

最重要是每天如果有很重要訊息要送給總經理、副總，馬上去應變，他們有時候打電話過來說，商周上那篇幫我印下來，請傳真給我們，我要趕快給總經理看，所以我們是雙向互動，他會告訴我們這一期商周上有什麼，因為我們不會每天去翻閱，所以我們是提供資料的單位，比較不是主動去inform你的單位。(b: 209-214)

去搜尋一下香蕉的成分，[主管]會說請我幫他搜集，因為我們最近有開個香蕉記者會，我們要宣傳香蕉的好處，因為最近香

蕉價格跌，那價格不好，相對的苗會受到影響，因為價格不好，農民就會不想種，就開記者會嘛，為什麼我們要叫人家吃香蕉，要找出它的好處，就是它保健方面之類的。我還看到有防憂鬱症、什麼成分的。(d: 173-183)

我們這個<u>分享</u>，<u>透過主管會報</u>，<u>是一個有立即達到效果的分享</u>，因為我們主管常常會在會議上去分享，我現在在做什麼案子，這個案子可能有一<u>些</u>不足，他其實會就<u>不足的需求提出跟分享</u>，譬如之前要找新興市場，新興市場因為資訊很少，可能<u>夯的國家有幾個已經都找過了，所以委託單位就不要你找這些國家</u>，他就開給你更冷門國家，比如說緬甸，單位主管就說我們現在做新興市場，我們被要求的國家別有緬甸，資料很難找，國際事務處是不是有相關的議題，那這時候才有可能連結起來，後面散會之後再密切洽談，我在現場的用處就是聽聽他<u>們的需求，然後告訴他們說圖書館有哪些資源，可以提供他們的</u>。我們剛好在做新興市場資料庫的試用，因為有時候只寫資<u>料庫名稱，會不知道裡面有新興市場business monitor這個資料庫</u>，它的那個專長就是在新興市場，早期我會覺得說，就自己進去看內容簡介都有寫，可是我後來發現，可能連點進去都不會，直接在主旨上寫新興市場與國際產業。(e: 456-476)

（四）主動型知識加值服務

主動型的案例如下：d館在人力物力極少的環境下，主動查找機構專業研究資訊，不定時收集特定主題研究文獻以供複印。a館及f館主動收集當代主流趨勢之「熱門議題」服務，f館館員更進一步地綜合整理判斷後，濃縮資訊並加值為簡報形式，機構內成員都相當忙碌，此服務可協助同仁在短時間內獲取相關資訊。

有時候我也會幫他們搜尋，常常搜尋的一些網站，研究植物的網站，或是專門研究香蕉的網站，然後<u>我就幫他們搜尋，會找最新的，幫他們先複印下來，然後我會po上去，他們覺得需要就會來借</u>。(d: 252-255)

第三方支付最近還蠻熱門，當前的熱門議題，我們會從資料庫裡面調一些比較新的文獻，近一、二年的文獻供研究同仁使用。(a: 126-128)

我們很積極的轉型，因為我們以前的服務比較被動，就是說比較傳統圖書館的方式，比較被動，後來我們搬到這邊來之後，開始推出一些比較讓人有感覺的服務，每個部門有設一個專門服務的同仁，那個同仁就是要去負責瞭解那個部門的資訊使用行為、他們需求、習慣、他們的喜好，等到他們有任何問題就直接問這個專責的同仁。我們一開始要推出這樣的服務的時候，去各個主要的部門：業務單位、研究單位，在他們的主管級以上的會議去講我們的服務方式、服務的理念，就是先透過溝通，然後去搜集客戶的需求，從這樣子開始，慢慢的累積到現在，我們這項服務在整個資策會來說算是蠻受到認同的，就是專責服務。(f: 26-34)

資訊加值服務，就是我們幫同仁把一篇……可能是報告，當然主題是要跟同仁研究的主題是match，或是正好很熱門的議題，可能是一份大概幾十頁的PDF檔，館員讀了之後把重點摘要出來，做成投影片的形式，盡量圖表化、重點摘要，一份報告濃縮成五分鐘可以看出這份報告重點在哪裡，然後寄給同仁。除了PowerPoint我們也會附原文，有興趣可以再看原文。(f: 200-210)

（五）演講媒合之知識服務

受訪機構e服務對象不僅是母機構所屬員工，亦對外招募企業會員，並提供收費服務，圖書館提供收費服務並非罕見，林美君與黃元鶴（2009）即曾綜整若干國外圖書館提供不同類型的收費服務，如希爾詹姆斯參考圖書館、英國利茲市議會圖書館、紐約公共圖書館等。然而，會員可享有的服務當中，比較特別的是演講媒合，企業提出相關演講主題或講者的需求，圖書館依母機構研究人員專長來接洽適合的講者，並轉介可到企業演講服務的講題及講者等資訊。建置講師人才資料庫亦曾是黃元鶴（2011）於圖書館知識服務研究，在隱性知識

分享項目中,所建議的其中一項行動方案,本研究訪談中,驗證此類型服務的可行性,由此可見,圖書館知識服務的類型與深度仍有其擴展與成長的潛力。

> 企業會員比較多,提供的資源有二個,一個是靜態的,和一個是動態的,靜態的是他詢問主題,我們去找答案給他,動態的就他有一個議題來跟我講,我們會以專題演講的方式,請我們的研究人員到他們公司對他們公司人員做專題演講,看會員的需求不一樣。(e: 344-350)

> 目前取得比較一致性的觀念,如果外部人員自行洽談,可能自行收的演講費會比較高額,看自己權威度如何,如果是透過學術會會員來邀約,一半是以支援院方,一半是讓我們有這樣子的一個平臺,去對外來展現研究成果,所以收費就不是自己在外面演講這麼高額的費用,會是互相支援的心態。因為沒有透過學術會這樣的平臺,你要付的費用可能更高,經由我們這樣子的包裝,其實你可得到的資源是多元很廣的,這才是這服務方式的重點。(e: 369-375)

(六)團隊合作與知識分享

受訪館館員數大多為一至三人,僅f館及e館規模稍大,f館曾經以團隊合作之工作模式完成某特定專案。另外,受訪者e提及機構內各組研究主題獨立,團隊內外之知識分享程度不同。

> 有這樣子的使用情境[大家共同進行一個project,在論壇上討論],我們以前在編《年鑑》的時候有用過這樣子的方式來進行,因為我們都是一個team work。(f: 439-440)

> 因為我們其實大家每個人輪流要寫[專責服務],我們大概一個禮拜會出一篇這樣子的東西,其實有一些list,可能這些東西館員們可以去關注的,就是有些來源,當然館員們有時候在回覆同仁諮詢的時候,自己有找到一些不錯的資訊,譬如說他下個月要出了,那他這個月就先給我們看,他下禮拜想要寫這

篇，那我們就會看看適不適合，如果可以就請他著手去寫那樣的東西出來，所以我們這是輪流的。(f: 216-223)

以前我們做過KM，包括我們現在用的自動化系統，都慢慢會有一些回饋和分享的機制，可是我們單位內的同仁不會去用這些，因為比較沒有那種感覺說，我現在看到一本好書，我要推薦你這本好書多好，這對於研究業務過程沒有立即幫助，如果他想要和他同一個研究團隊的人分享這本書跟我們的目前進行的計畫很有相關，就直接拿給他看，他不會花時間在上面多做推薦。可能因為業務性質的關係，分享沒有利用社群在做分享，我們是一個研究團隊，平常研究討論就會做分享。另外，因為我們各處的研究議題滿獨立，很難說我的研究議題可以和你經常性的分享。(e: 435-443)

四、技術資本

資訊科技變化快速，傳統圖書館資訊系統功能往往無法提供現代強調使用者參與、分享互動等符合Web 2.0精神之功能，多位受訪者提及雖關注相關技術趨勢，但下列若干因素無法順利更換現行系統：第一、受訪者之服務對象多為研究人員或中高階管理人員，除了f館隸屬資訊相關產業之外，大部分讀者僅著眼於研究資料本身，並未在意新科技趨勢於圖書館服務方式之改善，因此，母機構整體氛圍不利於圖書館因應資訊科技發展的時代潮流，因此無資訊系統改版的迫切需求。第二、母機構經費有限，有時好不容易爭取到主管願意支援，但半官方性質之財團法人機構，預算經立法院審查，刪減預算後，可用經費額度無法支援一次到位之系統改版費用，若分年實施，亦擔心未來經費之可得性。因此，各館背景環境不同，技術資本之掌握情況亦差異大。以下摘錄a館館員表達雖有心改革，迎合新科技潮流，但受限於經費，難以施展理想。

我們目前的機制非常的陽春，就是email通知給全院同仁說圖書館做了這個專題，那可以進虛擬硬碟看。我們所謂的知識分

第八章　智慧資本於工商圖書館之實證研究：財團法人及國營事業機構

享都停留在放到資料夾，然後同仁上去，就很像檔案管理的方式，個人是覺得這樣的模式已經是落後的了。比較困難的地方是我們雖然從事業務的人員有這樣的思維跟企圖心，可是經費、工具，所以就沒有辦法有相襯的管道給我們。(a: 215-216, 223-224, 231-234)

（一）現行系統維護與營運模式

各館由於其母機構可投入資訊科技經費多寡差異，及服務對象對於資訊科技接受程度不同，呈現很大的差異。d館已導入單機版資訊系統，但仍保留傳統目錄櫃以提供資深研究人員查詢書目資料，相對而言，f館由於母機構即為資訊相關產業，因此，可編列預算將圖書館營運相關軟硬體外包，包含系統開發設計及維護，導入客製化資訊系統，以因應該館推展之多元服務內容。

> 我們總務部門或是新媒體部門，所有的東西都是針對全會的，所以我們這邊可以就用他們東西一起來做很多服務，比如說我要全會通知，比如我們要送到新媒體部，他就幫我們announce出去，不需要自己架設。新媒體部門，現在要用數位片庫什麼都在那邊。假設今年有預算300臺主機，全會就排已經超過年限的，你們部門被分配到30臺，所以這些都不用我們擔心，有相關部門會處理。除了我們自己要的PRO[圖書館資訊系統升級版]是我們的，其他的都是找新媒體，之後他們架設好數位片庫後，會share一個光纖給我們，可以就在這裡做服務。(b: 159-160, 166-169, 171-172)

> 我們的系統沒有辦法統計，其實我們現在用的那一套系統不是圖書館的自動化系統，前任的課長他另外去找一個資訊工程師，就告訴他幾個功能借、還之類的。……想要上網去找一些電子資源，可是對他們來說，其實沒有那個習慣，那個習慣在綜研所還比較有可能，因為他們是做研發的，所以他們才會有一些資料庫，因為其實像我們這邊的功能並沒有那麼多。(c: 215-217, 231-233)

277

> 應該是說每個單位自己都會有一個資訊處，然後是他們再去對口資訊處，我們就是策畫組管電腦的部分，然後我們網域的部分就是由總處的資訊處去規劃。總處可能就是買比較大，全公司都會用的那一種軟體，公務系統那種，可是像我們自己會有的小軟體，就是由策畫組去規劃。(c: 275-279)

　　支援技術資本相關營運方式，不見得仰賴母機構之資訊部門，相較於母機構其他行政維運系統，圖書館資訊系統較為獨立，往往由館方自行與外包系統商聯繫，不經由母機構之資訊部門，有時是另一種分工模式：硬體由資訊部門總管，軟體由圖書館自行洽談外包系統商。

> 這個有預算[外包]，一年有預算。維修的部分，硬體，軟體的維修保養。我們沒有專門的部門，就是外面的廠商，只要有問題它就幫我們看，然後我們有一年的維修費用。但是我們的網站是他們架設，然後我們這邊有個管理員，管理者是我們，我們提供資料給他們之後，他們幫我們送上去，其他臺電腦都只是維修部分。(d: 334, 336, 338-339, 348, 352-3)

> 我們資策會有一個MIS部門，可是他們大部分的服務對象是行政處、會計處，或是會內本身需要的一些系統，那我們都是外包的，自己編經費外包。硬體就是我們MIS部門可以幫我們買硬體，那軟體的部分幾乎都外包。伺服器還是我們自己買，他只是幫我們定期去清一清或update，或是備份什麼的，可是我們自己資策會有一個設備管理的辦法，所以硬體就沒有外包，都自己做。(f: 470-471, 473-474, 478-480)

　　另外，e館主導開發機構出版品資料庫系統以及機構知識管理系統，則需與資訊部門密切合作，圖書館提需求，資訊部門及外包商支援技術。

> 主要會是在電腦中心，因為技術軟硬體上面，像我們自己自動化系統，在主機、硬體、資料庫部分，要幫我們確認一下，主機配備什麼之類的。需要電腦中心一起參與，包括資料庫建置

的部分、知識物件的跟催,希望利用系統開發來做這樣子的調整,我們提需求然後他來做程式撰寫。(e: 575-576, 579-583)

(二)系統升級與轉換需求

資訊系統常需檢視其功能適用性,有時來自外部驅力,如系統商已無法再繼續維護資訊系統之運作;或是來自內部驅力,需因應組織工作流程的轉換而系統功能需有所調整。

> 我們換系統是因為[系統商]代理權結束,沒有系統維護權限,系統這部分的經營已經沒有了,人力和部門會慢慢萎縮。所以我們乾脆重新評選,這也是因為非得要換,院方就會同意讓我們換,因為院長問我:「不換會有問題嗎?」我說會,現在沒有問題,但是當廠商死掉時候,我們就當在那裡。「那時候再換可以嗎?」那時候再換,我認為不行,因為系統轉置,是一段很長的時間,包括系統確認和熟悉,假設是系統死當,那就算現在開始評選廠商,最快也是一個月之後,都不要做測試直接上線,也是一個月的事情,要當一個月嗎?我覺得院長問得很關鍵,我也答得很乾脆,所以決定的也很快速,但是當然院方會有一些期望,會希望在服務上呈現不同的觀感,我們就自豪說,這個資料庫的連結性或是一些互動,至少說相關書目的建立,這部分至少對同仁是有用的。(e: 554-556, 559-564, 567-570)

> 我們所有的東西可以search,hot topic、新知簡報都可search。之前都是用套裝軟體,後來沒辦法滿足我們太多元化的服務需求,所以去年請國內廠商重新開發,整個自動化系統全部重新設計,所以我們現在自動化系統應該是全世界獨一無二的,完全客製化的。雖然他是跟我們配合很久的廠商,可是中間也遇到很多問題,因為圖書館系統有一些譬如說ISO2709,那個他們就搞了好久,後來他們是克服了,就是關於一些資料結構的東西,當初那個軟體廠商可能想的比較簡單,不過就是這樣子,可是他沒想到我們圖書館系統原來還有MARC,那些都是

他們以前沒有接觸過的,那其實在轉檔過程中其實發生滿多問題,就是我們館員要不斷的去測試、去提出問題,他們再去修正。(f: 364, 368-369, 371-372, 383-388)

(三)知識管理與資料庫系統開發與設計

　　由於業務範疇擴大及機構隸屬資訊產業等因素,e館及f館於技術資本表現與其他館不同,除了典型圖書館資訊系統之功能外,e館涉入知識產品資料庫系統及知識管理系統之開發與設計,f館導入知識管理系統。該二館累積了豐厚的技術資本,可提供他館發展相關資訊系統之參考資訊。此外,館員運用母機構其他單位自行開發之知識管理系統為文件管理之工具,充分利用母機構自行發展之知識產品。

> 我們自己一個研究所開發出來的,有一些比較需要綜合型討論或是大家提意見的部分,我們就會po在那上面。譬如說很久以前某一個東西的規範,可能大家都忘記,可以去那邊找,至少留下一些書面的記錄。應該是不會犯同樣的錯誤,或是我們需要做一個決策的時候,有一個依據,我們就會去上面找。(f: 422-423, 432-433, 435-436, 435-436)

> 以前我們做過KM,包括現在用的自動化系統,都有一些回饋和分享的機制,可是我們單位內的同仁不會去用,如我現在看到一本好書,我要推薦你這本好書,對於研究業務過程沒有立即幫助,因為如果他想要和同一個研究團隊的人分享,他其實就直接拿給他看,他不會花時間在上面多做推薦。(e: 435-439)

> 以稽催來講,其實我覺得上系統也很重要,我們設計系統稽催,有固定排程的稽催跟人工稽催或是點幾次稽催,……這些系統其實都會經驗累積,我們只要訂好說,物件格式要建哪些,稽催的時效流程,大家都有經驗累積還很ok。(e: 898-903)

　　受訪者e雖是主管,也對於資料庫系統開發的細節與方向掌握非常清楚,甚至建議系統開發時,需考量不同層級使用者的查詢習慣來分別開發其介面,其例如下:

大系統下分很多子資料庫，那一起共用一個查詢介面，跟各自依照不同的知識物件去建不同資料庫，最後利用整合查詢做跨資料庫的查詢，是不是也可以，我們是建議後者，是因為說每個資料庫要建的欄位不一樣，比如說圖書館資料庫只要建到期刊名稱就好，可是如果是期刊目次資料庫，欄位要下到篇名頁數作者。……那我們覺得因為不同物件要建的欄位差異很大，所以自成一個系統會比較簡單，最後綜合成一個整合查詢，你不想要挑資料庫查，其實就是全資料庫查詢，那就是已經做到像google的查詢。……那對於只會用google search的人，就給一個整合查詢，你就全部去查，但是我相信會慢慢進階，因為會發現我怎麼每次查到的都是這個資料庫，下次我就直接進這個查，就不用在那邊跑全資料庫查，我覺得這是一個訓練同仁的方式也不錯。(e: 589-593, 633-635, 659-662)

五、關係資本

關係資本主要區分為機構內部及外部關係，以下分述其內容。

（一）內部縱向聯繫

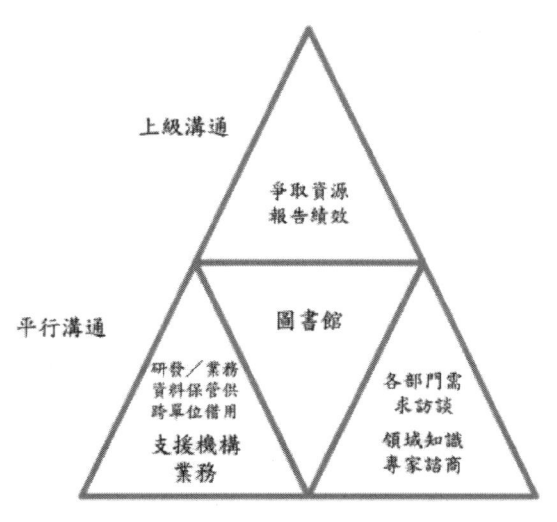

圖8-5：**內部關係示意圖**

由圖8-5說明，上級溝通主要為爭取資源與報告績效之時機，然而，有時也會因長官期待與圖書館擁有的權責有落差，而使得圖書館管理人員有志難伸之感。另外，主動創造與各單位主管接觸的機會，是累積有效溝通的資本。

> 我們院內有長官認為說知識管理很重要，要趕快促成，圖書館應該要趕快推行這項工作，可是在我的認知裡面，在這麼大的單位推動知識管理應該要拉高[層級]，要有權，大家才會follow，而且要有錢，要建置平臺，所以像長官可能就沒有意識到我們圖書館並不是一個有權的單位。但我們也很願意去做，因為我覺得這是一個成長的機會，也是一個讓圖書館壯大的機會，如果我們可以把知識管理做大做起來，可是問題是要資源（支援）的時候就遇到困難了，因為長官他就會說一個小小的圖書館要那麼多錢要幹什麼？所以我覺得跟資源是有很大的衝突的，其實做到最後會有點挫折，因為我們都很賣力的想完成所謂的使命或長官交代的任務，但是真的沒有錢或沒有權，有時候做不了事情的。(a: 309-320)

> 今年我們自己本身內部整個組織有做一個比較大的調動，所以我就跟著專責一起去訪談部門的最高主管，我們上一次做大概是二、三年了吧！今年是因為我剛上任沒多久，再來就是組織內部有一些人事的調整，所以我想說利用`這個機會去拜訪所有的部門主管。因為我們其實平常接觸都用email，平常接觸的機會已經少了，那我覺得用這個機會能夠去面對面的，讓主管認識專責、認識我們，我覺得那是一個很好的機會，所以我就有要求同仁們盡量要跟主管們約到時間。(f: 486-494, 507-510)

（二）內部橫向聯繫

由圖8-5說明，跨單位業務協調之平行溝通，箭號起始點說明資訊或服務之提供來源，圖書館需向機構內領域知識專家諮詢，並到探求各部門資訊需求，包含正式及非正式的管道，即時溝通往往以非正式

第八章　智慧資本於工商圖書館之實證研究：財團法人及國營事業機構

管道，而正式管道方式如圖書館諮詢委員會議以及向各部門約定正式拜訪之約談時段。各單位之研發或業務相關資料，如b館節目製播後之曲譜資料等，圖書館提供保管及流通服務。

> 像如果他們有音樂會要轉播，第一個會來查圖書館有沒有，如果有的會先來借走，因為要再去買那些曲譜很麻煩，他們的助理執行就會先來查，然後導播就會看DVD，拿一個柏林愛樂的轉播這樣子，如果有轉播的時候。……像研發部，他們研究的東西會給我們，企劃部他們會做收視質收視率報告，也會固定來，就是不一樣的功能都會有互動。(b: 217-222)

> 比較常的話應該是技術服務組，就是病蟲害那一塊，他們會蠻常來借閱書，或是說他們覺得這個書不錯，他們也願意提供一些資料。然後組培，因為我們的本業就是做苗，因為我們是在做組培苗。組培這方面的業務他們也很需要資料，有時候他也會提供資料給我，這個長輩剛退休，他有時候會提供一些資料，需要請我去查詢，因為他覺得這份資料不錯，查詢後的留在書裡面，因為他覺得說他要退休了，這些資料對以後新進人員來說是一個很好的工具書。(d: 361-366)

> 我們會定期每年會召開圖書審議小組會議。會議的組成由各單位的主管，另外再請我們主席副院長指派三個資深同仁，這個有一點點考量是在於說，單位主管一定最清楚單位要什麼，那但是又常常會擔心只看到他自己[單位]，沒看到其他單位，所以我們會挑三個資深的研究人員，最好是歷練過其他單位，可能在A單位待過B單位待過。(e: 726-735)

> 12個部門，主要是業務單位，幕僚單位我們就比較沒有去，因為我們的經費來源其實是各業務部門，他們有一些管控費的部分，所以我們比較針對業務部門在服務，那當然幕僚部門也是有，只是就比較被動，除非他們主動來問我們問題，不會特別提供什麼樣額外的服務。(f: 497-501)

此外，館員除了瞭解機構內專業知識及資訊需求，以提供適切服務之外，有時亦需支援機構內非圖書館相關業務，參與機構專業核心業務，具備該機構相關經驗知識之館員，與機構內其他部門互動性佳，如b館受訪者雖為圖書資訊碩士教育背景，但具節目製作經驗，因此內部關係資本雄厚，與機構內其他部門關係良好。

其實最近我都是幫忙<u>在做巡迴影展</u>，也是我們部門公關組，我們每二年有一次國際的兒童影展，影展完後暑假的時候，開始我們部門，國際影展是國際部要辦，有獎金比賽，之後入圍的片子，我們就會請他們要簽<u>入圍的片子准許我們之後的post festival</u>活動，我們就會在六月底到八月，二個多月的時間，巡迴到全國的學校跟文化中心或是圖書館，就會有一些播映的場次，我負責做母帶，<u>把母帶copy成很多DVD</u>，讓他們影展的活動的人把他們寄到各個地方去播出，有時候如果有導演，有映後座談，那個部分也是我來做，我就算是<u>支援他們去做這件事情</u>，所以<u>公共電視大家都會同時扮演很多不同角色，不只是fix在這個地方</u>，像以前我們有周年慶要拍一個特輯，那時候我們要一起去拍，做出一個特輯，介紹有關公共電視的，在臺內要撥二個小時的特輯。所以全國大概有製作人的圖書館，就只有我們這裡吧，館員兼製作人。(b: 270-283)

當機構圖書館涉入較多相關系統開發與設計業務時，則需經常與資訊部門雙向溝通及協調，因此在圖8-5中以雙向箭頭表示。

<u>主要會是在電腦中心</u>，因為技術軟硬體上面，比如像我們自己<u>自動化系統</u>，在主機部分硬體部分資料庫部分，他們還是要幫我們確認一下，主機配備什麼的之類的。像這樣子的<u>評選和機房其實需要電腦中心一起參與</u>，……<u>我們會提需求然後他來幫我們做這樣子的程式撰寫</u>。<u>再來就行政單位</u>，可是行政單位還好不用太大的溝通，反正就遵從院方的行政管理，那<u>其他單位溝通就是看同仁跟主管的意願</u>。<u>我們對他們[院內同仁]沒有幫助</u>，我們只有對他們有需求，一直跟他們要東西和來做事情，我們其實<u>沒有辦法對他的研究業務有很立即的幫忙，只有資源</u>

提供，我不是那個研究人力告訴他，就直接這樣來做，也只是提供輔助資源給你，所以其實我們幫助角色和重要性對他們來講，其重要性比較低，反而我們找他們做事的是比較多的。(e: 575-576, 579-583, 662-664, 667-671)

（三）外部關係

外部溝通之如圖8-6所示，綜整受訪者所提不同類型之外部溝通機會，區分為四大項，以下分述其內容。

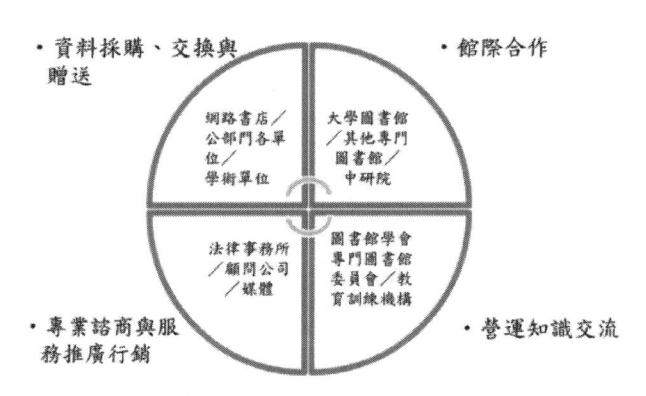

圖8-6：外部關係示意圖

1. 資料採購、交換與贈送

專門圖書館圖書採購量相對於大學圖書館較少，b館常由網路書店採購以達時效。受限於經費預算及領域專業圖書之稀有性，部分館如d館即倚賴公部門及學術單位的資料交換與贈送。

> 我們主管機關以前是新聞部，現在是文化局，我們是因為這樣子的關係，所以很多官方的東西，他們也會主動給我們，甚至文建會每年都會把他們國家文藝的帶子寄給我們圖書館保存。(b: 76-81)

> 尤其是研究各國公共電視的人，他們很多都會跑到政大的圖書館去問，他們都是說政大圖書館要他們來我們這裡，可能這東西只有公共電視有。(b: 118-122)

我都是在博客來買，團購，它比任何一個出版社的價格都便宜。如果採購一次超過2000或2500就開始打八折，怎麼比都比所有其他的便宜。(b: 248-249)

不論職系、不論類科，就是一定要通過這個基礎課程，它的基礎課程裡面有一個專題研討的分數，然後就是後面有列那120本參考書，讓學生可以做報告的時候看。就文官學院，我們之前有跟他提，如果經費夠，專題研討的參考書可不可以再多給我們一套。他說財力上沒辦法這樣付，因為他不可能只給我一套不給別人，如果要給的話等於全臺灣幫他委辦的單位都要給，那他可能也沒有辦法，那這個對他來說就比較沉重。(c: 490-491, 510-518)

大學圖書館頻率比較高，因為像我們和中經院就是性質比較相近，中華經濟研究院，我們本來就跟他有做研究報告的交換，那議題上其實互相大概都知道，因為研究單位會更清楚知道競爭對手他們接案的情況。(e: 713-716)

屏科大的學生會來借我們的年報，他有來過這邊，問我們年報的事情，然後還有最近有一位，他是臺灣人，在日本求學，有關於香蕉一些後熟的問題，他也有email來跟我之前的前輩做一些聯繫，或詢問他問題，那之後他還蠻感謝我們的，就是寄他的論文來給我們。(d: 49-53)

沒有[固定經費買書]，之前經費比較充足的時候會買，那現在的話，最近比較少買，那研究員可能會提供、捐贈，或者是說農糧署，一些政府機關單位他們也寄年報，一些出版品也會寄送過來，就是大家互相交換。各機關的年報，像中正基金會他們也有寄年報給我們。我覺得是資訊的交換、交流，不是說我們的一定是最好，但是我們也是可以跟對方交流一下相關的意見這樣子。(d: 103-118, 126-127)

我們有個計畫是推廣農民，肥料不是施多就好，要合理化。那

就這個計畫，然後那個臺中改良場他們就有發刊，就是合理化施肥的手冊，也是厚厚的一本，他應該也不是只有針對香蕉，是針對各個作物，我們的研究人員跟他拿了幾本，一本就是放圖書館，一本他們自己留存。(d: 238-242)

2. 館際合作

由於專業領域各有專攻，各單位之館際合作業務比例不高，專門圖書館彼此較少館際合作，偶爾需向大學圖書館申請館際合作服務，e館特別提及罕用資源需利用館際合作方法，以達到經費最佳化及服務滿意之館藏發展之策略目標。

> 我們去用別人的資源比較多，因為我們有參加館合，因為我們是小館圖書資源不夠，所以就透過館合去跟政大、臺大館合回來，現在我們是依賴人家的。我們研究員需要更深入的，譬如說要擴大一點範圍的，譬如說他想做電子銀行主題的研究，那電子銀行它探討的主題可能就還有所謂的電子商務，那我們可能一開始就不會去搜集電子商務的館藏，那我們就去跟別的單位館合回來。(a: 329-341)

> [對外館際合作單位]中研院有、臺大也有，對，因為就是會找一些圖書館比較大的。他們[研究員]會給我以後，我再統一申請這樣子。(d: 85-87)

> 相互吸取經驗這樣子的聯繫，比較沒有到業務的合作，頂多館合而已，還沒有到其他業務的合作。(f: 558-559)

> 因為我們認知：不是個體戶去接案子，是臺經院接案子，你只是其中的執行人員，基於資源共享，我覺得是一個很好的知識管理，所以制度上，採購書籍資料庫一定都要經過圖書館，圖書館一定會管，只是你是優先採購，長期借閱，只是你不用的時候要還回圖書館，……我覺得這是歸院方統一管理的共同運用的好處，館際合作部分，可能我要買的書十本，可是其實不需要這麼多，或是經費不需要這麼多，可能只挑一二本做採

購，其他可能利用館際合作的方式，那當然也是館際合作的時間要比較久，而且也不能夠留，所以他會去做取捨說，哪些會用館際合作？哪些會用採購？(e: 699-710)

3. 營運知識交流

業務運作相關之諮詢，若干館曾透過圖書館之專門圖書館委員會建立聯繫及交流。另外，由於c館受訪者主要業務為辦理公部門人員教育訓練課程，因此，亦曾向其他教育訓練機構諮詢講師專長資訊。

> 沒有特別費心去經營對外關係，但像圖書館該參加的組織我們都有參加，像OCLC，臺灣OCLC我們也有參加，圖書館學會跟中華圖書資訊學會。(a: 324-325)

> 我是專門圖書館學會的委員之一，有時候那個主委就很積極，可能半年就會有一個活動，像去年就比較會。(b: 261-263)

> 譬如說我們有參加中華圖書館學會的專門圖書館委員會，我們是其中的成員之一。(f: 513-514)

> 我們都互相彼此知道有這個圖書館，偶爾很少接到需要協助的時候，我們會盡可能協助對方，可是相互合作的機會沒有那麼多，可能是我們的讀者量也沒那麼大，各個金融專門圖書館可能都這樣。我們跟國泰世華金融圖書館的館藏重複性應該是蠻高的。(a: 364-370)

> 像是中華電信那一些、文官學院、公企中心，這些其實就是訓練所有點像是標竿學習，會去外面參觀，所以訓練所的交流還滿多的，可是圖書部分其實沒有什麼交流，因為出去主要是看每個訓練單位新的一些教學計畫。有時候要規劃潛能開發這種課程，想要找一些新的老師之類的，基本上去詢問他們其實都會回答，像我們問文官學院那邊有沒有比較推薦的老師，他會告訴我們誰講的還不錯之類的，所以在師資方面是這樣子，只是沒有很正式說資料互給，因為有一些個資的問題。(c: 364-367, 378-383)

4. 專業諮商與服務推廣行銷

　　專門圖書館由於其領域知識相當專業，有時外部單位轉介到該館，或者為因應外部讀者留言，館方成為資訊中介角色，轉介機構內適合的研究人員來回覆，前述為被動型的案例，f館為主動型案例代表，希望能將機構內之服務模式及經驗對外推展為顧問服務，為推廣服務而辦理研討會，曾有法律事務所及顧問公司參與說明會。

> 研究各國公共電視的人，他們很多都會跑到政大的圖書館去問，他們都是說政大圖書館要他們來我們這裡，可能這東西只有公共電視有。(b: 118-122)

> 我們官網會提供一些資料。那也可以留言，譬如說，你今天對我們這一塊香蕉有什麼問題，我們會把這個email轉給相關的研究人員請他來回覆。(d: 321-322)

> 我們目前只是閱覽空間的對外，還有一些政府單位或是駐外單位的一些諮詢的回覆。譬如像立法院，有時候一些像商業，國貿局，他們有時候問一些跟資通訊相關的一些統計資料或趨勢，我們這邊負責去幫忙回覆，對外的比較少，我們對外就沒有很主動的去推什麼，我們主要是針對我們的同仁在服務，因為我們的會內同仁就2,000多個同仁。(f: 38-43)

> 如果說我們這樣子整個服務的模式、經驗其實是可以變成一個顧問服務，如果有公司行號有需要我們這樣服務我們可以去，不過說實在，推了這麼久，有接觸過一些，可是真正後來會落實的目前還沒有。[成果發表會參加的成員]有一些是相關的知識服務的機構，譬如說法律事務所或顧問公司有來參加過。第一屆辦的時候，我們也有收集一些公司行號的，因為其實我們辦這個研討會目的是希望我們能夠有一些對外合作的機會，那個時候我們應該是有收集一些工商的資料。(f: 536-538, 574-587)

5. 內外縱橫聯繫

　　專門圖書館其主題專業，為因應外部機構之資訊需求，有時需內部資深同仁來協助處理。另外，f館亦成為外部專業機構之會員，為配合內部同仁之研究案，若為特定而少量的資源需求，則利用該會員權利來查檢資訊以提供內部同仁資訊服務。

> 不知道是什麼單位幫我們拍的，之前有拍個臺灣的，應該也不是日據時代，也是從民國，很早很早那時候，它大概是說，為什麼那時候那麼多人要做香蕉，它當初是怎麼做香蕉這一塊，農民是怎麼，一個流程是怎麼樣，他們就有拍下來，就老老、黃黃的影片。因為蠻舊的，之前是客家電視臺、大愛他們有要跟我們借。因為之後把片子還來是我接到的，然後我就問他這個片子，因為我還是有跟他們，一些退休的前輩聯絡，因為有時候業務上遇到一些狀況或困擾，還是會請教他們。(d: 452-468)

> 所以我們都是隨到隨辦，有好處是說，當研究案的議題是階段性，進階的第一期第二期的或是有相關性的，會重複利用到，但是其實他們自己有專案經費，有些計畫都是先期研究，所以他們買的機率會比較多，對外資源需求，使用量很低不想買，才會利用館合或是其他機構到你那個機構去使用，比如說資策會和工研院，有類似這樣子的資訊服務的會員平臺，其實我們也會去。我們現在是工研院的會員，然後我們是digital time電子時報的會員，資策會以前是現在不是，如果少量，我們就到館使用或是利用館際合作使用，如果是多的，包括他們的資料庫，我們也都是用採購資源的方式採購。(e: 681-689)

六、顧客資本

　　專門圖書館主要服務對象為機構內同仁，由於經費有限，無法滿足所有同仁需求，以提供該機構之核心業務或研究人員所需資源為優先，往往不見得能滿足行政部門人員之資訊需求，如部分館提及無法列入資

第八章　智慧資本於工商圖書館之實證研究：財團法人及國營事業機構

訊部門所需電腦書為採購書單,然而,亦有圖書館提供休閒讀物,舒緩同仁工作壓力。因此,來自於不同部門之顧客需求的重視程度具差異性。另外,外部客戶的服務狀況,大多被動提供書刊閱覽服務,僅e館提供付費型會員服務。以下摘錄受訪者談論機構內顧客之特性。

> 我們的使命是要服務全院同仁,可是因為是組織架構的關係,我們現在花費比較多心力在服務金融研究所的同仁,還有圖書館定位的關係,因為我們是定位在金融專門圖書館,資訊處的同仁他們的資訊需求應該是資訊方面的資源,他們不見得需要金融方面的。……比較多讀者建議要訂什麼期刊,要跟經濟金融有相關的期刊,那我們就會把它訂進來,就是經過長官同意我們就把它訂進來,就做一個調整。譬如說有很多讀者反應開館時間要調整,那我們真的也就會去調整。(a: 404-407, 555-557)

> 我不敢做[滿意度調查],因為我覺得那個很難集中焦點,設計問卷就有問題了,因為其實我們最主要是公務需求在先,我們這裡說老實話,能夠滿足公務需求沒有這麼大,因為有給他們那些錢,他們自己有資料費,私人的這方面,因為每個人,像單身、有家庭的需求不一樣,我覺得很難去做一個很清楚的焦點,去知道說到底他需要什麼。(b: 372-375)

> 農委會的計畫,或者是像這個中正基金會我們也有接計畫,就是相關政府單位,那還有一些私人的公司委託我們做這個實驗,那還有就是產學合作,跟屏科大做產學合作,技術上合作。……比較不需要[提供額外的資源],除非就是他們覺得說,這個計畫可能跟之前的計畫好像用到的一些東西,譬如說期刊有相同或類似,他們才會來借閱。(d: 206-215)

> 每個同仁查找資源的能力不一樣,有些人是根本不進圖書館,他有第一手資料可以拿到,根本不進圖書館,又有些他可能就是一直需要圖書館的協助,如果你有需要我就是完全服務到你,所以我們很看重說如果你有需要我們都希望可以百分之百滿足你。(e: 760-764)

291

收費性的服務，像我們從月刊編輯及叢書編輯，然後到銷售和推廣，再利用所有臺經院可以提供的資源，透過學術會的平臺做會員招募，包括資料庫銷售問題的回覆，這些我們都可以利用時數計算來做收費。(e: 66-67)

本研究依受訪者提及辨識顧客需求之不同取向，區辨為如下類型：

（一）預測型

本類型為依據機構內成員所接案計畫主軸，主動收集該主題相關之資訊，或隨時觀察及收集機構專業知識相關新訊，並散播前瞻資訊給機構成員，如a館、e館及f館，f館之專責服務為客製化需求服務。此外，b館則主動觀察同仁的生活型態及成長階段，貼心主動採購休閒及家庭相關資源。

所以關鍵上辨識需求，我們會主動發訊息公告，我們會從你的回應上盡量滿足你，但是比較正式的就是圖書審議小組會議。(e: 764-765)

專案都會採購一些專案資源，從那個地方大概瞭解目前這個team需要的資源是什麼，還有每年都有調查hot topic，那個變化也可以看得出來今年的一些計畫是怎麼樣的、他們的需求是怎麼樣的，最主要我們專責會去跟這個部門建立connection，去瞭解這個部門這一年或這二年他們的走向是什麼，專責都會去特別留意，我們自己內部組織，在年底或年初都會有一些方向或宣導，也會去參加，可能跟我們執行長說我們今年的研究方向怎麼樣，或是對外的科專成果發表會我們也會去聽，那都是一些可以去獲得他們需求的一些key point。(f: 561-569)

會影響你的整個人生，還有你的工作的壓力，我會開始訂嬰兒與母親，或是育兒之類的，因為那年很多人都大肚子，然後開始訂期刊。(b: 325-326)

（二）客製型

充分配合同仁之個別需求，有時需代客查檢以提供相關主題文獻服務。另外，f館則更進一步地組織相關資訊，整合判斷分析後呈現精簡報告給相關顧客。

> 有些研究員可能年紀比較大，不會用電腦，他就會寫給我，有些會用電腦，他就email給我，我再上網去搜尋，然後再幫他們整合以後，我自己會複印一份存檔進系統，一份就是給他們。(d: 67-69)

> 我們專責服務跟一般的參考服務比較不一樣，一般參考服務可能是比較指示性的，我們是要幫同仁找到答案，甚至是整理成一份簡報給他。不是只有一堆raw data給他，譬如說某一個同仁可能要全球各行各業IT service的支出，那我們就會幫他整理成一個Excel表格或是PowerPoint的圖表給他，其實那個圖表裡面可能就是我們找了很多份資料之後，整理出來那個表格，而不是只是現成的一份表格，搞不好一份現成的表格可能只有一年，他可能是要五、六年的或是要預測，那我們就要幫他在不同的表格裡匯整給他。(f: 188-189, 192-193, 195-199)

> 要求期待其實都是在個別case上，這次的期刊買得快就很高興，這次期刊買得慢，中間過程有報告，困難度有幫他解決，他也很高興，其實每一次服務過程當中都是滿意的，因為我們有一些困難有延遲，都會做密切的回覆。(e: 813-817)

（三）整合型

機構內成員彼此間不見得聯繫密切，因此需整合連續性出版品之需求，除了避免資源重複之外，亦考量連續性出版品典藏完整性的因素。因此，由圖書館扮演資訊中介者，整合跨部門需求，避免各單位因本位主義而可能遺漏重要資源典藏的完整性。

> 所以除了單位主管我們還會找三個資深的研究人員開這個會，我們會對於期刊年報跟資料庫，這種連續性的資源，先做一個

年度的確定，大家有這樣的共識，先決定做續訂的作業，<u>他們覺得這些不要訂，那我們就不做主動的續訂</u>，但單位還是<u>隨時可以做申購，這其實就有核心和非核心的部分</u>，那其實你平常你隨時接業務隨時發訂單，我們都是要去做訂購，其實彈性都滿大的，但是就是<u>不要有那種……一個單位斷刊，忽略了其他單位的需求</u>。(e: 747-758)

此外，顧客需求問卷調查，部分館表示平日觀察讀者使用型態已足夠因應所需，問卷內容若設計不佳，結果恐淪為型式，無法真正反應讀者所需。因此，並非每館實施問卷調查。比較特別的是f館，每隔若干年，f館工作人員主動到訪機構內各單位，深入訪談以瞭解需求。

我們會做二個問卷調查，一個是剛說的<u>圖書審議小組會議，前期我們要做問卷調查，要先取得同仁的需求，要瞭解是持續性的需求，還是只是目前計畫，我們會提供資料庫使用的統計和借閱統計</u>，開會的時候給各主管做參考，因為他們其實也很清楚知道說，如果我要的話直接計畫經費就可以申購，那這個會議主要是決定說，大部分大家都一起用的全部資源，去決定這個資源到底一起用是多少人一起用，一個人二個人還是一個單位二個單位這樣子，所以我們會做前期的需求問卷調查，<u>在早期會做圖書館服務滿意度調查，後來覺得不用做是因為滿意就是滿意，不滿意就是不滿意，不滿意的東西其實不是我們可以能夠掌握，不滿意的東西可能是資料不夠多</u>。(e: 783-791)

今年我們內部<u>整個組織有做一個比較大的調動，所以我就會跟著專責一起去訪談部門的最高主管</u>，就是每個最高部門所都去訪談過一次。(f: 486-488)

七、更新與發展資本

由於每館的組織編制與人力配置不同，以及機構內能支援的資源多寡不一，日常例行性業務之外，行有餘力於思索館內未來發展的程度亦不同。如c館與d館之受訪者，尚需負擔圖書館以外的業務，因

此較難提供未來加深加廣的服務目標,以能改善的近程目標為主。受訪館當中,e館與f館相較於其他館為人力較多,且機構中賦予的任務多元且資源豐厚,因此,該二館受訪者提及知識管理及知識服務的內容,包含先前導入的失敗經驗、改善後的現況,並積極思考未來創新服務的做法。另外,a館及b館受訪者亦針對母機構的現況背景,提供更新及發展之意見,結合各館資訊綜整關鍵要素如以下三項。

(一)圓融溝通與變動管理以達漸進式成長

若母機構面臨環境變動,各館亦需隨之調整,如a館之母機構業務量擴增,研究案增量,圖書館需支援服務案增加。當提及未來發展時,b館受訪者則語重心長地提到圓融溝通的重要性,見機行事以達漸進式成長。f館受訪者則提及當代資源取得管道增加,原先對外收費之資訊服務之利基點已式微,需調整經營模式。摘錄受訪者所言如下:

> 因為研究所那邊也一直在壯大,就剛剛提到<u>多成立一個大陸金融研究室</u>,要承接研究案變多,<u>我們這邊要提供的支援服務案例也就變多</u>。(a: 486-488)

> <u>只能配合機構裡面成員的成長去做調整</u>,因為我們的預算也是逐年給的,每一年<u>政府有不一樣的要求,我們整個臺也都會有很大的改變</u>,就覺得比較難去做一個什麼規劃。尊重別人的困難,別人也會知道說,他可以給你<u>一些通融</u>,所以我覺得就還好啦,<u>在我們有限的權限裡面發揮到最大</u>,比如說資料採購,<u>從來沒有人來告訴我們,你不能採購這個,完全不會有人有意見,我覺得這已經是非常大的尊重了</u>,他也不會告訴你說,你沒有達到什麼東西,他也知道給你的資源就這麼多,所以也不會有意見,所以我覺得<u>我們自己給自己的要求,和讀者的互動,我們比較是在這塊上面去努力</u>。(b: 435-437, 459-465)

> 其實現在資源取得管道越來越多,學術會這塊收入反而是一直在萎縮,反而早期很ok,是因為我們<u>早期收了很多政府統計報告、政府統計年報、月刊</u>,我們收的很全而且主動搜集,一般企業界要找統計資料在圖書館這邊可以找得很齊全,這是當時

豐盛時代的利基點，那現在他們完全都系統化資料庫化，紙本都不出了，所以根本就不會來圖書館，再來重點會來看我們有哪些研究報告，這些產出是他們想要看的，但是會有一些和市場預期有差，因為我們議題不是這麼的即時急迫，我們做的是先期政策發展。(e: 771-781)

（二）具體呈現經營成果以彰顯績效與貢獻

具體且系統化地呈現圖書館經營過程及成果可達以下數項目的：（1）滿意度調查可藉機宣導各項服務。（2）藉由成果報告書來彰顯圖書館於機構內之貢獻。（3）定義關鍵指標績效以呈現質化及量化經營成果。摘錄受訪者所言如下：

> 我們那時候做服務滿意度調查還有一個目的，透過問卷的題目設計，讓你知道圖書館做哪些事情……，所以一部分是業務上的宣傳，一部分是得到服務績效。(e: 801-805)

> 我們在年度都會呈報工作成果報告。因為如果不寫成一本，更會不知道你在幹嘛，跟他[主管]說圖書館要整架，他其實沒有感覺你在講什麼，他以為就是上架而已，這有什麼難，很簡單，我要去告訴他，為什麼要整架，因為空間不足，必須要淘汰期刊，必須要從現刊移到過刊，還要依照需求度去做，重要期刊保存久一點，不重要的期刊保存短暫一點，費時多少人力多少，需要讓他感受一下，那這一整本報告，如果有看就會知道大概在做什麼，我很多年的工作經驗，當你要請我們的主管或是各單位主管說說看，對於圖書館有哪一些貢獻，當下其實是想不起來的，因為太日常一般。(e: 823-830)

> 我們內部每年提營運計畫的時候，就會提我們資料中心明年的重大效益，或是創新服務是什麼。每年就會有這樣子的指標，其實這也是一個可能跟一般圖書館比較不一樣的地方，就是我們會有一個績效評估的指標是年底就要訂出來的，就是會變成我們內部評估的一個標準。(f: 523-524, 526-528)

像我今年可能就提我們<u>行動APP的服務</u>，這樣就是一個創新服務的一個指標，那就是你什麼時候APP能夠做出來讓大家用，<u>譬如可能KPI [Key Performance Indicator]就是時間</u>，就是我們有一個KPI的指標。我們資料中心全部會有一個，底下每個同仁都會有自己的KPI，就是會有一個組KPI，可能組KPI可能一項。組KPI先訂出來，然後底下同仁的KPI。比較質化的KPI譬如說資訊加值服務，我們有訂同仁<u>下載次數的KPI</u>，就是我們會訂可能要<u>下載800次、下載1,000次那樣子的指標</u>。(f: 530-532, 535-536, 538, 558-560)

（三）知識分享及知識管理以探求知識服務機會

若干館曾提及知識分享的議題，如受訪者c之主要業務是辦理員工教育訓練課程，圖書館的功能為提供參與教育訓練的學員於受訓期間之知性服務，主要支援學員之課餘休閒需求，其次才是課程相關資源需求，以目前機構內圖書館可掌握資源，提及未來欲朝向學員間的讀書會來促進知識分享是可預期的短程目標。而受訪者a以目前有限的資源來過濾同仁的心得短文，放在機構內共用資料夾以推廣知識分享，但未來希望能改善系統平臺，結合機構內的獎勵機制，以促進知識分享的實質效能，此外，a館亦期許未來發展能建立機構典藏來保存機構之知識產出。

> 因為<u>知識管理是整個公司的東西</u>，它可能就是發每一個處，然後請處再去指派某一、二位去參加，因為它裡面其實系統很大有包含那些除了圖書資源之外，還有一些可能就是員工提案諸如此類的東西，所以是一個還蠻廣的系統。……我們訓練所裡面其實本來就有在辦<u>讀書會</u>，可是沒有想過把讀書會跟圖書館的資源結合，就是<u>讀書會是一個方法</u>。再來就是改善一下這邊的氛圍，我覺得可能是氛圍還有一些傢俱，其實是在短期內就可以達到的。(c: 79-81, 587-598)

我是聽院內有個部門說他們在<u>成立所謂的知識管理的推動小組或工作</u>。……知識獎勵活動就是院內有些長官很希望我們知

> 分享的風氣盛行，所以一直要我們去促成這樣的一件事情。其中一項就是鼓勵同仁來借閱，達到借閱多少點數就可以得禮券，其中還有一些鼓勵同仁寫讀書心得，同仁寫了心得以後再寄到圖書館，我們再分享給大家，然後也可以得到點數。(a: 275-276, 516-521)

> 我們圖書館界不是一直在談機構典藏嗎？尤其是我覺得像這種專門的圖書館更應該要有這樣的意識。我們又是一個知識產出的單位，我們有研究單位還有出版單位，我們自己出版圖書然後販賣銷售。要做機構典藏保留我們院內的知識產出，我覺得未來一定是要走向電子書或電子化，……然後看看能不能盡量完整的至少把一本紙本的妥善留存下來，因應未來的發展。(a: 166-181)

另外，關於實際導入知識管理的經驗，並非全然是正面的經驗，如受訪者e提及機構內先前曾導入知識管理系統之失敗原因主要在於知識分享意願低及知識物件未明確定義，因此未來推行時，首要改善過去的失敗經驗以提升知識管理成效。

> 那時候是希望從知識物件去做整理，要能夠把知識物件越建越多是要有分享的，那時候是院方在做主導，圖書館這邊是參與，到最後不成功就二大點，第一就是大家沒有主動分享的意願，坦白講業務這麼繁忙，好不容易趕完結案，還要一一把這些知識物件放上去，有心的會做，可是沒心的就沒做，如果沒有一些監督提醒或是跟催的一個機制，所以慢慢的就會太冷清，冷清到最後就是失敗，這是因為分享的機制很難，我們目前一直覺得說，很難用機制用平臺來完成，其實是需要團隊teamwork的過程。第二個沒辦法推的原因是沒有辦法確定到底要收哪些知識物件。我們要去定義比較成熟和具體的知識物件，然後這個知識物件必須要有專責的人員去做跟催和提醒。(e: 479-486, 491, 504-50)

> 未來發展方向其實以圖書館和學術會就是整個資訊服務中心的部分，<u>希望說我們的心力放更多在研究成果跟服務上</u>，要管的知識物件越來越多沒關係，之後的知識物件你要什麼東西，我們很清楚可以告訴你，<u>如果有做到這樣子的話，其實同仁們對於我們的依賴會越來越高，但是那可能不是對人的依賴是對系統的依賴，一個資料庫的建置後面其實是需要很多人力去建置的</u>。(e: 872-883)

由於f館除了支援機構內其他單位資訊服務之外，機構亦期待f館也可扮演「利潤中心」角色，因此，希望能將內部的營運管理經驗推展至外部，對外辦理成果發表會以行銷其知識服務內容，未來希望能接案並能實際推展知識服務，也希望探求合理的價值轉換方式，以彰顯該單位之知識價值。

> 我們也在學習中，<u>是不是可以接一些比較知識服務的，做一些加值整理這樣的經驗，看是不是有沒有一些這樣的計畫可以接也是我們的目標之一</u>。(f: 587-590, 753-755)

> 應該是說<u>hot topic再深化的</u>，hot topic可能變成說是一篇篇文章的重點整理，可是<u>政策加值服務會變成是很多資料去把它整理出來</u>，譬如說像<u>政策加值服務我們有七個政策，資安、雲端、綠能、文創</u>……。這個跟整個國家的政策走向有關，因為我們資策會就是政府的智庫，所以這個<u>政策的方向其實我們是配合國家發展去訂的，我們就是收集各國相關資訊整理出來的，所以這是從很多source來源裡面去整理找出來的</u>。那應該是國家型計畫裡面的一些重點政策，我們主要是跟那個，還有可能有微調跟一些資策會比較主要研發的方向去做配合、去做搭配。(f: 706-721)

第三節　綜合討論

本章聚焦於財團法人機構之工商圖書館，研究結果顯示其經營實

299

務與第七章之一千大企業資訊服務模式差異不小。前者仍具有典型圖書館之經營型態，後者則為非典型圖書館之業務流程，可區辨為圖書管理導向與文件管理導向之經營型態，圖書管理導向定位為提升公司員工軟實力，重點在於行銷與推廣，而文件管理導向重時效與安全控管，依特定需求服務。可見歸屬於不同機構類型之工商圖書館，其營運模式仍有差異，難以一概而論。

綜整研究結果於智慧資本各構面之共同特質與特色如表8-27，相較於先前若干研究結果，如下分述於各資本構面之異同。

結構資本之e館特色如同宋雪芳與陳怡如（2002）提及之中國生產力中心圖書館轉型為「成本利潤中心」之趨勢。張淳淳（1995）呼籲工商圖書館員建立學科專長的重要性，人力資本結果呈現在職工作者之相同認知，且本研究受訪者以積極態度克服困難，努力吸收專業知識，以提供稱職的資訊服務。程序資本當中之「主動型知識加值服務」以及e館之收費服務，分別呼應了張淳淳（2000）提及21世紀工商圖書館之加值型資訊服務，及落實「資訊有價」觀念。然而，關係資本顯示雖少有正式的館際合作業務，但仍有些許非正式型態的跨機構營運知識交流活動，與宋雪芳與陳怡如（2002）提及之少有橫向式的各館溝通管道，已稍顯不同。顧客資本構面，不僅是客製化服務，多館提供預測型服務，比機構內研究人員更早覺知專業領域之新趨勢，提早收集相關資訊以滿足顧客未來的資訊需求。更新與發展資本構面，如同工業技術研究院資訊技術服務中心建立之關鍵績效衡量指標（國家圖書館輔導組，2009，頁187-188），本研究受訪機構亦提及建立績效指標之重要性。而e館與f館亦努力邁向知識中心角色，如同林珊如（2003）於工商圖書館定位之呼籲。

第四節　結論與建議

工商圖書館由於實證研究相當少，本研究收集33家工商圖書館之量化問卷資料，以及深入訪談六家財團法人及國營事業機構圖書館之實證資料，以智慧資本觀點論述其經營實務。簡要摘錄各智慧資本構面重點如下：

表8-27：財團法人機構類型之工商圖書館於智慧資本各構面之共同特質與特色

構面	共同特質	特色
結構資本	曾經歷若干次組織調整，圖書館之編制與組織層級都曾經變動	e館因母機構組織扁平化，業務範圍廣，已接近「利潤中心」
人力資本	具圖書資訊學教育背景之館員因認知其母機構專門領域知識不足，而形塑為自我學習能力強與求新求變之特質	擔任主管者具備最佳教練特質，除了以身作則之外，亦具熱誠、能力、耐心以激發下屬之最大潛力
程序資本	館員人力精簡，常需為母機構專業人員提供「被動型客製化服務」。此外，亦有多館在人力物力極少的環境下，提供「主動型知識加值服務」	除了母機構所屬員工外，e館亦對外招募企業會員，並提供收費服務，會員服務比較特別的是演講媒合，企業提出相關演講主題或講者的需求，圖書館依母機構研究人員專長來接洽適合的講者
技術資本	因母機構之有限資源及專業館藏差異，各館資訊系統功能差異大，坊間現成系統難以符合需求，但管理人員均認知需轉換至現代強調使用者參與互動之系統	e館主導開發機構出版品資料庫系統以及機構知識管理系統，需與資訊部門密切合作，圖書館提需求，資訊部門及外包商支援技術。 f館導入知識管理系統，以做為團隊成員分享及控管專案計畫進度
關係資本	內部之平行部門溝通頻繁以瞭解資訊需求，有時需支援機構內非圖書館相關業務 外部館際合作頻率低，有時會有跨機構之營運知識交流	館方成為資訊中介角色，轉介機構內適合的研究人員來回覆外部專業諮詢問題，如b館、d館與e館
顧客資本	優先滿足機構之核心業務或研究人員所需資源，由於經費有限，不見得能滿足機構內行政人員的需求	預測型服務：e館主動收集機構內研究員接案計畫相關資源、a館及f館收集當代前瞻資訊、b館貼心收集相關資源以滿足員工成長所需
更新與發展資本	圓融溝通與變動管理以達漸進式成長	e館與f館以成果報告書及關鍵指標績效來彰顯圖書館於機構內之貢獻，具體呈現經營成果，以利未來爭取改善資源

（一）結構資本：在機構中為典型圖書館編制較一千大企業之比例高，然而，歷經若干次組織調整而變動，各館於機構中無一致性層級與定位，較多圖書館隸屬行政部門，其他尚有企劃處、人資處、技術組等部門。

（二）人力資本：主修圖書資訊學占填答者45.5%，而六成填答者為專職管理圖書館業務者，比例較企業一千大的調查結果高。受訪機構之運作仍以具備圖書資訊學教育背景之館員為主要人力資源，具備接受新知挑戰的能力，在職學習力強以克服機構專業知識之不足。

（三）程序資本：管理之館藏資源仍以紙本為主，各類型資源電子版收藏比例低，僅期刊雜誌為紙本與電子皆有的比例稍高些，占填答者之五成。各種典型圖書館服務項目的提供比例較企業一千大機構高，僅員工專業進修教育訓練課程為企業一千大之比例較高。相反的，大部分知識庫內容收藏項目比例上則為企業一千大之比例較高。除了典型之採購、保管及流通業務之外，尚有知識生產及資料庫製作之額外業務。常提供「被動型客製化服務」，部分館亦提供「主動型知識加值服務」、「演講媒合之知識服務」。稍具規模的館亦重視團隊合作與知識分享。

（四）技術資本：工商機構圖書館（室）提供數位資訊服務比例約占總服務比例四分之一，該比例較一千大企業少。各館系統功能差異大，但都曾面臨系統需改版至符合現代新科技之困境，受限於預算經費、機構內同仁心態保守等因素，難以跟上當代系統趨勢潮流。

（五）關係資本：工商機構圖書館（室）與其他部門平行溝通頻繁，為了系統問題常與資訊部門溝通；外部聯繫中，在與出版社或書商項目，工商機構較一千大企業圖書館（室）比例高，偶爾需向大學圖書館申請館際合作服務，若干館曾透過圖書館之專門圖書館委員會建立聯繫及交流，有時需為外部機構提供專業諮商與服務推廣行銷。

（六）顧客資本：工商機構圖書館（室）平均服務對象人數約1,600人，各種服務項目提報的使用人次較一千大企業圖書館（室）高。工商機構圖書館（室）優先滿足機構專業人員需求，行政人員需求次之。讀者服務類型可分為「預測型」、「整合型」及「客製型」，以因應不同需求。

（七）更新與發展資本：工商機構圖書館（室）曾採納之各項量化績效指標之比例高於一千大企業圖書館（室）。因應母機構環境變化，館員需具圓融溝通與變動管理之智慧，以達漸進式成長，亦需具體呈現經營成果以彰顯績效與貢獻，促進知識分享及知識管理以探求知識服務機會。

本研究結果可協助圖書資訊學界獲取更多工商圖書館之經營現況資訊，以回饋及改善相關課程之教學。此外，本研究結果對於圖書館事業發展有具體貢獻，可促進瞭解工商圖書館之營運現況，以提供擬定工商圖書館未來發展政策之參考資訊。

對於工商圖書館實務建議：可參照表8-27，綜整之共同特質與特色，以思索館務營運之改進與發展方向。未來研究建議：工商圖書館各館有其經營特色，宜以質化研究方式探索更多個案，以累積最佳實務經驗。

第九章
結論

　　本章首節精簡呈現本書提供之工商圖書館之智慧資本管理理論與實務資訊，以利標竿學習之用。由於資訊服務內容與型態常需與時俱進，資訊專業人員需思索自己在機構中的角色與功能，第二節即綜整若干圖書資訊教育學者與實務工作者對於資訊專業人員多元角色之討論。最後，邁入數位時代後，儘管近年曾有人質疑圖書館的未來發展空間與工商圖書館存在價值，將探索圖書館的未來列入第三節之討論，希望能引領更多人投入關注與探索，凝聚共識，以利建構大眾對於圖書館的新形象。

第一節　工商圖書館之智慧資本管理

　　企業圖書館身處在營利導向的環境，相較於學術圖書館與公共圖書館，較能即時反應社會脈動，易受環境壓力所迫，可謂「變革的領頭羊」（as bellwethers of change）（Housewright, 2009, pp. 254-255）。然而，國內外關於企業圖書館之理論與實務之研究文獻量遠少於學術圖書館與公共圖書館。因此，本書整合智慧資本理論於工商圖書館[1]經營理念之論述，並輔以國內外工商圖書館之實證資訊分析，可

---

[1] 臺灣慣用工商圖書館之名稱，不僅是企業圖書館，亦包含各種提供工商資訊服務之機構，已於本書第五章第一節闡述名詞定義及本書主要研究範疇。

為圖資訊學領域增補工商圖書館資訊較少之缺憾。以中國人的智慧可謂「他山之石，可以攻錯」，西方人則以標竿（benchmarking）學習或管理，吸取前人的經驗智慧，以改進管理實務。

工商圖書館經營理論資訊主要由文獻分析而來，綜述七項智慧資本構面之衡量指標於第四章，提供圖書館檢視營運績效之參考資訊。衡量圖書館營運績效的重要性是Housewright（2009）列為企業圖書館首要重視的議題，其次是辨識無法再為讀者產生價值的服務項目，應修正該項目以減少成本，其三是採納創新服務以符合當代讀者所需，最後的重點是需時常與母機構相關人員溝通以傳達圖書館為母機構貢獻的價值。本書綜整之各構面的衡量指標，可提供圖書館經營管理者一項良好的工具，以利改善工作流程與達成提升效能之目標。

實務資訊之整合分析結果如表9-1，國外資料主要來自於英國資訊顧問師Foster於2009-2014年撰寫之商業資訊年度調查研究報告，以及法國企業之資訊專業人員調查研究（Stiller, 2014），本研究再加以彙編分析，可做為國內工商圖書館營運之標竿學習參考資訊。國內資料以筆者設計之問卷及訪談大綱，向臺灣之一千大企業與國家圖書館之工商圖書館名錄發放問卷與請求訪談，收集與整理問卷回覆及訪談逐字稿，綜整分析之內容。

表9-1：智慧資本於國內外工商圖書館之經營實務綜合分析

機構類型	臺灣一千大企業		臺灣財團法人及國營事業機構	歐美國家法律、銀行、財務、藥學、能源、科技等產業之企業
	圖書管理導向	文件管理導向		
資料收集時間	2011-2012年		2012年	2009-2014年
本書章節	第七章		第八章	第六章
結構資本	由不同部門代管，定位為增進員工軟實力	較高比例設置專屬單位，為公司核心業務一環	歷經若干次組織調整，編制與組織層級都曾經變動	因公司核心能力不同，資訊服務業務歸屬不同部門管理，約五成機構之組織編制為6-20人

表9-1：智慧資本於國內外工商圖書館之經營實務綜合分析（續）

機構類型	臺灣一千大企業 圖書管理導向	臺灣一千大企業 文件管理導向	臺灣財團法人及國營事業機構	歐美國家法律、銀行、財務、藥學、能源、科技等產業之企業
人力資本	圖書資訊專業背景有需求，但非必要	高授權與賦能，強調主動學習，累積經驗知識	自我學習能力強與求新求變之特質	建議需具備雙重學科專長，涉入公司知識管理，擔任「顧問」或「研究員」角色，強化與時俱進的能力，如巨量資料管理等
程序資本	圖書簡編，自主管理，重視推廣	外購標準及法規，重視時效，權限控管	主要為「被動型客製化服務」，多館提供「主動型知識加值服務」	資源獲取重品質，提供綜整分析報告之競爭與科技智慧資訊服務，整合資訊資源及強化檢索平臺以利讀者自我服務
技術資本	資訊部門建置系統，基本借還功能	外購軟體，客製化系統，依需求增強系統功能	各館資訊系統功能差異大，坊間現成系統難以符合需求	建構社群媒體科技與知識分享平臺，導入行動數位裝置
關係資本	外部跨組織聯繫程度高	內部縱橫向聯繫程度高	內部之平行部門溝通頻繁，外部館際合作頻率低，偶有跨機構之營運知識交流	內部參與及融入不同活動以支援專案團隊工作之「嵌入式圖書館服務」；外部關係包含資料庫內容供應商及海外資訊外包業務公司之聯繫
顧客資本	提升活動參與度	依特定需求查找資訊，深化知識服務	優先滿足機構之核心業務或研究人員所需資源，少數館提供「預測型服務」	重服務品質，依顧客的工作場域為主，融入顧客所處情境脈絡而提供服務
更新與發展	多元資源，拓展推廣型態，求其廣度	促進隱性知識顯性化，求其深度	圓融溝通與變動管理以達漸進式成長	重視各種績效評估方法之運用，如投資報酬率，應用「故事」向顧客傳達價值。重視組織管理、員工發展等議題，未來朝向巨量資料分析管理

整體而言，國內外之企業資訊服務皆朝向知識服務之內涵，服務內容與型態隨著母機構特性不同而隨之變化。人力資本均呈現主動學習以具備與時俱進之能力，程序資本均重視資訊加值服務，國外則重視發展功能強化的檢索平臺以利讀者自我服務，館員需進一步探索資訊服務的內容與方式。國內外工商圖書館均相當重視關係資本，但由於國外調查資料包含許多跨國公司，因此亦著重與海外資訊委外商之外部關係。技術資本呈現臺灣工商圖書館之資訊科技環境不若國外的發展，可能是臺灣工商機構較為保守，投入於資訊服務單位之資訊科技成本不高，以致臺灣工商圖書館較難為母機構發展功能完整的檢索平臺，俗謂「巧婦難為無米之炊」，不少館員想提供符合現代趨勢的資訊服務，往往苦於無足夠經費可導入適當的資訊系統。由於本書之實證研究收集資料期間為2011-2012年，然而，歐美之企業資訊服務調查資料期間為2009-2014年。因此，臺灣與歐美之實證資料有時間差，歐美企業已導入行動數位裝置與融入巨量資料管理的議題，雖暫未看到該議題於臺灣工商圖書館管理實證資料，但可能有工商圖書館管理人員已納入未來目標與計畫。

第二節　資訊專業人員的多元角色與核心價值

　　當今資訊服務方式與內容隨著時代潮流與外部環境的變動而有所轉變，「圖書館員」之稱呼，儼然呈現傳統的、過時的意涵，無法應付多元化資訊服務方式與內容，而「資訊專業人員」的名稱，似又太廣義，未能揭露角色的重點與特性。因此，不同學者提出多元的觀點來描繪圖書館員或資訊專業人員的新角色。Moran與Marchionini（2012）曾就培育2050年資訊專業人員之議題，提及過去資訊學院[2]課程規劃方式，主要以任職於某特定類型機構來培育該人才所適用的技能，然而，目前資訊學院需教育全方位的人才以因應全球不同

---

[2]　原文為 information school，簡稱 i-School，許多美國圖書館學與資訊科學學校（Library and Information Science School, LIS school）已改名為 i-School，該文作者交錯使用 LIS schools 與 i-Schools 之用語。

機構於不同目的之需求，需培育的資訊專業人員類型包括資訊架構師（information architect）、資料分析師（data analyst）、資料庫管理師（database administrator）、網站規劃師（web developer）、知識本體論學家（ontologist）、系統易用性測試工程師（usability engineer）、社群媒體策略師（social media strategist）、資料庋用管理師（data curator）、圖書館員（librarian）、檔案管理人員（archivist）、博物館長（museum curator）等。另外，Cooper（2013）也曾彙整若干文獻關於健康科學館員的角色與功能，如嵌入式圖書館員（embedded librarian）、資訊專家（informationist）、詮釋資料館員（metadata librarian）、數位內容館員（digital content librarian）、學術傳播館員（scholarly communication librarian）、轉譯研究館員（translational research librarian）等。

美國專門圖書館學會委託學者Shumaker與Talley（2009）調查專門圖書館學會會員於嵌入式圖書館學（embedded librarianship）之實施現況。若要能勝任嵌入式圖書館員，首先需具備該館顧客群所擁有的專業領域知識，以及知曉如何獲取專業領域知識之管道與方法，與顧客建立良好的合作關係，並需支援與參與機構中繼續教育的過程（Shumaker & Talley, 2009, p. 25）。Federer（2014）曾探索館員的未來角色，亦提及嵌入式圖書館員與資訊專家角色的重要性。另外，若聚焦於企業圖書館員的未來角色，Swanson（2014）則提及包括專家分析師（expert analysts）、行銷策略顧問（marketing strategy consultants）、專利研究專業人員（patent research professionals）、專案管理師（project managers）、技術專家（technical specialists）等。應掌握多元技能，包括首次與二次資訊資源研究、市場智慧資訊、預測、商業智慧，以及優秀的溝通技巧、團隊管理、談判能力等其他商業技能。前述嵌入式圖書館員與資訊專家之角色與功能再進一步說明如下：

一、嵌入式圖書館員（embedded librarian）

嵌入式服務應包含如下要素：以顧客為中心而非圖書館為中心、

依顧客的工作場域為主而非依館員的工作場域、重點在小群體而非所有顧客、融入顧客所處情境脈絡下提供資訊而非在場外觀望、建立在可信任的諮詢而非僅是遞送資訊服務等（Shumaker & Talley, 2009, p. 9）。一項研究調查專門圖書館學會會員提供嵌入式圖書館服務現況結果如下：（1）約五成資訊服務提供者對組織中某特定顧客群，提供嵌入式服務要素之專精而深化的服務。（2）高等教育機構、營利型組織、非營利型組織、政府、法律、財務等不同機構類型圖書館都曾提供嵌入式服務。（3）約六成圖書館回應已在該組織實施超過十年的嵌入式服務。（4）館員的人際關係技能是相當重要的因素。（5）館員對組織運作與顧客工作知識的掌握程度亦是導入嵌入式服務的關鍵因素（Shumaker & Talley, 2009, p. 55）。

為成功實施嵌入式服務，Shumaker與Talley建議以下五項策略：（1）聘用能夠建立良好人際關係的館員。（2）請負責館員學習組織與顧客專業知識。（3）給予館員權能以提供最佳的服務。（4）建立聯盟與溝通以強化顧客關係管理。（5）支援館員的工作（館員間彼此回饋與分享工作心得、有效的推廣、系統性的評鑑機制）（Shumaker & Talley, 2009, pp. 56-58）。Gaus（2013）分享一家跨國食品公司圖書館，由政府網站、食品產業資料庫、新聞資源、網路資源等不同來源，系統性地完整收集世界各國之不同類型食品召回相關新聞與資訊，並針對公司所需資訊欄位（時間、公告國、產品別、問題、行動方案等）建置簡易試算表，以利公司相關人員隨時查找資相關訊，前述可算是一項嵌入式服務的案例。

二、研究資訊專家（research informationist）

通常圖書館聚焦於「最後一哩」的研究資訊服務，即收集學術文獻並協助讀者存取文件檔。然而，資訊專家要提供的服務是橫跨整個資訊生命周期，由起始至結束。因此，一開始資訊專家即可協助發展研究資料管理計畫，此項目前是許多經費贊助者的新要求。研究進行中，資訊專家可協助做科技文獻之查找，當研究人員想分享彼此的研究成果時，資訊專家可提供著作權及數位版權管理之建議，以利建置

開放研究資源典藏管理系統。研究完成後，資訊專家協助管理研究資料，提供資料保存與資料庋用（data curation）之服務。研究完成後之追蹤，則可利用書目計量學之引文分析或應用替代計量（altmetrics）查看社群媒體與Facebook之散播程度等方法，檢視研究的影響力。此外，資訊專家尚需擔任研究團隊中資訊與資料素養之教育者角色（Federer, 2014, pp. 8-10）。

　　資訊專家應具有的核心能力如下：（1）著作權法的基本知識。（2）熟知某專門領域的開放資源分享平臺及其資源分享的要素，部分學科領域已建構詮釋資料（metadata）格式標準，但部分學科領域仍待建立，資訊專家應可協助建立相關資料交換標準。（3）資訊專家不僅能查檢一般泛用型書目資料庫，往往需具備某些特定領域知識後始能查檢該專門領域知識庫，如需具備遺傳學與基因定序等相關知識始能查詢基因銀行（GenBank）之資訊資源。（4）資訊專家不盡然需具備科學的正式學位，但需熟知科學方法、研究實務、研究工作的過程等知識（Federer, 2014, pp. 21-26）。因此，Federer（2014）建議美國圖書館學會認可之圖書館學校提供之圖書資訊學碩士學位，應重新檢視其課程內容，以符合資訊專家所需技能。

　　儘管資訊專業人員的技能常需隨著時代的變化而有所調整，然而，資訊專業人員仍有其不變的核心價值：「我們有責任提供學習的經驗以孕育創意思考、合作式問題解決、相互尊重的知識學習技能，教導人們如何善用方法應用於資訊生活」（Moran & Marchionini, 2012, p. 98）。美國北卡羅萊納大學教堂山分校資訊學院提出圖書館學教育的核心價值包括資訊組織（organization of information）、普適存取（universal access）、合作（collaboration）、智識自由（intellectual freedom）、自主學習（self-directed learning）、職務管理（stewardship）等（Moran & Marchionini, 2012, p. 98）。此外，北卡羅萊納大學與雪城大學等二校均提倡融入創業家（entrepreneurship）精神於資訊專業人員之訓練（Goldstein & Rodriguez, 2012; Liddy, 2012），資訊創業者不能盲目地處理他們一無所知的問題，必須積極與不同學科領域專家、外部夥伴、顧客等協同合作，以發掘問題提供解決方案（Goldstein & Rodriguez, 2012）。雪

城大學資訊學院已納入社群媒體、資訊創業家精神、資料科學等內容於跨學科學程之課程（Liddy, 2012）。

二十世紀以前，除了強調專業主題服務的「學科館員」之外，少有其他特色名詞來稱呼館員，由本節所綜整之新職稱可見當今館員的多元任務與角色，不僅知識層面增廣，專技知能亦加深，且由職稱即可辨識其角色任務。典型的圖書館工作往往分群為技術服務與讀者服務，似已無法因應數位時代趨勢。資訊科技已融入館員的所有工作，如同水與電般的民生必需品，目前應重視的是如何運用資訊科技工具發展多元特色的資訊服務，前述不同學者所提之新職稱，都是可加以發揮的方向。圖書資訊學教育相關系所，應為訓練前述人才來設計相關課程，或於現有課程融入相關課程單元；而圖書館實務界於組織重整時，建議應考量前述職稱來重新設計工作任務與角色。

筆者身為資訊專業人員，並肩負圖書資訊學研究者與教育者之任務與角色，對於前述當代資訊專業人員需具備之知識與技能之探討，除了期勉自己能具有宏觀的視野、專精的領域知識、敏捷的思考力、快速的學習力、圓融的溝通力、持續的熱誠，以及前瞻的遠見，最困難的任務是訓練未來的資訊專業中堅人才亦能具備前述的知能。然而，前述知能大多為抽象的潛能，相較於具象的專業知識，要達到教育的功效，有其難度。畢竟人力是智慧資本之源，培育優秀人才事務攸關資訊專業人員於社會中的立足點，亦影響圖書館事業之未來發展，圖書資訊學教育者擔負著相當重要的責任。

第三節　工商圖書館的未來發展

任職於道瓊公司的Caputo（2012）曾提醒專門圖書館需注意如下五大世界趨勢：全球化（globalization）、失序市場（distressed markets）、去除中介者（disintermediation）、破壞式創新（disruptive innovation）、競爭（competition）。前述時代趨勢使得公司作業方式朝向全球資訊外包，降低營運成本以促進產品與服務之優勢，公司將資訊服務業務委由資訊委外承包商，因此，公司圖書館或資訊服務中心紛紛關閉。另外，值此去除中介者的時代，呼應Foster

（2013）研究結果所呈現之「朝向讀者自我服務」趨勢，當今資訊系統介面親和力高，使用者皆可自行查檢所需資訊，傳統圖書館員扮演資訊中介者的角色已不再重要，館員應思考與設計符合讀者需求之資訊服務以謀求轉型。當面臨全球創新活動為急遽的轉變而非漸近式的變化時，不僅是商業環境的改變，教育與科技等觀念也與以往大不相同，挑戰館員的應變能力。

擔任能源、太空探索、資訊安全等科技研發實驗中心之市場分析師Swanson（2014）預言未來企業圖書館應由傳統的集中式服務朝向分散式服務，由於多數資源都已數位化，將會縮減企業圖書館之實體空間，更多專業而深入的嵌入式圖書館服務，提供較好的工具以利顧客存取個人專屬資訊資源，進行個人專案研究而達到自我服務的境界。導入更多開放存取資源服務，然而，商業機密與智慧財產等對企業而言，則更顯重要。

隨著科技的發展，曾有學者預期圖書館知識資產將會整合於虛擬空間，朝向開放資源、開放內容、開放學習、開放社群互動、開放技術應用於研究型圖書館（Duderstadt, 2009）。另有學者提及企業圖書館因應科技發展之策略，引進增強版的電腦系統分析資料並以3D視覺化呈現其結果，導入視訊會議技術以強化溝通環境，善加運用無線網路及智慧型手機相關技術，提供顧客於任何時間、任何地點、任選平臺等機制之多元資訊檢索環境。此外，為促進顧客自我服務，提供許多線上課程以輔助訓練，設計更多互動內容、遊戲、視訊、動畫等以豐富讀者的學習經驗。專業而深入的研究服務並非單純地提供相關資料給讀者而已，而是具體提供解決方案的服務（Swanson, 2014, p. 11）。此外，近十餘年來，企業圖書館於電子書館藏管理策略產生很大的轉變，在2001年極少數之美國專門圖書館學會會員對於收藏電子書採取肯定積極的態度，然而，2012年的調查，在27位受訪者中，18位（約占67%）對於電子書持肯定態度，情勢已改變許多，不過仍有些許因素阻礙電子書的推廣，如缺乏一致性的標準平臺、數位版權管理議題，以及需額外費心處理電子書融入書目查詢式圖書館資訊系統等（Matarazzo & Pearlstein, 2013）。

關於圖書館的未來發展議題，哈佛圖書館建立哈佛圖書館實驗室[3]（Harvard Library Lab），徵求各界為圖書館創新的作業管理方式，或是創新服務方法，提出專案計畫，參與者主要是哈佛大學的師生，合作人員則來自麻省理工學院與耶魯大學，至2014年為止，收到171件提案，共57件通過審查（Harvard Library. Office for Scholarly Communication, 2014），區分為十個主題陳列專案計畫的成果，包括社區參與（community engagement）、著作權／合理使用（copyright / fair use）、資料分析（data analysis）、探索（discovery）、機構合作（institutional collaboration）、詮釋資料（metadata）、行動（mobile）、典藏（repositories）、標籤／註解（tagging / annotation）、工作流程（workflow）等。不見得需要複雜的技術才能完成一個專案計畫，簡單的概念也可以是很好的提案，如歸屬於社區參與類的「好書推薦箱」（awesome box[4]）即是在流通臺設置一盒子，當讀者歸還書時，若覺得該書內容很棒，可放置於該盒子，館員即會將該書訊透過各種社群媒體散布，使更多人知道好書資訊。儘管Caputo（2012）曾提醒圖書館需面臨五大全球趨勢，該趨勢發展實不利於圖書館目前的處境，但由哈佛圖書館實驗室所徵求的提案計畫來看，扭轉了圖書館傳統角色與功能，雖然此網站僅呈現其發想計畫內容與雛型系統，尚待更多人的認同，始能使該創意落實於圖書館的例行業務中，由此網站可窺見圖書館的未來，期許圖書館同道可藉由此網站激發更多的創意以改良圖書館營運模式，強化圖書館轉型成功的信心。

鑑於Caputo（2012）與Foster（2013）的觀點，工商圖書館的實體存在空間或位階擴增或提升的可能性不高，既然難以阻擋時勢，發展重點應不在於是否存在一具辨識性之圖書館單位名稱，而在於提升資訊服務內容的質與量。機構中的資訊專業人員工作內容宜重新規劃與設計，不同機構中的工商資訊服務各有其特色重點，無法有其標準化模式可供依循。工商圖書館員除了首重產業專業知識之外，更需強

---

[3] 哈佛圖書館實驗室網站：https://osc.hul.harvard.edu/liblab/。

[4] Awesome box 介紹網頁：https://osc.hul.harvard.edu/liblab/projects/awesome-box/。

化應變與溝通能力,重視統籌運用外包業務的能力。為因應「朝向讀者自我服務」趨勢,工商圖書館員之重要任務亦包含資訊資源利用之種子教師角色。因此,工商圖書館將從有形至無形、實體至虛擬,然而,其工商資訊服務本質仍永存,只是呈現的形式不同,工商圖書館員更應瞭解自身優勢,充分發揮資訊服務的專才,適時以工作表現向母機構證明此工作任務為不可或缺的角色。

參考文獻

Abels, E., Jones, R., Latham, J., Magnoni, D., & Marshall, J. G. (2003). Competencies for information professionals of the 21st century. Retrieved from http://sla.org/wp-content/uploads/2013/01/0_LRNCompetencies2003_revised.pdf

Andriessen, D. (2004). *Making sense of intellectual capital: Designing a method for the valuation of intangibles*. Amsterdam, The Netherlands: Butterworth-Heinemann.

Anonymous. (2000). Higher ranked Fortune 500 companies significantly more likely to have libraries. *Information Outlook*, *4*(3), 12-13.

Asonitis, S., & Kostagiolas, P. A. (2010). An analytic hierarchy approach for intellectual capital: Evidence for the Greek Central Public Libraries. *Library Management*, *31*(3), 145-161. doi: 10.1108/01435121011027327

Barron, D. D. (1995). Staffing rural public libraries: The need to invest in intellectual capital. *Library Trends*, *44*(1), 77-87.

Baskerville, R. L., & Myers, M. D. (2002). Information systems as a reference discipline. *MIS Quarterly*, *26*(1), 1-14.

Bergman, E. L. (2014). Big data: A brief SWOT analysis. *Information Outlook*, *18*(3), 15-17.

Bezhani, I. (2010). Intellectual capital reporting at UK universities.

Journal of Intellectual Capital, 11(2), 179-207. doi: 10.1108/14691931011039679

Boelens, H. (2007). Knowledge management in secondary schools and the role of the school librarian. *School Libraries Worldwide, 13*(2), 63-72.

Bontis, N. (1998). Intellectual capital: An exploratory study that develops measures and models. *Management Decision, 36*(2), 63-76. doi: 10.1108/00251749810204142

Bontis, N. (1999). *Managing an organizational learning system by aligning stocks and flows of knowledge: An empirical examination of intellectual capital, knowledge management, and business performance* (Doctoral dissertation). Available from ProQuest Dissertations Publishing. (NQ40244)

Bontis, N., Dragonetti, N. C., Jacobsen, K., & Roos, G. (1999). The knowledge toolbox: A review of the tools available to measure and manage intangible resources. *European Management Journal, 17*(4), 391-402.

Bontis, N., & Serenko, A. (2009). A follow-up ranking of academic journals. *Journal of Knowledge Management, 13*(1), 16-26.

Booker, L. D., Bontis, N., & Serenko, A. (2008). The relevance of knowledge management and intellectual capital research. *Knowledge and Process Management, 15*(4), 235-246.

Bose, S., & Thomas, K. (2007). Applying the balanced scorecard for better performance of intellectual capital. *Journal of Intellectual Capital, 8*(4), 653-665. doi: 10.1108/14691930710830819

Bounfour, A. (2003). The IC-dVAL approach. *Journal of Intellectual Capital, 4*(3), 396-413. doi: 10.1108/14691930310487833

Brewsaugh, S., & Valleroy, V. (2011). Application of technology and change management in staff development. In S. E. Kelsey & M. J. Porter (Eds.), *Best practice for corporate libraries* (pp. 215-232). Santa Barbara, CA: Libraries Unlimited.

Buckland, M. K. (1982). Concepts of library goodness. *Canadian Library Journal*, *39*(2), 63-66. (as cited in White, 2007c)

Buluță, G. (2011). Library and education in contemporary society. *Library & Information Science Research*, *15*, 21-27.

Caputo, A. (2012). Reflections on the state of specialized libraries: Five global trends all knowledge professionals should understand. *Information Services & Use*, *32*(3/4), 167-169. doi: 10.3233/ISU-2012-0666

Carlson, J., & Kneale, R. (2011). Embedded librarianship in the research context: Navigating new waters. *C&RL News*, *72*(3), 167-170.

Cimpl, K. (1985). Clinical medical librarianship: A review of the literature. *Bulletin of the Medical Library Association*, *73*(1), 21-28.

Cooper, I. D. (2013). New activities and changing roles of health sciences librarians: A systematic review, 1990-2012. *Journal of Medical Library Association*, *101*(4), 268-277.

Corrall, S., & Sriborisutsakul, S. (2010). Evaluating intellectual assets in university libraries: A multi-site case study from Thailand. *Journal of Information & Knowledge Management*, *9*(3), 277-290. doi: 10.1142/S021964921000267X

Cross-Menzies, A. (2014). Democratizing the digital world. *Information Outlook*, *18*(5), 11-13.

Dattero, R. (2006). Collaboration between the top knowledge management and intellectual capital researchers. *Knowledge and Process Management*, *13*(4), 264-269.

Davenport, T. H., & Prusak, L. (1993). Blow up the corporate library. *International Journal of Information Management*, *13*(6), 405-412. doi: 10.1016/0268-4012(93)90057-B

Duderstadt, J. J. (2009). Possible futures for the research library in the 21st century. *Journal of Library Administration*, *49*(3), 217-225. doi: 10.1080/01930820902784770

Edgar, W. B. (2004a). Corporate library impact, part I: A theoretical approach. *The Library Quarterly: Information, Community, Policy*, *74*(2), 122-151.

Edgar, W. B. (2004b). Corporate library impact, Part II: Methodological trade-offs. *The Library Quarterly: Information, Community, Policy*, *74*(2), e1-e18.

Edgar, W. B. (2007). Corporate library resource selection: Exploring its support for corporate core competencies. *The Library Quarterly: Information, Community, Policy*, *77*(4), 385-408.

Edvinsson, L. (2013). IC21: Reflections from 21 years of IC practice and theory. *Journal of Intellectual Capital*, *14*(1), 163-172. doi: 10.1108/14691931311289075

Edvinsson, L., & Malone, M. S. (1997). *Intellectual capital: Realizing your company's true value by finding its hidden brainpower*. New York, NY: Harper Business.

Edvinsson, L., & Sullivan, P. (1996). Developing a model for managing intellectual capital. *European Management Journal*, *14*(4), 356-364. doi: 10.1016/0263-2373(96)00022-9

Federer, L. (2014). Exploring new roles for librarians: The research informationist. *Synthesis Lectures on Emerging Trends in Librarianship*, *1*(2), 1-47. doi: 10.2200/S00571ED1V01Y201403ETL001

Feiwel, G. R. (1975). *The intellectual capital of Michal Kalecki: A study in economic theory and policy*. Knoxville, TN: University of Tennessee Press. (as cited in Serenko, A., & Bontis, N., 2013b)

Felix, E., & Dugdale, S. (2011). Libraries as hubs in the new workplace. In S. E. Kelsey & M. J. Porter (Eds.), *Best practice for corporate libraries* (pp. 215-232). Santa Barbara, CA: Libraries Unlimited.

Fletcher, A., Franklin, M., Garczynski, J., Gillbert, G., Mathis, S., & Wang, P. (2009). Saving special libraries in a recession: Business strategies for survival and success. *Information Outlook*, *13*(5), 37-43.

Foster, A. (2009). Battening down the hatches: The business information survey 2009. *Business Information Review*, *26*(1), 10-27. doi: 10.1177/0266382108101303

Foster, A. (2010). The boss just said "do more with less!": The business information survey 2010. *Business Information Review*, *27*(1), 8-26. doi: 10.1177/0266382109362341

Foster, A. (2011). Let's save the company money -- The new orthodoxy: The business information survey 2011. *Business Information Review*, *28*(1), 8-24. doi: 10.1177/0266382111403240

Foster, A. (2012). Let's integrate -- Information services, content, technologies and collaboration: The business information survey 2012. *Business Information Review*, *29*(1), 9-28. doi: 10.1177/0266382112440411

Foster, A. (2013). Add value or die -- The fate of corporate information services: The business information survey 2013. *Business Information Review*, *30*(1), 8-26. doi: 10.1177/0266382113484222

Foster, A. (2014). The game is changing: The business information survey 2014. *Business Information Review*, *31*(1), 14-40. doi: 10.1177/0266382114529852

Gandhi, S. (2004). Knowledge management and reference services. *The Journal of Academic Librarianship*, *30*(5), 368-381. doi: 10.1016/j.acalib.2004.06.003

Gaus, T. L. (2013). The role of the library in the food safety mission of a multinational food company. *Science & Technology Libraries*, *32*(4), 372-378. doi: 10.1080/0194262X.2013.838916

Goldstein, B., & Rodriguez, D. (2012). Turning adversity into opportunity: Entrepreneurship and the information professional. *Information Services & Use*. *32*(3/4), 175-179. doi: 10.3233/ISU-2012-0672

Griffiths, P. (2012). Information audit: Towards common standards and methodology. *Business Information Review*, *29*(1), 39-51. doi: 10.1177/0266382112436791

Hales, S. (2014). Beyond the desktop: Delivering content to new devices. *Information Outlook, 18*(5), 6-7.

Hall, H., & Jones, A. M. (2000). Show off the corporate library. *International Journal of Information Management, 20*(2), 121-130. doi: 10.1016/S0268-4012(99)00060-2

Hartman, K. A. (2009). Retaining intellectual capital: Retired faculty and academic libraries. *Reference & User Services Quarterly, 48*(4), 384-390.

Harvard Library. Office for Scholarly Communication. (2014). Harvard Library Lab [Video file]. Retrieved from https://youtu.be/O-22jMB3uwE or https://osc.hul.harvard.edu/liblab/

He, L., Chaudhuri, B., & Juterbock, D. (2011). Value creation, assessment, and communication in a corporate library. In S. E. Kelsey & M. J. Porter (Eds.), *Best practice for corporate libraries* (pp. 167-191). Santa Barbara, CA: Libraries Unlimited.

Hendriks, B., & Wooler, I. (2006). Establishing the return on investment for information and knowledge services: A practical approach to show added value for information and knowledge centres, corporate libraries and documentation centres. *Business Information Review, 23*(1), 13-25. doi: 10.1177/0266382106063063

Hendriks, P. H. J., & Sousa, C. A. A. (2012). Rethinking the liaisons between intellectual capital management and knowledge management. *Journal of Information Science, 39*(2), 270-285. doi: 10.1177/0165551512463995

Hopkins, M. E., Summers-Ables, J. E., Clifton, S. C., & Coffman, M. A. (2011). Website creation and resource management: Developing collaborative strategies for asynchronous interaction with library users. *Health Information and Libraries Journal, 28*(2), 130-136. doi: 10.1111/j.1471-1842.2010.00921.x

Housewright, R. (2009). Themes of changes in corporate libraries: Considerations for academic libraries. *portal: Libraries and the Academy, 9*(2), 253-271.

Huang, Y. H. (2014). Measuring individual and organizational knowledge activities in academic libraries with multilevel analysis. *The Journal of Academic Librarianship, 40*(5), 436-446. doi: 10.1016/j.acalib.2014.06.010

Huotari, M.-L., & Iivonen, M. (2005). Knowledge processes: A strategic foundation for the partnership between the university and its library. *Library Management, 26*(6/7), 324-335. doi: 10.1108/01435120410609743

Iivonen, M., & Huotari, M.-L. (2007). The university library's intellectual capital. In E. D. Garten, D. E. Williams, J. M. Nyce, & S. Talja (Eds.), *Advances in library administration and organization* (Vol. 25, pp. 83-96). Bingley, UK: Emerald.

Jin, T., & Bouthillier, F. (2012). The integration of intelligence analysis into LIS Education. *Journal of Education for Library and Information Science, 53*(2), 130-148.

Jin, T., & Ju, B. (2014). The corporate information agency: Do competitive intelligence practitioners utilize it? *Journal of the Association for Information Science and Technology, 65*(3), 589-608. doi: 10.1002/asi.22993

Kaplan, R. S., & Norton, D. P. (1992). The balanced scorecard: Measures that drive performance. *Harvard Business Review, 70*(1), 71-79.

Kaplan, R. S., & Norton, D. P. (1996). *The balanced scorecard: Translating strategy into action*. Boston, MA: Harvard Business School Press.

Kaplan, R. S., & Norton, D. P. (2004). *Strategy maps: Converting intangible assets into tangible outcomes*. Boston, MA: Harvard Business School Press.

Kelsey, S. E., & Porter, M. J. (2011) *Best practice for corporate libraries*. Santa Barbara, CA: Libraries Unlimited.

Koenig, M. E. D. (1996). Intellectual capital and knowledge management. *IFLA Journal, 22*(4), 299-301. doi: 10.1177/034003529602200411

Koenig, M. E. D. (1997). Intellectual capital and how to leverage it. *The*

Bottom Line, *10*(3), 112-118. doi: 10.1108/08880459710175368

Koenig, M. E. D., & Neveroski, K. (2008). The origin and development of knowledge management. *Journal of Information & Knowledge Management*, *7*(4), 243-254. doi: 10.1142/S0219649208002111

Kong, E. (2007). The strategic importance of intellectual capital in the non-profit sector. *Journal of Intellectual Capital*, *8*(4), 721-731. doi: 10.1108/14691930710830864

Kong, E. (2008). The development of strategic management in the non-profit context: Intellectual capital in social service non-profit organizations. *International Journal of Management Reviews*, *10*(3), 281-299. doi: 10.1111/j.1468-2370.2007.00224.x

Kong, E. (2009). Facilitating learning through intellectual capital in social service nonprofit organizations. *The International Journal of Learning*, *16*(2), 533-548.

Kong, E. (2010). Intellectual capital and non-profit organizations in the knowledge economy: Editorial and introduction to special issue. *Journal of Intellectual Capital*, *12*(2), 97-106. doi: 10.1108/14691931011039624

Kong, E., & Prior, D. (2008). An intellectual capital perspective of competitive advantage in nonprofit organisations. *International Journal of Nonprofit & Voluntary Sector Marketing*, *13*(2), 119-128. doi: 10.1002/nvsm.315

Kostagiolas, P. A. (2012a). *Managing intellectual capital in libraries: beyond the balance sheet*. Witney, UK: Chandos.

Kostagiolas, P. A. (2012b). *Managing knowledge capital in public libraries for a knowledge-driven socioeconomic environment*. Paper presented at 2012 World Library and Information Congress: 78th IFLA General Conference and Assembly, Helsinki, Finland. Retrieved from http://conference.ifla.org/past-wlic/2012/141-kostagiolas-en.pdf

Kostagiolas, P. A. (2013). Managing knowledge capital in public libraries for a knowledge-driven socioeconomic environment. *Library Management, 34*(8/9), 677-689. doi: 10.1108/LM-05-2013-0042

Kostagiolas, P. A., & Asonitis, S. (2009). Intangible assets for academic libraries: Definitions, categorization and an exploration of management issues. *Library Management, 30*(6/7), 419-429. doi: 10.1108/01435120910982113

Kostagiolas, P. A., & Asonitis, S. (2011). Managing intellectual capital in libraries and information services. In A. Woodsworth (Ed.) *Advances in librarianship* (Vol. 33, pp. 31-50). Bingley, UK: Emerald. doi: 10.1108/S0065-2830(2011)0000033005

KPMG. (2010). Washington National Tax [Web blog message]. Retrieved from http://www.kpmg.com/US/en/WhatWeDo/Tax/Pages/washington-national-tax.aspx

Lesky, C. (2008). From a business and science search firm: Five insights into managing an information service. *Business Information Review, 25*(1), 40-47. doi: 10.1177/0266382107088212

Lev, B. (1999, June). *The inadequate public information on intellectual capital and its consequences*. Paper presented at the International Symposium Measuring and Reporting Intellectual Capital: Experiences, Issues, and Prospects, OECD, Amsterdam, The Netherlands. Retrieved from http://cours2.fsa.ulaval.ca/cours/gsf-60808/intellectual_capital_lev.pdf

Liddy, E. D. (2012). An entrepreneurial stance towards education of information professionals. *Information Services & Use, 32*(3/4), 131-135. doi: 10.3233/ISU-2012-0675

Lin, C. Y. -Y., & Edvinsson, L. (2008). National intellectual capital: Comparison of the Nordic countries. *Journal of Intellectual Capital, 9*(4), 525-545. doi: 10.1108/14691930810913140

Lin, C. Y. -Y., & Edvinsson, L. (2011). *National intellectual capital: A comparison of 40 countries*. New York, NY: Springer.

Lin, C. Y. -Y., Edvinsson, L., Chen, J., & Beding, T. (2013). *National* intellectual capital and the financial crisis in China, Hong Kong, Singapore, and Taiwan. New York, NY: Springer.

Marshall, J. G. (1993). *The impact of the special library on corporate decision making.* Washington, DC: Special Library Association. (as cited in Jin & Ju, 2014)

Matarazzo, J., & Pearlstein, T. (2013). Ebooks in corporate/special libraries. *Online Searcher, 37*(3), 41-48.

Mesa, W. (2010). The composition of intellectual capital in non-profit orchestras. *Journal of Intellectual Capital, 11*(2), 208-226. doi: 10.1108/14691931011039688

Milles, J. G. (2006). Redefining open access for the legal information market. *Law Library Journal, 98*(4), 619-637.

Moran, B. B., & Marchionini, G. (2012). Information professionals 2050: Educating the next generation of information professionals. *Information Services & Use, 32*(3/4), 95-100. doi: 10.3233/ISU-2012-0674

Mouritsen, J. (1998). Driving growth: Economic value added versus intellectual capital. *Management Accounting Research, 9*(4), 461-482. doi: 10.1006/mare.1998.0090

Mouritsen, J., Larsen, H. T., & Bukh, P. N. (2005). Dealing with the knowledge economy: Intellectual capital versus balanced scorecard. *Journal of Intellectual Capital, 6*(1), 8-27. doi: 10.1108/14691930510574636

Nandeesha, M. (2011). The rise of unconferences for professional networking and knowledge sharing: A case study of "LibCampBangalore." In S. E. Kelsey & M. J. Porter (Eds.), *Best practice for corporate libraries* (pp. 99-114). Santa Barbara, CA: Libraries Unlimited.

Nutting, D. (2012). Surviving and thriving in the corporate world: A guide for information professionals. *Business Information Review, 29*(4), doi: 221-223. 10.1177/0266382112470414

Paton, W. A. (1922). *Accounting theory, with special reference to the corporate enterprise.* New York, NY: The Ronald Press Company.

(as cited in Serenko & Bontis, 2013b)

Petty, R., & Guthrie, J. (2000). Intellectual capital literature review: Measurement, reporting and management. *Journal of Intellectual Capital, 1*(2), 155-176. doi: 10.1108/14691930010348731

Portugal, F. H. (2000). *Valuating information intangibles: Measuring the bottom-line contribution of librarians and information professionals*. Washington, DC: Special Library Association.

Ramírez, Y., Lorduy, C., & Rojas, J. A. (2007). Intellectual capital management in Spanish universities. *Journal of Intellectual Capital, 8*(4), 732-748. doi: 10.1108/14691930710830873

Ramírez, Y., Peñalver, J. F. S., & Ponce, Á. T. (2011). Intellectual capital in Spanish public universities: Stakeholders' information needs. *Journal of Intellectual Capital, 12*(3), 356-376. doi: 10.1108/14691931111154689

Ramírez, Y., & Silvia, G. (2014). Recognition and measurement of intellectual capital in Spanish universities. *Journal of Intellectual Capital, 15*(1), 173-188. doi: 10.1108/JIC-05-2013-0058

Ryder, V. J. (2011). Measuring value in corporate libraries. In S. E. Kelsey & M. J. Porter (Eds.), *Best practice for corporate libraries* (pp. 193-212). Santa Barbara, CA: Libraries Unlimited.

Rodger, E. J. (1990). Performance measurement and public library goodness. *New Zealand Libraries, 46*(4), 17-20. (as cited in White, 2007c)

Roos, G., Pike, S., & Fernström, L. (2005). *Managing intellectual capital in practice*. Amsterdam, The Netherlands: Butterworth-Heinemann.

Roos, J., Roos, G., Dragonetti, N. C., & Edvinsson, L. (1997). *Intellectual capital: Navigating the new business landscape*. London, UK: Macmillan Press.

Rosenthal, S. L., & Harvey, M. J. (2011). Life as a corporate librarian at the software engineering institute. In S. E. Kelsey & M. J. Porter

(Eds.), *Best practice for corporate libraries* (pp. 293-316). Santa Barbara, CA: Libraries Unlimited.

Sánchez, M. P., & Elena, S. (2006). Intellectual capital in universities: Improving transparency and internal management. *Journal of Intellectual Capital, 7*(4), 529-548. doi: 10.1108/14691930610709158

Sánchez, M. P., Elena, S., & Castrillo, R. (2009). Intellectual capital dynamics in universities: A reporting model. *Journal of Intellectual Capital, 10*(2), 307-324. doi: 10.1108/14691930910952687

Schumpeter, J. A. (1912/1934). *The theory of economic development: An inquiry into profits, capital, credit, interest, and the business cycle.* Cambridge, MA: Harvard University Press. (as cited in Serenko & Bontis, 2013b)

Secundo, G., Margherita, A., Elia, G., & Passiante, G. (2010). Intangible assets in higher education and research: Mission, performance or both? *Journal of Intellectual Capital, 11*(2), 140-157. doi: 10.1108/14691931011039651

Senior, N. W. (1836). *An outline of the science of political economy.* London, UK: W. Clowes and Sons. (as cited in Serenko & Bontis, 2013b)

Serenko, A. (2013). Meta-analysis of scientometric research of knowledge management: Discovering the identity of the discipline. *Journal of Knowledge Management, 17*(5), 773-812. doi: 10.1108/JKM-05-2013-0166

Serenko, A., & Bontis, N. (2004). Meta-review of knowledge management and intellectual capital literature: Citation impact and research productivity rankings. *Knowledge and Process Management, 11*(3), 185-198. doi: 10.1002/kpm.203

Serenko, A., & Bontis, N. (2009). Global ranking of knowledge management and intellectual capital academic journals. *Journal of Knowledge Management, 13*(1), 4-15. doi: 10.1108/13673270910931125

Serenko, A., & Bontis, N. (2013a). Global ranking of knowledge management and intellectual capital academic journals: 2013 update. *Journal of Knowledge Management, 17*(2), 307-326. doi: 10.1108/13673271311315231

Serenko, A., & Bontis, N. (2013b). Investigating the current state and impact of the intellectual capital academic discipline. *Journal of Intellectual Capital, 14*(4), 476-500. doi: 10.1108/JIC-11-2012-0099

Serenko, A., Bontis, N., Booker, L. D., Sadeddin, K., & Hardie, T. (2010). A scientometric analysis of knowledge management and intellectual capital academic literature (1994-2008). *Journal of Knowledge Management, 13*(1), 4-15. doi: 10.1108/13673271011015534

Serenko, A., Bontis, N., & Grant, J. (2009). A scientometric analysis of the proceedings of the McMaster World Congress on the management of intellectual capital and innovation for the 1996-2008 period. *Journal of Intellectual Capital, 10*(1), 8-21. doi: 10.1108/14691930910922860

Serenko, A., Cox, R. A. K., Bontis, N., & Booker, L. D. (2011). The superstar phenomenon in the knowledge management and intellectual capital academic discipline. *Journal of Informetrics, 5*(3), 333-345. doi: 10.1016/j.joi.2011.01.005

Sewell, C. (2014). The merits of being mobile. *Information Outlook, 18*(5), 8-10.

Shumaker, D., & Talley, M. (2009). *Models of embedded librarianship: Final report*. Retrieved from Special Library Association website: http://hq.sla.org/pdfs/embeddedlibrarianshipfinalrptrev.pdf

Sillanpää, V., Lönnqvist, A., Koskela, N., Koivula, U.-M., Koivuaho, M.,Laihonen, H. (2010). The role of intellectual capital in non-profit elderly care organizations. *Journal of Intellectual Capital, 11*(2), 107-122. doi: 10.1108/14691931011039633

Slater, M. (1981). *The neglected resource: Non-usage of library information services in industry and commerce.* London, UK: Asib. (as cited in Jin & Ju, 2014)

Snyder, H. W., & Pierce, J. B. (2002). Intellectual capital. *Annual Review of Information Science and Technology, 36*(1), 467-500. doi: 10.1002/aris.1440360112

Stewart, T. (1997). *Intellectual capital: The new wealth of organizations.* New York, NY: Doubleday/Currency.

Stewart, T. A., & Kirsch, S. L. (1991). Brainpower: How intellectual capital is becoming America's most valuable asset. *Fortune, 123*(11), 44-50.

Stiller, H. (2014). Information professionals in the corporate sector: A survey of French companies. *Business Information Review, 31*(1), 41-49. doi: 10.1177/0266382114529839

Strouse, R. (2003). Demonstrating value and return on investment: The ongoing imperative. *Information Outlook, 7*(3), 14-19.

Sveiby, K. E. (1997). *The new organizational wealth: Managing & measuring knowledge-based assets.* San Francisco, CA: Berrett-Koehler Publishers.

Swanson, J. (2014). The future of the corporate library. *Information Outlook, 18*(4), 10-12, 24.

Sympson, P. S. (2005). How I made a library indispensable and saved it from outsourcing. *Information Outlook, 9*(3), 29-30.

Teague, E., & Legeros, J. (2014). Big data's role in information-centric organizations. *Information Outlook, 18*(3), 18-20.

Town, J. S., & Kyrillidou, M. (2013). Developing a values scorecard. *Performance Measurement and Metrics, 14*(1), 7-16. doi: 10.1108/14678041311316095

Vegas, S. S. (2004). Knowledge management: Intellectual capital and social capital. An approach for Latin America. *IFLA Journal, 30*(2), 156-165. doi: 10.1177/034003520403000207

Westerman, J. (1768). Om Sveriges födelar och svårigheter i sjöfarten, i jämförelse emot andra riken. *Kongl. Veternskaps Academiens Handlingar, XXIX,* 289-318. (as cited in Serenko & Bontis, 2013b)

White, L. N. (2007a). A kaleidoscope of possibilities: Strategies for assessing human capital in libraries. *The Bottom Line, 20*(3), 109-115. doi: 10.1108/08880450710825815

White, L. N. (2007b). Imperfect reflections: The challenges in implementing human capital assessment in libraries. *The Bottom Line, 20*(4), 141-147. doi: 10.1108/08880450710843969

White, L. N. (2007c). Unseen measures: The need to account for intangibles. *The Bottom Line, 20*(2), 77-84. doi: 10.1108/08880450710773011

Wu, A. (2005). The integration between Balanced Scorecard and intellectual capital. *Journal of Intellectual Capital, 6*(2), 267-284. doi: 10.1108/14691930510592843

中華徵信所（2009）。**2009臺灣地區大型企業排名TOP5000（第39版）**。臺北市：中華徵信所。

毛贛鳴（2000）。圖書館無形資產特徵述略。**圖書情報工作，5**，20-21，24。

毛贛鳴（2004）。圖書館社會無形資產效益的資本化分析。**情報科學，22**(4)，419-427。

毛贛鳴（2006a）。圖書館知識資本構成及其價值轉移機制研究。**圖書情報工作，50**(7)，77-81。

毛贛鳴（2006b）。論圖書館知識資本循環。**贛南師範學院學報，2**，129-132。

毛贛鳴（2008）。圖書館的知識資本運營機制。**大學圖書館學報，2**，8-14。

毛贛鳴、毛贛萍、李黛君（2006）。國家創新體系中的圖書館知識資本循環機制。**情報資料工作，3**，23-26。

毛贛鳴、王建雄（2006）。圖書館知識資本循環中的知識轉移機制。**情報科學，24**(10)，1451-1455，1460。

王伊卓（2011）。圖書館用戶決策服務體系與知識資本關係分析。**內蒙古科技與經濟**，**240**，123-125。

王怡璇、劉宜臻、柯皓仁（2012）。大學圖書館績效評估指標之研究。**圖書館學與資訊科學**，**38**(1)，43-64。

王梅玲、羅玉青（2012）。完全中學圖書館服務品質評量之研究：以臺中市為例。**2012年第十一屆海峽兩岸圖書資訊學學術研討會**。新北市：淡江大學。

王巖（2007）。網路環境下應加強企業圖書館的期刊工作。**內蒙古圖書館工作**，**1**，69-71。

石育平、柯皓仁（2010）。半導體晶圓代工產業工程師資訊行為之研究。**教育資料與圖書館學**，**48**(1)，87-118。

何德兵、敖可（2012）。（1979-2011）我國企業圖書館文獻研究的計量分析。**內蒙古科技與經濟**，**262**，143-144，146。

吳中信、王梅玲（2012）。LibQUAL+TM使用者導向評估大學圖書館之服務品質：以政大社資中心為例。**第一屆服務與科技管理研討會**。臺北市：國立臺北科技大學服務與科技管理研究所。

吳安妮（2002）。剖析智慧資本。**會計研究月刊**，**204**，57-66。

吳安妮（2006）。平衡計分卡與智慧資本之結合。載於國立政治大學商學院臺灣智慧資本研究中心、財團法人資訊工業策進會資訊情報中心（主編），**智慧資本管理**（361-395頁）。臺北市：華泰。

吳安妮（2012）。策略性智慧資本評估管理模組介紹及個案解析。**會計研究月刊**，**314**，100-113。

宋雪芳、陳怡如（2002）。工商圖書館再造工程：中國生產力中心圖書館轉型實作探析。**圖書與資訊學刊**，**43**，10-19。

李子（2008）。知識管理與西藏圖書館事業發展對策研究。**西藏民族學院學報（哲學社會科學版）**，**29**(2)，103-107。

李黛君（2012）。從知識資本理論看圖書館在國家創新體系中的價值。**江西圖書館學刊**，**42**(1)，12-14。

李蘭芹（2011）。基於隸屬度轉換的圖書館知識資本綜合評價模型研究。**大學圖書館學報**，**3**，22-25。

沈平（2014）。馬鋼科技圖書館藏書工作的實踐。**安徽冶金**，**2**，56-58。

阮明淑（2002）。公共圖書館的知識管理。**臺北市立圖書館館訊，19**(4)，1-13。

周力虹、劉璐、董行（2014）。企業圖書館知識服務的實踐與分析：探索性案例分析。**圖書館學研究，13**，67-74。

林珊如（2003）。**企業資訊與商情服務：如何有效蒐集運用工商資源**。臺北市：文華。

林美君、黃元鶴（2009）。圖書館之多元化商業資訊服務現況剖析。**臺灣圖書館管理季刊，5**(1)，64-83。

林鈺雯、范豪英（2007）。從LibQUAL+TM探討我國大學圖書館服務品質評量。**大學圖書館，11**(2)，19-44。

林鳳儀（2003）。我國企業圖書館館員核心能力之研究。**大學圖書館，7**(1)，197-224。

孫學梅、徐麗萍（1997）。企業科技圖書館建館工作初探。**內蒙古圖書館工作，1/2**，67-69。

烏蘭、王翠蘭（2009）。新形勢下企業圖書館的定位之我見。**內蒙古圖書館工作，1**，28-29。

袁豐平（2014）。關於企業競爭情報工作定位之研究。**圖書情報工作，58**(增刊1)，136-140。

國立政治大學商學院臺灣智慧資本研究中心、財團法人資訊工業策進會資訊情報中心（2006）。**智慧資本管理**。臺北市：華泰。

國家圖書館輔導組（2009）。**中華民國九十八年圖書館年鑑**。臺北市：國家圖書館。

常占輝（2014）。知識資本整合與高校圖書館可持續發展的實現。**內蒙古科技與經濟，299**，114-115。

張建民（2009）。淺談工會圖書館工作在企業文化建設創新上的思考與實踐。**內蒙古圖書館工作，1**，27，30-31。

張淳淳（1990）。**工商圖書館：商情資訊之蒐集利用與管理**。臺北市：漢美。

張淳淳（1994）。談工商圖書館員之教育。**圖書與資訊學刊，11**，22-28。

張淳淳（1995）。試論工商圖書館員之學科專長。**圖書與資訊學刊，13**，9-21。

張淳淳（2000）。二十一世紀工商圖書館發展。**國家圖書館館刊，89**(2)，73-77。

張慈玲、韓竹平（2009）。從使用者角度評估大學圖書館之服務品質：以臺大圖書館為例。**大學圖書館，13**(2)，136-163。

郭自祥（2014）。武鋼經濟管理研究院介紹：院長致辭。上網日期：2015/5/9。取自http://jgy.wisco.com.cn/page.php?id=7

陳光榮、謝采汝（2004）。知識經濟時代下圖書館的智慧資本管理。**國立中央圖書館臺灣分館館刊，10**(2)，13-29。

陳美純（2002）。**智慧資本：理論與實務**。臺中市：滄海。

陳雪華（2009）。**大專校院圖書館評鑑工作小組執行成果報告**。取自http://www.ilca.org.tw/sites/all/doc/20090717_final.pdf

陳雪華、邱子恒（2003）。臺灣地區工商圖書館員工作環境與角色變遷之研究。**圖書資訊學刊，1**(1)，1-24。

陸康、王聖元、劉慧（2012）。基於DEA的圖書館智力資本評價。**現代情報，32**(10)，15-18。

彭小平（2009）。高校圖書館知識資本整合及效能。**圖書館，4**，102-104。

彭火樹（2006）。智慧資本發展概論。載於國立政治大學商學院臺灣智慧資本研究中心、財團法人資訊工業策進會資訊情報中心（主編），**智慧資本管理**（1-26頁）。臺北市：華泰。

黃元鶴（2011）。顧客導向的網路知識服務經營分析。**臺北市立圖書館館訊，29**(2)，29-47。

黃元鶴（2013）。大學圖書館資訊專業人員之知識活動量表建構及驗證。**圖書資訊學刊，11**(2)，39-75。

黃元鶴（2014a）。從智慧資本觀點探析臺灣企業資訊服務模式。**圖書資訊學研究，8**(2)，1-56。

黃元鶴（2014b）。知識管理與競爭智慧課程內容比較研究：以美國圖書館學會認證之圖書館與資訊學碩士課程為例。**圖書館學與資訊科學，40**(2)，23-46。

楊其珍（2014）。中國高校圖書館的企業服務研究文獻計量分析。**農業圖書情報學刊，26**(11)，56-59。

財團法人資訊工業策進會資訊資料服務中心（2007）。「知識服務3.0——主動、互動、感動新體驗」研討會。上網日期：2008/12/25。取自http://www.cisc.iii.org.tw/upload/2007_library_week/

財團法人資訊工業策進會資訊資料服務中心（2008）。知識服務3.0實務分享會。上網日期：2008/12/25。取自http://www.cisc.iii.org.tw/upload/2008libraryweek/activities2.htm

趙玲（2013）。企業圖書館的價值探討。**冶金經濟與管理，6**，39-40。

趙興慧（2014）。知識經濟時代圖書館知識資本管理研究。**赤子，7**，224。

劉金剛（2004）。高校圖書館知識資本的耗散。**圖書館，1**，61-62。

劉劍虹、王雯（2011）。智力資本報告——圖書館管理與發展的重要工具。**圖書情報工作，55**(13)，55-58。

潘綠萍（2012）。企業科技圖書館讀者服務工作創新探索。**武漢工程職業技術學院學報，24**(1)，58-59，80。

蔡佳霖（2005）。**輔仁大學圖書館服務品質研究：LibQUAL+TM之運用實證**（碩士論文）。取自臺灣博碩士論文知識加值系統。http://handle.ncl.edu.tw/11296/ndltd/77987432838433095576

賴道秀、呂淑儀（2014）。工科高校圖書館期刊部與特大型企業技術資料室的特點及優勢的比較：以廣東石油化工學院圖書館與茂名石化公司技術資料室為例。**南方論刊，10**，93-95，110。

嚴亞莉（2010）。企業專業圖書館現狀分析及對策思考。**南鋼科技與管理，1**，66-68。

顧敏、王怡心（2009）。**圖書館發展與評鑑個案研究**。臺北市：國家圖書館。

龔彥融（2010）。**大學圖書館智慧資本衡量指標之研究**（碩士論文）。取自臺灣博碩士論文知識加值系統。http://handle.ncl.edu.tw/11296/ndltd/01956395016833555079

附錄一：圖書館智慧資本管理外文文獻計量樣本文獻39筆書目清單

Asonitis, S., & Kostagiolas, P. A. (2010). An analytic hierarchy approach for intellectual capital: Evidence for the Greek Central Public Libraries. *Library Management*, *31*(3), 145-161. doi: 10.1108/01435121011027327

Boelens, H. (2007). Knowledge management in secondary schools and the role of the school librarian. *School Libraries Worldwide*, *13*(2), 63-72.

Bontis, N., & Serenko, A. (2009). A follow-up ranking of academic journals. *Journal of Knowledge Management*, *13*(1), 16-26. doi: 10.1108/13673270910931134

Buluță, G. (2011). Library and education in contemporary society. *Library & Information Science Research*, *15*, 21-27.

Corrall, S., & Sriborisutsakul, S. (2010). Evaluating intellectual assets in university libraries: A multi-site case study from Thailand. *Journal of Information & Knowledge Management*, *9*(3), 277-290. doi: 10.1142/S021964921000267X

Cvejic, R., & Mijailovic, J. (2009). Knowledge management and changes management in university libraries. *Analele Universitatii "Eftimie Murgu,"* *16*(1), 74-82.

Daneshgar, F., & Parirokh, M. (2012). An integrated customer knowledge management framework for academic libraries. *Library Quarterly*, *82*(1), 7-28. doi: 10.1086/662943

Gandhi, S. (2004). Knowledge management and reference services. *The Journal of Academic Librarianship*, *30*(5), 368-381. doi: 10.1016/j.acalib.2004.06.003

Griffiths, P. (2012). Information audit: Towards common standards and methodology. *Business Information Review*, *29*(1), 39-51. doi: 10.1177/0266382112436791

Gunnlaugsdottir, J. (2003). Seek and you will find, share and you will benefit: Organising knowledge using groupware systems. *International Journal* of *Information Management, 23*(5), 363-380. doi: 10.1016/s0268-4012(03)00064-1

Hartman, K. A. (2009). Retaining intellectual capital: Retired faculty and academic libraries. *Reference & User Services Quarterly, 48*(4), 384-390.

Hopkins, M. E., Summers-Ables, J. E., Clifton, S. C., & Coffmant, M. A. (2011). Website creation and resource management: Developing collaborative strategies for asynchronous interaction with library users. *Health Information and Libraries Journal, 28*(2), 130-136. doi: 10.1111/j.1471-1842.2010.00921.x

Houbeck, R. L., Jr. (2002). Leveraging our assets: The academic library and campus leadership. *The Bottom Line, 15*(2), 54-59. doi: 10.1108/08880450210427308

Huotari, M.-L., & Iivonen, M. (2005). Knowledge processes: A strategic foundation for the partnership between the university and its library. *Library Management, 26*(6/7), 324-335. doi: 10.1108/01435120410609743

Iivonen, M., & Huotari, M.-L. (2007). The university library's intellectual capital. In E. D. Garten, D. E. Williams, J. M. Nyce, & S. Talja (Eds.), *Advances in library administration and organization* (Vol. 25, pp. 83-96). Bingley, UK: Emerald.

Kohl, D. F. (2009). Knowledge life cycles: Renewal and obsolescence. *El profesional de la información, 18*(4), 374-381. doi: 10.3145/epi.2009.jul.03

Kostagiolas, P. A. (2013). Managing knowledge capital in public libraries for a knowledge-driven socioeconomic environment. *Library Management, 34*(8/9), 677-689. doi: http://dx.doi.org/10.1108/LM-05-2013-0042

Kostagiolas, P. A., & Asonitis, S. (2009). Intangible assets for academic libraries: Definitions, categorization and an exploration of management issues. *Library Management, 30*(6/7), 419-429. doi: 10.1108/01435120910982113

Kostagiolas, P. A., & Asonitis, S. (2011). Managing intellectual capital in libraries and information services. *Advances in librarianship, 33*, 31-50. doi: 10.1108/S0065-2830(2011)0000033005

Lai, L. L. (2005). Educating knowledge professionals in library and information science schools. *Journal of Educational Media & Library Sciences, 42*(3), 347-362.

Meraz, G. (2004). What even tsunamis can't do, book burning will. *Texas

Library Journal, 80(2), 46-47.

Merrett, C. (2006). The expropriation of intellectual capital and the political economy of international academic publishing. *Critical Arts: A South-North Journal of Cultural & Media Studies, 20*(1), 96-111. doi: 10.1080/02560040608557779

Milles, J. G. (2006). Redefining open access for the legal information market. *Law Library Journal, 98*(4), 619-637.

O'Connor, S. (2004). Collaborative strategies for low-use research materials. *Library Collections, Acquisitions, and Technical Services, 28*(1), 51-57. doi: 10.1016/j.lcats.2003.11.014

Pors, N. O., & Johannsen, C. G. (2003). Attitudes towards internationalisation in the library sector: The case of Danish librarians and library managers. *New Library World, 104*(1190/1191), 278-285. doi: 10.1108/03074800310488059

Priestly, B. (2008). An argument on why the city should contribute to the library budget in a means similar to corporate funding of R&D. *Library Administration & Management, 22*(3), 125-129.

Roberts, G. (2005). Groupware as a knowledge repository. *Computers in Libraries, 25*(4), 29-31.

Serenko, A., & Bontis, N. (2009). Global ranking of knowledge management and intellectual capital academic journals. *Journal of Knowledge Management, 13*(1), 4-15. doi: 10.1108/13673270910931125

Serenko, A., & Bontis, N. (2013). Global ranking of knowledge management and intellectual capital academic journals: 2013 update. *Journal of Knowledge Management, 17*(2), 307-326. doi: 10.1108/13673271311315231

Singh, S. P. (2007). What are we managing -- Knowledge or information? *Vine, 37*(2), 169-179. doi: 10.1108/03055720710759946

Snyder, H. W., & Pierce, J. B. (2002). Intellectual capital. *Annual Review of Information Science and Technology, 36*(1), 467-500.

Suman, A. (2006). Libraries-perspective and prospects. *DESIDOC Bulletin of Information Technology, 26*(3), 3-7.

Town, J. S., & Kyrillidou, M. (2013). Developing a values scorecard. *Performance Measurement and Metrics, 14*(1), 7-16. doi: 10.1108/14678041311316095

Tripathy, J. K., Patra, N. K., & Pani, M. R. (2007). Leveraging knowledge management: Challenges for the information professional. *DESIDOC Bulletin of Information Technology, 27*(6), 65-72.

Vegas, S. S. (2004). Knowledge management: Intellectual capital and social capital. An approach for Latin America. *IFLA Journal, 30*(2), 156-165.

White, L. N. (2007a). A kaleidoscope of possibilities: Strategies for assessing human capital in libraries. *The Bottom Line: Managing Library Finances, 20*(3), 109-115. doi: 10.1108/08880450710825815

White, L. N. (2007b). Imperfect reflections: The challenges in implementing human capital assessment in libraries. *The Bottom Line: Managing Library Finances, 20*(4), 141-147. doi: 10.1108/08880450710843969

White, L. N. (2007c). Unseen measures: The need to account for intangibles. *The Bottom Line: Managing Library Finances, 20*(2), 77-84. doi: 10.1108/08880450710773011

Whittaker, M., & Breininger, K. (2008, August). *Taxonomy development for knowledge management*. Paper presented at World Library and Information Congress: 74th IFLA General Conference and Council, Québec, Canada.

附錄二：圖書館智慧資本管理中文文獻計量樣本文獻68筆書目清單

丁玉玲（2007）。論知識資本與管理者——員工關係的多元化。**圖書館學刊**，**4**，63-64。

毛贛鳴（2000）。圖書館無形資產特徵述略。**圖書情報工作**，**5**，20-21，24。

毛贛鳴（2004a）。圖書館社會無形資產及其評估。**圖書館論壇**，**24**(2)，157-159。

毛贛鳴（2004b）。圖書館社會無形資產效益的資本化分析。**情報科學**，**22**(4)，419-427。

毛贛鳴（2006a）。圖書館知識資本構成及其價值轉移機制研究。**圖書情報工作**，**50**(7)，77-81。

毛贛鳴（2006b）。論圖書館知識資本循環，**贛南師範學院學報**，**2**，129-132。

毛贛鳴（2008）。圖書館的知識資本運營機制。**大學圖書館學報**，**2**，8-14。

毛贛鳴（2011）。圖書館核心價值：公民文化權利的價值闡釋。**圖書情報工作**，**55**(11)，21-26。

毛贛鳴、毛贛萍、李黛君（2006）。國家創新體系中的圖書館知識資本循環機制。**情報資料工作**，**3**，23-26。

毛贛鳴、王建雄（2006）。圖書館知識資本循環中的知識轉移機制。**情報科學**，**24**(10)，1451-1455，1460。

毛贛鳴、楊桂榮、黃盛卿（2005）。圖書館無形資產特性研究（下）。**醫學信息**，**18**(1)，35-41。

毛贛鳴、謝松（2010）。期刊資源無形價值述要。**河北科技圖苑**，**23**(4)，26-29。

王伊卓（2011）。圖書館用戶決策服務體系與知識資本關系分析。**內蒙古科技與經濟**，**240**，123-125。

王欣欣（2007）。智力資本在圖書館管理中的運用與對策。**現代情報**，**4**，130-132。

王建雄、毛贛鳴（2006a）。圖書館與知識管理。**情報雜誌**，**10**，118-119，122。

王建雄、毛贛鳴（2006b）。知識資本理論框架下的圖書館知識管理模式分析。**圖書館論壇**，**26**(6)，175-178。

王建雄、毛贛鳴（2007）。知識資本理論框架下的圖書館知識管理系統。**中國圖書館學報**，**2**，28-32。

王建雄、蘭紅、毛贛鳴（2006）。圖書館知識資本管理。**現代情報**，**12**，15-18。

王翠華（2011）。試論數字圖書館實施資本運營的策略。**情報探索**，**159**，108-109。

王關鎖、朱學榮（2007）。大學圖書館知識資本整合及效能。**圖書情報工作**，**51**(8)，128-131。

田麗、宮平（2008）。試論圖書館的知識資本運營。**圖書館學研究**，**1**，36-38。

何嘉玲（2005）。知識經濟時代圖書館員素質初探。**科技情報開發與經濟**，**15**(12)，28-29。

余曉華（2011）。論圖書館知識資本管理。**圖書館學刊**，**12**，14-15。

吳智勇（2003）。圖書館人才資源的開發策略。**荊州師範學院學報**，**4**，119-120。

呂叢笑（2001）。社會變革與知識創新環境下圖書館管理模式的變革。**大學圖書情報學刊**，**2**，11-12，33。

李子（2008）。知識管理與西藏圖書館事業發展對策研究。**西藏民族學院學報（哲學社會科學版）**，**29**(2)，103-107。

李阿瑩（2006）。從知識資源到知識資本管理的躍遷——實現高校圖書館知識管理的機制分析。**教育探索**，**186**，28-29。

李娟萍（2009）。淺談圖書館知識資本管理策略。**魅力中國**，**35**，372。

李黛君（2012）。從知識資本理論看圖書館在國家創新體系中的價值。**江西圖書館學刊**，**42**(1)，12-14。

李蘭芹（2011）。基於隸屬度轉換的圖書館知識資本綜合評價模型研究。**大學圖書館學報**，**3**，22-25。

阮明淑（2002）。公共圖書館的知識管理。**臺北市立圖書館館訊**，**19**(4)，1-13。

金更達、諶群芳（2004）。數字圖書館信息資本與決策優化探討。**圖書館雜誌**，**23**(11)，8-13。

倪麗萍（2006）。論數字圖書館的知識資本運營。**情報探索**，**108**，34-37。

孫海霞（2005）。基於知識資本的圖書館核心競爭力構建。**情報雜誌**，**12**，113-115。

孫烈濤（2004）。對當前公共圖書館重點讀者服務工作的思考。**圖書館界**，**4**，52-54，48。

孫婷婷（2012）。對圖書館無形資產的構成及其管理的探討。**小學科學（教師版）**，**12**，153。

馬飛（2007）。圖書館人力資源建設方法探析。**晉圖學刊**，**101**，66-68。

常友寅（2005）。推進以資本運營為核心的數字圖書館企業化運營。**情報資料工作**，**3**，71-73。

常友寅、周慧（2003）。數字圖書館資本運營的理論架構。**圖書館理論與實踐**，**5**，1-2，7。

常占輝（2014）。知識資本整合與高校圖書館可持續發展的實現。**內蒙古科技與經濟**，**299**，114-115。

張明娟、李文清（2008）。論數字圖書館發展中的人才開發。**科技資訊**，**24**，255-256。

張春賀（2014）。知識經濟時代下圖書館知識資本的管理。**才智**，**30**，335。

張鵬（2009）。知識經濟時代的圖書館服務。**才智**，**29**，159。

戚敏儀（2007）。圖書館知識共享策略研究。**全國新書目**，**21**，93-94。

陳光榮、謝采汝（2004）。知識經濟時代下圖書館的智慧資本管理。**國立中央圖書館臺灣分館館刊**，**10**(2)，13-29。

陸康、王聖元、劉慧（2012）。基於DEA的圖書館智力資本評價。**現代情報**，**32**(10)，15-18。

喻萍萍、儲冬紅（2009）。館際人力資源共享模式探究。**圖書館學刊**，**12**，53-56。

彭小平（2009）。高校圖書館知識資本整合及效能。**圖書館**，**4**，102-104。

黃元鶴（2014）。從智慧資本觀點探析臺灣企業資訊服務模式。**圖書資訊學研究**，**8**(2)，1-57。

黃華（2011）。圖書館知識資本使用價值最大化述要。**圖書館工作與研究**，**11**，23-26。

黃曉菁（2007）。現代圖書館的人力資源管理。**內蒙古科技與經濟**，**142**，133-135。

黃曉露（2011）。知識經濟時代下圖書館知識資本的管理。**廣西社會科學**，**192**，152-154。

楊春華（2009）。淺談圖書館的知識資本管理模式及評價。**科技風**，**16**，62。

楊霞（2010）。基於知識管理的圖書館核心競爭力模式的構建。**圖書館學刊**，**11**，18-20。

詹越（2008）。圖書館知識資本審計探析。**圖書館工作與研究**，**152**，83-86。

廖靜怡（2014）。基於知識資本循環的圖書館知識價值鏈研究。**經濟研究導刊**，**231**，204-207。

趙興慧（2014）。知識經濟時代圖書館知識資本管理研究。**赤子**，**13**，224。

劉金剛（2004）。高校圖書館知識資本的耗散。**圖書館**，**1**，61-62。

劉劍虹、王雯（2011）。智力資本報告－圖書館管理與發展的重要工具。**圖書情報工作**，**55**(13)，55-58。

鄭輝（2002）。知識管理與圖書館管理創新。**福建師範大學學報（哲學社會科學版）**，**115**，144-147。

穆穎麗（2012）。數字圖書館知識管理模式構建及實施策略探析。**情報資料工作**，**4**，106-109。

遲秀麗（2006）。論圖書館的智力資本管理。**大學圖書情報學刊**，**24**(6)，25。

魏同悟（2007）。論數字圖書館的知融機制。**河南圖書館學刊**，**27**(5)，2-5。

羅曉梅、林德龍、李建華（2001）。論現代圖書館的新功能。**中華醫學圖書館雜誌**，**10**(4)，7-8。

龐桂香（2011）。試論圖書館讀者的知融需求。**河南圖書館學刊**，**31**(1)，29-31。

蘇海潮（2005）。合作經營圖書館的知識資本。**圖書與情報**，**5**，17-20。

蘇艷（2011）。論圖書館知識資本管理的模式。**科學咨詢（科技・管理）**，**34**，69-70。

龔彥融（2010）。大學圖書館智慧資本衡量指標之研究（碩士論文）。取自臺灣博士論文系統。http://handle.ncl.edu.tw/11296/ndltd/01956395016833555079

附錄三：智慧資本於工商圖書館經營管理之量化資料調查問卷

第一部分：結構資本	
貴公司設置圖書館（室）或文件管理中心之組織狀況如何？	
貴公司設置圖書館（室）	□專屬單位，並編制專屬人力管理，請填寫該單位正式名稱：＿＿＿＿＿＿ □由相關部門代管，有設置專屬人力管理，請填寫代管部門名稱：＿＿＿＿＿＿ □由相關部門代管，未設置專屬人力管理，請填寫代管部門名稱：＿＿＿＿＿＿ □未設置圖書館（室）
貴公司設置文件管理中心（含檔案室、技術文件室或技術資料室）	□專屬單位，並編制專屬人力管理，請填寫該單位正式名稱：＿＿＿＿＿＿ □由相關部門代管，有設置專屬人力管理，請填寫代管部門名稱：＿＿＿＿＿＿ □由相關部門代管，未設置專屬人力管理，請填寫代管部門名稱：＿＿＿＿＿＿ □未設置文件管理中心，各部門自行管理相關文件
貴公司之文件管理中心與圖書館（室）由相同部門管理	□是，二者合併為同一單位 □是，但二者業務分由不同人員管理 □否，二者分由不同單位管理 □否，二者中僅其一存在於公司中
貴公司之圖書館（室）或文件管理中心若為專屬單位或有設置專屬人力管理，請續填下列問題，若公司同時設置圖書館（室）或文件管理中心，請以圖書館（室）情形來填答，謝謝。	
貴單位主管在公司中之位階為何？	□高階主管　□中階主管　□低階主管 □其他（請註明）＿＿＿＿＿＿
貴單位〔圖書館（室）或文件管理中心〕隸屬貴公司哪一部門？	
貴單位成立年代	民國＿＿＿＿＿＿年
貴單位設置地點	□集中於一地　□分散在各地
貴單位規模（編制內員工，含技工等）	＿＿＿＿＿＿人

345

第二部分：人力資本 （請由填答者個人狀況來填寫）	
性別	□女　□男
年齡	□20歲以下　□20-30歲　□31-40歲　□41-50歲 □51-60歲　□61歲以上
學歷	□高中職　□大學及專科　□碩士　□博士
主修	□圖書資訊學相關系所 □非圖資相關系所，請註明主修_____
負責的職務（可勾選多個選項）	□外部書刊採購　□公司內部文件徵集 □外部書刊分類編目　□公司內部文件分類與管理 □電子資源管理　□期刊管理　□館際合作 □閱覽典藏（圖書借還、上架整理）□推廣 □參考諮詢　□館藏系統管理及維護 □單位網站建置及維護　□員工教育訓練課程規劃 □編纂公司內部文件　□ISO文件管理 □研發專案資料控管及建檔　□其他行政庶務 □其他（請註明）_____
請填寫總工作年資	大約_____年
請填寫在目前單位的工作年資	大約_____年
工作性質	□全職管理圖書館（室）相關業務 □全職管理文件管理中心（含檔案室、技術文件室或技術資料室）相關業務 □兼職管理圖書館（室）相關業務，主要負責其他業務，請填寫兼管業務占全部工作比例：_____％ □兼職管理文件管理中心（含檔案室、技術文件室或技術資料室）相關業務，主要負責其他業務，請填寫兼管業務占全部工作比例：_____％ □其他（請註明）_____
請問目前是否擔任主管職務	□是　□否

請依以下的敘述勾選您對以下各項目之同意程度	非常同意	同意	稍微同意	不太同意	不同意	非常不同意	無法回答
1. 我充分瞭解公司發展策略與目標。	☐	☐	☐	☐	☐	☐	☐
2. 我有一個舒適自由、令我感到滿意的工作空間。	☐	☐	☐	☐	☐	☐	☐
3. 在我的工作環境中,可以獲得來自他人的肯定與支持。	☐	☐	☐	☐	☐	☐	☐
4. 我的主管能夠尊重與支持我在工作上的創意。	☐	☐	☐	☐	☐	☐	☐
5. 我的主管能夠信任部屬、適當的授權。	☐	☐	☐	☐	☐	☐	☐
6. 我能充分掌握公司最新發展方向。	☐	☐	☐	☐	☐	☐	☐
7. 我有許多機會可參與在職教育訓練課程。	☐	☐	☐	☐	☐	☐	☐
8. 我需參與公司內部重要的決策會議。	☐	☐	☐	☐	☐	☐	☐

第三部分:程序資本		
總館藏量(無此資源則填0)	圖書:約_____冊 雜誌:約_____種 文件:約_____件 電子資源:約_____件 其他(請註明)_____:約_____件	
貴單位典藏及管理之公司外部資源(可勾選多個選項)	類型	資源提供型態
	☐圖書	☐紙本 ☐電子 ☐皆有
	☐期刊雜誌	☐紙本 ☐電子 ☐皆有
	☐產業分析報告	☐紙本 ☐電子 ☐皆有
	☐影片	☐紙本 ☐電子 ☐皆有
	☐電子資源資料庫,請列舉名稱_____ _____(如電子時報DIGITIMES等) ☐其他(請註明)_____	☐紙本 ☐電子 ☐皆有

貴單位典藏及管理之公司內部資源（可勾選多個選項）	☐品質管理文件	☐紙本	☐電子	☐皆有
	☐技術文件	☐紙本	☐電子	☐皆有
	☐研發技術文件	☐紙本	☐電子	☐皆有
	☐研發專案結案資料	☐紙本	☐電子	☐皆有
	☐操作流程手冊	☐紙本	☐電子	☐皆有
	☐專案研究報告	☐紙本	☐電子	☐皆有
	☐新聞剪報	☐紙本	☐電子	☐皆有
	☐會議記錄	☐紙本	☐電子	☐皆有
	☐公文	☐紙本	☐電子	☐皆有
	☐合約	☐紙本	☐電子	☐皆有
	☐產品報告	☐紙本	☐電子	☐皆有
	☐計畫提案書	☐紙本	☐電子	☐皆有
	☐員工訓練活動之相關演講資料	☐紙本	☐電子	☐皆有
	☐市場研究報告	☐紙本	☐電子	☐皆有
	☐公司內部簡訊文件	☐紙本	☐電子	☐皆有
	☐人力資源報告	☐紙本	☐電子	☐皆有
	☐專家顧問報告	☐紙本	☐電子	☐皆有
	☐財務報告	☐紙本	☐電子	☐皆有
	☐銷售報告	☐紙本	☐電子	☐皆有
	☐其他（請註明）＿＿＿＿	☐紙本	☐電子	☐皆有
圖書館（室）或文件管理中心的服務項目包含（可勾選多個選項）	☐館藏（文件）資料借還服務 ☐館內閱覽資料陳列管理 ☐參考諮詢服務 ☐資料庫檢索服務 ☐推廣活動服務 ☐資源利用教育訓練課程 ☐員工專業進修教育訓練相關課程 ☐公司發展方針相關資源收集、整理與分析 ☐公司重要新聞報導文件收集與整理 ☐市場商情資料整理 ☐產業發展分析報告 ☐其他（請註明）＿＿＿＿			
每月處理圖書及文件總數	大約＿＿＿＿＿件；☐未設置機制管控，無法回答			
圖書是否委外分類編目？	☐是　☐否			

每年圖書館（室）或文件管理中心新增書刊（含資料庫訂購費）預算	☐有編列，大約＿＿＿＿＿＿元 ☐有編列，無法提供金額 ☐未編列 ☐其他（請註明）＿＿＿＿＿
貴單位是否自建知識庫（彙整公司同仁經驗知識的平臺，如教育訓練教材等）？	☐是　☐否
貴單位之知識庫內容包括（可勾選多個選項）	☐教育訓練的教材　☐同仁的研討會心得 ☐標準作業流程　☐問題解決方案　☐品管流程改善 ☐讀者意見彙整　☐新進人員手冊 ☐專利、技術移轉相關資訊　☐研發及設計相關圖庫 ☐其他（請註明）＿＿＿＿＿

請依以下的敘述勾選您對以下各項目之同意程度	非常同意	同意	稍微同意	不太同意	不同意	非常不同意	無法回答
1. 貴單位綜整的資源，是貴公司相當重要的資產。	☐	☐	☐	☐	☐	☐	☐
2. 貴單位業務包括為公司內部文件加值資訊，並彙整為分析報告。	☐	☐	☐	☐	☐	☐	☐
3. 貴單位以各種管道發布新知給同仁。	☐	☐	☐	☐	☐	☐	☐
4. 貴單位在公司中具影響力。	☐	☐	☐	☐	☐	☐	☐
5. 相較於紙本資源，貴單位的電子資源較常被利用。	☐	☐	☐	☐	☐	☐	☐
6. 貴單位處理新到館資源速度快。	☐	☐	☐	☐	☐	☐	☐
7. 貴單位即時回應讀者的需求。	☐	☐	☐	☐	☐	☐	☐
8. 貴單位設計各種誘因使同仁樂於將經驗知識放在知識庫中。	☐	☐	☐	☐	☐	☐	☐

第四部分：技術資本	
圖書館（室）或文件管理中心之現有電腦設備（含筆記型電腦及行動電子裝置等，若未配置專屬設備於圖書或文件相關業務請填0）	＿＿＿＿＿＿＿部
電腦相關硬軟體管理事項與公司資訊（電腦）中心管理狀況	□全部由資訊（電腦）中心管理 □部分由圖書室（文件管理中心）自行管理 □其他（請註明）＿＿＿＿＿
每年電腦改善相關預算	□有編列，大約＿＿＿＿＿＿元 □有編列，無法提供金額 □未編列，由其他部門支援 □其他（請註明）＿＿＿＿＿
資訊服務方式及管道（可勾選多個選項）	□電子郵件 □公司內部社群平臺 □圖書館（室）或文件管理中心自建網頁 □圖書館（室）或文件管理中心自建維基平臺 □其他（請註明）＿＿＿＿＿
提供諮詢服務之外部網路資源來源（可勾選多個選項）	□未提供諮詢服務 □政府網站 □新聞網站 □其他圖書館網站 □其他公司網站 □其他（請註明）＿＿＿＿＿
數位資訊服務占總服務的比例為何？	＿＿＿＿＿＿＿％

請依以下的敘述勾選您對以下各項目之同意程度	非常同意	同意	稍微同意	不太同意	不同意	非常不同意	無法回答
1. 貴單位大部分的資訊服務，以網路傳送數位資訊給讀者利用。	□	□	□	□	□	□	□
2. 貴單位提供讀者諮詢服務時，常需利用外部網路資源。	□	□	□	□	□	□	□

3.	貴單位即時導入新科技以提供迅速的資訊服務。	☐	☐	☐	☐	☐
4.	貴單位工作人員運用電子報或專業論壇傳送即時新訊。	☐	☐	☐	☐	☐

<table>
<tr><td colspan="2" align="center">第五部分：關係資本
（此部分以填答者所在部門與公司內外部單位接洽情況來填寫）</td></tr>
<tr><td>貴單位與下列哪些單位與人員有業務的聯繫？（可勾選多個選項）</td><td>☐公司內部其他部門
☐上級部門
☐公司外部（策略聯盟公司或其他分公司）圖書室
☐出版社、書商
☐電子資源資料庫廠商
☐公共圖書館
☐專門圖書館（如經建會圖書室）
☐大學圖書館
☐其他（請註明）_____</td></tr>
</table>

請依以下的敘述勾選您對以下各項目之同意程度	非常同意	同意	稍微同意	不太同意	不同意	非常不同意	無法回答
1. 貴單位有跨部門的合作關係。	☐	☐	☐	☐	☐	☐	☐
2. 貴單位時常進行跨部門聯誼與溝通。	☐	☐	☐	☐	☐	☐	☐
3. 各部門同仁經常提供貴單位相關意見。	☐	☐	☐	☐	☐	☐	☐
4. 直屬部門主管瞭解貴單位運作狀況。	☐	☐	☐	☐	☐	☐	☐
5. 直屬部門主管時常主動關心貴單位業務狀況。	☐	☐	☐	☐	☐	☐	☐
6. 貴單位與公司外部圖書室（如策略聯盟公司或其他分公司）進行跨館合作。	☐	☐	☐	☐	☐	☐	☐
7. 貴單位部分業務（如圖書分類編目）需委外處理。	☐	☐	☐	☐	☐	☐	☐
8. 貴單位經常需與委外公司接洽相關業務。	☐	☐	☐	☐	☐	☐	☐

第六部分：顧客資本	
服務對象總數	約_____人
每月到貴單位實體地點使用人次	約_____人次； ☐未設置機制管控，無法回答
每月使用數位資源之次數	約_____人次； ☐未設置機制管控，無法回答
每月借閱書刊人次	約_____人次； ☐未設置機制管控，無法回答

請依以下的敘述勾選您對以下各項目之同意程度	非常同意	同意	稍微同意	不太同意	不同意	非常不同意	無法回答
1. 貴單位可掌握貴公司不同部門同仁資訊需求之異同。	☐	☐	☐	☐	☐	☐	
2. 貴單位會深入分析同仁的資訊需求以改善服務內容。	☐	☐	☐	☐	☐	☐	
3. 貴單位會調查同仁對於資訊服務的滿意度。	☐	☐	☐	☐	☐	☐	
4. 貴單位會因應同仁的反應而適時調整服務內容。	☐	☐	☐	☐	☐	☐	
5. 各部門同仁進行相關業務時，會優先查檢貴單位綜整的相關資源。	☐	☐	☐	☐	☐	☐	

第七部分：更新與發展資本	
曾經使用哪些量化指標評估服務績效以提供主管單位參考？（可勾選多個選項）	☐借書次數 ☐到館人次 ☐電子資源資料庫使用次數 ☐推廣活動次數 ☐調閱文件次數 ☐讀書分享會辦理次數及參與人次 ☐諮詢服務件數 ☐其他（請註明）_____

請依以下的敘述勾選您對以下各項目之同意程度	非常同意	同意	稍微同意	不太同意	不同意	非常不同意	無法回答
1. 貴單位工作人員常參加研討會、研習班、工作坊、在職訓練課程以獲取新知。	☐	☐	☐	☐	☐	☐	☐
2. 貴單位工作人員有許多進修與學習的機會。	☐	☐	☐	☐	☐	☐	☐
3. 貴單位能運用創意推出創新服務。	☐	☐	☐	☐	☐	☐	☐
4. 貴單位經常辦理推廣活動。	☐	☐	☐	☐	☐	☐	☐
5. 近年來,利用貴單位綜整的資源(含紙本與數位)的讀者人數呈現成長狀況。	☐	☐	☐	☐	☐	☐	☐
6. 近三年,貴單位的經費預算逐年成長。	☐	☐	☐	☐	☐	☐	☐

第八部分:請簡述圖書館(室)或文件管理中心的特色或經營困難之處(選擇性題項)
第九部分:請提供對於本研究之建議事項(選擇性題項)

附錄四：智慧資本於工商圖書館經營管理之深入訪談問題大綱

構面	深入訪談問題
結構資本	1. 是否曾因經濟不景氣之環境而使公司圖書室面臨存在之危機？曾經運用哪些策略以證明公司圖書室存在的價值而挽救危機？ 2. 圖書室設立的背景狀況為何？
人力資本	3. 館員需要哪些核心能力及知識？ 4. 當個人知識與能力無法滿足工作需求時，尋求支援的管道為何？
程序資本	5. 資訊服務內容以支援組織內何種業務的比例較高？ 6. 資訊服務的主題分布及頻率為何？ 7. 貴單位有哪些是深入且具特色的知識服務？
技術資本	8. 資訊服務傳遞的方式有哪些型態？ 9. 線上論壇、社交網站、維基、部落格等機制是否曾被運用於傳播資訊？組織內成員接受度較高是何種傳遞型態？ 10. 貴公司對於貴單位與資訊中心在電腦相關軟硬體權責劃分為何？
關係資本	10. 館員如何進行組織內成員的有效溝通？不論是推廣服務、瞭解需求、或尋求各種支援，包括實質的經費補助支援或智識上的專業知識支援。
顧客資本	12. 哪些關鍵策略可用以辨識組織內成員的資訊需求？
更新與發展資本	13. 曾經使用哪些量化指標評估服務績效以提供主管單位參考？ 14. 未來發展方向為何？

附錄五：臺灣一千大企業資訊服務人員訪談分析編碼表

資本構面	次構面（因素）		有提及該因素的公司
結構	圖書管理導向		A, B, C, F, G
	文件管理導向		B, D, E, G, H
人力	核心能力		E, F, H
	在職訓練		A, D, E, F, G
	做中學與經驗知識		D, F, H
程序	資源徵集與整理		A, C, D, E, F, G, H
	文件管理導向[註]	獨特的文件分類	D, E
		標準與法規文件採購	D, E, H
		專利與商標申請流程	D
	資源典藏與管理		C, D, E, F, G, H
	文件管理導向[註]	文件數位化與流通典藏政策	C, D, G, H
		內外部稽核	E, G
		文件控管與時效	D, E, H
	資源推廣與利用		A, B, D, E, G
技術	現行系統與平臺		A, F, G, H
	系統架構與權限管理		D, E
	軟體規劃與系統升級		E, H
關係	內部縱向聯繫		A, D
	內部橫向聯繫		C, E, H
	外部機構策略聯盟		G, F
	外部知識分享		D
	縱橫／內外聯繫		A, E
顧客	資源需求管理		B, C, E, F, H
	知識分享與交流		E, F
	客製化知識服務		D, E, H
更新與發展	多元推廣		A, C, D, E, F, G
	關鍵指標與績效控管		C, D, E, G, H
	強化知識管理		B, E
	推展困境		A, G, H

註：程序資本之資源徵集與整理、資源典藏與管理等二項次構面，為文件管理導向再細分若干細項。

附錄六：財團法人及國營事業機構圖書館人員訪談分析編碼表

構面	次構面（因素）		有提及該因素的機構
結構	定位與任務		a, b, c, d, e, f
	組織結構調整與預算編列		a, b, e, f
人力	人力資源與配置		a, c, d, e, f
	核心能力		a, e, f
	在職訓練（正式管道）		a, c, d, e, f
	做中學與問題導向學習		a, b, e, f
程序	採購、組織及保管資源		a, b, c, d, e, f
	知識生產及資料庫製作之額外業務		e, f
	被動型客製化服務		b, d
	主動型知識加值服務		a, d, f
	演講媒合之知識服務		e
	團隊合作與知識分享		e, f
技術	現行系統維護與營運模式		a, b, c, d, e, f
	系統升級與轉換需求		e, f
	知識管理與資料庫系統開發與設計		e, f
關係	內部縱向聯繫		a, f
	內部橫向聯繫		b, c, d, e, f
	外部	資料採購、交換與贈送	b, c, d, e
		館際合作	a, d, e, f
		營運知識交流	a, b, c, f
		專業諮商與服務推廣行銷	b, d, f
	內外縱橫聯繫		d, e
顧客	預測型		a, b, e, f
	客製型		d, e, f
	整合型		e, f
更新與發展	圓融溝通與變動管理以達漸進式成長		a, b, f
	具體呈現經營成果以彰顯績效與貢獻		e, f
	知識分享及知識管理以探求知識服務機會		a, c, e, f

中文索引

英文

Cisco 公司	158
EBSCO 公司	156
KPMG 國家稅務圖書館	128
SAS 公司	169
Tata 顧問服務公司資訊資源中心	129

ㄅ

波音公司圖書館	129
博客來（參見：博客來網路書店）	205-206, 217, 286
博客來網路書店（參見：博客來）	217
博物館	39
博物館長	309
播客	129

標竿學習	288, 305-306
標籤	314
標準作業流程	188, 245, 349
編目（參見：資訊組織）	32, 93, 126, 128, 170, 177, 184, 188, 193-194, 201, 202, 204, 206, 230, 240, 244, 249-250, 255, 262, 270, 346, 348, 351

ㄆ

破壞式創新	312
平衡計分卡	2, 7, 11-12, 14, 17-20, 40, 110, 112, 165, 332
普適存取	311

ㄇ

馬太效應	50
馬鋼科技圖書館	117, 128, 332
美國圖書館學會	136, 145, 311
美國圖書館學會認證之圖書館與資訊學碩士課程	115, 133, 144, 334
美國疾病控制與預防中心	130
美國人口調查局	170
茂名石化技術資料室	121, 128
滿意度調查（參見：讀者服務滿意調查）	36, 101-103, 105, 291, 294, 296

ㄈ

法律圖書館	31, 62
非營利型組織	2, 7, 13, 18-22, 27, 40, 53, 143, 310
分類編目	184, 188, 194, 204, 230, 240, 244, 250, 255, 346, 348, 351
服務業	4, 114, 119, 148, 150-153, 155, 157, 160-161, 165, 173-176, 183, 185-186, 188-190, 196, 198, 229, 230, 232, 306, 312

ㄉ

大學圖書館	6, 18, 28, 31, 36-37, 40, 59, 62, 69, 70, 73-74, 81, 85, 105, 109, 113-115, 121, 131, 134, 193, 201, 204-205, 249, 285-287, 332-335, 342, 344, 351
德菲法	28, 34, 37, 110
代表型知識流程	31, 32
導入無線射頻辨識	130
讀者服務	3, 102, 105, 115, 117, 123, 125-128, 145, 168, 178, 303, 312, 335, 342
讀者服務滿意調查（參見：滿意度調查）	102, 178
讀者教育訓練	32, 102, 105, 154

讀者資本（參見：顧客資本）	29, 76
讀書分享會（參見：讀書會）	196, 252, 352
讀書會（參見：讀書分享會）	214-215, 220, 222, 224225, 297
檔案管理人員	153, 309
檔案館	39
典藏	33, 170, 184, 200, 205-206, 209-210, 211, 240, 254-255, 258, 268, 270, 293, 297-298, 311, 314, 346-348, 355
電子書	161, 198, 214, 224-225, 228, 270, 298, 313
電子資訊資源服務	125
電子資源	92, 119, 121-122, 126, 129, 158, 165, 171, 184-185, 187, 189-190, 193, 196, 200, 240-241, 243, 245-246, 249, 252, 255, 257, 269-270, 277, 346-347, 349, 351-352
定位理論	19
獨特賣點	132

ㄊ

投資報酬率	119, 131, 145, 164-167, 307
探索性因素分析	134-136
替代計量	311

圖書管理導向／圖管型	4, 114, 183, 185-186, 189-190, 192-197, 199, 201-202, 204-205, 209, 212, 214, 217-224, 226, 228-230, 232-233, 300, 306-307, 355
圖書館評鑑	36, 334
圖書館績效評估	3, 95, 110-112, 332
圖書館績效評估指標標準	110
圖書館員	3, 26, 31, 39, 62, 113, 115, 133, 136, 144-145, 152, 163, 169-170, 209, 262, 300, 308-309, 313-315, 333-334, 342
圖書室	2, 116-117, 174, 179, 184, 191, 193-194, 196, 198-201, 204, 206, 209, 224-225, 228-229, 237, 239-242, 246, 248-254, 257, 262, 350-351, 354
圖書資訊學	4-5, 7, 13, 26, 36-37, 40-41, 50, 53-54, 56-59, 61-63, 65, 68-72, 77, 79-80, 85-86, 88, 106, 114, 136, 142-145, 152, 173, 183, 201-202, 204, 232, 239, 255, 260-264, 288, 301-303, 306, 311-312, 332, 334, 343, 346
圖書資訊學碩士學位	26, 142, 144, 311
同儕評閱	44, 51
統合分析（參見：後設分析）	12, 41, 43, 45, 47, 49, 51, 53, 55, 57, 59, 61, 63-65, 67, 69, 71, 73, 75, 77

ㄋ

能耐基礎理論	19

ㄌ

李克特	176, 179, 230
流通	29, 93, 96, 126, 128, 179, 200, 202, 210, 214, 226, 262, 267, 270, 283, 302, 314, 355
鏈結資料	168
量化指標	82, 86, 118, 164, 193, 195-196, 235, 252, 256, 352, 354
領導力	32, 85, 88, 132, 154

ㄍ

更新與發展資本	10, 16-17, 30, 64-65, 75-76, 106-109, 131, 164, 178, 195, 223, 230, 252-253, 294, 300-301, 303, 352, 354
顧客導向	129, 198, 334
顧客資本（參見：讀者資本）	11, 14, 16-17, 28, 30-31, 37, 54, 64-65, 75-76, 79-80, 101-106, 110, 162, 178, 193, 195, 220, 230, 233, 249-252, 290, 300-301, 303, 307, 352, 354

國家圖書館	4, 18, 113-114, 117, 126, 235, 239, 256, 300, 306, 333-335
國家創新系統	29, 72
國營事業機構	4, 80, 115, 235-237, 239, 241, 243, 245, 247, 249, 251, 253, 255-257, 259, 261, 263, 265, 267, 269, 271, 273, 275, 277, 279, 281, 283, 285, 287, 289, 291, 293, 295, 297, 299-301, 303, 306-307, 356
關鍵績效衡量指標	5, 126, 156, 300
關鍵字	213, 226, 272
關係資本	12, 16, 21-23, 25, 28, 30-32, 36-40, 54, 64-65, 76, 79-80, 98-101, 110, 112, 159-160, 178, 193-194, 217, 230, 233, 249-250, 281, 284, 300-302, 307-308, 351, 354
館際合作	39, 93, 98, 100, 110, 112, 124, 183, 184, 240, 255, 287, 288, 290, 300, 301, 302, 307, 346
廣東石油化工學院圖書館	121, 128, 335
工業技術研究院資訊技術服務中心	126, 300
工會圖書館	116, 119, 127, 333
工商圖書館	1-6, 18, 29, 40, 74, 80-81, 95, 110, 113-117, 119-120, 125-128, 130-133, 136, 144-145, 147, 159, 173, 235, 238, 244, 252, 256, 261, 263-264, 299-301, 303, 305-308, 312, 314-315, 332-334, 345, 354

公共圖書館	1, 2, 6, 7, 26, 28, 37-40, 61-62, 69-70, 74, 81, 113-117, 120, 152, 193, 201, 205, 217, 219, 233, 249, 274, 305, 333, 342, 351
供應鏈	163
供應商	1, 11, 16, 18, 21, 28, 32, 39, 93, 99, 112, 122, 148, 151, 158-162, 165, 167, 168, 307

ㄎ

科學圖書館學	144
科學計量	52-53
課題管理	152, 154
開放存取	102, 129, 161, 313
開放原始碼軟體	169-170
跨館合作	98, 100, 178, 193-194, 250, 351

ㄏ

合理使用	314
哈佛圖書館實驗室	314
海外外包	148, 152, 159, 161-162, 168
後設分析（參見：統合分析）	3, 51-52
後設資產	36
衡量無形資產與改善創新管理	356

衡量指標	2, 3, 5, 10-12, 14, 16-20, 22, 23, 28, 34, 36-37, 40, 44, 48, 61-64, 74-75, 79-81, 83-112, 126, 147, 156, 164, 176, 300, 306, 335, 344
華盛頓國家稅務處	128

ㄐ

機構典藏	33, 297, 298
機構合作	125, 314
績效指數	38
技術專家	309
技術資本	16, 30, 39, 64-65, 76, 95-98, 156, 177, 189, 192, 214, 230, 232, 245, 248, 276, 278, 280, 301-302, 307-308, 350, 354
結構資本	10-12, 14, 16, 21-23, 25, 27-32, 36-37, 40, 54, 64-65, 75-76, 79, 82-84, 110, 149, 151, 177-180, 183, 199, 230, 232, 236, 256-257, 300-302, 306, 345, 354
借閱率	196, 217, 221, 225
經建會圖書室	193, 249, 351
經驗知識	190, 202, 204, 222, 224, 233, 246, 261, 284, 307, 349, 355
精確度（參見：專深）	122, 145, 166
精細	12

競爭情報中心	113, 133
競爭智慧	124-125, 133-134, 136, 143-145, 153, 155, 334
競爭智慧執業人員	124-125, 133-134
競爭優勢	1, 5, 8-9, 21, 47, 199
巨量資料	143, 152-153, 168-171, 307-308

ㄑ

期刊管理	121, 128, 184, 200, 240, 255, 346
企業圖書館	5, 6, 113-122, 125, 127, 129-132, 134, 136
企業圖書館學	136, 137, 138-139, 141-142, 145
企業資訊服務單位	116, 124-125, 133, 174-175, 177, 182
企業資訊中心	113, 133
嵌入式服務（參見：嵌入式圖書館服務）	159, 163, 309-310
嵌入式圖書館服務（參見：嵌入式服務）	307, 310, 313
嵌入式圖書館學	159, 163, 309
嵌入式圖書館員	309
去除中介者	312
詮釋資料	170, 309, 311, 314
詮釋資料館員	309

ㄒ

行動服務（參見：行動資訊服務）	159, 224
行動科技	158-159
行動書車	217, 219
行動數位裝置	148, 158, 307-308
行動資訊服務（參見：行動服務）	224
行動應用程式	158
行銷策略顧問	309
系統易用性測試工程師	309
協同作業	157, 158
學科館員	312
學校圖書館	7, 39, 62
學習型組織	10, 28, 82, 120, 127
學術圖書館	2, 7, 27, 31-35, 40, 61-62, 74, 77, 110, 113-114, 117, 119, 152, 159, 161, 164, 305
學術傳播館	309
線上學習	144, 214, 222
虛擬圖書館	129, 145
虛擬社群	153
虛擬資訊服務	129, 150-151, 258
虛擬圓桌會議	129

ㄓ

知識本體論學家	309
知識編碼	25
知識分享	35, 84, 106, 129, 135, 143, 155-156, 160, 213, 217, 219, 221-222, 265, 268, 275, 297-298, 302-303, 307, 355-356
知識服務	125-126, 128, 134-135, 144-145, 147, 189, 221, 223-224, 233, 26-268, 274-275, 289, 295, 297, 299, 302-303, 307-308, 333-335, 354-356
知識流程	31-32, 34
知識槓桿	10
知識管理	2, 7, 11-12, 14-16, 19, 29, 35, 39-45, 47, 49-55, 61, 72-73, 76, 106, 114, 116, 118, 127, 134-136, 143-145, 148, 150-151, 153-156, 158, 164-166, 168, 180-181, 200-201, 216, 224, 228, 233, 245, 265, 278, 280, 282, 287, 295, 297-298, 301, 303, 307, 332-334, 341-344, 355-356
知識庫	30, 188-190, 228, 245-246, 302, 311, 349
知識擴散	49-51, 135
知識活動	82, 84-85, 134-135, 334

知識稽核	30
知識加值	65, 105, 164, 245, 268, 273, 300-302, 307, 335, 356
知識交流	44, 157, 182, 214, 239, 288, 300-301, 307, 356
知識吸收	49, 51, 84, 135, 221
知識長	152
知識產權（參見：智慧財產）	3, 5, 29, 81, 88, 91, 106, 109, 128
知識產權資本	75-77, 80
知識資本（參見：智慧資本、智力資本）	14, 29, 65-66, 71-73, 76, 331-335, 341-344
知識移轉	21, 26, 29, 71, 84, 135
知識網絡	12, 143
職務管理	311
指標性無形資產	28
制度化	122, 145, 264
智力資本（參見：智慧資本、知識資本）	29, 65, 66, 73, 334-335, 341, 343-344
智慧資本（參見：智力資本、知識資本）	1-5, 7-31, 33-34, 36-77, 79-82, 84, 95, 110-112, 114, 119, 147-148, 152, 164, 173, 175-179, 229-233, 235-236, 256, 300, 301, 305-307, 312, 332-335, 337, 341, 343-345, 354
智慧資本動態價值	12

智慧資本管理	2-4, 7, 12-16, 20-23, 26, 28-31, 34, 36, 38, 40-41, 53-63, 65-83, 85, 87, 89, 91, 93, 95, 97, 99, 101, 103, 105, 107, 109, 110-111, 147, 149, 151, 153, 155, 157, 159, 161, 163, 165, 167, 169, 171, 305, 332, 333-334, 337, 341, 343
智慧資產	1, 9, 14, 34-35, 168, 232
智慧財產（參見：知識產權）	1, 5, 9, 13, 15, 25, 92, 205, 212, 224, 229, 232, 313
智識自由	311
製造業	4, 114, 131, 148, 155-156, 161, 165, 173-176, 183, 185-186, 189-190, 196, 198, 229-230, 232
著作權	38, 92, 267, 310-311, 314
專門圖書館	2, 6-7, 26, 30-31, 70, 74, 79, 95, 113-114, 116, 132, 136, 137-143, 145, 150, 159, 163, 170, 193, 249, 257, 272, 285, 287-291, 302, 309-310, 312-313, 351
專利	1, 11-12, 17, 25-26, 76, 80, 84, 109, 121, 128, 150, 152, 154, 161, 166, 178, 188, 200, 205, 207-211, 270, 272, 309, 349, 355
專利檢索	150, 152
專利研究專業人員	309
專家分析師	309

中文索引

專深（參見：精確度）	120, 122
專案管理師	131, 309
轉譯研究館員	309
中國寶山鋼鐵公司	133
中國生產力中心圖書館	126, 300, 332
中華徵信所	4, 114, 173, 176, 331
中鹽吉蘭泰鹽化集團公司工會	127

ㄔ

程序資本	16-17, 30, 38, 47, 64-65, 76, 91-95, 112, 153, 177-178, 185, 188-190, 205, 230, 232, 241, 245-246, 267-268, 300-302, 307-308, 347, 354-355
誠品書店	205, 217
創業家	311-312
創新服務	106, 108, 170, 197, 253, 256, 295-297, 306, 314, 353
創新資本	28, 106
創造型知識流程	31-32
創意樞紐	130-131

ㄕ

失序市場	312

世界銀行	170
市場滲透率	164, 165
市場資本	15, 47, 76
社區參與	314
社會無形資產	29, 73, 331, 341
社會資本	14, 27, 29, 38, 76-77, 80
社會網絡	45, 143
社交網路	157
社群媒體	130, 148, 155-157, 307, 309, 311-312, 314
社群媒體策略師	309
商標	11, 84, 178, 200, 205, 207, 208, 209, 211, 355
商業專業人員	134
商業資訊服務	113, 116, 136, 137, 138, 139, 140, 141, 142, 145, 149, 333
商業資訊年度調查研究	4, 147-149, 151, 167, 306
商譽	11, 84, 178, 200, 205, 207, 208, 209, 211, 355
生產型知識流程	31, 32
書目計量（參見：文獻計量）	3, 4, 41, 44-45, 62-63, 75-77, 113-114, 311
書展	198, 212-213, 225
數位圖書館	28, 36, 74, 77, 96, 115, 144, 262
數位內容館員	309

數位館藏　　　　　　　　　　　　　　　　　35, 91-92, 125
數位資訊長　　　　　　　　　　　　　　　　153

ㄖ

人力資本　　　　　　　　　　　　　　　　　ii, 9, 11-12, 14, 16, 21-24, 26-33,
　　　　　　　　　　　　　　　　　　　　　36-40, 47-48, 54, 59, 61, 64-65,
　　　　　　　　　　　　　　　　　　　　　75-77, 79, 83-91, 110, 112, 151-
　　　　　　　　　　　　　　　　　　　　　152, 177, 183-186, 189, 201, 230,
　　　　　　　　　　　　　　　　　　　　　232, 239, 241-242, 260-261, 300-
　　　　　　　　　　　　　　　　　　　　　302, 307-308, 346, 354

軟體工程院　　　　　　　　　　　　　　　　131
軟技能　　　　　　　　　　　　　　　　　　168

ㄗ

資料包絡法　　　　　　　　　　　　　　　　30, 75
資料分析　　　　　　　　　　　　　　　　　1, 4, 44, 63-64, 75, 80, 101, 119,
　　　　　　　　　　　　　　　　　　　　　126, 152-153, 168-171, 232, 235,
　　　　　　　　　　　　　　　　　　　　　307, 309, 314

資料分析師　　　　　　　　　　　　　　　　309
資料庋用　　　　　　　　　　　　　　　　　311
資料庋用管理師　　　　　　　　　　　　　　309
資料科學家　　　　　　　　　　　　　　　　152

資料庫	13, 31-32, 35, 42, 44, 53-54, 61, 65-66, 75, 80, 86, 96, 98, 109, 118, 120-122, 124, 129, 136, 144, 154-155, 159-160, 162, 168, 178, 188, 193, 196, 249, 252, 254, 260, 267-268, 270-271, 273-274, 277-281, 284, 287, 290, 292-294, 296, 299, 301-302, 307, 309-311, 347-349, 351-352, 356
資料庫管理師	309
資料驅動	170
資料素養	170, 311
資訊服務單位	58, 82, 91, 96, 101, 106, 114-117, 124-125, 133, 149-151, 161, 174-175, 177, 182, 241, 308
資訊技術	126, 133, 300
資訊架構師	309
資訊檢索（參見：資訊搜尋）	94, 118, 124, 133-134, 150, 263, 313
資訊長	153
資訊專業人員	3, 4, 13, 27, 30, 85, 115, 129, 132-136, 143, 145, 147, 152, 153, 168-169, 233, 305-306, 308-309, 311-312, 314, 334
資訊專家	309-311

資訊中心	13, 27, 83-84, 87-89, 95, 97-98, 100, 103-105, 107-109, 113, 116, 130, 133, 137-142, 150, 191, 214-215, 354
資訊組織（參見：編目）	133, 270, 311
資訊搜尋（參見：資訊檢索）	37
資訊素養	32, 99, 170
資產報酬率	15
資策會資訊資料服務中心	126
資源探索服務	109
資源共享	29, 76-77, 101, 121, 287, 343
資源共享資本	76-77
資源基礎理論／資源基礎觀點	12
資源選粹	3, 115, 120, 122, 153
自主管理（參見：自我服務）	205, 209-220, 232, 307
自主學習	311
自我服務（參見：自主管理）	154, 307-308, 313, 315
在職訓練	163, 197, 202-203, 253, 260-261, 264, 353, 355-356
組織學習	14, 31, 82
組織知識	14, 26, 84, 245
組織資本	10, 16, 22-23, 25, 29, 31, 36, 38, 54, 64-65, 76, 79
組織文化	31, 39, 82, 143, 153, 156

做中學	145, 202, 204, 261, 265-266, 355-356
最佳實務	35, 131, 136, 144, 163, 231, 303

ㄘ

參考服務（參見：參考資訊服務、參考諮詢）	118, 262, 293
參考資訊服務（參見：參考服務、參考諮詢）	32, 61
參考諮詢（參見：參考服務、參考資訊服務）	94, 155, 184, 188, 200, 240, 254-255, 346, 348
策略地圖	34
策略聯盟	17, 98, 100, 178, 193, 194, 217, 219, 249, 250, 351, 355
策略性智慧資本	12, 19, 332
策略性智慧資本評估管理模組	12, 332
財團法人機構	235, 250, 256, 261, 276, 299, 301
財務績效	11, 18-20
財務資本	10, 48, 79, 110
層級分析法	28-29, 37, 75

ㄙ

索引與摘要	32

一

一千大企業	26, 30, 80, 115-116, 125, 173, 180-184, 186-198, 236, 239-242, 244-253, 300, 302-303, 306-307, 355
醫學圖書館	7, 30, 62, 67, 69, 163, 344
醫院圖書館	69
冶金企業中小型專業圖書館	127
有形資產	19, 34, 36
研發	12, 80, 116-117, 121, 124, 131, 149, 155, 157, 166-167, 180-181, 184-185, 188, 200-202, 207-211, 213, 216, 218, 219, 223-225, 227-228, 237, 240, 254-255, 269, 272, 277, 283, 299, 313, 346, 348-349
研究圖書館協會	33-34
驗證性因素分析	134
引文分析	49-51, 311
隱性知識	85, 112, 133, 135, 143, 205, 224, 230, 274, 307

ㄨ

無形資產	1, 5, 7-9, 11, 14-17, 19, 27-30, 32-34, 36, 54, 59, 61, 71-73, 77, 82, 110, 112, 231-232, 331, 341, 343

武鋼研究院科技圖書館／武鋼經濟管理研究院科技圖書館	125, 127
外包（參見：委外）	98, 124, 148, 152, 159, 161-162, 168, 177-178, 262, 267, 270, 277-278, 301, 307, 312, 315
外顯知識	156
委外（參見：外包）	152, 159-162, 188, 193-194, 244, 249-250, 308, 312, 348, 351
維基	129, 191, 247, 350, 354
文件管理／文管	92, 154, 175, 179, 182-184, 196, 198, 200-201
文件管理導向／文管型	4, 114, 186, 190, 193-197, 199, 201-205, 207, 210, 213-224, 226-227, 229, 231-233, 300, 306-307, 355
文件管理中心／文管中心	116, 173, 180, 183-184, 191, 193, 196, 210, 220, 226, 236-237, 240, 247, 252, 345-346, 348-350, 353
文獻計量（參見：書目計量）	2, 12, 41, 44-45, 51-53, 58-59, 65, 74, 76, 334, 337, 341
網路社群	125, 127, 129
網站規劃師	309

ㄩ

閱覽典藏	184, 200, 240, 255, 346
遠距傳遞服務	209

英文索引

A

ALA-accredited Master's Programs in Library and Information Studies	115
altmetrics	311
Amazon	170
AHP (analytic hierarchy process)	28, 37, 75
archivist	309
ARL (Association of Research Library)	33
AutoCAD	203, 216

B

BSC (balanced scorecard)	18, 318, 323, 326
benchmarking	306
big data	152

Blackberries	158
Blog	157-158
business information service	116
business information survey	147, 321
business professionals	134

C

Centers for Disease Control and Prevention	130
centralization	122
Chatter	157-158
chief digital officers	153
chief information officers	153
chief knowledge officers	152-153
commerce and industry library	5, 6
community engagement	314
competency-based theory	19
competitive int intelligence	124, 323
competitive intelligence practitioners	323
copyright	314
corporate information agency	323
corporate librarianship	136
corporate library/corporate libraries	6, 131, 319, 322, 327, 330
customer capital	17, 101

D

data analysis	314
data analyst	309
data curation	311
data curator	19
data driven	170
DEA (data envelopment analysis)	30, 75, 334, 343
data scientist	152
database administrator	309
Delphi method	28
digital content librarian	309
discovery services	109
disintermediation	312
disruptive innovation	312
distressed markets	312

E

Easy Flow	191
e-learning	214-215, 220, 222
email	214-215, 272, 276, 282, 286, 289, 293
embedded librarian	309
embedded librarianship	309
embedded service	159

entrepreneurship	311
Excel	191, 293
exhaustivity	120
expert analysts	309

F

Facebook	157, 158, 215, 311
Factiva	160-161, 270
fair use	314
formalization	122

G

generative knowledge process	31
g-index	42
GSK (GlaxoSmithKline)	130, 131
globalization	312
goodwill	8
Google	12, 39, 54-55, 59, 62, 66, 72, 132, 164-165, 170
Google Analytics	164-165

H

Hadoop	169, 170

Harvard Library Lab	314, 322
h-index	42
human capital	16, 21, 84, 331, 340

I

indicative intangible assets	28
information architect	309
information centers	103
information professional	321, 339
informationist	309-310, 320
innovation capital	5, 8-9, 12, 19, 21, 43, 45-46, 48, 50-51, 54, 60-61, 65-66, 317-320, 322-331, 337-339
innovation hubs	131
institutional collaboration	314
institutional repository	33
intangible assets/invisible assets	11, 28-29
intellectual capital	5, 8-9, 12, 19, 21, 43, 45-46, 48, 50-51, 54, 60, 61, 65, 66, 317-320, 322-331, 337-339
IC-dVAL (intellectual capital dynamic value)	12
intellectual freedom	311
interlibary loan	93, 100
iPad	158

ISO 11620	36-37, 110
ITIL (information technology infrastructure library)	164-165

K

KPI (key performance indicators)	126, 156, 297
Kindles	158
know how	152, 156, 207, 228
knowledge leverage	10, 11
knowledge process	31

L

LED	204, 217, 219, 223
Lexis-Nexis	160
LibCampBangalore	129, 326
LibQUAL+®	101
librarian	309, 318, 327
Library and Information Science	53, 138, 140-142, 308, 323
Likert	176, 179, 230
linked data	168
LinkedIn	157
Lotus Notes	215

M

market value	95, 105, 167
marketing strategy consultants	309
Master of Arts in Organizational Leadership	142
Master of Business Administration	142
Master of Library and Information Science	142
matter management	152
MERIUM (MEasuRing Intangibles to Understand and improve innovation Management)	15
meta-analysis	51
meta-assets	36
metadata	170, 309, 311, 314
metadata librarian	309
mobile	158, 329
mobile app	158
MSN	215
museum curator	309

N

NCII (Normalized Citation Impact Index)	49-50
Novel	215

O

offshoring	159
Onelog	164
ontologist	309
OA (open access)	32, 102, 326, 339
organization of information	311

P

patent research professionals	309
performance index	38
podcast	129
positioning theory	19
process capital	16, 91
productive knowledge process	31
project managers	309

R

RFID (radio frequency identification)	130
RD (research and development)	218
relational capital	16, 21, 98
renewal and developmental capital	17, 106
repository/repositories	33, 339

representative knowledge process	31
ROI (return on investment)	119, 164, 322, 330

S

scholarly communication librarian	309
science librarianship	144
self-directed learning	311
self-service	154
SharePoint	129, 156-158, 164-165
Skype	157
social media strategist	309
socio-intangible assets	29
soft skill	168
SEI (Software Engineering Institute)	131, 328
SOP (standard operating procedure)	204, 211
Spark/Jive	157-158
specificity	120, 122
stewardship	311
SICEM (strategic intellectual capital evaluation module)	12
SIC (strategic intellectual capital)	12, 19
structural capital	16, 21, 82
SWOT (strength, weakness, opportunities, threats)	169-170, 317

T

tagging	314
technical specialists	309
technological capital	16, 96
Tobin's q	17
translational research librarian	309
Twitter	157-158

U

USP (unique selling point)	132
universal access	311
usability engineer	309
user training/users training	32

V

virtual round tables	129

W

Washington National Tax Office	128
Web 2.0	129-130, 276
web developer	309
webinar	129

wiki	129
WJE (Wiss, Janney, Elstner Associates, Inc.)	124

Y

Yammer	157

國家圖書館出版品預行編目（CIP）資料

智慧資本於工商圖書館經營管理之理論與實務 /
黃元鶴著. -- 初版. -- 新北市：華藝學術出版：華藝數
位發行, 2016.08
　面：公分
ISBN 978-986-437-116-7(平裝)
1.工商圖書館 2.圖書館管理
024.87　　　　　　　　　　　　　105015069

智慧資本於工商圖書館經營管理之理論與實務

作　　者／黃元鶴
責任編輯／林瑢慧
執行編輯／古曉凌
封面設計／ZOZO DESIGN
版面編排／王凱倫

發 行 人／鄭學淵
總 編 輯／范雅竹
發　　行／陳水福
出　　版／華藝學術出版社（Airiti Press Inc.）
　　　　　地　　址：234 新北市永和區成功路一段 80 號 18 樓
　　　　　電　　話：(02)2926-6006　傳真：(02)2923-5151
　　　　　服務信箱：press@airiti.com
發　　行／華藝數位股份有限公司
　　　　　戶名（郵局／銀行）：華藝數位股份有限公司
　　　　　郵政劃撥帳號：50027465
　　　　　銀行匯款帳號：045039022102（國泰世華銀行　中和分行）
法律顧問／立暘法律事務所　歐宇倫律師
ISBN ／ 978-986-437-116-7
DOI ／ 10.6140/AP.9789864371167
出版日期／2016 年 8 月初版
定　　價／新台幣 600 元

※ 本書通過學術雙盲審查
版權所有・翻印必究　　Printed in Taiwan
（如有缺頁或破損，請寄回本社更換，謝謝）